Zu diesem Buch

Reformversuche am Biologieunterricht sind bisher von begrenzter Bedeutung geblieben. Hinter den neuen Themen Sexualkunde und Ökologie verbergen sich noch häufig die alten langweiligen Stoffe und modernistisch verbrämten Ideologien; in der Vererbungslehre wird nur zu oft gefährliches Auslesedenken unterschwellig mitgeliefert.

Aus der Kritik des Biologieunterrichts entwickeln die Autoren Vorschläge für Lehrerausbildung und Unterricht. Sie informieren ausführlich über Unterrichtsvorhaben, die sich in der Schulpraxis ohne Schwierigkeiten durchführen lassen. Diese Alternativen zur Leblosigkeit des traditionellen Paukunterrichts über Lippenblütler und Evolutionsreihen versuchen, die Wechselbeziehungen zwischen Mensch und Natur durchschaubar zu machen und zur bewußten, verantwortlichen Aneignung natürlicher Lebensgrundlagen anzuleiten. Damit kann biologisches Wissen praktische Bedeutung gewinnen und verhindern, was totes Wissen über Lebendiges bisher unterstützt hat: zerstörerische Eingriffe in die Natur, Raubbau, Ausrottung.

Hinweise auf die Herausgeber und Autoren finden sich auf Seite 339.

Ernst Busche / Brunhilde Marquardt /
Margarete Maurer (Hg.)

Natur in der Schule

Kritik und Alternativen zum Biologieunterricht

rororo

Rowohlt

Die mit dem Aufdruck «Politische Erziehung» versehenen Bände veröffentlichen im Rahmen des rororo-Sachbuch-Programms für Schüler, Lehrlinge, Studenten, Sozialarbeiter und Lehrer:

- Projektberichte aus Schul-, Hochschul-, Stadtteil-, Betriebs- und Sozialarbeit, Berichte und Analysen wichtiger Erziehungskonzeptionen, auch aus anderen Ländern, Erfahrungen und Perspektiven der Organisation aller im Ausbildungsbereich Tätigen;
- Vorschläge, Modelle und Materialien für eine veränderte Praxis in den genannten Bereichen, insbesondere Vorschläge zum Unterricht für Lehrer und Schüler;
- Untersuchungen des Zusammenhangs von Produktion, Ausbildung und Bewußtseinsbildung, die Voraussetzungen sind für eine politische Erziehung.

Herausgeber: Johannes Beck, Heiner Boehncke, Gerhard Vinnai

Redaktion Wolfgang Müller
Umschlagentwurf Jürgen Wulff (Zeichnung Marie Marcks)
Zeichnung auf der Umschlagrückseite Ragnhild v. Brunn

Originalausgabe
Veröffentlicht im Rowohlt Taschenbuch Verlag GmbH,
Reinbek bei Hamburg, Juni 1978

Satz Times (Linotron 505 C)
Gesamtherstellung Clausen & Bosse, Leck/Schleswig
Printed in Germany
1080-ISBN 3 499 17148 1

Inhalt

Vorwort

von Johannes Beck – für die Herausgeber der Reihe «Politische Erziehung»

Das Bild auf dem Umschlag dieses Buches signalisiert mehr als nur ein didaktisches Problem des gängigen Biologieunterrichts. Es verweist auf ein Grundübel des Schulunterrichts: die Trennung von Leben und Lernen, Theorie und Praxis, Realität und Schulrealität. Die «Natur in der Schule» ist in diesem Sinn nicht mehr real vorfindliche Natur, sondern ein Stoff. Aber auch hier ist sie kein realer Stoff, sondern nur ein Lernstoff. Natur in der Schule kommt meist nur als verfremdete vor und ist über Bücher, Bilder, Präparate, Lehrerworte, «Naturgesetze» und aufgesetzte Motivationen zur Notengewinnung vermittelt. Gelegentliche Ausflüge in die Natur machen kaum eine Erfahrung mit ihr möglich. Natur bleibt auch hier Anschauung, Rahmen für die Erholung und zum Zusammenleben, schlechtes Wetter, ein Reh am Wald, unser täglich Brot, Dreckwasser, eine Piste zum Rasen. Auf der anderen Seite bleibt Natur eine unverständliche Welt von Naturgesetzen, die zu Zauberformeln derer verkommen, die sie beherrschen lassen.

Natur hat noch immer dazu herhalten müssen, als Sachzwang das zu legitimieren, was wenige wollen und alle wollen sollen. Wirtschaftswachstum, Energiekrise, Datenverarbeitung, Rationalisierung, Kernenergie, Umweltzerstörung, Bevölkerungspolitik, Entwicklungspolitik, Rassenpolitik sind einige Stichworte in dieser Kette.

Es scheint so zu sein, daß der Lernstoff Natur in Gestalt «objektiver» naturwissenschaftlicher Erkenntnisse viele der Vorurteile, Ideologien, Ambitionen und Interessen als Sachgesetzlichkeit in den Unterricht transportiert, die im sozialwissenschaftlich orientierten Unterricht leicht als das zu erkennen sind, was sie sind: Legitimationsversuche zur Erhaltung und zum Ausbau der gesellschaftlichen Verhältnisse, so wie sie sind.

Während die Kritik des sozialwissenschaftlichen Unterrichts in den letzten zehn Jahren umfassend betrieben wurde, ist sie im Bereich des naturwissenschaftlichen Unterrichts, besonders auch des Biologie- und Geographieunterrichts kaum über den Kreis einiger Intellektueller in den Hochschulen hinausgekommen.

Vor diesem Hintergrund ist die Publikation eines Buches zum naturwissenschaftlichen Unterricht in der Reihe «Politische Erziehung» zu sehen. Naturwissenschaftlicher Unterricht ist politische Erziehung – aber wozu? Oft ist es politische Erziehung, die nichts von sich weiß oder sich unter Berufung auf Sachgesetzlichkeiten selbst verleugnet: «Ach, wie gut daß niemand weiß, daß ich Rumpelstilzchen heiß.»

Es kommt uns darauf an, ein Buch herauszubringen, in dem verschiedene fortschrittliche Positionen und Alternativen zum Biologieunterricht vertreten sind, in dem mehr theoretisch und mehr praktisch orientierte Beiträge nebeneinanderstehen, das sich an eine breite Leserschaft und nicht nur an die Fachleute wendet und das diskussionswürdige Beiträge zur Verbesserung des Biologieunterrichts gegen die vorherrschenden konservativen Positionen stellt. Die Leser werden feststellen, daß die theoretischen Positionen der Autoren und auch der Herausgeber des Bandes zum Teil sehr verschieden sind. Es hat deshalb auch heftige Diskussionen unter den Herausgebern und einigen Autoren gegeben. Daß unterschiedliche Auffassungen in dem Buch nicht eingeebnet, sondern den Lesern zugänglich gemacht worden sind, halte ich für einen Vorteil: sie sollen die Diskussion anregen.

Einig sind sich die Autoren in dem Bemühen um einen Biologieunterricht, der gesellschaftliche Fragen des Umgangs mit der Natur einbezieht, der der weiteren Zerstörung der Natur entgegenwirkt, der die Schüler befähigt, selber aktiv zu lernen und ihre Interessen in diesem Bereich wahrzunehmen.

Den Herausgebern des Bandes, Ernst Busche, Brunhilde Marquardt und Margarete Maurer, und allen Autoren möchte ich für ihre Arbeit an diesem Buch danken.

Zum Inhalt des Buches schreiben die Herausgeber:
Der Biologieunterricht in den Schulen folgt hierzulande weitgehend den Schulbüchern. Deshalb kommt seiner Analyse und Kritik, aber auch den Versuchen ihrer Verbesserung große Bedeutung zu.

Die Darstellung des Themas *Menschenrassen* ist in den Biologiebüchern, sowohl dem Umfang als auch der Qualität nach, gewöhnlich unzureichend. Es muß bezweifelt werden, ob mit ihr der Abbau von Rassenvorurteilen erreicht werden kann. Ein Vergleich der «*Biologie des Menschen in Schulbüchern der Bundesrepublik, Frankreichs und der Sowjetunion*» macht Eigenheiten unserer Schulbücher gleichsam aus der Distanz deutlich.

Bis in die Formulierungen und Abbildungen hinein ähneln eine Reihe von heutigen Schulbüchern denen des Dritten Reiches. Exemplarisch zeigt dies der Beitrag «*Vererbung bei Krupp, Krause und im Schulbuch*». Bundesdeutsche Biologieschulbücher enthalten in ihrem *Naturverständnis und Weltbild* konservative weltanschauliche und ideologische Aspekte, über die sie eine handfeste politische Bildung vermitteln. Dies geschieht schichtenspezifisch: Haupt- und Realschülern werden Natur und Welt mystifiziert als wunderbare und zu bestaunende Ordnung eines Schöpfergottes vorgeführt. Sie lernen diese Ordnung lediglich aus der Froschperspektive kennen. Die Gymnasiasten dagegen lernen die Welt aus einer Vogelschau kennen. Mit einem «wissenschaftlich-modernen Weltbild» versehen, sollen sie einen «Überblick und Einblick» in die Welt und Natur erhalten.

Die Beiträge zum Thema *Ökologie – Umweltschutz* zeigen, daß Lehrpläne und Bücher umfangreiche Informationen über den gefährdeten Zustand der Ökosysteme enthalten. Die gesellschaftliche Dimension des

Umweltproblems wird jedoch weitgehend vernachlässigt. In den eigens eingeführten Umweltschutzkapiteln wird eine politische Bildung betrieben, die heimlich geschieht und von den Verursachern von Schäden und von weitreichenden Lösungsmöglichkeiten ablenkt.

Daß dieser Biologieunterricht so aussieht, hängt nicht nur von den Schulbüchern, sondern auch von der Lehrerbildung ab. Deren Defizite werden in dem Beitrag «*Biologielehrerausbildung in der Kritik*» untersucht.

Um über den Inhalten der Bücher nicht deren ökonomische Bedingungen zu vernachlässigen, die sich auf die Inhalte auswirken und bei Verbesserungsvorschlägen berücksichtigt werden müssen, wurden die beiden Beiträge zur Schulbuchproduktion aufgenommen. «*Wie entstehen Schulbücher?*» wirft einen Blick hinter die Kulissen der Schulbuchproduktion. Gegenvorschläge finden sich in dem Beitrag zur Frage «*Warum es schwer ist, ein gutes Schulbuch zu machen*».

Den Herausgebern des Bandes war klar, daß sie in einem Taschenbuch keine lückenlose Bestandsaufnahme eines Schulfaches liefern können. So sind viele Teile des Biologieunterrichts, zum Beispiel Verhaltensforschung, Biochemie, Evolution, Sachunterricht in der Grundschule sowie weitgehend auch pädagogische Zeitschriften, Bücher zur Didaktik und Methodik ausgeklammert. Für diese Beschränkung waren pragmatische Gründe und die Absicht ausschlaggebend, über Kritik und Analyse hinauszukommen und im zweiten Teil des Bandes Alternativen für einen modernen, fortschrittlichen Biologieunterricht zur Diskussion zu stellen.

Da die heutigen und zukünftigen Aufgaben des Biologieunterrichts nicht nur die der «reinen Biologie», sondern vor allem sozialer und gesellschaftspolitischer Art sind, halten die Herausgeber die Ansätze des Biologieunterrichts für zukunftsweisend, die von sozialen und gesellschaftspolitischen Fragestellungen ausgehen.

Der Beitrag «*Sexualunterricht mit Medien*» belegt, daß für diesen Teil des Biologieunterrichts die Reformen schon begonnen haben – eine Folge der antiautoritären Schüler- und Studentenbewegung.

Die Beiträge «*Naturwissenschaftlicher Unterricht, orientiert an gesellschaftlicher Arbeit*», «*Biologie des Arbeitsplatzes*» und «*Emanzipatorischer Biologieunterricht*» mit Bezügen zur Völkerkunde, Verhaltensforschung, Sinnesphysiologie und Kommunikationsforschung machen mit Themen bekannt, die zum Kern eines jeden zukünftigen Biologieunterrichts gehören sollten.

Der Beitrag einer Frankfurter Schülergruppe «*Ein toter Goldfisch und die Folgen*» zeigt, wie praktische Umweltschutzarbeit aussehen kann. Er steht ferner stellvertretend dafür, wie Schüler zur Verbesserung des Biologieunterrichts aktiv werden können und sollten.

«*Bedrohte Umwelt*» macht auf die Übersetzung eines fortschrittlichen schwedischen Unterrichtswerkes, ein Arbeits- und Lesebuch, aufmerksam, das den Schüler als kritischen Bürger anerkennt und das die Verursacher der Umweltzerstörung beim Namen nennt.

Der Beitrag «*Mensch und Biosphäre*» beschreibt das Konzept eines humanzentrierten Biologieunterrichts, das anhand der Unterrichtseinheit «*DER Mensch und DIE Tiere*» verdeutlicht wird. Die «*Probleme der Wasserverschmutzung*» werden als Beispiel für einen fächerübergreifenden und Gruppenunterricht vorgestellt. Die «*Simulationsspiele im Biologieunterricht*» bieten vor allem praktische Hinweise und die kritische Einschätzung einer neuen Unterrichtsmethode. Der Beitrag «*Alternativen zur Biologie-Lehrerausbildung*» versucht die genannten Ansätze für einen zeitgemäßen und zukunftsweisenden Biologieunterricht in einen Begründungszusammenhang einzuordnen, der auch grundsätzliche Lernziele für fächerübergreifende problem-, gesellschafts- und praxisbezogene Unterrichts- und Forschungsprojekte aufweist.

Mit einem kommentierten *Verzeichnis alternativer Unterrichtseinheiten und -materialien* soll deren Einführung und Benutzung im Unterricht erleichtert werden. Daß hier verhältnismäßig wenig zusammengetragen werden konnte, hat objektive Gründe: zum einen gilt der gesamte naturwissenschaftliche Unterricht als wertneutral, objektiv unpolitisch, zeitlos und in dieser Form als objektiv notwendig. (Die hier vorgestellten Analysen haben in allem das Gegenteil ergeben.) Die Entwicklung von Alternativvorschlägen erscheint von dieser Position aus als überflüssig. Auf der anderen Seite hat sich durch diese Wertschätzung bedingt die Einsicht in die gesellschaftliche Bedeutung, und damit eine kritische Einstellung gegenüber dem Biologieunterricht, noch nicht in dem Maße durchgesetzt, wie es für andere Fächer (zum Beispiel Deutsch, Geschichte, Gemeinschaftskunde) seit etwa 1967 geschehen ist.

Der vorliegende Sammelband versucht für das Schulfach Biologie zwei Schritte gleichzeitig einzuleiten: sowohl die Kritik zu leisten, als auch entsprechende Alternativen anzubieten.

Ein solcher Versuch steht in der Praxis vor den Schranken vorgegebener Rahmenbedingungen, die hier nur stichpunktartig angedeutet werden können: das dreigliedrige Schulsystem mit der Privilegierung der Gymnasiasten und Gymnasiallehrer, mit der Trennung von Theorie und Praxis, von Produktion und Wissenschaft, mit Frontalunterricht, mit überfüllten Klassen und mit dem jede sachbezogene Motivation erdrükkenden Zensurensystem. In jüngster Zeit kommen ein erhöhter Leistungsdruck, die Lehrer- und Jugendarbeitslosigkeit erschwerend dazu und damit die fehlende Lebensperspektive für Hunderttausende von Schülern, sowie die direkte politische Disziplinierung, zum Beispiel durch das alle einschüchternde Berufsverbot für Lehrer, die offen am Bestehenden Zweifel äußern oder das Bestehende praktisch verändern wollen.

Unter diesen Rahmenbedingungen erhält die Analyse und Kritik der Inhalte einzelner Fächer einen praktischen Stellenwert. Um überhaupt bessere Inhalte in Schule und Unterricht zu bringen, muß an diesen Rahmenbedingungen «gerüttelt» werden – am besten durch die gemeinsame politische Arbeit von Eltern, Lehrern und Schülern.

Gleichzeitig muß allerdings auch die Kritik und Veränderung der

Inhalte vorangetrieben werden. Die Herausgeber dieses Buches wollen sich weiterhin darum bemühen. Wer mitmachen will, schicke bitte Vorschläge, Kritik und neue Unterrichtseinheiten oder Materialien an:

Ernst Busche, An der Gete 40, 2800 Bremen 1,
Brunhilde Marquardt, Projensdorfer Str. 70, 2300 Kiel,
Margarete Maurer, Fichtestr. 7, 6700 Ludwigshafen/Rhein.

«Die Deutschen leben von Sauerkraut und drehen auf den Lichtungen des Schwarzwaldes Unmengen schwerer Granaten. Alle 25 Jahre überfallen sie ganz Europa. Zwischen den Kriegen trinken die Deutschen unentwegt Bier und sind gemütlich.» (Helbig, 1975, S. 209)

Brunhilde Marquardt

Rassenvorurteile in Biologieschulbüchern?

Rassendiskriminierung und Rassenvorurteile gehören nicht der Vergangenheit an. Auch heute noch reicht die Tatsache aus, daß Menschen sich zum Beispiel nach der Hautfarbe unterscheiden, um Schwarze in den USA, Südafrika und Rhodesien und sogenannte «Gastarbeiter» in der Bundesrepublik Deutschland täglich neu zu diskriminieren. Dabei werden postulierte biologische Unterschiede, die sich biologisch nicht rechtfertigen lassen, dazu verwendet, um «in Wahrheit handfeste wirtschaftliche und politische Interessen gegen die diskriminierte Gruppe durchzusetzen» (Kattmann, 1973, S. 92).

Vorurteile wie «Neger sind dumm und faul», «Gastarbeiter stinken» erleichtern es, diskriminierende Maßnahmen zum Beispiel gegen Afrikaner und «Gastarbeiter» vorzunehmen. Meist wird dabei vergessen, daß über Deutsche in derselben Art und Weise geurteilt werden könnte, zum Beispiel über den «sauerkrautessenden und kriegslüsternen Deutschen» (vgl. Zitat oben).

Rassenvorurteile und Rassendiskriminierung tragen bis heute ihren Teil dazu bei, daß ein gleichberechtiges Leben und Zusammenleben von Menschen verschiedener Rassen nicht möglich ist. Rassenvorurteile sind jedoch nicht «naturgegeben», sondern werden erlernt und verlernt.

Erziehung und Unterricht sind also in besonderer Weise angesprochen, wenn es darum geht, dem Ziel der Völkerverständigung näherzukommen.

Einen Beitrag zur Völkerverständigung könnte beispielsweise der Biologieunterricht leisten, wenn er vermittelt, daß Rassenvorurteile biologisch nicht zu rechtfertigen sind, wie sie entstehen und welche Funktion sie haben. Die Beschäftigung mit Formen der Rassendiskriminierung früher und heute und deren Auswirkungen könnte zu Betroffenheit bei Schülern führen. Betroffenheit, die Möglichkeit einer positiven emotionalen Zuwendung zu Menschen fremder Rassen und die Vermittlung von Handlungsperspektiven im Unterricht, lassen vielleicht eher erreichen, daß Schüler in ihrem eigenen Alltag im Sinne der Völkerverständigung handeln.

Vom Biologielehrer verlangt das Thema Menschenrassen ein besonderes Engagement. Geben die Biologieschulbücher dem Lehrer bei seiner Unterrichtsplanung zum Thema Menschenrassen genügend Hilfe, oder ist er gezwungen, andere Materialien zu berücksichtigen? Was steht überhaupt in den Biologieschulbüchern? Welchen Beitrag leisten die Bücher zum Ziel der Völkerverständigung? Welche Wirkungen lassen sich beim Schüler nach Lektüre der Schulbücher vermuten? Werden bei ihm Vorurteile abgebaut oder tragen sie zur Vorurteilsbildung bei?

Dies sind Fragen, die an die Kapitel zum Thema Menschenrassen in Biologieschulbüchern der Sekundarstufe I und II gestellt werden. Die Sensibilität für die Beurteilung dessen, was über dieses Thema in Biologiebüchern steht, ergibt sich nicht zuletzt daraus, wie die Texte auf Betroffene (Schwarze, «Gastarbeiter», Mischlingskinder) wirken müssen.

Das Thema «Menschenrassen» fehlt in der Mehrzahl der Schulbücher!

Von insgesamt 115 untersuchten Schulbüchern der Sekundarstufen I und II steht überhaupt nur in 22 etwas über das Thema Menschenrassen. Nimmt man hinzu, daß von diesen 22 Schulbüchern (s. Literaturverzeichnis) nur 11 das Thema ausführlicher (mindestens 2 Seiten) behandeln, so kann von einer Verdrängung des Themas gesprochen werden.

Was erfährt der Schüler in denjenigen Schulbüchern, die das Thema nur in einigen Zeilen oder einer halben Seite behandeln? Nach dem Lesen dieser Passagen weiß er, daß Menschen sich nach bestimmten Merkmalen in Großrassen aufteilen lassen und wie diese typischerweise aussehen. Rassenvorurteile und Rassendiskriminierung kommen in diesen Schulbüchern nicht vor. Lediglich drei der Bücher (Falkenhan, 1965; Bauer, 1976; Kruse/Stengel, 1974) lassen durch einen Satz des Textes, eine Arbeitsaufgabe oder durch eine Bildunterschrift erahnen, daß es Rassenprobleme gibt. Zu fragen ist, warum das Thema nicht oder fast nicht berücksichtigt wird? Erscheint es bedeutungslos oder soll durch Verschweigen die Vergangenheit bewältigt werden?

Dieses Vorgehen wäre vielleicht zu rechtfertigen, wenn Rassendiskriminierung und Rassenvorurteile der Vergangenheit angehörten. Rassendiskriminierung ist jedoch auch heute noch ein erdumfassendes und auch für die Bundesrepublik Deutschland zutreffendes Problem. Daher müssen das Verdrängen des Themas Menschenrassen und die vermutlichen Folgen für die Schüler um so schwerer wiegen.

Die Folgen des Verschweigens des Themas «Menschenrassen» bei den Schülern sind vermutlich:

- Gleichgültigkeit,
- vorhandenen Vorurteilen wird nicht entgegengewirkt,
- Sensibilität für Vorurteile und Diskriminierungen wird nicht geweckt,
- Hilfen zur Überwindung von Vorurteilen und Diskriminierung sind unbekannt.

Was steht in denjenigen Schulbüchern, die das Thema umfangreicher behandeln?

Die biologische Beschreibung überwiegt

Betrachtet man die Inhalte der Schulbücher, so wird deutlich, daß die Erwartungen bezüglich einer vielfältigen Behandlung des Themas nicht zutreffen. Die biologischen Anteile überwiegen mit drei Vierteln zu einem Viertel gegenüber den sozialwissenschaftlich bestimmten Anteilen (Zeilenumfang).

Zeichenerklärung:
H Hauptschule
R Realschule
G Gymnasium
Sj. Schuljahr
\+ kommt vor
Ej. Erscheinungsjahr
Su. Seitenumfang

		Rückert, L. / Wegmann, R.: Wir erleben die Natur	Kattmann, U. / Palm, W. / Rüther, F.: Kennzeichen des Lebendigen	Lange, F. / Strauss, E. / Dobers, J.: Biologie	Duderstadt, H. / Scholz, E.-F. / Winkel, G.: Biologie	Grupe, H. / Grupe H.: Erkunden und erkennen	Barsig, W. / Berkmüller, H. / Kavasch, H.: Leben überall	Bothschafter, E. / Hamman, J. / Hamman, T.: Biologie	Lange, F. / Strauss, E. / Dobers, J.: Biologie	Kattmann, U. / Palm, U. / Rüther, F.: Kennzeichen des Lebendigen	Linder / Hübler: Biologie des Menschen	Hausmann, W. / Häusler, K.: Biologie
	Ej.	1969	1975	1975	^{5}1973	1968	^{5}1973	^{2}1973	^{2}1972	1975	1976	^{2}1972
	Su.	2	2	2	2	2	6,5	3	2	7	2	1
		H 5. Sj.	H 5. R 6. G Sj.	R 5. 6. Sj.	H 7. Sj.	H 7. 9. Sj.	H 9. Sj.	H 9. Sj.	R 9. 10. Sj.	H 9. R10. G Sj.	G 9. 10. Sj.	G 9. 10. Sj.
Biologische Anteile	Entstehung von Rassen (Evolutionsfaktoren, Zeitpunkt, Zeitraum)	+		+	+		+	+		+	+	
	Rassenbegriff/-definition											
	typologisch	+		+		+	+	+	+			+
	dynamisch		+		+					+	+	
	biologische Gemeinsamkeiten		+		+	+	+		+	+	+	+
	Einteilung und Beschreibung von Rassen (Nennung und Beschreibung der Großrassen und Untergruppen)	+	+	+	+	+	+	+	+	+	+	+
Sozialwissenschaftlich bestimmte Anteile	Rassen und Kultur	+				+	+	+				+
	Wert von Rassen	+	+	+	+	+		+		+	+	+
	Rassen und Vorteile		+					+		+	+	
	Rassendiskriminierung früher und heute	+		+			+			+		+
	Zusammenleben von Rassen		+		+					+		
	Lösungsmöglichkeiten von Rassenproblemen				+		+					+

Tabelle 1: Der Anteil des Themas «Rassen» in gängigen Schulbüchern

Tabelle 1 zeigt, daß das Thema vor allen Dingen bei den Aspekten «Einteilung und Beschreibung von Rassen», «Rassenbegriff-Definition» und «Entstehung von Rassen» ausgeweitet wird. Die Inhalte, die über das Biologische hinausgehen, also die sozialwissenschaftlich bestimmten Anteile, werden nicht sozialwissenschaftlich adäquat behandelt. Daher ist bereits die Aussage «Rassen haben den gleichen Wert» den «sozialwissenschaftlichen» Anteilen zugeordnet worden. Von den sozialwissenschaftlichen Anteilen werden nur die Aspekte «Wert von Rassen» und «Rassendiskriminierung früher und heute» etwas ausführlicher behandelt. Alle übrigen Aspekte («Rasse und Vorurteil», «Rasse und Kultur», «Zusammenleben von Rassen», «Lösungsmöglichkeiten») kommen fast nicht vor.

Betrachtet man den Zeitpunkt der Behandlung des Themas Menschenrassen, so fällt auf, daß der Schwerpunkt in den Klassenstufen 9/10 liegt. In den Klassenstufen 5/6 und der Sekundarstufe II ist das Thema sehr selten oder gar nicht vorgesehen. Der Zeitpunkt der Behandlung (9./10. Schuljahr) muß als bedenklich angesehen werden, da das Alter, in dem Kinder Rassenvorurteile übernehmen, meist früher liegt.

Was verbirgt sich nun im einzelnen hinter den biologischen und sozialwissenschaftlich bestimmten Inhalten? Welche vermutlichen Wirkungen ergeben sich aus der Art und Weise der Behandlung beim Schüler?

Im folgenden werden anschauliche Beispiele aus den untersuchten Schulbüchern zitiert. Erfreulicherweise finden sich offensichtlich vorurteilsfördernde Abschnitte in allen analysierten Schulbüchern nicht gehäuft. Es darf jedoch nicht übersehen werden, daß auch einzelne Sätze negative Wirkungen haben können, wenn sie mit verbreiteten Stereotypen in Verbindung gebracht werden können, die den Schülern auch in ihrer Umgebung begegnen (z. B. Fernsehen, Elternhaus).

Neger stinken?

«Die negride Rassengruppe hat als auffälligstes Merkmal die sehr dunkle Haut; das Haar ist kraus, die Nase sehr breit, der Oberkiefer steht meist etwas vor, die Lippen sind wulstig. Sie hat sich im tropischen und subtropischen Afrika ausgebildet. Gegen die starke Sonneneinstrahlung bildet die dunkle Haut einen guten Schutz. Neger haben für uns Weiße einen besonders starken ‹Rassengeruch›, der durch die Absonderung der Schweiß- und Talgdrüsen hervorgerufen wird. Einen ähnlich unangenehmen Körpergeruch behaupten die Australneger von den Europäern.» (Grupe, 1968, S. 163)

Welche Wirkung wird eine solche Passage bei Schülern haben? Paßt die Aussage über den «Rassengeruch» nicht zum bekannten Vorurteil «Neger stinken»? Vermutlich hat der Verfasser das Beispiel gerade aufgrund derartiger Vorurteile gewählt, um diesen entgegenzuwirken. Er weist ja darauf hin, daß auch wir Europäer für Menschen einer anderen Rasse unangenehm riechen. Ob diese Aussage aber die zugedachte «relativierende» Wirkung haben kann, muß bezweifelt werden.

Dieses Schema, Ansprechen von Vorurteilen und «Relativieren» durch einen Nachsatz, ist unzureichend, um Vorurteile abzubauen, und wird uns später in bedenklicherer Form begegnen. Zwar gibt es Untersuchungen, die eine unterschiedliche Aktivität der Schweißdrüsen bei verschiedenen Rassen feststellen, ähnliche Unterschiede sind jedoch auch innerhalb der Rassen nachzuweisen. Bedenklich sind die Aussagen zum «Rassengeruch» deswegen, weil sie ausschließlich beim negriden Rassenkreis gemacht und undifferenziert vermittelt werden. Auf diese Weise wird kaum erreicht, daß sich Schüler mit Menschen fremder Rassen positiv identifizieren.

Es soll durch dieses Zitat allerdings nicht der Eindruck erweckt werden, daß der gesamte Abschnitt des zitierten Buches in ähnlicher Weise zu Bedenken Anlaß gibt. Es wird im Gegenteil auch auf fließende Übergänge zwischen Rassen und auf die Gleichheit aller Menschen hingewiesen. Es bleibt allerdings die Frage, ob diese Ausführungen die gleiche Wirkung haben werden wie der obige Abschnitt, der an ein gängiges Stereotyp denken läßt.

Objektivität und Vorurteilsbildung?

Stellenweise handeln Schulbücher das Thema «Menschenrassen» rein deskriptiv und teilweise biologistisch ab. Diese Darstellungsweise läßt sich dadurch kennzeichnen, daß ohne weiteres von Pflanzen und Tieren statt von Menschen die Rede sein könnte.

So werden dann auch bei v. Frisch (^{3}1967) weiße und schwarze Hühner mit weißen und schwarzen Menschen verglichen.

«Es kommt vor, daß ein Weißer eine Negerin zur Frau hat. Die beiden sind ebenso wie die schwarzen und weißen Hühner . . . Vertreter zweier Rassen, die in einem erblichen Merkmal, in ihrer Färbung, voneinander verschieden sind. Doch wird man bei dem Menschenpaar vergeblich auf schwarze, graue und weiße Nachkommen warten.»

Biologen ist der Vergleich zwischen Mensch und Tieren durchaus geläufig. Es muß jedoch befremden, wenn ein solcher Vergleich beim Thema «Rassen» ohne Rücksicht auf bestehende soziale und individuale Probleme und Emotionen erfolgt. Menschliche Beziehungen dürfen nicht gedankenlos auf einen Kreuzungsaspekt reduziert werden. Dies aber geschieht bei von Frisch, zumal dieser an keiner anderen Stelle in seinem Buch das Thema «Menschenrassen» behandelt.

Erfreulicherweise enthält nur ein einziges Schulbuch einen so stark biologistischen Text; aber auch in anderen Schulbüchern läßt sich eine Tendenz in diese Richtung feststellen:

«Nehmen wir an, wenige Menschen werden aus einer großen Menge Schiffbrüchiger auf eine einsame Insel verschlagen. Unter ihnen ist eine Person mit einer dunkleren Hautfarbe als die übrigen. Das Gen, das die Ausprägung dieses Hauptmerkmals bewirkt, sei dominant. Wenn diese Inselbewohner untereinander Kinder bekommen, wird bei mehreren von ihnen eine dunkle Hautfarbe zu sehen sein.» (Linder/Hübler, 1976)

Auch diese Ausführungen zur Entstehung von Rassen und Mischlingen lassen vergessen, daß bei der Beschreibung Menschen mit Gefühlen und Problemen betroffen sind. Es ist bedauerlich, daß im Rassenkapitel nicht in gleichem Maße auf soziale und individuelle Probleme eingegangen wird, wie es an vielen anderen Stellen in diesem Buch geschieht.

«Durch die europäische Einwanderung ist die Urbevölkerung Australiens nahezu ausgerottet worden. Nur geringe Reste überlebten.» (Barsig/Berkmüller/Kavasch, 1973, S. 39)

Derartige Passagen über die Ausrottung von «primitiven Völkern» unterschlagen durch den sachlich-distanzierten Stil, daß hier Menschen nicht einfach durch «Einwandern», sondern oft gezielt mit brutalen Methoden umgebracht wurden (vgl. Unterricht Biologie, Heft 8, 1977).

Welche Auswirkungen hat solch ein betont sachlich objektivierender Stil bei Schülern? Wird nicht vor allen Dingen verhindert, daß eine positive emotionale Zuwendung zu Menschen fremder Rassen erfolgt, da Emotionen und sozialer Kontext ausgespart bleiben?

Differenzierte Darstellung vermeidet Stereotypen

Schulbücher, die mehr oder weniger explizit einen statisch-typologischen Rassenbegriff benutzen (vgl. Tabelle 1, S. 14), betonen vor allem die Unterschiede zwischen Rassen. Demgegenüber würde ein dynamischer populationsbezogener Rassenbegriff, der Individualität und Variabilität berücksichtigt, zwar auch auf Unterschiede zwischen Menschen verschiedener Rassen hinweisen, diese Unterschiede erscheinen dabei jedoch nicht wesentlicher als die Unterschiede innerhalb der Rassen.

Obwohl auch im Buch Linder/Hübler (1976) ein dynamischer Rassenbegriff zugrunde gelegt ist und individuelle Eigenschaften innerhalb der Rassen so wie fließende Übergänge zwischen den Rassen im Text vorher erwähnt sind, wird in dem nachstehenden Text (links) zwar eine Wertung von Rassen in «minderwertige» und «höherwertige» abgelehnt, dennoch aber der besondere Wert ganzer Gruppen hervorgehoben. Im Text (rechts) werden dagegen auch bei der Bewertung die individuellen Eigenschaften zugrunde gelegt.

«Eine Wertung von Rassen und Rassenmischungen in ‹minderwertige› und ‹höherwertige› ist vom Biologischen her nicht vertretbar, da sie erstens alle bezüglich der typischen Menschenmerkmale (Einsicht, hohe Lernfähigkeit, Greifhand, Sprache usw.) weitgehend gleich sind, außerdem zunächst festgestellt werden müßte, an welchem Maßstab der ‹Wert› überhaupt gemessen werden soll. Man wird dann finden, daß es sehr viele solche Maßstäbe gibt (Körperkraft; technische, sprachliche, theoretische Intelligenz; Widerstandskraft gegen bestimmte Krankheiten; Anpassung an bestimmte klimatische Verhältnisse; Liebesfähigkeit; usw.) und daß jede Rasse und jede Rassenmischung irgendwo ihren besonderen ‹Wert› hat, der sie vor anderen auszeichnet.» (Linder/Hübler, 1976, S. 228)

«Vorurteile anderen Menschen gegenüber sind nicht angeboren, sondern erworben. Kinder übernehmen Vorurteile von den Erwachsenen. Wie töricht diese Vorurteile sind, zeigt sich schon daran, daß es immer ganze Gruppen sind, denen minderwertige Eigenschaften zugeschrieben werden. Dabei kann niemand ernsthaft bestreiten, daß es in jeder Rasse intelligente und weniger intelligente, gesunde und kranke, kräftige und schwache, hilfsbereite und unfreundliche Menschen gibt. In der ‹Allgemeinen Erklärung der Menschenrechte der UNO› von 1948 steht als Artikel 1: ‹Alle Menschen sind frei und gleich an Würde und Rechten geboren. Sie sind mit Vernunft und Gewissen begabt und sollen einander im Geiste der Brüderlichkeit begegnen.›» (Kattmann/Palm/Rüther, 1976, S. 96f).

Durch eine differenzierte, auf Variabilität bezogene biologische Darstellung könnten Vorurteile bei Schülern abgebaut werden.

Wie die obigen Ausführungen gezeigt haben, leistet der biologische Anteil in den meisten analysierten Schulbüchern einen nur ungenügenden Beitrag zum Abbau von Vorurteilen. Wie sieht es damit bei den «sozialwissenschaftlichen» Anteilen der Schulbücher aus? Gelingt es, trotz eines positiv zu bewertenden Bemühens seitens der Schulbuchautoren Fachgrenzen zu überschreiten, die Verbindung zu den biologischen Anteilen herzustellen und dem Ziel Völkerverständigung näherzukommen?

Kolonialistisches Weltbild

«Die europide Großrasse hat eine der Hochkulturen der Erde geschaffen.»

«... vielleicht ist gerade die europäische Hochkultur dieser innigen Verschmelzung aller europider Rassen zu verdanken.» (Barsig/Berkmüller/Kavasch, 1973, S. 36 u. 40)

Zwei Schulbücher heben ausschließlich die kulturellen Leistungen und den Wert der europiden Großrasse hervor.

Ähnliche Äußerungen finden sich bei den Ausführungen zu den anderen Großrassen nicht. Damit der eindeutige «Lobgesang» auf die europäische Kultur nicht so einseitig ist, wird vom Schulbuchautor bei den zitierten Aussagen eine «relativierende» nachgestellt, denn «auch andere Großrassen sind Schöpfer großer Kulturen geworden» und «Ja sogar negrider und vor allen Dingen mongolider Einschlag läßt sich bei uns feststellen» (a. a. O.).

Dieser eigenartige Versuch, Vorurteile zu wiederholen und diese dann wieder einzuschränken, war bereits auch bei den Passagen über den «Rassengeruch» vorzufinden.

Es ist nicht abwegig zu vermuten, daß den obenzitierten Passagen trotz relativierendem Nachsatz ein kolonialistisches Weltbild zugrunde liegt, wonach nur der Weiße zu wahrhaft großen kulturellen Leistungen fähig ist. In kolonialistischer Manier ist dann auch die Überschrift zu einer Tabelle (Räume der europiden Großrasse) gehalten:

«Die Weißen erobern die Erde» (Barsig/Berkmüller/Kavasch, 1973)
Dieser Überschrift folgen keinerlei Hinweise darauf, mit welchen Methoden beispielsweise «die Weißen» Kolonien erobert und die einheimische Bevölkerung unterdrückt haben bzw. noch heute unterdrücken. In abgeschwächter Form findet sich auch noch in einem anderen Schulbuch eine unterschiedliche Bewertung kultureller Leistungen verschiedener Rassen.

> «. . . nicht alle Rassen waren gleichmäßig an diesen Entwicklungen (der Kultur) beteiligt. Einige von ihnen blieben auf primitiveren Stufen stehen. Sie werden von höher entwickelten Menschen aller 3 Großrassen in Rückzugsgebiete abgedrängt.» (Kruse/Stengel, 1974, S. 190)

Dieser zitierten Passage geht eine längere Beschreibung der kulturellen Leistungen des «Jetztmenschen» voraus. Sicherlich ist zutreffend, daß von den sogenannten «Primitiven» (genannt werden Pygmäen und Indianer) Kulturen im Sinne des Schulbuchautors nicht geschaffen wurden. Aber ein solches Urteil sollte nicht allein nach Maßstäben der westlichen Kultur gefällt werden. Es ist zum Beispiel nicht erwiesen, ob die Errungenschaften der westlichen Kultur sich zum Wohle der Mehrheit der Bevölkerung und der gesamten Menschheit ausgewirkt haben bzw. noch auswirken werden. Im Unterschied zur Kultur der Indianer in Kanada, zu deren Grundprinzipien der pflegerische Umgang mit der Natur gehört, führten bzw. führen die Folgen der westlichen Zivilisation zu einer zunehmenden Zerstörung der Umwelt.

Zu fragen ist, ob die Bewertung der Kultur der «Primitiven» nicht auch noch gleich eine Rechtfertigung für ihre Ausrottung mitliefert. Sind Gedanken etwa der Art «diese Menschen haben keinen Anteil an unserer Kultur, sie sind minderwertig, was kümmert es uns, wenn diese Menschen ausgerottet werden» durch solche Schulbuchtexte nicht naheliegend?

Schulbücher, die nur die Kultur der Europäer betonen, tragen also wohl in starkem Maße zur Vorurteilsbildung bei.

Harmonisierendes Weltbild

«In unserer Zeit ist es nicht ungewöhnlich, daß Kinder verschiedener Länder zusammen die Schule besuchen. Dabei lassen sich vom Aussehen her kaum Unterschiede feststellen. Wir haben uns auch daran gewöhnt, mit Menschen verschiedener Hautfarbe zusammen zu leben, und für viele von uns bedeutet es nichts Besonderes, einem Japaner, einem Neger oder einem Mulatten zu begegnen. Heute ist es für uns fast selbstverständlich, wenn sich die Menschen der Welt bei sportlichen Wettkämpfen, beim Studium, bei der Arbeit, in geschäftlichen Angelegenheiten als gleichberechtigte Partner begegnen. Besonders wenn in Städten internationale Messen oder Kongresse stattfinden, kommen aus aller Welt Menschen zusammen, um untereinander zu verhandeln, voneinander zu lernen und zusammenzuarbeiten.» (Lange/Strauß/Dobers, 1975, S. 208)

Dieser Text muß vor allen Dingen diejenigen Leser (zum Beispiel «Gastarbeiterkinder») zum Widerspruch herausfordern, deren persönliche Erfahrungen im Gegensatz zur Schulbuchrealität stehen. Gastarbeiterkinder erfahren täglich, daß sie nicht gleichberechtigt sind, da sie vielfach nicht in die Klassengemeinschaft oder Spielgemeinschaft deutscher Kinder integriert sind. «Gleichberechtigter» Partner sein, heißt für «Gastarbeiter» vor allen Dingen die «Dreckarbeiten» zu verrichten.

Und wie steht es mit der Gleichberechtigung auf internationalen Messen? Das wirtschaftliche Ungleichgewicht führt bis heute dazu, daß Länder der Dritten Welt in erster Linie nicht als gleichberechtigte Partner, sondern in ihrer Funktion als Rohstofflieferanten und Abnehmer gesehen werden.

Hinter den obenzitierten Ausführungen des Schulbuchs steht ein positives Bemühen, nämlich aufzuzeigen, daß es auch Formen des Zusammenlebens zwischen Menschen verschiedener Rassen gibt. Dieses Thema wird in allen anderen Schulbüchern fast gar nicht angesprochen.

Es müßte jedoch darauf hingewiesen werden, daß Formen des Zusammenlebens gegenüber Konflikten und Diskriminierung in der Minderzahl sind. Mit Wunschdenken allein werden Probleme nicht gelöst.

«Allerdings schwinden die Grenzen zwischen den Rassen und Völkern durch Wirtschaft, Verkehr, Industrie, Handel immer mehr, und die Menschheit wird sich zunehmend bewußt, daß sie trotz rassischer Verschiedenheit eine Einheit ist.» (Kruse/Stengel, 1974, S. 190)

Auch in diesem Text steckt mehr ein Wunschdenken als Realität.

Es ist besonders auffällig, daß beispielsweise Formen der Rassendiskriminierung, mit der wir uns in der Bundesrepublik Deutschland auseinanderzusetzen haben, nämlich Nationalsozialismus und Gastarbeiterprobleme, explizit nur jeweils zweimal (Barsig/Berkmüller/Kavasch, 1973; Rückert/Wegmann, 1969) und einmal (Kattmann/Palm/Rüther, 1976) erwähnt werden. Tagespolitische Ereignisse wie Rassendiskriminierung in Südafrika oder Rhodesien sind für Schulbücher ebenfalls nicht oder nur in einer Arbeitsaufgabe existent.

Schulbuchtexte mit einem harmonisierenden Weltbild oder solche, die Rassendiskriminierung mit einem Satz abtun, lassen die Schüler in dem Glauben, daß die Welt, so wie sie ist, in Ordnung sei. Es scheint daher nicht notwendig, etwas zu ihrer Veränderung beizutragen.

Schulbücher vermitteln keine Handlungsperspektiven

Schulbücher zeigen Schülern keine Möglichkeiten auf, wie etwa Rassenprobleme in der eigenen Klasse oder im eigenen Wohnviertel zu ändern wären. Es gibt wohl bei uns kaum eine Stadt, in der Gastarbeiter nicht diskriminiert werden. Aktionen, wie Flugblattschreiben, Informieren der Öffentlichkeit über Formen der Rassendiskriminierung, Kontakte und Freundschaft zu Gastarbeiterkindern könnten vom Unterricht ausgelöst werden.

Vom gleichen Wert der Rassen zu reden, wie es in fast allen Schulbüchern geschieht, wird Schüler kaum ausreichend dazu anregen, selbst zu handeln.

Positive Ansätze

«Menschenrassen sind ungleichartig; trotzdem können sie einander ebenbürtig sein. Innerhalb der Rassen kann man alle möglichen Veranlagungen und Fähigkeiten nachweisen. Die vorhandene Verschiedenheit, Andersartigkeit der Rassen bedeutet nicht Wertunterschiede oder gar Minderwertigkeit. – Aus offenkundig ungleichen kulturellen Leistungen darf man nicht folgern, daß die genetischen Eignungen für solche Leistungen unterschiedlich sein müssen. Oft ist das Erbgut infolge der stärkeren Prägung des Menschen durch seine Umwelt nur verdeckt. Ehe man die kulturellen Fähigkeiten menschlicher Individuen, Populationen oder Rassen beurteilen kann, muß man ihnen zuvor auch etwa die gleiche Chance bieten, diese Fähigkeiten zu beweisen. – Es ist nicht zu vertreten, daß Nationen oder Rassen, die ihre eigenen Fähigkeiten als die höheren ansehen, sich das Recht anmaßen, über diejenigen herrschen zu wollen, die sie als unter ihnen stehend betrachten. – Alle Rassen der Menschheit haben gleiches Lebensrecht und gleiche Würde.» (Duderstadt/Scholz/Winkel, 1973, S. 169)

Diese Aussagen können in ihrer Differenziertheit positiv bewertet werden. Sie stehen am Ende eines rein biologisch beschreibenden Textes. Wirkungsvoller wäre es jedoch, wenn eine engere Verknüpfung zwischen biologischen und sozialen Bereichen in Schulbüchern hergestellt würde.

Rückert/Wegmann (1969) beschäftigen sich sehr ausführlich mit dem Problem «Schwarz-Weiß» am Beispiel Martin Luther Kings. Leider bleiben auch bei diesen Ausführungen die Beziehungen zwischen den biologischen und sozialen Fragen unklar. Es gibt auch keinerlei Informationen darüber, was Diskriminierung für die Betroffenen bedeutet, denn ein abstrakter Hinweis darauf, daß die Schwarzen nicht die gleichen Rechte haben, reicht für die Schüler nicht aus.

In diesem Schulbuch wird zudem die Chance vertan, Probleme der Rassendiskriminierung an einem konkreten Fall zu behandeln. Dieser konkrete Fall wird jedoch nur als «Aufhänger» benutzt. Der Schulbuchautor steht nämlich vor dem Dilemma, nach dem Text über Martin Luther King wieder auf die biologische Beschreibung von Rassen zurückkommen zu müssen. So wird aus dem Befreiungskampf der Schwar-

Rassenwahn in der Rechtsprechung

Von der Vergangenheit eingeholt: Der CDU-Justizminister Hans Puvogel schrieb die oben abgebildete Inaugural-Dissertation zur Erlangung der juristischen Doktorwürde. Auszüge aus dieser mit NS-Ideologie getränkten Doktorarbeit finden Sie nachstehend:

«. . . eine völkische Pflicht erfüllen»

Auszüge aus der Inaugural-Dissertation des Gerichtsreferendars Hans Puvogel

«Das Strafrecht ist das Spiegelbild der seelischen Haltung eines Volkes», so sagt Staatssekretär Dr. jur. Roland Freisler mit Recht in seinen Eingangsworten zur Denkschrift des preußischen Justizministers. Wesen und Grundhaltung eines Volkes verkörpern sich am reinsten in den geltenden Strafsätzen (Seite 1).

Betrachtet man in diesem Zusammehang die strafrechtlichen Neuerungen, so verdient das Gesetz gegen gefährliche Gewohnheitsverbrecher und über Maßnahmen der Sicherung und Besserung vom 24. 11. 1933 (RGBl. I, 955) besondere Erwähnung . . . Keine Scheu vor einschneidenden Maßnahmen sowie die Berücksichtigung des Rassegedankens, des Kernstückes der nationalsozialistischen Weltanschauung, lassen dieses Gesetz richtungweisend für das zukünftige deutsche Strafrecht erscheinen (Seite 1).

Unter den verschiedenen Maßregeln fallen der Sicherungsverwahrung und der Entmannung ob ihrer einschneidenden Bedeutung für den Betroffenen die größte Bedeutung zu (Seite 2).

Die eugenische Indikation will den Bestand der rassisch wertvollen Elemente eines Volkes durch Ausmerzung erbkranker Elemente erhalten und fördern. Es sollen die *erbbiologisch Minderwertigen durch die Entmannung der Fortpflanzungsmöglichkeit beraubt* werden, um so das Volk vor einer rassisch minderwertigen und degenerierten Nachkommenschaft zu bewahren.

Für den *Nationalsozialismus ist der Rassegedanken einer der Grundpfeiler seiner Weltanschauung.* Für ihn steht fest, daß das Erbe des Blutes, d. h. die erbmäßige Anlage, in ausschlaggebender Weise den Einzelmenschen in körperlicher wie seelischer Beziehung gestaltet. Diese Erkenntnis zu verwirklichen ist der Zweck der Rassegesetzgebung der nationalsozialistischen Regierung. Ihr Kampf geht um die Erhaltung unseres Volkes. Ihr Endziel ist, durch geeignete Maßnahmen die wertvollen Erbströme unseres Volkes immer stärker fließen zu lassen, die minderwertigen hingegen nach und nach zum Versiegen zu bringen. Ein großes Werk, welches im gläubigen Vertrauen auf den rassischen Wert unseres Volkes allen Widerständen zum Trotz letzten Endes die Zukunft unseres Vaterlandes licht und klar erscheinen läßt (Seite 9).

Nicht Kriege oder Seuchen, nicht wirtschaftliche Katastrophen führten den Untergang einst starker und mächtiger Völker herbei. Nein, ihre Widerstandskraft erlahmte, weil sie das Gefühl für die Reinhaltung ihres Blutes verloren, weil sie vergaßen, daß Kraft und Gesundheit des Blutes Aufstieg und Niedergang bestimmen (Seite 9).

Einmal lehrt die Erfahrung, daß es anlagebedingte Verbrecher gibt, deren Schicksal es nun einmal ist, stets ein Feind der Volksgemeinschaft zu sein und zu bleiben, sie sind, um mit Lombroso zu sprechen, geborene Verbrecher. Für sie gibt es nichts Besseres als Unschädlichmachung für immer (Seite 11).

Das gemütlose Kind quält Tiere mit Lust und tut es immer wieder trotz Belehrung und Bestrafung. Es ist unfähig, sich zu vertragen. Es fehlt ihm jedes Anschlußbedürfnis, jedes Organ für Zuneigung und Mitfreude . . . Dieses nur ein Beispiel dafür, daß letzten Endes stets die Erbmasse, die erbbiologisch bedingte Anlage des einzelnen, ihn schicksalhaft und unabänderlich zum Feind seines Volkes stempelt (Seite 11).

Bejahen wir eine solche Vererbung im allgemeinen, so müssen wir auch jenen unglückseligen Trieb zum Sittlichkeitsverbrecher als unter die Vererbungsregel fallend betrachten. Ihn aber . . . auszurotten und seine Vererbung zu verhindern, erscheint höchste Pflicht des Staates (Seite 12).

Nur ein der völkischen Erneuerung dienendes und der völkischen Sittenordnung entsprechendes Strafrecht kann im heutigen Staate Geltung beanspruchen (Seite 13).

Der Wert des einzelnen für die Gemeinschaft bemißt sich nach seiner rassischen Persönlichkeit. Nur ein rassisch wertvoller Mensch hat innerhalb einer Gemeinschaft eine Daseinsberechtigung.

Der Satz von der «Gleichheit all dessen, was Menschenantlitz trägt», war, obgleich dem aufmerksamen Beobachter rein äußerlich die Ungleichheit der Menschen durch die Verschiedenheit ihrer Charaktere, Begabungen und körperlichen Erscheinungsformen ins Auge springen mußte, einer der wichtigsten Grundsätze des liberalistischen Zeitalters (Seite 25).

Die Erkenntnis von der Unverbesserlichkeit des Verbrechers erfordert grundsätzlich seine Unschädlichmachung (Seite 26).

Es gilt daher Richter und Staatsanwälte aufzuklären, zwar nicht wahllos, aber doch großzügig diese Maßnahme (der Entmannung) durchzuführen . . . Insbesondere dem Richter muß klarwerden, daß er bei seiner Entscheidung eine völkische Pflicht zu erfüllen hat (Seite 35).

(Aus: DVZ vom 30. 3. 1978 – Hans Puvogel mußte im April 1978 als niedersächsischer Justizminister zurücktreten. Vgl. auch S. 43 ff.)

Arbeitsbogen einer Schülerin, der bei der Erprobung der IPN-Einheit «Der Mensch und die Tiere» von U. Kattmann und S. Stange-Stich (1974) entstand.

zen in den USA ein Kampf darum zu beweisen, «daß wir alle Menschen sind». (Rückert/Wegmann, 1969, S. 18) Dies stellt dann die Überleitung zum rein biologischen Teil her. Natürlich sind die Ideen Martin Luther Kings von dieser Grundeinstellung getragen, aber eine solche unpolitische, abstrakte Zielsetzung allein lenkt davon ab, daß Schwarze in Slums leben, benachteiligt und arbeitslos sind, und verhindert so unbeabsichtigt ein Verständnis für die Ziele der Befreiungsbewegung.

Eine Verbindung zwischen biologischen und sozialen Themen ist bei Kattmann/Palm/Rüther (1976) und Bothschafter/Hamman (1973) besser gelungen, da ausgehend von biologischen Problemen Fragen der Vorurteilsbildung (zum Beispiel Intelligenz bei verschiedenen Rassen) und Diskriminierung behandelt werden. Aber auch hier wäre eine noch stärkere Berücksichtigung der sozialen Aspekte wünschenswert.

Konsequenzen

Welche Konsequenzen ergeben sich nun aus diesen Ergebnissen?

Wie die Analyse gezeigt hat, tragen die meisten Schulbücher nicht zum Abbau von Vorurteilen bei. Dafür sind vor allen Dingen das Verdrängen der Thematik und eine vorurteilsbehaftete, eine Emotionen aussparende, «sachliche» sowie auf Harmonie ausgerichtete Darstellung in den Schulbüchern verantwortlich zu machen. Zu ähnlichen Ergebnissen kam auch eine Schulbuchanalyse über das Thema «Dritte Welt» in Geschichts-, Sozialkunde- und Erdkundebüchern (vgl. Fohrbeck/Wiesand/Zahar, 1971).

Was bleibt nun angesichts dieser Situation für den Lehrer zu tun? Will er das Thema möglichst vielseitig behandeln, so ist er bei den meisten Schulbüchern gezwungen, zusätzliche Materialien zu benutzen.

Eine weitere Möglichkeit, das Thema Menschenrassen ausgehend von den vorliegenden Schulbüchern vielschichtiger zu gestalten, besteht durch Anwendung sogenannter «Umkehrmethoden». Dazu gehören nach Fohrbeck et al. (1971) Fragen wie «Was steht nicht im Schulbuch?» oder «Warum soll gerade das, was in Schulbüchern steht, gelernt werden?». Eine andere Methode besteht darin, «den Spieß umzudrehen». Vgl. das Zitat von Helbig, 1975, am Anfang des Beitrages. Dazu sind auch bereits Schüler in der Lage (vgl. Abbildungen 1, 2).

Literatur

Fohrbeck, K., Wiesand, A. J., Zahar, R.: Heile Welt und Dritte Welt, Opladen 1971, Leske

Helbig, L.: Politik im Aufriß, Bd. 2, Frankfurt 1975, Diesterweg

Kattmann, U. (Hg.): Rassen. Bilder vom Menschen, Wuppertal 1973, Jugenddienst-Verlag

AUFRUF

Was wir in westdeutschen Schulbüchern über das Negerproblem erfahren:

Der Schulbuch-Neger

	<u>Seydlitz</u>, Bd.3 (für die 9.Klasse), 1967 erschienen bei F.Hirt und H.Schroedel KG.,S.57:	Was in der Seydlitz-Darstellung <u>nicht</u> erwähnt wird:
Wie wohnen die Neger in Harlem?	"Das bekannteste Negerviertel ist Harlem in New York. Es liegt auf Manhattan ganz in der Nähe des Central Park. Hier stehen vornehme Apartmenthäuser, aber auch elende Mietskasernen.	Fast die Hälfte (43%) aller Häuser in den Gettos entsprechen nicht den polizeilichen Vorschriften und sind über – [redacted] holungsbedürftig und abbruchreif.
Was sind die Neger von Beruf?	Die Negerbevölkerung setzt sich nicht nur aus Arbeitern zusammen. Es sind auch viele vermögende Leute darunter, angesehene Ärzte, Professoren, Architekten, Schriftsteller, Maler und Bildhauer.	52% der Neger in den USA sind ungelernte Arbeiter; ca. 40% der Neger in den Gettos sind arbeitslos. Im Seydlitz werden sechs verschiedene "höhere" Berufe aufgezählt, wodurch der Eindruck entsteht, dass die aufgeführten Berufe überwiegen, während die "niedrigeren" Berufe unter einem Sammelbegriff ("Arbeiter") aufgeführt werden.
Und wenn Besucher kommen?	Die Neger von Harlem halten gut zusammen. Sie sehen es nicht gern, wenn man durch die Straßen ihres Stadtbereiches geht, herumgafft und allerlei Aufnahmen macht.	Würden wir uns – zur Touristenattraktion abgestempelt – anders verhalten?
Was verdienen die Neger – wo fühlen sie sich am wohlsten?	Die Nordwanderung der Neger ist noch nicht abgeschlossen! Immer noch verlassen unzählige Menschen ihre kleinen Pachtfarmen im Baumwollgürtel und ziehen in eine Industriestadt. Sie fühlen sich dort freier und können in guten Zeiten auch mehr Geld verdienen als durch den Anbau von Baumwolle und Mais. Daß viele Neger in der Stadt rasch vorwärtsgekommen sind, sieht man an den vielen schönen Autos, die in den Negervierteln parken.	In den Landgebieten des Südens verdienen 60% der schwarzen Landarbeiter unter 2000 Dollar jährlich, daher die Flucht in die Städte. Das mittlere Jahreseinkommen der Neger in den USA beträgt nur gut die Hälfte des Jahreseinkommens der Weißen. Während das durchschnittliche Realeinkommen der weißen Bevölkerung der USA 1956–65 um 14% gestiegen ist, ist das Realeinkommen der Negerbevölkerung in den Gettos um 5% gefallen!
Als was fühlen sich die US-Neger?	Nicht nur in den Nordstaaten, sondern auch in den Südstaaten, wo noch eine gewisse "color-line" besteht, fühlen sich die Neger aus tiefstem Herzen als Amerikaner."	Kommentar erübrigt sich!

Flugblatt der Arbeitsgruppe «Schulbuch» der Schülerzeitung «Spectrum», Hamburg.

Schulbücher mit geringem Umfang des Themas Menschenrassen

Bauer, E. W.: Humanbiologie, Berlin 1976, Cornelsen-Velhagen & Klasing

Bruggaier, W.: Einführung in die Biologie, Frankfurt 1973, Diesterweg

Falkenhan, H.-H.: Menschenkunde, München 1965, Oldenbourg

Frisch, K. v.: Biologie, München 1967, Bayerischer Schulbuch-Verlag

Garms, H.: Lebendige Welt, Gesamtband. Braunschweig 1971, Westermann

Gerhardt, A., Dircksen, H., Höner, P.: Biologie 5/6, München 1974, Bayerischer Schulbuch-Verlag

Gotthard, W., Hager, P.: Pflanze, Tier und Mensch, Ausgabe B. 3., Stuttgart 1972, Klett

Kruse, E., Stengel, E.: Das Leben 3, Stuttgart 1974, Klett

Linder, H.: Biologie, Stuttgart ^{17}1971/78 Metzler

Pfandzelter, R.: Menschenkunde, München ^{4}1972, Bayerischer Schulbuch-Verlag

Schulbücher mit einem größeren Umfang des Themas Menschenrassen

Barsig, W., Berkmüller, H., Kavasch, J.: Leben überall, Donauwörth ^{5}1973, Auer

Bothschafter, E., Hamman, J., Hamman, T.: Biologie, München ^{2}1973, Cornelsen-Velhagen & Klasing, Oldenbourg

Duderstadt, H., Scholz, E. F., Winkel, G.: Biologie, Frankfurt ^{5}1973, Diesterweg

Grupe, H., Grupe, H.: Erkunden und erkennen, Hannover 1968, Schroedel

Hausmann, W., Häusler, K.: Biologie. München ^{2}1972, Oldenbourg

Kattmann, U., Palm, W., Rüther, F.: Kennzeichen des Lebendigen. Braunschweig 5/6, 1975; 9/10, 1976, Vieweg

Lange, F. Strauß, E., Dobers, J.: Biologie 3, Hannover ^{2}1972, Schroedel

Lange, F., Strauß, E., Dobers, J.: Biologie, Hannover 1975, Schroedel

Linder/Hübler: Biologie des Menschen. 11. Aufl. hg. v. G. Schaefer, Stuttgart 1976, Metzler

Rückert, L., Wegmann, R.: Wir erleben die Natur, Freising 1969, Sellier Verlag

Peter Schulz-Hageleit

Die «Biologie des Menschen» in Schulbüchern der Bundesrepublik Deutschland, Frankreichs und der Sowjetunion[1]

I. Vorbemerkungen

Der folgende Beitrag vergleicht Schulbücher, die gegenwärtig in verschiedenen Schulen Europas Verwendung finden[1]. Die Auswahl der Schulbücher war abhängig von praktischen Gegebenheiten und damit mehr oder weniger zufällig. Das kann insofern zu Ungenauigkeiten führen, als die Schulen bei uns unterschiedliche Schulbücher verwenden und darüber hinaus oft mit älteren Auflagen arbeiten, obwohl Neubearbeitungen oder Neuerscheinungen schon vorliegen. Die Differenz zwischen den Erscheinungsdaten der verglichenen Bücher ist jedoch gering und kann das Untersuchungsergebnis im ganzen nicht wesentlich beeinflussen.

Bei der Analyse gab es keine vorgegebenen Fragestellungen, die den Gang der Untersuchungen von vornherein in eine bestimmte Richtung lenkten. Die Richtung der Untersuchung ergab sich vielmehr aus der Eigenart der verschiedenen Darstellungen.

Der Verfasser war bei seiner Untersuchung bemüht, die Schulbücher, indem ihre gesellschaftspolitisch bedingte Verschiedenartigkeit ins Blickfeld gerückt wird, für sich sprechen zu lassen. Es wäre gleichwohl borniert zu behaupten, daß die politische Perspektive des Verfassers somit überhaupt keinen Einfluß auf den Arbeitsgang und die verallgemeinernden Schlußfolgerungen gehabt hätte. Wenn weiter unten einige didaktische und gesellschaftspolitische Vorzüge der sowjetischen Lehrbücher benannt werden, ohne gleichzeitig – das wäre absurd – die emanzipatorischen Tendenzen im eigenen Bereich zu übergehen, ist das Fundament angedeutet, auf dem die Aussagen aufbauten: Verzicht auf affirmative Bestätigung der bestehenden Verhältnisse bei uns, Verzicht auf pauschale Ablehnung des gesellschaftspolitischen Systems in sozialistischen Ländern, Suche nach einer «dritten» Lösung, die man – die Andeutung muß genügen – als einen an das Grundgesetz gebundenen, dessen faktisch-konkrete Einlösung jedoch weit übersteigenden demokratischen Sozialismus bezeichnen könnte.

II. Das Menschenbild in den untersuchten Biologiebüchern

So wie es letztlich nicht möglich ist, einzelne geschichtliche Fakten in einem Sinnzusammenhang zu ordnen, ohne dabei gleichzeitig ein bestimmtes, politisch durchwirktes Geschichtsbewußtsein zu vermitteln, so ist es offenbar auch nicht möglich, Fakten über Entwicklung und Funktionsweise des menschlichen Organismus zu präsentieren, ohne damit ein «Menschenbild» zu vermitteln. Das kann als allgemeines Ergebnis vorangestellt werden.

Detailliertere Ausführungen sind anhand verschiedener Angaben möglich. Beginnen wir bei zwei auffälligen *inhaltlichen Akzentuierungen*, bei der *Vererbungslehre*, die im deutschen Lehrbuch (der «Biologie des Menschen» von Linder/Hübler) einen unverhältnismäßig großen Platz beansprucht, und beim evolutionären Aspekt der menschlichen Entwicklung, der im sowjetischen Lehrbuch vorherrscht. («Anatomija, Fiziologija, Gigiena. Učebnik dlja 8 klassa srednej skoly» von Cusmer/Petrišina/Čevolek)

Schon der erste Einleitungssatz im sowjetischen Lehrbuch spricht aus, was dann im letzten Kapitel ausführlich und in verschiedenen Formen behandelt wird: Der Mensch ist ein neues Glied in der Millionen von Jahren umfassenden Kette der Entwicklung alles Lebendigen. Er teilt viele Züge mit anderen Lebewesen, aber unterscheidet sich auch von diesen kraft seines Verstandes und seiner gesellschaftlich bedingten Verhaltensformen. Von der Urzelle bis zur Gegenwart gibt es eine durchgehende Linie, eine allmähliche, aber unaufhaltsame *Aufwärtsentwicklung*. Religiöse Erklärungen sind zum Verständnis dieser Linie nicht nur unnötig, sondern geradezu falsch, wird ausdrücklich vermerkt (S. 240). Die Gegenwart – und das ist eine bedeutende Feststellung, die keine Entsprechung im deutschen Lehrbuch hat – ist eine Etappe in dem kontinuierlichen Aufstieg, der auch die jetzigen Mängel überwinden und nach Ablauf einiger weiterer Generationen die kommunistische vollkommene Gesellschaft erreichen wird. Durch eine Art Zeitrafferverfahren, das die Menschheitsgeschichte verkürzt und vorwegnehmend in die Zukunft verlängert, wird der Schüler in eine Fortschrittsbewegung gestellt, die ihn gleichsam mitreißt, ob er will oder nicht.

Das deutsche Lehrbuch von Linder und Hübler «Biologie des Menschen» leugnet die Abstammung des Menschen von pflanzlichen Organismen und Tieren keineswegs. Es bedient sich auch nicht der von den Sowjets prophylaktisch kritisierten Religion, um das Auftreten des Homo sapiens zu erklären. Aber die Verbindung des Menschen mit der übrigen Welt des Lebendigen erscheint im ganzen sehr lose. Von einer evolutionären Aufwärtsentwicklung, wie sie das sowjetische Lehrbuch betont, ist kaum etwas zu entdecken. Der Mensch tritt als das vom Tier ganz Verschiedene auf, und zwar – was politisch wiederum von größter Bedeutung ist – in seiner heute feststellbaren, biologischen Form, die als das *Endstadium* der Entwicklung vorgestellt wird. Daß er weiteren gesellschaftlichen Transformationen unterliegen könnte, wird nirgends erwähnt oder überlegt. Der deutsche Schüler wird demnach von der Gegenwart auf die Vergangenheit verwiesen und dabei beiläufig mit den verschiedenen Entwicklungsstufen vertraut gemacht. Der sowjetische Schüler hingegen schreitet anhand des Lehrbuchs die Stadien der Entwicklung ab und fühlt sich aufgefordert, weiter voranzugehen. *Wissenschaftlich gesehen* sind beide Bücher – jedenfalls scheint es für den Laien so – einwandfrei. *Didaktisch und politisch gesehen* haben die Lehrbücher jedoch nicht mehr viel miteinander gemeinsam. (Daß im Linder/Hübler auch wissenschaftlich nicht alles einwandfrei ist, zeigt der Beitrag von E. Busche zur Vererbung in diesem Band.) Auswahl und Anordnung der Fakten ergeben verschiedene Gesamtbilder.

Der einzelne und die Gesellschaft

Ein Blick auf die *Darstellung der individuellen menschlichen Genese* von der Geburt bis zum Tod bestätigt dieses Ergebnis. Auch hierbei betont das sowjetische Lehrbuch die allmähliche, stufenförmige Entwicklung, die von den einfachen Reflexhandlungen des Kindes zu den komplizierten Tätigkeiten des schöpferischen Verhaltens im Erwachsenenalter führt. Betont wird ferner der gesellschaftliche Bezugsrahmen dieser individuellen biologischen Entwicklung. Jedes physisch-psychische Stadium wird einer gesellschaftlichen Institution zugeordnet: das Babyalter der Familie und der Krippe, das Kleinkindalter dem Kindergarten, das folgende Alter der Schule. Die bedeutende Rolle des geschulten Personals kommt hierbei zur Sprache. Wenn die Kindergärtnerinnen, so heißt es zum Beispiel, die Phantasie der Kinder richtig zu lenken wissen, entwickelten diese späterhin eine schöpferische Beziehung zur Arbeit (S. 242). Der Sportunterricht in der Schule diene der physisch-psychischen Ertüchtigung, die sowohl für den einzelnen als auch für die Gesamtgesellschaft unabdingbar sei, denn die zukünftigen Erbauer des Kommunismus müßten in jeder Hinsicht gesunde Menschen sein. Die Verbindung zwischen der Evolution der Menschheit und der individuellen Biogenese ist damit ausdrücklich wiederhergestellt.

Ein derartig enger Bezug zwischen dem biologischen Wachstum und jenen gesellschaftlichen Faktoren, die es beeinflussen könnten, ist im deutschen Lehrbuch nicht erkennbar. Das deutsche Lehrbuch trennt die der öffentlichen Gesundheitspflege gewidmeten Angaben in einem gesonderten Kapitel ab (S. 159ff), und auch die übrigen Kapitel stiften keine Verbindung zwischen Krippen, Kindergärten, Schulen einerseits und physisch-psychischer Entwicklung des Menschen andererseits. Sogar ein so weit gespanntes gesellschaftspolitisches Problem wie die Umweltverschmutzung wird individualistisch behandelt, mit Appellen an die Vernunft des einzelnen.

Das im Einleitungssatz erwähnte *Menschenbild* ist, pointiert zusammengefaßt, folgendermaßen strukturiert: Der Mensch im sowjetischen Lehrbuch entfaltet sich dank und im Rahmen einer als fruchtbar charakterisierten gesellschaftlichen Umgebung; er wächst so in die Fähigkeit kollektiven Denkens und Handelns hinein; die Gesellschaft nimmt ihn auf. Sie hilft ihm, er setzt sich für sie ein. Der Mensch im deutschen Lehrbuch wächst und gedeiht als einzelner Organismus nach bestimmten biologischen Gesetzmäßigkeiten, weitgehend unabhängig von der gesellschaftlichen Umgebung. Diese bleibt ein vom Persönlichen getrennter Bereich. Diese Unterschiede würden noch deutlicher in Erscheinung treten, wenn wir die *Lehre von den Reflexen* in die vergleichende Analyse einbezogen hätten. Sie spielt im sowjetischen Lehrbuch eine hervorragende Rolle (S. 23ff, 207ff, 212ff, 241), während sie im deutschen Lehrbuch nur beiläufig behandelt wird. Der Mensch im sowjetischen Lehrbuch wird somit als Wesen gekennzeichnet, das von den äußeren Reizbedingungen abhängt. Der Mensch im deutschen Lehrbuch ist ein Wesen, das sich willentlich selbst steuert oder grundsätzlich festgelegt ist.

Zur Vererbungslehre

In den Abschnitten über die *Vererbung* ist die Gewichtung in den Lehrbüchern, wenn man sie mit den Abschnitten über Evolution und Reflexe vergleicht, genau umgekehrt. Das sowjetische Lehrbuch unterschlägt zwar keineswegs, daß es einige jeder gesellschaftlichen Einwirkung trotzende Vererbungsmechanismen gibt, zum Beispiel jene, die Farbenblindheit und Hämophilie verursachen. Aber die Vererbung hat im ganzen der menschlichen Konstitution, dem sowjetischen Lehrbuch nach zu urteilen, keine große Bedeutung. Sie wird nur nebenher behandelt. Das deutsche Lehrbuch weitet die Vererbungslehre hingegen über viele Seiten aus. Die Ausführungen über die Mendelschen Gesetze zum Beispiel könnten universitäre Proseminare mehrere Sitzungen lang beschäftigen. Die Angaben sind jedoch nicht nur informativ, sondern geradezu suggestiv. Schon die Einleitung legt besonderen Wert auf die Feststellung, daß die Kinder «in ihrem Wesen in einzelnen guten oder schlechten Veranlagungen den Eltern nachschlagen. Wir wissen nämlich, daß nicht nur für die körperlichen Merkmale, sondern auch für viele geistige und seelische Eigenschaften die Anlagen von den Eltern auf die Kinder übertragen werden, so daß schon bei der Geburt der Grund gelegt ist, auf dem sie sich später entwickeln» (S. 4).

Diese Feststellung wird in späteren Abschnitten des Lehrbuchs (vor allem auf S. 159ff) mit großer Eindringlichkeit wiederholt und bekräftigt. Die Lehrbuchautoren verweisen auf spezifische Begabungen, die sich vererben (berühmtestes Beispiel: die Familie Bach), und bemerken analog dazu, daß Kinder aus Ehen zwischen Schwachsinnigen zumeist ebenfalls schwachsinnig werden. Sie bringen ferner die Ahnentafel des Dichters Ludwig Uhland, die ihnen «ein eindrucksvolles Beispiel für die Anhäufung und Vererbung hoher geistiger Begabung bietet» (S. 169), und sie erwähnen, bekräftigt durch beeindruckende Beispiele, daß sich Erbgut und Verhaltensmerkmale über Jahrhunderte halten können, selbst wenn sie in einigen Generationen nicht zum Ausdruck kommen. Es wäre übertrieben zu behaupten, daß über die Rolle der sogenannten äußeren Einflüsse überhaupt nichts ausgesagt werde, doch diese Aussagen können in keiner Weise das *Gesamtbild von einem durch Vererbung festgelegten, entweder begabten oder unbegabten Menschen* verändern, das sich dem Schüler bei der Lektüre dieses Buches einprägen muß. «Entscheidend für Körper, Geist und Charakter sind Erbanlagen; sie bestimmen im wesentlichen, was aus einem Menschen wird», heißt es zusammenfassend. Oder noch prägnanter: «Sein Erbgut ist sein Schicksal» (S. 175). Die anfangs erwähnten ausführlichen Angaben über die Mendelschen Gesetze untermauern den Gesamteindruck, denn sie bestätigen durch die Fülle der experimentell erbrachten Befunde, daß Erbanlagen in verschiedenen Kombinationsformen übertragen werden. Wie bei Mäusen, Hühnern oder Erbsen die Erbinformationen von einer Generation an die andere weitergegeben werden, so pflanzen sich auch die menschlichen Anlagen fort. «Die Mendelschen Regeln gelten auch für den Menschen» (S. 168), und zwar nicht nur in bezug auf Augenfarbe und andere körperliche Merkmale, sondern auch im Hinblick auf seine geistige Konstitution.

Was den Sowjets die Lehre von den Reflexen und den äußeren Umständen ist, ist für die Deutschen die Lehre von der Vererbung. So kann man vereinfachend das Ergebnis des Vergleichs zusammenfassen. Es fällt nicht zu unseren Gunsten aus, denn im Grunde wird hier, im deutschen Lehrbuch, eine Art Rassenlehre des Sozialen geboten, deren Kurzfassung heißt: Es gibt kluge und es gibt dumme Menschen. Viel ändern kann man daran nicht. Die Zusammenfassung aus Linder/Hübler (S. 176) stellt dies klar:

> **«Zusammenfassung**
> 1. Körperliche und geistig-seelische Eigenschaften der Eltern vererben sich auf die Nachkommen.
> 2. Den vererbbaren Eigenschaften liegen Erbanlagen zugrunde, welche durch die Keimzellen weitergegeben werden. Die Vererbung besteht daher in der Übertragung von Erbanlagen.
> 3. Die Vererbung erfolgt nach den Mendelschen Regeln, die gleichermaßen für Pflanze, Tier und Mensch gelten.
> 4. Für die Entfaltung der Erbanlagen sind die äußeren Umstände von erheblicher Bedeutung; sie können aber das Erbgut selbst nicht verändern.»

Die Einzelsätze im deutschen Lehrbuch mögen vorsichtig formuliert und wissenschaftlich unangreifbar sein. Niemand wird heute beispielsweise anzweifeln, daß bestimmtes Erbgut sich genotypisch erhält und unvermutet in Erscheinung treten kann, nachdem es phänotypisch mehrere Generationen verschwunden war. Doch warum werden diese Forschungsergebnisse so betont und nicht jene anderen, die den entscheidenden Einfluß der sozialen Umgebung auf die individuelle Entwicklung nachweisen und ebenso richtig sind? Auswahl und Zusammenstellung der Fakten können ein Menschenbild ergeben, das von dem der Nationalsozialisten nicht allzu weit entfernt ist!

Darüber hinaus sind viele Belege und Beweise des Lehrbuches höchst kontrovers. Wer die Familie Bach als Beweis für die erbgenetische Übertragung bestimmter Fähigkeiten anführt, unterschlägt eine Fülle von Forschungsergebnissen, denen zufolge nicht (oder zumindest nicht nur) die «musikalische Erbmasse», sondern ebenso die spezifische Sozialisation die Entwicklung bestimmt hat.[3] Was wäre aus Mozart geworden, wenn er bei den Eskimos gelebt hätte! Und was die alltäglichen «schlechten» Eigenschaften angeht, die sich angeblich durch Vererbung von den Eltern auf die Kinder übertragen, so wissen wir inzwischen durch die Psychoanalyse, daß die Kinder viele Verhaltenszüge der Eltern kraft der suggestiven Wirkung des «Vorbilds» verinnerlichen, daß es sich also um ein komplexes System von Identifikationen, Introjektionen und Projektionen handelt, nicht aber um biologische Vererbung.[4]

Das Menschenbild in den französischen Lehrbüchern
Das französische Lehrbuch von Oria und Raffin, das genau denselben Titel hat wie das sowjetische Lehrbuch, nämlich «Anatomie, Physiologie, Hygiene», gibt auf die durch den bisherigen Arbeitsgang provozierten Fragen nach dem Menschenbild und der Bewertung von Erbe und Umwelt bei erster Durchsicht keine schlüssige Antwort, denn es ist ganz anders aufgebaut als das sowjetische und das deutsche Lehrbuch und bedient sich anderer Denkformen, so daß sich der Vergleich nicht mit der Feststellung der Denkinhalte begnügen kann. Was bei Oria und Raffin zuerst auffällt, ist der ausgeprägte Hang zur experimentierenden Wissenschaftlichkeit, die im deutschen und im sowjetischen Lehrbuch zwar auch vertreten, aber bei weitem nicht so stark akzentuiert ist.[5]

Das Buch beginnt mit der Anweisung zur anatomischen Sektion eines Kaninchens und gründet einen Teil aller folgenden Ausführungen auf Beobachtungen und experimentellen Laborarbeiten mehr oder weniger komplizierten Inhalts. Dazu zwei Beispiele: «Nehmt Euch nach Desinfektion mit Alkohol einen Tropfen Blut vom Finger ab und stellt fest, was Ihr an dem Blutstropfen unter dem Mikroskop beobachten könnt», heißt es einleitend im Kapitel über das Blut (S. 98ff). «Schließt die Augen. Drückt die Hände kräftig auf die Ohren. Was geschieht mit Euren Verbindungen zur Außenwelt? Im ersten Fall? Im zweiten Fall?», heißt die erste Arbeitsanweisung im Kapitel über das Funktionieren des Nervensystems (S. 48ff).

Das französische Lehrbuch will exakte und komprimierte, alle Gebiete gleichermaßen berücksichtigende wissenschaftliche Informationen vermitteln, wobei die selbständig forschende Denkbeteiligung des Schülers bewußt und mit didaktischem Geschick einbezogen wird (vgl. Einleitung des Lehrbuchs, S. 2).

Hervorragendes Bildmaterial, das vielseitiger ist als das technisch vergleichbare Bildmaterial im deutschen Lehrbuch, da es auch Abbildungen von technischen Apparaturen und den vorab erklärten Experimenten enthält, schafft weitere Möglichkeiten und Anregungen zur gründlichen Arbeit.

Ein Schüler, der diesen in der Schule begonnenen Weg aus eigener Kraft fortzusetzen versuchte, würde sich auf ein beharrliches Zusammentragen einzelner Fakten einrichten, ein Verfahren, das man «positivistisch» zu nennen pflegt. Er würde in der Annahme arbeiten – und damit stoßen wir auf das nicht sofort erkenntliche «*Menschenbild*» –, daß er eines Tages in den Verästelungen der Nervenstränge und Zellsysteme die Seele ebenso dingfest machen kann wie den Verdauungsvorgang. Der Mensch ist ein kalkulierbares Funktionssystem, lernt der Schüler alles in allem nach der Lektüre dieses Lehrbuches. Dieser Aspekt verbindet es mit dem sowjetischen Lehrbuch. Im Unterschied zu diesem be-

Was wäre aus Mozart geworden, wenn er bei den Eskimos gelebt hätte?

schäftigt es sich im übrigen jedoch weniger mit den Reizbedingungen, die das Funktionssystem für eine gedeihliche Entwicklung braucht, als mit den Störfaktoren, vorab mit Mikroben und Bazillen und den Mitteln zu ihrer Bekämpfung. Das französische Schulbuch ist auffallend stark an der medizinischen Wissenschaft orientiert; als Mediziner weist sich auch einer der beiden Lehrbuchverfasser im Titelblatt aus. *Die sozialpolitische Dimension der menschlichen Biologie wird kaum berücksichtigt;* hierin ist das französische Lehrbuch mit dem deutschen verwandt.

In den Angaben über den Alkoholismus, den das französische Lehrbuch im Unterschied zu den beiden anderen Büchern in einem gesonderten Kapitel behandelt (S. 170ff), werden die wirtschafts- und sozialpolitischen Gründe des Alkoholismus zwar nicht ausgeklammert, aber die beiden Seiten (175–176) haben im Gesamtzusammenhang des Lehrbuchs kein Gewicht. Sein Charakter ist ein wissenschaftspropädeutisch medizinischer. Was Kritik oder Deutung sein und weitere Verbindungen stiften könnte, bleibt fast vollständig ausgespart.

Über das große Gebiet der *Vererbung*, die durch die vergleichende Analyse des deutschen und des sowjetischen Lehrbuches in den Mittelpunkt des Interesses gerückt war, findet man im französischen Lehrbuch so gut wie keine Angaben. Das liegt zum Teil an der skizzierten Grundkonzeption, die dem Gebot der wissenschaftlichen Spezialisierung gefolgt ist und den menschlichen Organismus nicht unter dem Aspekt seiner Entstehung, sondern nur unter dem seines gesunden oder kranken Funktionierens im Erwachsenenstadium behandelt. Zum Teil ist auch der Lehrplan Ursache für die Auslassung, denn Vererbungslehre und Evolution gehören zum Stoff der Oberstufe, so daß wir uns an die entsprechenden Lehrbücher wenden müssen, wenn wir erfahren wollen, wie französische Lehrbuchautoren das Problem behandeln.

Die Lehrbücher von Benard, Galletti und anderen Mitarbeitern enthalten in der Tat längere Kapitel über die Vererbung. Die Mendelschen

Gesetze sind mit ähnlicher Ausführlichkeit wie im deutschen Lehrbuch behandelt, sogar die modernen Forschungsergebnisse über die Bedeutung der Chromosomen im Vererbungsprozeß finden ausführlichere Berücksichtigung. Der Vergleich zwischen den thematisch sich entsprechenden Abschnitten im deutschen und im französischen Lehrbuch zeigt jedoch mit großer Eindringlichkeit, daß die *Darbietung derselben Fakten* in ungefähr derselben Ausführlichkeit *keine Parallelität der Aussagen* gewährleistet. Während das deutsche Lehrbuch von den Mendelschen Gesetzen zur Familienforschung und Ahnentafel, zu erblichen Mißbildungen und zur Vererbung hoher geistiger Begabungen überleitet und so im ganzen (trotz wiederholter Beteuerungen, daß man das Auftreten erblicher Eigenschaften für die Nachkommenschaft des Menschen nicht mit Sicherheit voraussagen könne) eine geradezu schicksalhafte Bedeutung des Erbgutes herausarbeitet, betont das französische Lehrbuch, daß die Vererbung beim Menschen eine Art Lotteriespiel sei, wo Wahrscheinlichkeitsrechnungen, aber keine sicheren Voraussagen möglich seien (vgl. S. 318 und 324). Erbkrankheiten werden im Vergleich zur Gesamtmenge des Stoffes nur sehr kurz behandelt (S. 335), und die diesem Abschnitt vorausgehende Seite erinnert an die Erkenntnisgrenzen des wissenschaftlichen Ansatzes genetischer Forschung, die alle Mechanismen des Lebendigen «auf molekularem Niveau» untersuche, Bakterie und Elefant also unter ein und derselben Fragestellung begreife und somit über spezifische menschliche Daseinsformen nur begrenzte Aussagen machen könne (S. 334). Das alles wird beim französischen Schüler zu einem anderen Lernergebnis führen als beim deutschen.

III. Auch Biologiebücher sind nicht politisch neutral – Schlußbemerkungen

Welchen erziehungswissenschaftlichen und bildungspolitischen Gewinn haben die eben skizzierten Vergleiche von Schulbüchern erbracht? Dem Rahmen dieser Untersuchung entsprechend können und sollen hier keine grundsätzlich neuen und quantifizierbaren Befunde vorgelegt werden. Vielmehr sind Problemdimensionen entdeckt und Fragestellungen entwickelt worden, die zuvor nur undeutlich bewußt waren und die weiterführende Reflexionen in Gang setzen. Diese lassen sich thesenartig folgendermaßen zusammenfassen:

Es gibt keine politisch neutrale Wissensvermittlung durch Lehrbücher. Schulbücher sind Spiegel gesellschaftspolitischer Konstellationen und Entwicklungen; das ist im Prinzip seit langem bekannt, in allen Konsequenzen jedoch nicht hinreichend reflektiert. Der Vergleich zeigt, inwiefern schon die Auswahl und Zusammenstellung von politisch scheinbar indifferenten Inhalten wie denen der Biologie mehr ist als ein rein pädagogisch-didaktischer Entscheidungsprozeß.

Emanzipatorische Impulse hat der Vergleich insofern vermittelt, als er die systembedingten Manipulationen der Lehrbücher in Ost und West aufzeigt und damit die Möglichkeit einer Neukonzeption, die sich weder der einen noch der anderen Fremdbestimmung unterwirft, ins Bewußtsein gehoben hat. Am Beispiel: Das sowjetische Biologiebuch hat eindringlich auf die enge Verbindung von menschlicher Biologie und sozialer Umwelt verwiesen und damit Strukturmängel der westlichen Biologiebücher deutlich gemacht.

In der UdSSR wird die Funktion des Lehrbuchs kurz so beschrieben: «Das Lehrbuch ist ein Buch, in dem die Grundlagen der wissenschaftlichen Kenntnisse zu einem bestimmten Unterrichtsstoff gemäß den vom Lehrprogramm festgesetzten Unterrichtszielen und den didaktischen Erfordernissen niedergelegt sind.»[6]

Der sowjetische Schüler ist demnach, wenn er mit dem Schulbuch arbeitet, vor allem Rezeptor und Verarbeiter eines vorgegebenen Lernpensums. Das bedeutet aber nicht, daß es in der UdSSR keinen problemorientierten Unterricht gäbe, in dem sich die Schüler aktiv schöpferisch einsetzen können. Im Gegenteil: Die sowjetische Didaktik ist an dieser Seite des Unterrichts stärkstens interessiert.[7]

Anmerkungen:

1 Dieser Beitrag ist die gekürzte und von den Herausgebern redaktionell bearbeitete Fassung eines Artikels in der Beilage zur Wochenzeitung «Das Parlament», der am 16. November 1974 unter dem Titel «Geschichtsbewußtsein und Menschenbild» erschien (auf S. 35–54).

2 Es wurden die folgenden Biologiebücher untersucht:
Linder/Hübler: Biologie des Menschen, Stuttgart, ^{9}1969, Metzler
Linder: Biologie. Lehrbuch für die Oberstufe, ^{16}1969, Metzler
Cusmer/Petrišina/Čevolek: Anatomija, Fiziologija, Gigiena. Učebnik dlja 8 klassa srednej skoly, Moskva 1973
Bénard/Galletti/Cohon/Gorenflot/Gribenski/Oria/Raffin: Biologie, 1e A et B, Paris 1969, Hatier
Oria/Raffin: Sciences naturelles 3e. Anatomie, Physiologie, Hygiène, Paris 1966, Hatier

3 Ein gutes Arbeitsinstrument für diesen Problembereich ist der von H. Roth herausgegebene 4. Band der Gutachten und Studien der Bildungskommission: Begabung und Lernen, Stuttgart 1969. Vgl. hier insbesondere das Gutachten von H. Ritter und W. Engel über Genetik und Begabung, S. 99–128, wo auf S. 100ff auch die Auffassungen über «hochbegabte» Familien einer kritischen Untersuchung unterzogen werden. Das Gutachten von K. Gottschaldt: Begabung und Vererbung, a. a. O., S. 129–150, kommt zu dem Schluß: «Kein Persönlichkeitszug ist im absoluten Sinne durch Erbanlage determiniert, ebenso nicht die Folge der Reifestadien» (S. 148). Zur Ergänzung: W. Sauer: Der Stand der Zwillingsforschung in pädagogischer Sicht, in: Zeitschrift für Pädagogik 16 (1970), S. 173–202. Dieser Aufsatz behandelt vor allem die methodische Schwierigkeit, exakte Ergebnisse über den Anteil der Erbanlagen und der Umwelteinflüsse bei der Bildung eines Menschen zu erarbeiten. Alles in allem sei die «Einschätzung der Erbkraft abgebaut zugunsten einer differenzierteren Beachtung der sozio-kulturellen Einflüsse» (S. 184). Damit sollen jene Forschungsansätze, die das ontogenetische oder phylogenetische Erbgut stärker berücksichtigen, nicht bagatellisiert werden, man denke an H.-J. Eysenck (DIE ZEIT Nr. 27/1974, S. 42) und an M. Liedtke: Evolution und Erziehung, Göttingen 1972, dazu die Besprechungen von P. Schulz-Hageleit, in: Pädagogische Rundschau 11 (1972) und von W. Thieme in Zeitschrift für Pädagogik 3 (1974). Den Schülern sollte aber – und das ist das Entscheidende – eine aktive Auseinandersetzung mit diesen Denkansätzen ermöglicht und kein kritikloses Rezipieren zugemutet werden.

4 Es ist nicht möglich, zu diesem Problemkomplex ausgewogene Literaturhinweise zu geben, da praktisch alle psychoanalytischen Untersuchungen das wechselseitige Beeinflussungsverhältnis zwischen Eltern und Kindern behandeln. Zur Illustration des Gemeinten sei nur verwiesen auf die bekannte und leicht zugängliche Publikation von H.-E. Richter: Eltern, Kind und Neurose (Reinbek 1969, rororo Sachbuch 6082), wo u. a. ausdrücklich davon die Rede

ist, daß sich manche Fehlentwicklungen über verschiedene Generationen fortpflanzen (S. 260f); zur Ergänzung: H.-E. Richter: Patient Familie (Reinbek 1970, rororo Sachbuch 6772).

5 Das sowjetische Lehrbuch hat dem eigentlichen Informationsteil (rund 250 Seiten) einen kleinen Anhang (rund 10 Seiten) zur Durchführung eines «Laboratoriumspraktikum» angefügt. Das deutsche Lehrbuch stellt dem eigenen Lernpensum einen kleingedruckten Abschnitt über «Beobachtungen und Versuche» voran.

6 Auszug aus der Definition, die zum Stichwort «Schulbuch» von der sowjetischen «Pedagogičeskaja Enziklopedia», Moskau 1968, 4. Bd., S. 410ff, angegeben wird. In der UdSSR ist das Lehrbuch sehr eng an den Lehrplan gebunden; es enthält genau den für ein Schuljahr vorgesehenen Stoff. In der Bundesrepublik ist der Einsatz zumeist flexibler geplant.

7 Eine Einführung in diesen Problembereich bietet B. Schiff: Die Reform der Grundschule in der Sowjetunion (Osteuropa-Institut an der FU-Berlin, Erziehungswissenschaftliche Veröffentlichungen, hg. von O. Anweiler und S. Baske, Bd. 6), Berlin-Heidelberg 1972.

Ernst Busche

Vererbung bei Krupp, Krause und im Schulbuch oder Warum und wozu reaktionäre Erblehre im Biologieunterricht?

Seit einigen Jahren wird in Rundfunk, Fernsehen, Presse und populären Büchern wieder heftig über die Frage diskutiert, ob die Erbmasse oder die Einflüsse der Umwelt für die Fähigkeiten und Begabungen der Menschen ausschlaggebend sind (vgl. dazu die Kästen auf den folgenden Seiten). Diese Diskussion steht im Zusammenhang mit dem Wandel in der Bildungspolitik in unserem Land: Im Bildungsbereich wird gekürzt und gestrichen, der Reformhahn abgedreht.

Das dazu benutzte Argument, Intelligenz und andere geistig-seelische Eigenschaften seien genetisch ungleich verteilt, dient heute wie auch früher schon als Rechtfertigung, den Zugang zu den Bildungseinrichtungen für die Masse der Bevölkerung einzuschränken, bzw. gar nicht erst zu öffnen.

Vor einigen Jahren sollten durch Reformen im Bildungsbereich «*Begabungsreserven ausgeschöpft*» werden, um vor allem Kinder aus Arbeiterfamilien in verstärktem Maß in die höheren Schulen zu bringen. Damals wurde der Einfluß der Umwelt und der Erziehung auf die Entfaltung der menschlichen Persönlichkeit unter dem Schlagwort «*mehr Chancengleichheit*» betont!

Jetzt, Ende der siebziger Jahre, gehen die Reformen zu Ende. Konservative Kreise holen die alten Klamotten aus der Argumentationskiste: Soziale Unterschiede werden zu «biologischen Klassen», Arbeitslosig-

Jahrzehntelang glaubte man daran wie an eine Offenbarung. Schlägt jetzt der pädagogischen Lieblingsidee unserer Zeit die letzte Stunde?

Der Abschied vom »Milieu«

Begabung und Intelligenz sind machbar! Jeder hat das Zeug zum Professor! Allein der Einfluß der Umwelt entscheidet, was aus einem Kind wird. Das lehrte die „Milieu-Theorie". Aber:

Neue Forschungen beweisen: Die Erbanlagen sind wichtiger als das „Milieu". Jeder Mensch bringt sein Programm mit auf die Welt. Nicht nur für Haarfarbe und Körpergröße. Auch für die Entwicklung der Intelligenz.

19

Aus: «schule & wir» 3/4 (1976), S. 19. Diese Zeitung «berät Eltern in Bayern», sie ist in Wirklichkeit die Propagandazeitschrift des bayerischen Kultusministeriums. Sie wird mit Steuergeldern auf Hochglanzpapier gedruckt (Jahresetat 1977: 1,9 Millionen DM) und kostenlos an alle Haushalte mit Schulkindern verteilt.

keit ist vererbbar, der Intelligenzquotient ist zu 80 % durch Erbmasse bestimmt usw. Forschungsergebnisse werden nicht zur Kenntnis genommen, bzw. nur die veröffentlicht, die in die politische Landschaft passen (siehe Kästen). Dafür tauchen bekannte Sätze aus der nazistischen Vergangenheit auf.

Wer erblich «dumm» geboren wird, soll auch «ungebildet» bleiben
Auch außerhalb der Bundesrepublik wurden und werden falsche wissenschaftliche Dogmen politisch eingesetzt.

- Ein besonders krasses Beispiel ist Südafrika, wo die Philosophie von der *angeborenen Dummheit der Neger* von der weißen Minderheit benutzt wird, um die Selbstverwaltung oder gar eine Regierung der schwarzen Mehrheit zu hintertreiben. Die Ideologie von der Minderwertigkeit der schwarzen Rasse rechtfertigt Unterdrückung und Ausbeutung und damit die Privilegien der weißen Herrenrasse.

In der Wissenschaft sind die Probleme schon längst geklärt und auch der Öffentlichkeit zugänglich gemacht. Zum Beispiel in dem von der Bildungskommission des Deutschen Bildungsrates herausgegebenen Buch «Begabung und Lernen», 1974 in der 9. Auflage im Ernst Klett Verlag, Stuttgart, erschienen. Pädagogen, Psychologen, Erbforscher, Soziologen, Sprachforscher haben hier in wissenschaftlichen Gutachten Material zum Thema Begabung, Vererbung, Umwelt, Intelligenz, Lernen, geistige Entwicklung, Förderung der Lernmotivation, Schulerfolg, Lernleistung usw. bereitgestellt.

Ihre Forschungen und die anderer Wissenschaftler besagen ganz klar:

- Es ist nicht möglich, genaue prozentuale Angaben über den Einfluß von Erbmasse und Umwelt auf die Entwicklung der Intelligenz und anderer Begabungen zu machen, da diese viel zu *komplex* sind und sich dadurch schon von vornherein einer eindeutigen Analyse entziehen.
- Die *erbliche Ausstattung*, der Genotyp, eines Menschen *bildet lediglich die Disposition*, die Reaktionsnorm, für die Ausbildung dieser Fähigkeiten.
- Wie stark sich diese Fähigkeiten entfalten, ist historisch und geographisch bestimmt.
- Und sie sind ebenfalls erst erkennbar im Lauf der *Lern- und Arbeitstätigkeit des Menschen.* Während und durch die Arbeit formen sich die Fähigkeiten eines einzelnen Menschen und einer Gesellschaft, bzw. einer Kultur. «Alle Versuche, die Begabung außerhalb der Tätigkeit, losgelöst von Bildung und Entwicklung (z. B. mit Hilfe von Tests) zu bestimmen, sind früher oder später zum Scheitern verurteilt», schreibt S. L. Rubinstein in den «Grundlagen der Allgemeinen Psychologie» (Berlin 1971, S. 799).
- «Da nicht nur Tiere, sondern auch Menschen Nachkommen zeugen, und da die Herausbildung von Klassen- und Rassenunterschieden in der Gesellschaft mit Erblichkeit zu tun hat, wurden die Probleme der Genetik stets und ständig durch religiöse und politische Erwägungen verdreht, und das ist heute noch so. Selbst das Wort Erblichkeit ist mit der ihrem ganzen Wesen nach gesellschaftlichen Vorstellung der Weitergabe von Eigentum an einen Erben verknüpft. Seine Verwendung deutet darauf hin, daß selbst mit der biologischen Vererbung etwas Materielles oder Formales weitergegeben wird – *wie die Habsburger Lippe mit dem Anspruch auf das Heilige Römische Reich.*» (J. D. Bernal: Sozialgeschichte der Wissenschaften. Science in History, Bd. 3, Reinbek [2]1978, S. 877f.

«Die naive Auffassung sieht in der Begabung eine ‹natürliche Anlage› oder ein ‹Vermögen›, das im wesentlichen erbbestimmt ist. Eine solche vermögenspsychologische Deutung ist wissenschaftlich nicht haltbar. Der weitverbreiteten Überzeugung, Begabungsunterschiede seien vererbt, wird durch den Hinweis begegnet, daß über die genetische Verankerung so komplexer Persönlichkeitsstrukturen, wie es Intelligenz und Begabung sind, beim gegenwärtigen Stand der Forschung keine verläßlichen Aussagen gemacht werden können.»
(Aus: Begabung und Lernen – Ergebnisse und Folgerungen neuer Forschungen, Deutscher Bildungsrat, Gutachten und Studien der Bildungskommission Band 4, Stuttgart, [9]1974, S. 93, aus dem Gutachten von Günther Mühle)

«Die Anzahl der Generationen, die bislang gelebt haben, seit es eine kulturelle Selektion (Auslese) gibt, reicht nicht aus zu der Erklärung, bestimmte Sonderbegabungen wären erst seit der Eiszeit herausselektioniert worden; ebensowenig kann die gegenteilige Meinung vertreten werden, bestimmte Begabungen wären durch Selektion verschwunden.»
(a. a. O., S. 119, aus dem Gutachten «Genetik und Begabung» der beiden Humangenetiker Engel und Ritter)

Was unsere Schulbücher betrifft, so könnte man hoffen, daß über 30 Jahre nach dem Ende des Faschismus und 10 Jahre nach Erscheinen der genannten Gutachten des Bildungsrates wissenschaftlich Unhaltbares aus ihnen verschwunden wäre – ja man könnte sogar hoffen, daß in diesen Büchern, die für eine Jugend bestimmt sind, die die Greueltaten der Nazis und der Rassendiskriminierung selbst nicht miterlebt hat und von den Eltern nur wenig darüber erfährt, eine konstruktive Auseinandersetzung und damit eine Bewältigung deutscher Vergangenheit geleistet würde.

Doch nichts von alledem. Die Durchsicht von 25 Biologieschulbüchern – das sind zu diesem Thema alle, die in westdeutschen Schulen in Gebrauch sind – ergibt: Nur eines von ihnen stellt den Stoff wissenschaftlich einigermaßen richtig dar.

Bei diesem positiven Beispiel handelt es sich um «Der Mensch A/B» des Ernst Klett Verlages, in dem die Probleme wenigstens um psychologische, psychoanalytische und pädagogische Gesichtspunkte erweitert werden.

Alle anderen biologischen Unterrichtswerke zeigen beispielhaft, ja geradezu «vorbildlich»,

- wie wissenschaftliche Forschungsergebnisse in Schulbüchern einseitig dargeboten und durch die Auswahl verfälscht werden und wie dadurch bei Lehrern und Schülern ein falsches Welt- und Menschenbild erzeugt wird,
- wie Biologieunterricht politisch eingesetzt und dazu mißbraucht wird, Schüler und Lehrer kritiklos zu machen und sie auf die bestehenden Verhältnisse – trotz deren Mängel und Ungerechtigkeiten – abzurichten,
- in welcher Tradition derartiger Unterricht steht, nämlich in einer unbewältigten konservativen bis faschistischen.

Musterkoffer voller Manipulation

So liefert der Schroedel Verlag, Hannover, mit dem Lange/Strauß/Dobers, einem äußerlich sehr ansprechenden Biologiebuch, gleichzeitig einen Musterkoffer voller Manipulationen in die Schulstuben. Das Buch gibt dem Lehrer folgende zusätzliche Unterrichtsmittel in die Hand: Er kann Familienchroniken, Röntgenbilder, Ahnentafeln von Kurzfingrigen, Rotgrünblinden, Epileptikern einsetzen. Er kann die Ergebnisse der Zwillingsforschung oder mit Hilfe von Arbeitsaufgaben die Abbildungen auswerten. Eine dieser Abbildungen bringt den Erbgang einer «weißen Stirnlocke» durch fünf Generationen, eine andere den der Epilepsie durch sechs Generationen. Die «Sippentafel» der Familie Darwin in derselben graphischen Aufmachung hebt einige Familienmitglieder «von weltgeschichtlicher Bedeutung» hervor (vgl. die Abbildung S. 41).

Die Bilder erwecken den Eindruck, als bestünden keine Unterschiede zwischen der Vererbung eindeutig definierter körperlicher Merkmale – eben zum Beispiel der Stirnlockenfarbe – und psychischen oder «Begabungs»merkmalen.

Zum nächsten Manipulationsschritt gehört die Chronik einer Horrorfamilie, zu der

«143 Schwachsinnige, 33 Dirnen, 24 Alkoholiker, 3 Epileptiker, 3 Verbrecher gehören. Von den 480 Nachkommen des von der Schwachsinnigen ausgehenden Zweiges sind nur 46 völlig normal.» (Lange/Strauß/Dobers: Biologie, Band 3, S. 219f.)

Diesem Gruselzweig wird der gesunde Familienzweig gegenübergestellt:

«Unter den 496 Nachkommen des gesunden Zweiges findet man nur 2 Trinker und einen sittlich Entgleisten (!), während alle übrigen (das sind immerhin 493 Menschen – E. B) gesunde normale und tüchtige (!) Menschen waren, die zum Teil als Künstler, Gelehrte und hohe Beamte sogar Hervorragendes geleistet haben.» (a. a. O., S. 219)

An diesem Schulbuchtext fällt noch etwas auf. Das Erzieherische ist ins Kleingedruckte des Nebentextes, in die biologische Quellensammlung, gerutscht. Gesund wird mit normal und tüchtig verknüpft. Diese Eigenschaften besitzen Privilegierte, wie es die Autoren zum Beispiel ja auch sind. Die Nicht-Privilegierten sind in Wirklichkeit die Normalen, die ihr Leben lang tüchtig sein müssen, um Arbeit zu haben und überleben zu können.

Das Biologiebuch hinterfragt also keine Begriffe! Was ist «sittlich entgleist»? Was ist eine «Dirne»? Was ist «normal»? Das Biologiebuch macht auch keine Angaben über die Herkunft der Ahnentafel. Kein Schüler und Lehrer kann die Zitate des dreibändigen Schulbuches nachprüfen, weil die Quellenangaben grundsätzlich fehlen. Auch das zeugt von der mangelnden wissenschaftlichen Redlichkeit der Schulbuchautoren.

Der eigentliche Schulbuchtext «vertieft» – wie es so schön im Pädagogendeutsch heißt – die falsche Aussage über die Vererbung der Begabung:

Die Vererbung von Begabungen.

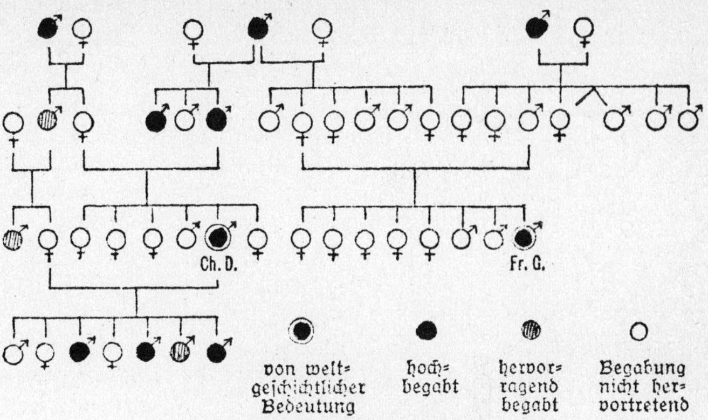

Naturwissenschaftliche Begabung
(Sippentafeln der Familen Darwin und Galton) aus Reinöhl: „Die Vererbung der geistigen Begabung" (Ch. D. = Charles Robert Darwin, Fr. G. = Francis Galton)

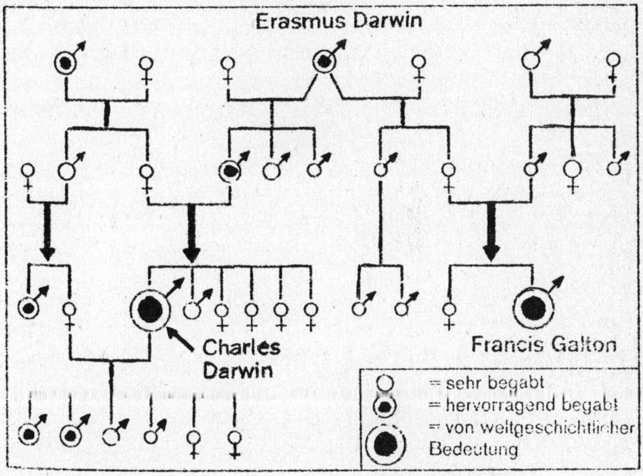

219.1 Sippentafel der Familie Darwin

Neben den Bachs gilt der Stammbaum der Familie Darwin und Galton als Beweis für Vererbung und «Begabung». Die heutigen Schulbücher machen Anleihen bei den Schulbüchern der dreißiger Jahre. Wie die Gegenüberstellung zeigt, geht die Ähnlichkeit bis in die Zeichenerläuterung («von weltgeschichtlicher Bedeutung, hervorragend begabt», «Sippentafel»); die Zeichnung des Jahres 1976 ist etwas vereinfacht, indem Geschwister, bezeichnenderweise gerade die weiblichen Verwandten, weggelassen wurden. Auch der Text zeigt inhaltliche Übereinstimmungen. – Oben: Lebenskunde (Stenger Verlag, Erfurt, etwa 1942), Band 4, S. 283. Unten: Biologie, Band 3 (Schroedel Verlag, Hannover 1976), S. 219.

«Ein eindrucksvolles Beispiel für die Vererbung der *Musikalität* bietet die Familie Bach. Einen Beweis für die Erblichkeit *mathematischer Begabung* liefert die Familie Bernoulli, die in drei Generationen 8 bedeutende Mathematiker hervorgebracht hat. In der Familie Darwin häufen sich die Begabungen für *Naturwissenschaften.*» (Lange/Strauß/Dobers, S. 219)

Durch die Hervorhebung der Begriffe Musikalität, mathematische Begabung, Naturwissenschaften soll suggeriert werden, daß es solche speziellen Begabungen als Folge bestimmter Erbmasse wirklich gibt. Für die Schulbuchautoren Linder und Hübler der Metzlerschen Verlagsbuchhandlung, Stuttgart, ist die Ahnentafel von Ludwig Uhland «ein eindrucksvolles Beispiel für die Anhäufung und Vererbung hoher geistiger Begabung» («Biologie des Menschen», 1975, S. 169).

Von der «Habsburger Unterlippe» zur Begabung von Großindustriellen

Es ist erstaunlich, in welchem Ausmaß deutsche Biologieschulbücher sich gleichen. Manche Autoren mögen voneinander abschreiben. Vor allem aber gleichen sich die Bücher auf Grund einer ähnlichen Wissenschaftsauffassung, die den Autoren immer dieselben Argumentationsversatzstücke in die Feder fließen läßt. So bringen fast alle Schulbücher einen Stammbaum der Bachs, und anschließend bieten sie dann die freie Auswahl zwischen den Sippen Tizian, Mozart, Mendelssohn, Strauß. Nebenbei: gerade diese Beispiele aus der europäischen Kulturgeschichte legen doch zwingend nahe, daß die soziokulturelle Umgebung Genies (in Anführungsstrichen) entstehen ließ. Es ist ganz einfach: In der Umgebung von Säufern wachsen überdurchschnittlich viele Säufer heran, in der mit Cembalos gespickten Wohnung der Bachs wurden Musiker erzogen.

Statt dessen zitieren Schulbuchautoren Goethe:

„Vom Vater hab' ich die Statur,
des Lebens ernstes Führen,
vom Mütterchen die Frohnatur,
und Lust zu fabulieren usw."

um, wie es im «Linder», dem weitestverbreiteten gymnasialen Biobuch geschieht, zu folgern:

«Mit allen Methoden der menschlichen Erbforschung hat sich nachweisen lassen, daß auch die *Intelligenz* auf Erbanlagen beruht. Diese sippenweise Häufung hervorragender Persönlichkeiten weist klar auf die Erblichkeit hoher geistiger Begabung und zugleich auf die Bedeutung der Gattenwahl hin. Ebenso sind *Temperament* und *Charakter* im wesentlichen erbbedingt. Besonders offensichtlich ist die Vererbung bei *Minderwertigen.* Daß selbst Verbrechen mit erblicher Veranlagung zusammenhängen können, zeigen viele Zwillingsuntersuchungen.»[1]

Die beiden Erbforscher Ritter und Engel stellen dazu in ihrem Gutachten für das erwähnte Sammelwerk «Bagabung und Lernen» schlicht fest:

«. . . sind die herkömmlichen Familien- und Zwillingsuntersuchungen ohne sonderliches Beweisgewicht» (S. 100).

Die Schulbücher hingegen leiten von der «Habsburger Unterlippe», die seit dem Mittelalter viele Könige und Grafen zierte, über Goethes Mütterchen direkt zu den Großindustriellen über:

«Eine hervorragende technische Begabung besaß der Erfinder der Dynamomaschine und des elektrischen Telegrafen, Werner von Siemens. Auch seine beiden Brüder Wilhelm und Friedrich, sein Sohn Wilhelm und sein Vetter Georg zeichneten sich durch technische Begabung und Organisationstalent aus. Dieselben Fähigkeiten traten in der Familie Krupp bei Großvater, Vater und Sohn auf.» (Linder/Hübler, Biologie des Menschen 1975, S. 170)

Diese bis in die Wortwahl hinein ähnlichen Formulierungen in Biologiebüchern der Verlage Metzler, Quelle & Meyer und Klett – man könnte ganz naiv fragen, warum vertreten in diesen Büchern nicht die Boschs, BASFs oder Abs' die Kapitalisten? – brachte uns auf die richtige Fährte, auf die Frage nach der Vergangenheit unserer Schulbuchverlage.

Vom Dritten Reich zur Bundesrepublik

Vor der Befreiung im Jahre 1945 gehörte der Verlag B. G. Teubner in Leipzig und Berlin zu den größten «großdeutschen» Schulbuchverlagen, danach entwickelte sich der Ernst Klett Verlag in Stuttgart zum größten westdeutschen. Zusammen mit den Unternehmen Westermann (Braunschweig), Schroedel (Hannover) und Diesterweg (Frankfurt) beherrscht er den Schulbuchmarkt, der mit etwa 1 Milliarde Umsatz 1977 einen beträchtlichen Wirtschaftsfaktor darstellt. Die übrigen 80 Schulbuchverlage spielen eine vergleichsweise bescheidene Rolle, sie begnügen sich gegenüber den erwähnten großen drei mit kleinen ökonomischen «Nischen», indem sie sich auf Schulbücher für bestimmte Altersstufen, Schulfächer oder Schularten spezialisiert haben.

Für den Teubner-Verlag bearbeitete ein Erich Thieme, Studienrat in Hannover, den «Kräpelin/Schäffer/Franke», ein «Biologisches Unterrichtswerk für Höhere Schulen», das in Millionenauflage und in mehreren Ausgaben, als «Leitfaden», als «Einführung», als «Grundzüge», als «Das Leben» herauskam. Bereits im «Julmond (Dezember) 1933» stürzte Thieme mit dem Schulbuch «Rasse/Vererbung/Volk» an die Antisemitismus- und Aufnordungsfront.

Für den Klett-Verlag gab ein Erich Thieme, nun Oberstudienrat in Hannover, «Kletts Biologisches Unterrichtswerk» mit einer «Menschenkunde» und «Lebendige Natur» heraus.

Für Teubner schrieb Thieme 1940 in «Das Leben»:

«Ebenso aber sind auch geistige Anlagen erblich bedingt. Bei ausgesprochenen Begabungen läßt sich der Erbgang besonders deutlich beobachten. ‹Wie die Alten sungen, zwitschern die Jungen›, sagt der Volksmund.»[2]

Für Klett schrieb Thieme in der «Menschenkunde» 1975:

«In manchen Familien sind auch bestimmte Begabungen erblich: es gibt Familien mit hervorragender mathematischer, pädagogischer oder praktischer Begabung. Tüchtige Ingenieure, Lehrer oder Handwerker finden sich häufig unter ihren Angehörigen.»[3]

Thieme/Teubner 1940:

«So bietet die Familie Bach ein glänzendes Beispiel von Vererbung der musikalischen Begabung (Abb. 19) . . . Auch in Familien von Malern (z. B. Tizian) findet man ähnliche Erbgänge.»

Thieme/Klett 1975:

«Bekannt ist die Vererbung einer hohen musikalischen Begabung durch verschiedene Generationen in der Familie Bach (97,1 – eine Abbildung!) . . . Die Vererbung zeichnerischer Begabung können wir z. B. in der italienischen Familie Tizian erkennen.»

Thieme/Teubner 1940:

«In der Familie Siemens ist die Erfindergabe gehäuft, während die Familie Krupp in drei Generationen durch hohe Begabung für technische Erfindungen und hervorragende Gestaltungskraft ausgezeichnet ist.»

Thieme/Klett 1975:

«Technische Begabung, verbunden mit Organisationstalent, läßt sich in den Familien Krupp und Siemens durch mehrere Generationen verfolgen.»

In diesen beiden Büchern gleichen sich die Texte und die Abbildungen, einschließlich graphischer Gestaltung und Bildtext. Das Klett- unterscheidet sich vom Teubnerbuch lediglich durch eine andere Schrifttype. Selbst der Satz «Die weiblichen Familienmitglieder (der Familie Bach, E. B.) sind nicht mit aufgeführt, da über ihre musikalische Begabung nichts überliefert wurde» findet sich in beiden Schulbüchern.

Der konservativ-reaktionäre Charakter der «Abstammungslehre» wird noch deutlicher, wenn man zum Beispiel die «Lebenskunde» des Verlages Stenger, Erfurt, aus dem Jahr 1943 heranzieht. Dort dient als «Beweis für Vererbung der geistigen Begabungen» eine «Sippentafel der Familie Krupp».

Die Tatsache, daß auch das Fach *Biologie ein politisches Fach* ist, wird heute verschleiert, während es vor 35 Jahren offen ausgesprochen wurde:

„Die Demokratien, in denen Liberalismus und Marxismus herrschen, vertreten die Umweltlehre. Demgegenüber vertritt der Nationalsozialismus den Vererbungs- und Rassegedanken, das heißt den Vorrang der Vererbung und Rasse über die Umwelt."

(«Lebenskunde für Mittelschulen», Diesterweg, Frankfurt 1943, S. 31)

In den Schulbüchern des gleichen Diesterweg-Verlags setzt sich diese Rassenkunde heute mit verfeinerten Mitteln fort. Damals bleute sie den Schülern durch gesperrten Schriftsatz ein:

„Mit der Machtübernahme durch den Führer erhielten (Vererbungs- und Rassegedanken, E. B.) eine ungeahnte politische Tragweite ..." (a. a. O., S. 36).

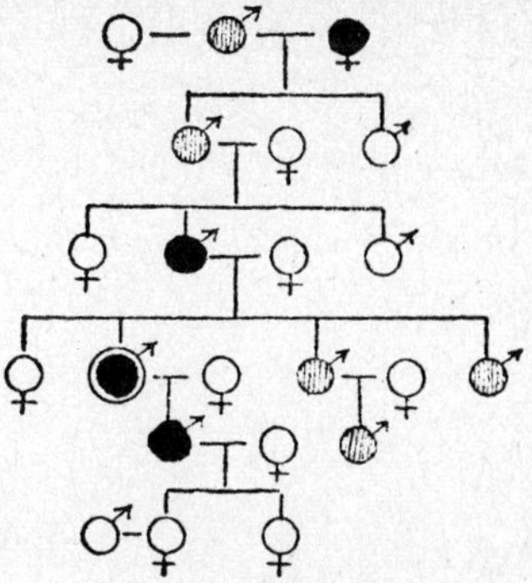

Die Vererbung
der geistigen Begabung
(Sippentafel der Familie Krupp)
aus Reinöhl

(Aus: Lebenskunde, Bd. 4,
Erfurt (1942),
S. 284, Stenger-Verlag)

Historisch-politischer Rückblick:

Karl Liebknecht sagte in der Rüstungsdebatte des Reichstages am 19. April 1913:
«Der Herr Kriegsminister hat die Frage aufgeworfen, wieviel wir doch der Firma Krupp in Deutschland verdanken. Ich werfe die Gegenfrage auf: Was verdankt die Firma Krupp dem deutschen Volk?!»
Heute wissen wir aus der geschichtlichen Erfahrung, daß Liebknecht mit seiner Antwort recht hatte:
«Diese Leute, wie sie in der Firma Krupp, wie sie in der Waffen- und Munitionsfabrik ... das große Wort führen, das sind dieselben Leute, die den Hauptprofit aus unserer heutigen Militärverfassung, aus den heutigen kapitalistischen Verhältnissen ziehen, das sind die schlimmsten Scharfmacher bei der Unterdrückung der Bevölkerung, die Hauptschreier nach Zuchthaus und Ausnahmegesetzen». (zit. nach UZ, 31. 12. 1975)

Zu dieser «Tragweite» gehörte die Ermordung von sechs Millionen Juden in den Konzentrationslagern. Was damals in den Biologieschulbüchern stand, kann als Rechtfertigung für diese Morde gelten. Der Biologielehrer Erich Thieme schrieb im Schulbuch «Vererbung/Rasse/Volk» (Leipzig 1934, S. 39, Teubner-Verlag):

«Die Juden befinden sich also gewissermaßen als Gäste bei ihren Wirtsvölkern. Wenn sie die ihnen zustehenden Gastrechte nicht überschreiten, wird kein Volk etwas gegen sie unternehmen. Wenn sie aber versuchen, trotz ihres zahlenmäßig sehr geringen Anteils (in Deutschland kaum 1 %), die Zeitungen, ja die gesamte Presse, die Literatur und Kunst, die Banken, den Handel, die Rechtsprechung, kurz fast alle Gebiete in ihrem Sinn zu beeinflussen und ihr Wirtsvolk gar von

Regierungsstellen aus nach ihren Zielen zu lenken und ihm ihr volksfremdes Empfinden aufzuzwingen, so wird ein Volk, das noch gesundes völkisches und rassisches Fühlen und Denken hat, sich gegen diese Erscheinungen auflehnen. Denn ein Volk kann nur bestehen, wenn es sich selbst in seinem tiefsten Wesen, seinem Volkstum, treu bleibt, das deutsche Volk also, wenn es die ihm von Gott gegebene deutsche Art bewahrt und Fremdes ablehnt. So entsteht die ‹Judenfrage›, an deren Aufrollung nicht das Wirtsvolk schuld ist, sondern die Gäste, die die Grenzen ihrer Rechte überschritten haben.»

Der Autor überträgt biologische Ereignisse in die Gesellschaft, begründet damit Vorurteile «wissenschaftlich» und macht das Opfer für seine Ermordung verantwortlich. So wie Rostpilze auf Getreide schmarotzen, so wie die Laus den Menschen als Wirt gebraucht – so definiert das Schulbuch das Verhältnis zwischen Deutschen und Juden. Gott gab dem Volk die deutsche Art. Die «Aufrollung der Judenfrage» endete in der Ausrottung. Der Autor, der hier im Ansatz schon 1934 an den Rechtfertigungen für Verfolgung und Völkermord mitwirkt, verfaßt nach der Befreiung vom Faschismus für den größten westdeutschen Schulbuchverlag, den Ernst Klett Verlag, ebenfalls Schulbücher.

Die Vergangenheit «bewältigen» die Verlage, indem sie die Abschnitte über Rassen, Rassenverfolgungen, Rassenprobleme einfach fortlassen. Der Bayerische Schulbuchverlag verbannt Menschenrassen sogar in die Fußnoten des Kapitels über Reflexe, Bewegungstypen und Mendelsche Regeln (S. 154 und 179 der «Menschenkunde»). *Kein bundesrepublikanisches Biologiebuch geht auf den historischen und gesellschaftlichen Aspekt des Wortes Rasse ein, von einigen hohlen Appellen abgesehen.* (Vgl. Aufsatz über Rassen in diesem Band, S. 12ff.)

Eine Frage und doch eine Antwort

Wie reagiert ein Schulbuchverlag, wenn ein Lehrer einen ganz höflichen Brief nach Stuttgart schickt und um Aufklärung bittet:

«Handelt es sich bei Herrn Thieme, Autor des Teubner-Verlages, Leipzig, und Herrn Thieme, Autor des Klett Verlages, Stuttgart, um ein und dieselbe Person? Welche Beziehungen bestehen zwischen den Verlagen Klett und Teubner?»

Der Verlag bemüht einen Juristen. Er läßt einen nach «langer und schwerer Krankheit genesenen und nach Diktat verreisten Justitiar» antworten:

«Wir sehen im Hinblick auf den bisher mit Ihnen geführten Briefwechsel keine Veranlassung, auf Ihre Fragen einzugehen. Wir meinen, daß wir besser nicht gehalten sind, Ihnen Unterlagen zu einer Arbeit zu liefern, deren Tendenz hinreichend umschrieben wurde.»

Einen früheren Brief, bei dem es um etwas ganz anderes ging, nimmt der Verlag zum Vorwand, um die Herkunft seiner Produkte zu verschweigen.

Der Stufenplan von der Blütenfarbe zum Wahnsinnsgen

Nicht nur die Vergangenheit wird verschleiert, auch wissenschaftliche Tatsachen werden in eine bestimmte Reihenfolge gebracht und führen so zu falschen Schlußfolgerungen. Alle westdeutschen Schulbücher gehen nach einem Stufenplan vor, dessen *erste Station die Erbgänge bei Pflanzen* bringt, zum Beispiel die Vererbung der Blütenfarbe des Löwenmäulchens, der Blattrandform der Pillenbrennessel und beim blau-runzelig-gelb-glatten Mais. Die *zweite Stufe leitet über zu den Erbgängen bei Tieren*, zum Beispiel bei der als Forschungsobjekt beliebten Fruchtfliege, der Drosophila, oder bei der Maus. Die *dritte Stufe führt zur Vererbung beim Menschen*, und zwar bei eindeutig festgelegten körperlichen Merkmalen wie Leberflecke, Kraushaarigkeit, Augenfarbe. Die *vierte Stufe bringt Krankheiten des Menschen* und – streng in der Reihenfolge des Klettschen Buchtitels «Pflanze – Tier – Mensch» – in der *fünften und letzten Stufe die Vererbung geistiger und seelischer Eigenschaften.*

Zum Beispiel so:

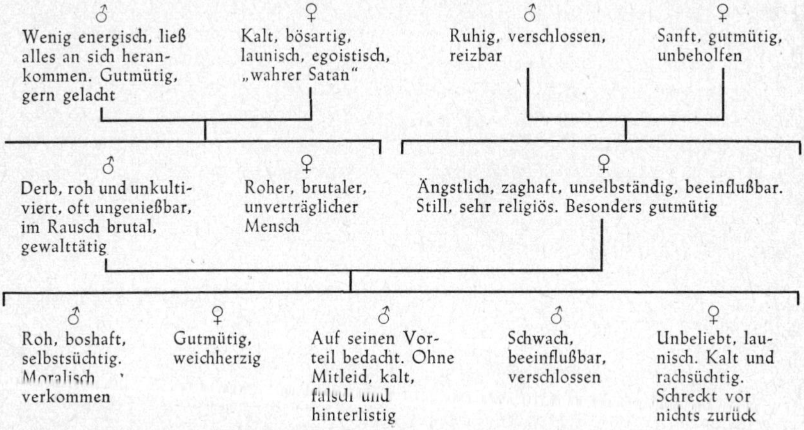

(Aus: Pfandzelter: Menschenkunde, München 1965, S. 198, BSV)

Biologie als Lehre von den Erbkrankheiten

Die vierte Stufe, die Erbkrankheiten des Menschen, wird von den Schulbuchautoren besonders extensiv genutzt. Harry Garms zum Beispiel beginnt den Abschnitt «Vererbung beim Menschen» im Westermann-Schulbuch «Die Natur 3» (1973, S. 202f) mit: «Bluterkranken kann jetzt besser geholfen werden.» Dann beschreibt er als Erbkrankheiten: Rotgrünblindheit, Ausfallerscheinungen körperlicher (Lähmungen) oder geistiger Art (Schwachsinn):

«Mongolismus äußert sich in Wachstumsverzögerungen, abnormem Aussehen um Augen, Nase, Mund und Ohren sowie geistiger Unterentwicklung, angeborene Herzfehler und außergewöhnliche Infektionsanfälligkeit.» (a. a. O., S. 205)

Das Schulbuch erzeugt Verwirrung durch Eindeutschen der wissenschaftlichen Begriffe:

«Verdeckbar vererben sich Klumpfuß, manche Geisteskrankheiten, die angeborene Hüftverrenkung, Fallsucht. Dem überdeckenden Erbgang folgen Wolfsrachen, die Hasenscharte, die Sechsfingrigkeit, der erbliche Veitstanz und die Nachtblindheit.» (a. a. O., S. 206)

Arbeitsaufgaben zwingen den Schüler, in dieses Monströsitätenkabinett einzusteigen:

«Weise nach, daß alle Personen der Sippentafel zur Fallsucht die Krankheit verdeckt in sich tragen . . . Alle vier Kinder dieser Ehe sind nach dem Gleichförmigkeitsgesetz spalterbig kurzfingrig. Beide Eltern der Familie II sind spalterbig. In Familie III liegt eine Rückkreuzung des Bastards mit dem reinerbig überdeckbaren Elter vor.» (Lehrerband zu: Die Natur 3, S. 206f)

Oder: «Hat der eine Elter die Blutgruppe AB, der andere die Blutgruppe 0, so können die Kinder entweder der Blutgruppe A oder B angehören, wie man leicht einsieht.» (Die Natur 3, S. 206)

Das ist für 15- bis 16jährige Schüler sicher *nicht* leicht einzusehen, genausowenig dürfte es für sie «leicht sein, andere Beispiele zusammenzustellen». Lassen wir noch einmal den ganzen Begriffsapparat vorüberziehen. In diesem Westermann-Schulbuch existieren

«reinerbig kranke weibliche Nachkommen; spalterbig gesunde Frauen; reinerbig gesunde Söhne, reinerbige Träger von Erbanlagen, spalterbig Kurzfingrige; Sechsfingrige; überdeckend vererbbar und überdeckbar vererbbar; spalterbig und reinerbig krank; Familien und Sippen, Dichter-, Maler- und Mathematikersippen; Körper, Seele und Geist . . .»

Vom Wort «Mischling» ist es dann nicht mehr weit zum Wort «Bastard», das als «bloody bastard» als rassendiskriminierendes Schimpfwort weit verbreitet ist.

Frauen werden unterschwellig diffamiert:

«*Weibliche Nachkommen* sind zwar gesund, tragen aber die Anlage für die Bluterkrankheit verdeckt in sich (spalterbig gesund). Die *Söhne* sind alle *reinerbig gesund.* Die spalterbig gesunden Frauen übertragen die Krankheit auf die Hälfte ihrer Söhne . . .» («Die Natur», S. 202, Hervorhebungen vom Schulbuchautor, E. B.)

Das klingt so, als wären die Frauen an der Krankheit schuld.

Sprach- und Gedankenverwirrung produzieren Schulbuchautoren durch ihre schulmeisterliche Neigung, alle Fachausdrücke, die der Sache angemessen wären – wie hetero- und homozygot, dominant, rezessiv usw. –, eindeutschen zu wollen. Harry Garms (er war Lehrer, Lehrerausbilder, Schulbuchautor und Lernmittelhersteller in einer Person) traut seinen Kollegen, den Volks- und Realschullehrern – und den Schülern –, nicht viel zu. Vor allem traut er ihnen nicht zu, die universitäre Genetik zu verstehen. Und auf die Hochschule, auf die *fachbornierte theoretisch-wissenschaftliche Genetik*, ist dieser Autor, wie auch die andern Schulbuchverfasser, fixiert.

Genetik wird zur Lehre von, genauer zur Wissenschaft von den Erbkrankheiten. Im neuesten Biologiewerk des Diesterweg Verlages wird diese Absicht deutlich. Der Verlag hat für seine «Biologie des Menschen», die 1973 zum erstenmal auf den Schulbuchmarkt kam, gleich drei Fachärzte eingekauft. Der Vererbung sind 30 von insgesamt 326 Textseiten gewidmet, und davon beschäftigen sich wiederum 28 nur mit Erbkrankheiten und -anomalien, wie dem Turnersyndrom, dem Down-Syndrom, der Trisomie 21, dem Katzenschrei-Syndrom:

«XYY-Typen (das sind Männer mit einem Y Chromosom zu viel, E. B.) sind überdurchschnittlich groß und neigen zu Gewalttätigkeiten. Sie zeigen deutlich, daß ein Teil der Kriminalität auf eine abnorme genetische Veranlagung zurückzuführen ist. Unter 196 Gewaltverbrechern fand man 7 XYY-Männer.»[4]

Aus diesen 3,57 % genetisch Belasteten gebiert das Schulbuch die großartige Erkenntnis:

«Psychische und intellektuelle Fähigkeiten haben zum Teil auch genetische Grundlagen . . .» (Bruggaier, Kallus, a. a. O., S. 274)

Was ja eigentlich eine Selbstverständlichkeit ist.[5]

Das Wahnsinnsgen

Die gymnasialen Bücher erheben wissenschaftlichen Anspruch, sie bringen viele Fremdwörter, geben sich medizinisch. In den Büchern für den Volksschüler dagegen wird einfach und deutlich gesprochen, so daß die Absichten um so klarer zu Tage treten. So gibt es im «Naturkundlichen Arbeitsbuch – Der Mensch und seine Umwelt» des Eßlinger PH-Professors Karl Haug, in neuer Auflage vom Mundus-Verlag 1971 herausgebracht, ein

«Genpaar für die Hautfarbe . . ., Genpaare für die musikalische oder dichterische Begabung, aber auch Genpaare für Mißbildungen, krankhafte Veranlagungen und unerfreuliche Charaktereigenschaften. Das eine Kind erbt die wertvollen Paarlinge (damit sind die Chromosomen gemeint, E. B.) . . . Manchmal kommen hochwertige Anlagen schon beim ersten Kind, ein andermal erst bei einem Spätgeborenen zum Zuge. Hätten z. B. die Eltern Bachs nur sieben Kinder gehabt, dann hätte es nie einen Johann Sebastian Bach gegeben, denn er war das achte Kind.» (Haug: Naturkundliches Arbeitsbuch, a. a. O., S. 89)

Eine so verstandene Vererbungslehre steigert sich zu moralischen und religiösen Verzückungen:

«Doch gerade hier mußt Du wissen, daß solch einmalige Begabungen, solch große Geister, wie Bach und Goethe, niemals durch das Wirken nur eines Genpaares zustande kommen. Hier wirken viele, wenn nicht gar Hunderte von Genpaaren zusammen. Es blieb den Forschern jedoch bisher versagt, das verwikkelte Zusammenspiel dieser Gene zu enträtseln. Uns aber ist geboten, dankbar zu sein für das Walten der Schöpfung, die uns solche Geistesgrößen bescherte.» (a. a. O., S. 89)

Den Schülern wird das Große ausgeredet, ihnen bleibt aber ein Trost:

«Wir sind allerdings nicht rettungslos unsern Genen preisgegeben. Wir können unerwünschte Anlagen daran hindern, daß sie zu Eigenschaften werden. Eine gesunde Lebensführung zum Beispiel kann den Körper so kräftigen, daß die Krankheit erst gar nicht auszubrechen braucht. Mancher ist schon durch Einsicht und Selbstzucht von Charakterfehlern, wie Quälerei, Neid, Flunkerei, Ausschweifung, befreit worden.» (a. a. O., S. 93)

Wie das geschieht, erläutert der Autor am Beispiel Sexualität:

«Dem Geschlechtstrieb ist der Mensch nicht blindlings ausgeliefert. Er kann frei entscheiden, ist also nicht triebgebunden wie das Tier. Zu dieser Freiheit des Willens tritt die Vernunft.» (a. a. O., S. 127)

Im Biologiebuch für den Volksschüler feiert der «Triumph des Willens» fröhliche Urständ. Biologieunterricht wird zur moralischen Bedürfnisanstalt.

Hier nun der Höhepunkt des Vererbungsunsinns: Karl Haug erwähnt in seinem «Naturkundlichen Arbeitsbuch»

«zwei königliche Brüder, die im Wahnsinn endeten. Der ältere ertränkte sich, der Bruder wurde bis zu seinem Tode wie ein Gefangener verwahrt. Niemand konnte den Eltern ansehen, daß sie ein so furchtbares Erbe weitergeben würden . . .»

Mehr erfahren wir nicht von der Familientragödie; Familienverhältnisse, historischer Hintergrund der Ereignisse werden nicht dargestellt. Damit Schüler sich für immer einprägen, Wahnsinn sei erblich, erhalten sie die Aufgabe:

«Zeichne den Erbgang der beiden Brüder. Fasse in Deiner Zeichnung der Einfachheit halber die Wahnsinnsgene in ein Gen, die entsprechenden gesunden Gene in ein Gen zusammen.» (Haug, a. a. O., S. 93)

Veranlagung zur Arbeitslosigkeit – politische Biologie

Vorprogrammiert durch Wahnsinns- und Verbrechergene des Biologiebuches «genießen» die Bundesbürger im Kino und am Fernsehschirm die Krimis, in denen das Mörderchromosom die Hauptrolle spielt. Die gesellschaftlichen Voraussetzungen für Kriminalität offenbaren weder das Schulbuch noch das Fernsehen. Um es nur an den Stichworten Mafia, Konzentrationslager, Bandenbildung in Großstädten, Jugendkriminalität durch Jugendarbeitslosigkeit und Weiße-Kragen-Kriminalität deutlich zu machen: Keines dieser Verbrechen geht auf Gene zurück. Die sogenannte Erbmasse verschleiert die Wahrheit, die gesellschaftlichen Wurzeln der Kriminalität genauso wie die gesellschaftlichen Ursachen der Ungleichheit der Menschen. Es ist eben nicht naturgegeben, daß es Herrschende und Beherrschte in einer Gesellschaft gibt. Die Krupps und Siemens haben keine «bessere» Erbmasse als die Arbeiter und Angestellten, die die Dynamomaschinen und Telegrafen bauen und in Betrieb halten. Letztere sind nicht zur «Arbeitslosigkeit veranlagt», wie Professor Herrnstein von der Harvard-Universität behauptet. Im Gegenteil, die «begabten» Familien Krupp, Siemens usw. machen die angeblich «Unbegabten» arbeitslos, indem sie Arbeitsplätze wegrationalisieren oder im Ausland investieren. So herum wird ein richtiger Stiefel draus!

«Je komplexer das Leben, desto wichtiger wird der Intelligenzquotient für den Erfolg. Da Menschen überwiegend innerhalb ihrer eigenen Klasse heiraten, führt das zu einem Zuchteffekt, bei dem sich ‹biologische Klassen› herausbilden . . . ‹Deswegen kann es durch den Fortschritt der Technik in Zukunft dahin kommen›, so Herrnstein, ‹daß die Veranlagung zur Arbeitslosigkeit ebenso in den Erbeigenschaften einer Familie verankert ist wie die zu schlechten Zähne.» (Weser-Kurier, 24. 12. 1973, S. 36).

- Die Ausbeutung von Arbeitern, im Dritten Reich mit tödlichem Ausgang für (minderwertige) Juden und russische Kriegsgefangene, ist ein gesellschaftliches und kein genetisches Ereignis.
- *Wird Ausbeutung als naturgegeben, als natürlich hingestellt und begründet, so entsteht ein falsches, ein einseitiges, in unserm Fall ein «biologistisches» Welt- und Menschenbild. Es ist falsch, verschleiernd, inhuman. Es reduziert den Menschen auf das rein Biologische, auf seine Körperlichkeit, und, wie gezeigt, oft sogar nur auf seine Krankheiten, auf das Abstruse, das Abnorme.*
- Dieses Welt- und Menschenbild *betont die Unterschiede zwischen den Menschen* und zwischen den Menschenrassen nicht nur im Körperbau, sondern auch in den physischen Eigenschaften. Es unterschlägt *die prinzipielle Gleichheit und Gleichwertigkeit aller Menschen*, unabhängig von Rasse, Hautfarbe und Herkunft. (Nebenbei, daß alle Menschen zu ein und derselben Art gehören, geht schon aus der Tatsache hervor, daß Angehörige aller Rassen miteinander lebensfähige Kinder zeugen können.)
- Es leistet Schützenhilfe bei der Klassen-, Rassen- und Kolonialaufteilung der Menschheit heute, so wie es Vorarbeiten lieferte zur Ausrottung der Juden. Weiße unterscheiden sich von Negern, Arier von Juden; Neger leben in Gettos und «Homelands», Juden wurden in Auschwitz umgebracht.

Biologismus und latenter Rassismus im westdeutschen Schulbuch erklären sich aus zwei übergeordneten politischen Tatsachen:

- Es gibt eine fest nahtlose Kontinuität des Bildungssystems von der Weimarer Republik über den Faschismus in die Bundesrepublik. Im kleinen Bereich Biologieunterricht kann diese Entwicklung wie folgt charakterisiert werden.
- Die Naziautoren griffen auf Wissenschaftler zurück, die geistige Wegbereiter das Faschismus waren. Einige Naziautoren kamen auch in der BRD zu Rang und Namen – trotz Entnazifizierung! Andere Schulbuchautoren hielten sich an diese oder holten, weil die Weimarer Zeit wieder zu Ehren kam und das Dritte Reich verpönt war, die Autoren der Weimarer Zeit aus dem Bücherschrank. Die an den Universitäten und Pädagogischen Hochschulen gelehrte Biologie hatte selbst nie mit der konservativen Erblehre gebrochen.

So wurden die drei Rasseforscher Erwin Baur, Eugen Fischer und Fritz Lenz mit ihrem «Grundriß der menschlichen Erblichkeitslehre und Rassenhygiene» zu Lieferanten für alle BRD-Biologiebücher seit 1945. Was sie dort 1921 über

> «Die krankhaften Erbanlagen, Der Erbgang krankhafter Anlagen, Die Erblichkeit der geistigen Begabung, Die hervorragende Begabung, Begabung und Psychopathie, Rasse und Begabung» (Baur/Fischer/Lenz, aus dem Inhaltsverzeichnis)

schrieben, müssen heute zum Teil noch unsere Kinder lernen. Bei Baur/Fischer/Lenz (S. 227ff) ist zum Beispiel auch die eingangs geschilderte Horrorfamilie (s. S. 40) unter dem Decknamen «Kallikak» – das griechische Wort bedeutet so viel wie «gut-schlecht» – als Beweis für die Vererbung von Schwachsinn erwähnt.

Begabung und Gesamtschule

Ein Biologieunterricht, der die bestehenden Verhältnisse als natürlich, ewig und unveränderlich hinzunehmen lehrt, macht unkritisch und dumm. Er dient den Mächtigen in unserem Land. Und damit kommen wir zur zweiten Tatsache: Die Diskussion um Begabung und Vererbung zielt ab auf eine Aufrechterhaltung von Bildungsprivilegien,[6] zum Beispiel durch das dreigliedrige Schulsystem. Mit der Parole *Begabung durch Gene* läßt sich zum Beispiel gegen die Gesamtschule agitieren. So behauptet der baden-württembergische Kultusminister Hahn,

«die Ungleichheit menschlicher Begabung liegt in der Natur des Menschen. Für den Bildungsbereich führt dies zur Absage an jede egalitäre (also gleichmachende, chancengleichheitfördernde, E. B.) Gleichheitsideologie und zur Forderung der prinzipiellen Gleichwertigkeit gerade des Ungleichen».[7]

Die CDU veröffentlicht im November 1973 durch ihren Bundeskulturausschuß die Schrift «Die Schule: Testfall für Freiheit und Verantwortung». Darin heißt es:

«Individuelle Förderung verwirklicht sich in unterschiedlichen Schullaufbahnen mit unterschiedlichen Anforderungen und Schwerpunkten. Individuelle Verhaltensweisen dürfen nicht aus gesellschaftlichen Tatbeständen hergeleitet, individuelle Konflikte nicht nur aus schichtenspezifischen Normen und bestehenden ‹Herrschaftsverhältnissen› erklärt werden.» (a. a. O., S. 13)

Die «Bundesvereinigung der deutschen Arbeitgeberverbände» wendet sich in ihrer «Erklärung zu gesellschaftspolitischen Grundsatzfragen» aus dem Jahr 1974 gegen die integrierte Gesamtschule:

«Die in erster Linie organisatorische Zusammenführung zur Integrierten Gesamtschule ist weder in ihrer Effizienz noch gemessen an dem Ziel, bessere Durchlässigkeit, mehr Chancengerechtigkeit und soziale Integration zu erreichen, durch Erfolg nachgewiesen.»

Begabung und Heilsordnung

Der Soziologe und FDP-Politiker Ralf Dahrendorf, der vor zehn Jahren das Schlagwort «Bürgerrecht auf Bildung» in die öffentliche Diskussion einbrachte, kritisiert heute, die damalige Forderung habe sich in der Zwischenzeit zu einem Anspruch auf tatsächliche Gleichheit entwickelt. Inzwischen wird nämlich der Abbau von Bildungsprivilegien, wie zum Beispiel die Aufgabe des dreigliedrigen Schulsystems (Volks-, Real- und Oberschule) zugunsten der allgemeinen Einführung der Gesamtschule, die längere Lehrerausbildung und die bessere Ausstattung von Volks- und Realschule gefordert. Das will Dahrendorf nicht. In der «Frankfurter Allgemeinen Zeitung» vom 30. 11. 1974 ist es für ihn notwendig,

«Gründe für Ungleichheit geltend zu machen, wo immer es geht, auf gemisch-

NATIONALE
HEILSORDNUNG
INTERNATIONALE
HEILSORDNUNG
LIEBE
HAB
HOFFN
BLITZ
DONNER
KAPITAL
FREIHEIT
ARBEIT
GLEICHHEIT
SONNE
REGEN
EIN
SICH
T

ten Schulsystemen zu bestehen, Unterschiede im Ausbildungsangebot zu fordern und Unterschiede in den Einkommen zu fordern».

Weitere wissenschaftliche Munition für diese konservative Politik liefert der erwähnte Harvard-Professor Richard J. Herrnstein. Er kritisiert den Grundsatz, daß sämtliche Bevölkerungsgruppen Zugang zu allen Berufen und Tätigkeiten haben sollen. Deswegen droht für ihn

«eine rein mechanische Gleichstellung mit der Zeit ebenfalls unfaire Verhältnisse herbeizuführen (...). Bestehen hinsichtlich geistiger und psychischer Leistungsfähigkeit relativ konstante Gruppenunterschiede, ... so muß das Gleichheitspostulat schließlich die qualifizierten Individuen diskriminieren.» (Herrnstein: Chancengleichheit – eine Utopie?, Stuttgart 1974, S. 112)

Herrnstein kann aber gar nicht belegen, daß eine Gleichstellung in unserer Gesellschaft überhaupt gegeben ist. Er kann auch nicht belegen, daß es in bezug auf Berufseignung bedeutende und nicht behebbare, das wären erbliche Gruppenunterschiede, gibt.

«Es ist aber ebenso wenig ausgemacht, daß sie nicht existieren.» (a. a. O., S. 113)

Und damit begründet Herrnstein in seinem Buch, das den bezeichnenden Untertitel «Die IQ-bestimmte Klassengesellschaft» trägt, das Konzept fortschrittsfeindlicher Politiker:

«Die Unterschiede in den Gesellschaftsklassen zeigen, daß wir seit geraumer Zeit mit einer teilweise erblich bedingten Gesellschaftsschichtung leben. Durch die Abschaffung von Vorrechten hingegen – etwa die Beseitigung von Besitz-, Bildungs- oder Milieuunterschieden – ließen sich die sozialen Gegensätze zwischen den Familien nicht beheben, auch wenn sie zunächst etwas zurückgingen.» (a. a. O., S. 140)

Franz Josef Strauß – von Beruf Studienrat – hat diese Gedankengänge in einer Rede am 19. März 1977 vor der Landesversammlung des «Evangelischen Arbeitskreises der CSU» prägnant zusammengefaßt:

«Wer für die Freiheit ist, kann nicht für die Gleichheit der Bürger sein ... Ungerechtigkeiten wird es geben bis zum Ende aller Zeiten. Wer Gleichheit will, muß den lieben Gott abschaffen, weil er in die göttliche Heilsordnung hineinpfuscht.»

Wer also für Freiheit ist, ist gegen Gleichheit, und wer gegen Gleichheit ist, ist für die Heilsordnung. *Die Diskussion um Begabung und Vererbung wird geführt, um eine Gesellschaft gleichberechtigter Menschen zu verhindern, um Besitz-, Bildungs- und Milieuunterschiede aufrechtzuerhalten.* Diesem Ziel sind viele (west)deutsche Schulbücher nicht nur im Fach Biologie – und von diesen waren die Überlegungen ausgegangen – schon immer verpflichtet gewesen.

Biologieschulbücher nach Auschwitz

Welche Forderungen ergeben sich aus der Analyse von Biologieschulbüchern? Fast alle sind für einen demokratischen Unterricht nur zu gebrauchen, wenn man sie «gegen den Strich» liest, das heißt in unserem Fall, wenn man an ihnen eine falsche Vererbungslehre aufzeigt. Bisher unerfüllt ist die Forderung nach dem Biologiebuch, das wissenschaftlich einwandfrei, demokratisch, antirassistisch ist, das Vorurteile abbaut und zur Völkerverständigung beiträgt – und sich mit der faschistischen Vergangenheit auseinandersetzt, in der Vererbungslehre Völkermord legitimierte.

Schulbücher müssen der «Internationalen Konvention über wirtschaftliche, soziale und kulturelle Rechte» vom 12. Dezember 1966 nachkommen, in deren Artikel 13 es heißt:

«Die Teilnehmerstaaten stimmen ferner darin überein, daß die Bildung alle Menschen befähigen soll, wirksam am Leben einer freien Gesellschaft teilzunehmen, die Verständigung, Toleranz, Freundschaft zwischen nationalen, rassischen, ethischen und religiösen Gruppen fördern soll.»

Ebenfalls dem Artikel III 7 des immer noch gültigen Potsdamer Abkommens:

«Das Erziehungswesen in Deutschland muß so überwacht werden, daß die nazistischen und militaristischen Lehrer völlig entfernt werden und eine erfolgreiche Entwicklung der demokratischen Ideen als möglich gedacht wird.»

Schließlich sei auch noch an «Gesetz Nr. 8 des Alliierten Kontrollrates in Deutschland» vom 30. 11. 1945 mit seinem Artikel VIII erinnert:

«Schriftlich, mündlich oder anderweitig betriebene Propaganda oder Agitation, die darauf abzielt, militärischen oder nationalsozialistischen Geist oder derartige Einrichtungen zu erhalten, wieder ins Leben zu rufen oder zu fördern . . ., ist verboten.»

Es ist an der Zeit, Schulbücher zu verbieten, die – wie wir nachgewiesen haben – Gesetzen und internationalen Übereinkünften widersprechen. *Schulbuchproduktion muß dem alleinigen Einfluß von Schulbürokraten und Unternehmern entzogen werden.*

In der Konsequenz bedeutet diese Forderung die Schaffung öffentlich-rechtlicher Unternehmen, in denen Wissenschaftler, Schüler, Eltern, Lehrer, Gewerkschaftler und Politiker als Betroffene und als Vertreter der demokratischen Öffentlichkeit die Schulbuchproduktion leiten und kontrollieren. (Vgl. die Beiträge über die Produktionsverhältnisse bei Schulbüchern in diesem Band.)

Anmerkungen

1 Linder, Hermann, Hübler, Eugen: Biologie – Lehrbuch für die Oberklassen der Höheren Schulen, Stuttgart 1970, S. 267, Metzlersche Verlagsbuchhandlung.
Hervorhebungen durch den Schulbuchautor.
Die neueste, 17. Auflage bringt ebenfalls noch das Goethe-Gedicht. Die Stammbäume der Bachs, der Bluterkrankheit in europäischen Fürstenhäusern, des Albinismus und der Kurzfingrigkeit haben unverändert die 50 Jahre von Weimar bis Bonn überstanden; die Tendenz, der Erbmasse den entscheidenden Einfluß einzuräumen, ist lediglich etwas abgeschwächt, aber immer noch deutlich erkennbar.

2 Thieme (1940): Das Leben, Leipzig 1940, Teubner, S. 22f; Thieme (1975): Kletts Biologisches Unterrichtswerk: Menschenkunde, Stuttgart 1975, Ernst Klett Verlag, S. 96f.

3 Texte und Graphiken sind als Faksimile nebeneinandergestellt in: Demokratische Erziehung 5 (1976), S. 528.
4 Bruggaier/Kallus: Biologie des Menschen, Frankfurt 1973, S. 274, Diesterweg Verlag.
Den Zusammenhang zwischen Kriminalität und abweichendem Chromosomenbestand hat Jan-Diether Murken diskutiert in: Arno Plack (Hg.): Der Mythos vom Aggressionstrieb, München 1973, S. 121–144, List-Verlag.
5 Nur ein Unterrichtswerk bringt statistische Angaben über die Häufigkeit von Erbkrankheiten. Linder/Hübler: Biologie des Menschen, 1976, informiert darüber, daß 40 000 bis 60 000 der ca. 800 000 jährlich Geborenen körperlich oder geistig geschädigt sind. Ca. 400 Menschen in der BRD haben kurzfingrige Hände, 100 sind total farbenblind, 20 000 sind taubstumm usw. Nur dieses eine Schulbuch erwähnt den quantitativen Aspekt der Probleme, denen die Schulbücher so viele Seiten widmen. Angreifbare Schwerpunkte setzen sie alle, auch der von Mitarbeitern des Institutes für Pädagogik der Naturwissenschaften (IPN), Kiel, überarbeitete Linder/Hübler, indem er fast nur biologische Aspekte bei der Vererbung behandelt.
6 Einige Gedankengänge und Zitate der hier folgenden Abschnitte sind entnommen: Sybille Rosenberg: Die Wiederbelebung der Begabungsideologie als Stütze des Bildungsprivilegs, in: Plädoyer für eine demokratische Bildungspolitik, Köln 1975, S. 108–114, Pahl-Rugenstein Verlag.
7 Zitiert nach Sybille Rosenberg, a. a. O., S. 112.

Margarete Maurer

Naturverständnis und Weltanschauung in Biologieschulbüchern

I. Einleitung

1. Der Ausgangspunkt:
Der allgemeinverbreiteten Auffassung nach werden im mathematisch-naturwissenschaftlichen Unterricht, einschließlich dem biologischen, lediglich sog. «objektives, wertfreies» Wissen, bloße Fakten und Tatsachen vermittelt, über die nicht weiter diskutiert werden kann. Mit politischer Bildung habe dieser Unterricht infolgedessen nichts zu tun. Doch dem ist nicht so: Mit der Vermittlung von Fakten wird jeweils auch eine keineswegs wertfreie Weltanschauung, werden Klischees und Vorurteile mitgeliefert. Oft wird dadurch nicht nur ein veraltetes oder verzerrtes, ja sogar falsches «Bild» der Wirklichkeit mitvermittelt, sondern es werden so auch Klassenunterschiede reproduziert, gerechtfertigt und aufrechterhalten. Dies wurde in Ansätzen bereits für den Physik- und den Mathematikunterricht gezeigt,[1] für den Biologieunterricht liegen dazu noch keine Analysen vor. In diesem Beitrag sollen daher die wichtigsten Ergebnisse einer entsprechenden Analyse[2] für den Biologieunterricht (im folgenden mit «BU» abgekürzt) dargestellt werden, die auf einer

Untersuchung von ca. 20 Unterrichtswerken sowie von mehreren Didaktiken und Lehrplänen beruht.

2. Das Ziel:
oder der Zweck dieser Untersuchung war es dementsprechend, weltanschauliche und ideologische Momente des BU überhaupt erst einmal bewußt zu machen, sie im Detail an den genannten Texten selbst nachzuweisen, eine Bewertung zu versuchen und durch das Aufdecken der ideologischen Momente eine erste Voraussetzung (mehr nicht) für ihren Abbau und damit für ein «aufgeklärtes Urteilen» (s. u.) sowie für die notwendigen praktischen Veränderungen zu schaffen.

3. Vorausgesetzt wurden die folgenden Überlegungen:

• *Zur Lage:* Das bisherige *praktische Verhalten* unserer bundesrepublikanischen Gesellschaft gegenüber der Natur ist eines, das mit der Vernunft in Widerspruch steht: es führt zu einer wachsenden und immer weniger leicht reversiblen Zerstörung der Umwelt/Natur und wird die Lebensgrundlage der menschlichen Gattung selbst zerstören, wenn nicht radikale Veränderungen versucht werden.

Das gesellschaftlich herrschende *Naturverständnis* (als eine *theoretische Seite* dieses praktischen Verhaltens zur Natur) und die weltanschaulich-ideologischen Gedanken, Vorstellungen und Einstellungen und Verhaltensmuster über bzw. gegenüber der Natur sind einerseits *Ausdruck* dieses zerstörerischen Verhältnisses zur Natur, andererseits sind sie subjektive, das heißt den einzelnen zukommende *Faktoren* im Bewußtsein, die den notwendigen Veränderungen hemmend entgegenstehen (können).

Die Vermittlungsmedien solch gesellschaftlich bedeutender Ideologien und weltanschaulichen Aspekte sind Presse, Rundfunk, Fernsehen, die Werbung und die sog. Trivialliteratur und – vor allen anderen – die Schule, die jeder Bundesbürger besuchen muß.

• *Zur Schule:* Für den tatsächlichen Unterricht sind vor allem die Schullehrbücher bestimmend: [3]

«Wesentliche Entscheidungen über Lernziele und Lernwege, über Darstellungsform und Darstellungsmittel (werden) zur Zeit in der *Schulbuch*produktion getroffen . . . Damit wird das Schulbuch – als Interpret der Richtlinien – zu einem entscheidenden Faktor sowohl der Verwirklichung der kulturpolitischen Intention als auch der unterrichtlichen und erzieherischen Wirkungen.» (I. Lichtenstein-Rother, in: Das Schulbuch – Ein Hemmnis der Schulreform?, in: W. Adrian u. a. (Hg.): Das Buch in der dynamischen Gesellschaft, Trier 1970, S. 75) [4]

Aber auch über die Lehrpläne/Richtlinien [5], die Fachdidaktiken [6], die Fachwissenschaft und die Qualifikation der Lehrerinnen und Lehrer gehen prägende und eventuell ideologische Vorstellungen und Einstellungsmuster in den Unterricht ein (zum hier verwendeten Ideologiebegriff vgl. Kapitel IV).

• *Zum Biologieunterricht:* Für den mathematisch-naturwissenschaftlichen Unterricht im allgemeinen, und auch für den BU im besonderen, gilt aufgrund der vorherigen Überlegungen: Er ist aufzufassen auch als eine *politische Bildung*, vor allem in bezug auf das Verhältnis Menschen/Gesellschaft zu Natur/Umwelt. Denn das Problembewußtsein gegenüber der Umwelt/Natur, das durch den Schulunterricht gefördert oder nicht gefördert wird, wird sich auf das Verhalten der später erwachsenen Schüler auswirken, insbesondere auch auf ihre Bereitschaft, sich gegen die Zerstörung ihrer Lebensgrundlage zu wehren.

Auch das durch den Schulunterricht explizit oder implizit vermittelte *Wissenschaftsverständnis* ist Teil solch politischer Bildung im mathematisch-naturwissenschaftlichen, also auch im biologischen Unterricht.

Denn: Entscheidungen im Bereich der Umwelt- und Wissenschaftspolitik können nur dann in demokratischer Weise getroffen und kontrolliert werden, wenn sich jeder, die gesamte Bevölkerung, zu den betreffenden Problemen ein aufgeklärtes Urteil bilden kann. *Die Wissens- und Einstellungsgrundlagen für diese Urteilsfähigkeit zu liefern, sollte eine Hauptaufgabe des mathematisch-naturwissenschaftlichen und speziell des biologischen Unterrichts sein.*

Es stellt sich die Frage: Erfüllt der bisherige und derzeitige Biologieunterricht diese Aufgaben? Oder vermittelt er – ganz im Gegenteil – eher weltanschaulich veraltete, wissenschaftlich überholte, oder gar ideologisch verzerrte Vorstellungen (über die Umwelt/Natur, über die Wissenschaft, über die Menschen)?

• Wäre das letzte der Fall, das heißt, wäre das Ergebnis der schulischen Bildung und Ausbildung ein Bewußtsein in den Köpfen der Ausgebildeten, das von falschen und/oder ideologischen Vorstellungen und Denkmustern verzerrt ist, so würde damit der *politische Handlungsspielraum* für notwendige Veränderungen gesellschaftlicher Art allgemein oder in der Umwelt- und Wissenschaftspolitik speziell erheblich *eingeschränkt*. – Wie es damit steht, wird aus den in diesem Beitrag über «Naturverständnis und Weltanschauung in Biologiebüchern» dargestellten Untersuchungsergebnissen hervorgehen.

4. Die Schwerpunkte der Untersuchung:

Erstens: Das Weltbild mit Scheuklappen (Kapitel VI und Kapitel X, 7.)

Es gibt in den Büchern weltanschauliche und/oder ideologische Aspekte, die in Büchern aller drei Schularten vertreten, also *nicht* schichten-spezifisch verschieden sind. Hierzu gehören: der fehlende oder falsche Gesellschaftsbezug, eine antiquierte, repressive und lustfeindliche Sexualerziehung in vielen Büchern (weniger in ganz neuen), antiquierte Passagen zu den Unterschieden zwischen Frauen und Männern, Faschistoides in der Genetik[7], falsche oder weltanschaulich verzerrte historische Aussagen[8] und eine Ideologie, die als «Eurozentrismus»[9] bezeichnet werden kann (dazu s. Kapitel VIII, 5.).

Zweitens: Mystifizierend-religiöses und wissenschaftlich-modernes Weltbild (Kapitel VII und VIII)

Ein Schwerpunkt der Analyse liegt auf dem Nachweis eines in den

Schulbüchern verborgenen «Weltbildes», das als zwischen den Zeilen stehende («latente»), aber nichtsdestoweniger durchgehende «Sinnstruktur» aus den Texten zu rekonstruieren war. Dieses «Weltbild» weist klassen- und schichtenspezifische Unterschiede auf: in den Haupt- und Realschulbüchern ist ein Weltbild enthalten, das als «mystifizierend-religiöses» gekennzeichnet werden kann, in den Gymnasialbüchern ein «wissenschaftlich-modernes» Weltbild. – «Festgemacht» werden die zwei Weltbilder an ihrem unterschiedlichen Sprachstil, an bestimmten charakteristischen Worten oder Begriffen, daran, welche Aspekte der behandelten Sache besonders hervorgehoben oder fortgelassen, und wie sie dargestellt werden. Dabei wird vor allem das in den Texten implizit (verdeckt) ausgedrückte *Naturverständnis* berücksichtigt und auch das in ihnen enthaltene Menschenbild ansatzweise untersucht.

Drittens: Weltbild und Klassenstruktur der Gesellschaft (Kapitel IX)
Als «klassen- und schichtenspezifisch» werden die Unterschiede zwischen Haupt-/Realschulbüchern und Gymnasialbüchern deshalb bezeichnet, weil das noch immer vorherrschende dreigliedrige Schulsystem nach wie vor mit einer klassen- und schichtenmäßigen Verteilung und Selektion der Schülerinnen und Schüler verbunden ist[10]. Die Schülerinnen und Schüler an Haupt- und Realschulen (im folgenden mit «HS» und «RS» abgekürzt) kommen in ihrer Mehrheit aus den Schichten der Arbeiter und Handwerker und aus der der unteren Angestellten; die Schülerinnen und Schüler der Gymnasien (im folgenden mit «GS» abgekürzt) kommen in ihrer Mehrheit aus der gehobenen und oberen Mittelschicht (Bürgertum) und der dünnen und reichen Oberschicht (Unternehmer, Fürsten, Manager zum Beispiel). – Mit dem Wort «klassenspezifisch» wird ausgedrückt, daß hier von der Tatsache ausgegangen wird, daß in der Bundesrepublik die Gesellschaftsstruktur nach wie vor von dem Gegensatz zwischen den privaten Eigentümern der Produktionsmittel und denjenigen, die sie durch ihre Arbeit geschaffen haben, sie aber nicht besitzen (den Lohnabhängigen), bestimmt ist, wenn auch auf den ersten Blick eine genaue Abgrenzung der sozialen Klassen und Schichten nicht mehr so einfach ist wie zu Beginn der kapitalistischen Entwicklung.

Daß die Unterschiede im Weltbild tatsächlich schultyp- (HS/RS versus GS) bzw. schichtenspezifisch sind, kann durch eine Statistik zu der Frage nachgewiesen werden, zu welchem Schultyp die mystifizierend-religiösen Bücher, zu welchem die wissenschaftlich-modernen gehören (vgl. Kapitel IX).

Viertens: Froschperspektive und Vogelschau in der Darstellung der Natur (Kapitel X)
Die neuesten Biologiebücher tendieren alle zu einem wissenschaftlich-modernen Weltbild, und das gilt auch für die HS- und RS-Bücher. Trotzdem wird die Kritik dadurch nicht belanglos: Denn die schichtenspezifischen Unterschiede manifestieren sich in diesen Büchern mit wissenschaftlichem Weltbild ebenfalls, und zwar in einer unterschiedlichen *Perspektive* der Darstellung: «*Froschperspektive*» für die Haupt- und Realschüler, «*Vogelschau*» für die Gymnasiasten. Dies wird anhand eines Vergleiches zweier biologischer Unterrichtswerke des Klett-Verla-

ges, als weiterem Schwerpunkt der Untersuchung, gezeigt, wobei exemplarisch die Kapitel zur *Kirsche* analysiert werden.

Fünftens: Die Reproduktion der Klassenstruktur der Gesellschaft im Biologielehrbuch (Kapitel XI)
Abschließend wird versucht, die Ergebnisse der Analyse von Naturverständnis, Weltbild und Perspektive der Darstellung in den Biologiebüchern zusammenfassend zu interpretieren. Insbesondere wird versucht, die Bedeutung der zwei Weltbilder und der zwei Perspektiven (Froschperspektive und Vogelschau) für die ideologische Formierung und die berufliche Qualifizierung der Schüler herauszuarbeiten und ansatzweise ihre Beziehung zu Veränderungen im Produktionsbereich als der sogenannten «gesellschaftlichen Basis» zu untersuchen.

5. Das Material:
Es wurden alle gängigen BRD-Biologieschulbücher für die Sekundarstufe I (5. bis 10. Klasse) untersucht[11], und zwar sowohl HS/RS-Bücher wie GS-Bücher. Dadurch wurde ein Vergleich der Bücher bezüglich verschiedener Schularten möglich.

Die Verbreitung und Bedeutung der verschiedenen Bücher, die alle zwischen 1948 und 1954 oder zwischen 1965 und 1975[11] erschienen sind, ist schwer zahlenmäßig abzuschätzen (vgl. dazu jedoch den Beitrag der AG Schulbuchproduktion in diesem Band).

Ergänzend wurden einige Didaktiken, Stoffpläne und Lehrerhefte untersucht («Kontextanalyse»).

Die meisten der untersuchten Lehrbücher, speziell alle neueren, sind derzeit in Schulen der BRD in Gebrauch und üben dadurch auf die heutigen Schüler ihren bewußtseinsformierenden Einfluß aus, wie die älteren Bücher ihn auf ihre Eltern oder älteren Geschwister ausgeübt haben.

Eine ideologiekritische Analyse des in ihnen versteckt (implizit) oder offen (manifest, explizit) enthaltenen Natur- und Wissenschaftsverständnisses, sowie weltanschaulicher Aspekte auch des Menschenbildes (anthropologische Seite) ist daher – in Anbetracht der nicht geringen Funktion dieser Texte für das öffentliche Bewußtsein und damit für die Politik – sehr nötig, wenn Natur und menschliche Welt in einen vernunftgemäßen Zustand gebracht werden sollen.

Einen *Überblick* über das Material gibt das folgende Kapitel II, «Bundesdeutsche Biologiebücher – Eine Übersicht».

6. Zum weiteren
Danach wird – im Kapitel III: «Wie macht man eine Schulbuchanalyse?» – auf das methodische Vorgehen bei der Analyse eingegangen werden.

Dies ist *erstens* wichtig, weil die Leser dieses Buches daraus Hinweise entnehmen können, wie sie selbst Schulbuchuntersuchungen machen können. Solche Hilfestellungen sind nötig, da kein Lehrer Zeit hat, selber eingehende und detaillierte wissenschaftliche Untersuchungen zu erstellen – aber er (oder sie) kann, wenn das methodische Vorgehen klar ist, auch mit geringerem Aufwand schon aufschlußreiche Ergebnisse erzielen. *Zweitens* halte ich es für unabdingbar, daß auch und gerade in populärwissenschaftlichen Darstellungen klar und deutlich gesagt wird, *wie* die Wissenschaftler zu ihren Ergebnissen gekommen sind. Denn zu welchen Ergebnissen man kommt, ist davon abhängig, mit welchen Fragestellungen man an den Untersuchungsgegenstand herangeht und mit welchen Methoden man ihn bearbeitet. Die Ergebnisse können nur dann wirklich einsichtig gemacht werden, wenn jeder Untersuchungsschritt explizit herausgestellt wird: nur so ist wissenschaftliche Forschung überhaupt öffentlich kontrollierbar. Zur Demokratisierung der Wissenschaft gehört also auch die verständliche Darstellung der wissenschaftlichen Methoden sowie deren theoretischen und praktischen Voraussetzungen. – Ich hoffe, daß es mir selbst gelungen ist, diesen Anspruch zu erfüllen.

In diesem Zusammenhang wird der von mir zugrundegelegte Ideologiebegriff in Kapitel IV erläutert.

Mit der Klärung des Ideologiebegriffs wird es möglich, prinzipiell wichtige Voraussetzungen der ganzen Untersuchung und Fragestellung wenigstens anzudeuten: woher eigentlich Ideologien im BU – bzw. allgemein im naturwissenschaftlichen Unterricht – kommen können; wieso überhaupt naturwissenschaftliche Aussagen ideologische Funktionen haben können, und weshalb eine Ideologiekritik an Naturwissenschaften *möglich* und *nötig* ist, obwohl sie doch an geistes- und sozialwissenschaftlichen Aussagen entwickelt und bisher auch weitgehend auf sie beschränkt war.

Auf alle diese Fragen zur Ideologiekritik der Naturwissenschaften, speziell der Biologie, wird im Kapitel V «Ideologie, Naturwissenschaften und BU» eingegangen werden, dem dann die Darstellung der Untersuchungsergebnisse folgen wird (Kapitel VI bis XI).

II. Bundesdeutsche Biologiebücher – Eine Übersicht

Die Biologiebücher lassen sich grob in zwei unterschiedliche Arten einteilen: zum einen in diejenigen Bücher, die im wesentlichen Systematik und Morphologie enthalten, und zum anderen in diejenigen, die vor allem an «übergeordneten Gesichtspunkten» der Biologie, das heißt an wesentlichen Erscheinungsformen des Lebens orientiert sind.

Die weitere Durchsicht ergibt eine etwas feinere Unterteilung in sechs verschiedene Typen (vgl. die Liste am Ende dieses Kapitels). Diese «Typen» stellen sogenannte «Idealmodelle» dar, unter die sich die einzelnen Bücher also mehr oder weniger streng subsumieren lassen; doch ermöglicht diese Einteilung eine grobe Orientierung. – In die vier ersten Typen lassen sich die meisten bisher vorliegenden Biologiebücher einordnen, die zwei letzten Typen verweisen auf die heutige didaktische Diskussion bzw. auf die Zukunftsperspektiven.

1. Der *systematisch-morphologische Typ* oder «Die Par-force-Tour durchs Tier- und Pflanzenreich» (Typ I) umfaßt Bücher, die – von den Themen her betrachtet – nichts (oder zumindest fast nichts) als Systematik und Morphologie enthalten. (vgl. Abb. S. 63)

Parforce-Ritt durch Tier- und Pflanzenreich.

2. Der *«scheinbar nicht-systematisch-morphologische Typ»* (Typ II): Bücher dieses Typs erwecken auf den ersten Blick (nämlich vom Inhaltsverzeichnis her) den Anschein, dem Prinzip der Strukturierung durch die Systematik nicht mehr zu folgen, was sich aber bei genauerem Hinsehen als Irrtum erweist. Dabei gibt es im Prinzip zwei Möglichkeiten: einmal die Einfügung kurzer Abschnitte aus Verhaltensforschung, zur Sexualität oder zum Natur- bzw. Umweltschutz, die aber wegen ihres geringen Umfangs (gemessen an den übrigen Kapiteln, die zudem beibehalten werden) nicht als neues Aufbauprinzip angesehen werden können (wie zum Beispiel in Lange/Strauß/Dobers, Bd. I und II), und zum anderen: eine scheinbare Gliederung nach Gesichtspunkten der Ökologie, bei der sich die Systematik und Morphologie aber, sozusagen durch die Hintertür, wieder hereinschleichen: Ökologie als «Vehikel» für die Fachsystematik (zu beidem siehe zum Beispiel das Unterrichtswerk von Spanner/Vogt/Falkenhan und das von Ewald/Wüst/Dircksen/Pfandzelter, beide BSV).

Die Bücher dieser beiden Schulbuchtypen lassen sich jeweils in zwei Unterarten aufteilen, die sich durch das in ihnen enthaltene Weltbild unterscheiden (entweder «mystifizierend-religiös» oder «wissenschaftlich-modern», vgl. die Liste am Ende dieses Kapitels).

3. Der *«übergeordneter-Gesichtspunkt-»* oder *«Kennzeichen-des-Lebendigen-Typ»* (Typ III): Die Autoren dieser Bücher erheben (mit unterschiedlichem Erfolg) den Anspruch, in ihrer Strukturierung von den «Kennzeichen des Lebendigen», von übergeordneten Gesichtspunkten der Biologie, auszugehen. Ihre Bücher enthalten infolgedessen wesentlich Kapitel zum Beispiel zu Genetik, Entwicklung und Wachstum, Zelltheorie, Baupläne, Bewegung, Stoffwechsel, Sexualität, Ökologie, Ethologie (Verhaltensforschung); Überlegungen zur Methodik der Wissen-

schaft Biologie und zur Frage «Was ist Biologie» u. a. – Systematik und Morphologie sind hier nur noch in bescheidenem Umfang und mit anderem Stellenwert behandelt als in den Büchern der beiden ersten Typen.

Die Untergliederung in die zwei Unterarten «mystifizierend-religiös» und «wissenschaftlich-modern» ist hier weniger stark ausgeprägt und zumeist ersetzt durch eine Unterteilung der Bücher, die sich – bei wissenschaftlich-modernem Weltbild – aufgrund einer unterschiedlichen Perspektive in der Art der Darstellung ergibt («Froschperspektive» und «Vogelschau»).

4. Der *Rahmenplan-Typ* (Typ IV): Hierzu gehören Schulbücher, die von der thematischen Gliederung her den Anspruch erheben, die Anforderungen eines «modernen» Biologieunterrichts zu erfüllen, das heißt *erstens* ähnliche Schwerpunkte zu setzen, wie sie in dem «Rahmenplan des Verbandes Deutscher Biologen für das Schulfach Biologie»[12] gefordert werden (wie beim Typ III Strukturierung nach «übergeordneten Gesichtspunkten»), *zweitens* sich bei der Begründung und Auswahl der Themen an den Postulaten «Gesellschaftsrelevanz», «Fachrelevanz» und «Schülerrelevanz» zu orientieren und (eventuell) *drittens* bestimmten didaktischen Anforderungen (lernzielorientierter Unterricht, Spiralprinzip) zu genügen.

Die Rahmenplan-Bücher gehören praktisch alle dem wissenschaftlich-modernen Typ an.

5. Der *integrierte naturwissenschaftliche Unterricht* (Typ V): Bücher dieses Typs behandeln biologische Probleme nicht als «rein-blgische» Probleme, sondern unter übergreifenden Fragestellungen, zusammen mit physikalischen und chemischen Aspekten, das heißt, Biologie, Physik und Chemie werden nicht mehr in spezielle Fächer getrennt. Eine Verwendung im Unterricht würde hier die traditionelle Fächereinteilung sprengen. Bücher dieser Art sind bisher vor allem in englischer Sprache herausgekommen[13] (wenn man nicht die Sachkunde-Bücher für die Primarstufe dazuzählt), in der BRD aber in der Diskussion.

6. Der *integrierte biologisch-sozialkundliche Unterricht* (Typ VI): Bücher mit einem solchen Konzept, die – im Sinne unseres Buches – eine tatsächliche Alternative zu den anderen Buch-Typen bedeuten würden, liegen bisher, bis auf wenige Ansätze in Arbeitsheften und im Sexualkundeunterricht, kaum vor.

7. *Tendenzen:* Werden die Erscheinungsjahre der einzelnen Bücher zu den Schulbuch-Typen I bis VI in Beziehung gesetzt, so ergibt sich, daß die historische Entwicklung der Biologiebücher, in ihrer inhaltlichen Strukturierung in dem hier erfaßten Zeitraum seit 1948 vom systematisch-morphologischen Typ (I) ausgeht und in etwa der Reihenfolge der weiteren Typen «scheinbar-nicht-systematisch-morphologisch» (II), «übergeordneter-Gesichtspunkt» (III), «Rahmenplan» (IV), «integrier-

ter naturwissenschaftlicher Unterricht» (V) entspricht. Diese Entwicklung – in Kurzfassung: «von der Fachsystematik zum Rahmenplan» – entspricht den Diskussionen und Veränderungen in der Fachdidaktik des Biologieunterrichts in der BRD.[14] Über den integrierten naturwissenschaftlichen Unterricht (Typ V) wird noch diskutiert, die Entwicklung eines Konzeptes integrierten naturwissenschaftlich (biologisch)-sozialkundlichen Unterrichts ist die jetzt anstehende Aufgabe.

Kategorisierung der Biologielehrbücher – Zuordnung zu den verschiedenen Typen

Die Nummern entsprechen der Liste am Ende des Beitrags

I. Systematisch-morphologischer Typ:	Nummer
A. mystifizierend-religiöses Weltbild:	
– Stengel/Weise u. a.: Biologisches Unterrichtswerk (7 Bde.), Klett, 7. Nachdruck ^{5}1964	17_{I}–17_{IV} GS
– dies.: Lebendige Natur (3 Bde.), Klett	17_{V} GS
– K. Haug: Naturkundliches Arbeitsbuch (2 Bde.), Mundus-Verlag, o. J.	6_{I}– 6_{II} HS
– Hausmann/Häusler: Biologie 1–4, Oldenbourg-Verlag, 1968–1970 (4 Bde.)	7_{I}– 7_{IV} RS
B. wissenschaftlich-modernes Weltbild:	
– Schmeil: Biologisches Unterrichtswerk (3 Bde.) Quelle & Meyer (+ Diesterweg), o. J.	11_{I}–11_{II} GS
– Heiligmann u. a.: Die Pflanze, Das Tier, Der Mensch (5 Bde.), Klett, 1967–1972 (hat Tendenz zu Typ II)	15_{I}–15_{III} GS
– Linder/Hübler: Biologie des Menschen, Metzlersche Verlagsbuchhandlung, 1951 ff	12_{II} GS
II. Scheinbar-nicht-systematisch-morphologischer Typ:	
A. mystifizierend-religiöses Weltbild:	
– Spanner/Vogt/Falkenhan – Unterrichtswerk (9 Bde.), Oldenbourg/Hirt, 1964–1968 (Tendenz zu Typ I)	14_{I}–14_{III} GS
– Hager/Gotthard u. a.: Pflanze, Tier und Mensch (3 Bde.), Klett, Neubearbeitung 1968	2_{I}– 2_{III} HS
– Ewald (+ Venzl)/Wüst/Dircksen/Pfandzelter – Unterrichtswerk (7 Bde.), BSV, 1947 ff	13_{I}–13_{III} GS
B. wissenschaftlich-modernes Weltbild:	
– Lange/Strauß/Dobers: Biologie, Bd. 1 und 2, Schroedel, überarb. 1967/1969 (mit Tendenzen zu Typ III)	3_{I}– 3_{II} HS
– Kruse/Blume/Fels u. a.: Das Leben (3 Bde.), Klett 1967–1971	1_{I}– 1_{III} HS
– Knoll/Rüthlein/Stieren/Werner: Biologie (5 Bde.), Oldenbourg/Cornelsen-Velhagen & Klasing, 1970–1972	8_{I}– 8_{V} HS

III. Übergeordneter-Gesichtspunkt- oder Kennzeichen-des-Lebendigen-Typ:

A. Froschperspektive:

– Lange/Strauß/Dobers: Biologie, Bd. 3, Schroedel, überarb. 1971 — 3_{III} HS/RS
– Duderstadt u.a.: Biologie 1 und 2 (2 Bde.), Diesterweg, 1969/1971 (mit Tendenz zu Typ II) — 4_{I}– 4_{II} S I

B. Vogelschau:

– Linder: Biologie, Metzlersche, 1948, überarb. [16]1967 — 12_{I} GS
– v. Frisch: Biologie, BSV, 1952 — 13_{IV} OGS/RS
– Fels/Grah/Liesenfels: Der Organismus, Klett, 1969 — 15_{IV} OGS

IV. Rahmenplan-Typ:

– H. Garms: Lebendige Welt. Biologie 1, Westermann 1971 (Neubearbeitung) — 5_{I} S I
– Gerhardt/Dircksen/Höner: Biologie 5/6, BSV 1974 — 10_{I} S I
– Kattmann u.a.: Kennzeichen des Lebendigen (3 Bde.), Vieweg/Bertelsmann 1975/76 — 9_{I} S I

V. Integrierter naturwissenschaftlicher Unterricht:

– Nuffield-Curriculum (engl.) — (21)

VI. Integrierter biologisch-sozialkundlicher Unterricht (Ansätze):

– Bäuerle/Hornung: Biologisch-sozialkundliche Arbeitshefte, Leske 1972 — 18_{I}–18_{II} OGS
– I. Kuchta/K.-J. Penné: Sexualität und Gesellschaft, Cornelsen-Velhagen & Klasing 1973 — 20
– Jacobi u.a.: Sexfibel, Leske 1974 — 19

III. Wie macht man eine Schulbuchanalyse?

Aus den in der Einleitung genannten Gründen soll nun geklärt werden, welches methodische Vorgehen mit «ideologiekritischer Inhaltsanalyse» bezeichnet wird. Zwar können hier die mit dieser Methode verbundenen wissenschaftlichen Kontroversen und Untersuchungsschritte nicht im einzelnen dargelegt werden, es soll aber klar sein, auf welche Position sich diese Untersuchung stützt und welches ihre wichtigsten Grundlagen und charakteristischen Vorgehensweisen sind.

1. Zunächst: da es hier um Texte geht, bedeutet «Inhaltsanalyse» eine **methodische Textkritik**. Sie versucht, sowohl mit quantitativen als auch mit qualitativen Untersuchungsfragen den Inhalt und insbesondere den möglicherweise ideologischen Gehalt der untersuchten Texte zu ermitteln.

2. Diese Kritik ist gleichzeitig eine **Sprachkritik**, da im Text verwendete Ausdrücke, der verwendete Sprachstil sowie die philosophische Herkunft der Begriffe kritisch hinterfragt werden.

3. Da «Ideologie» etwas mit Herrschaftsverhältnissen, also mit «Gesellschaft» zu tun hat, geht es bei der ideologiekritischen Inhaltsanalyse um den **gesellschaftlichen Gehalt** von Texten.

a) Dieser Gehalt kann «*manifest*», das heißt in den Texten direkt, offen, explizit ausgedrückt sein:
«Gesellschaftlicher Gehalt meint ... in diesem Falle Textbestandteile, die gesellschaftliche Sachverhalte direkt bedeuten oder benennen, in denen unmittelbar von gesellschaftlichen Sachverhalten gesprochen wird.»[15]

b) Aber er kann auch «*latent*», das heißt versteckt, zwischen den Zeilen stehend, implizit im Text enthalten sein. Es können also im Text «*Merkmale gesellschaftlicher Sachverhalte zum Ausdruck kommen ..., ohne daß direkt über sie gesprochen wird ..., ohne daß sie unmittelbar Verhandlungsgegenstand (Motiv, Thema o. ä.) wären*»[15].

c) Ein Text kann gesellschaftlichen Gehalt haben, unabhängig davon, ob sein Autor dies subjektiv wollte oder nicht.
Wenn also in einem Biologiebuch zum Beispiel die Sexualerziehung als repressiv, das Menschenbild als ideologisch bezeichnet werden muß, so kann man dies nicht allein den Verfassern der Texte anlasten, denn auch Buch-Autoren sind abhängig von den gesellschaftlichen Verhältnissen, in denen sie leben. Und: gerade unbewußt sich einschleichende Wertungen und Aussagen können für die Analyse interessant sein. Oft auch wird der gesellschaftliche Gehalt eines Textes erst den späteren Generationen offenbar oder nur besonders sensiblen Zeitgenossen: Sie sehen aus der Distanz mehr als andere.
Es kommt daher bei der ideologiekritischen Inhaltsanalyse allein darauf an, daß sich der gesellschaftliche Gehalt des Textes als eine *objektiv* in ihm enthaltene «Sinnstruktur» rekonstruieren läßt.
«Sinnstruktur» ist hier weniger zu verstehen als
«die statistisch fixierbare Verbindung von Worten und Sätzen (Kontingenzanalyse), denn [als] das Resultat einer Untersuchung, in welcher Form sich *unter den gegebenen Fragestellungen*[16] im Text ein – gegebenenfalls auch in sich widerspruchsvoller – Zusammenhang von Konnotationen[17] und gegenstandsbezogenen Aussagen herstellen läßt (*Kontext*[18])».

4. **Zu den Fragestellungen:**
Es ist wichtig, vor und auch immer wieder *bei* der Untersuchung, sich klarzumachen, mit welchen Fragestellungen man an den Text herangeht.

Diese Fragen sollten schriftlich festgelegt werden, wobei die allgemeineren, die Interpretation «leitenden» Fragen («Dimensionen») weiter unterteilt werden in spezifizierte Fragen, sogenannte «Kategorien», mit deren Hilfe möglichst eindeutig bestimmt werden kann, ob ein Textelement darunterfällt oder nicht.

Diese Fragestellungen können sich *erstens* beim Durchblättern des Textes, sozusagen aus ihm selbst, («*intern*») ergeben, nach der Forschungsmethode: «Laßt uns einmal sehen, was wir hier vor uns haben.» (So entstand zum Beispiel die im II. Kapitel dieses Beitrags enthaltene Übersicht über die Biologiebücher, und die zwei «Weltbilder» sind weitgehend ebenso gefunden worden.)

Sie können sich *zweitens* ergeben aus Überlegungen, die unabhängig vom Text angestellt werden («*extern*»), und aufgrund deren man bestimmte Fragen für besonders wichtig hält. Hier – aber auch schon bei den internen Fragen – gehen also besonders die speziellen Erkenntnisinteressen und auch Wertungen des Untersuchenden in die Analyse ein. Zum Beispiel beruht die Frage «sind in Biologiebüchern ideologische Aspekte enthalten?» auf einem besonderen Interesse an sozialen, gesellschaftlichen Prozessen.

Die internen und die externen Frageansätze, «Dimensionen» und «Kategorien» sollten sich im Lauf der Untersuchung gegenseitig ergänzen und eventuell auch korrigieren, sie werden teilweise im Laufe der Untersuchung selbst erst entwickelt.

5. Auf der Basis der jeweiligen Fragestellungen wird dann die ideologiekritische Inhaltsanalyse in prinzipiell **zwei Etappen** vollzogen, die in sich zum Teil gleiche, zum Teil verschiedene methodische Einzelschritte enthalten:

Erste Etappe: Die «immanente» Untersuchung des Textes, die mit internen Fragen («Was steht überhaupt im Text?») beginnt und mit Hilfe weiterer interner und externer Fragen die im Text enthaltene «Sinnstruktur» zu ermitteln hat.

Dazu gehört auch, die Texte an den eigenen Ansprüchen zu messen. Bei den Biologiebüchern zum Beispiel: Erfüllen sie die Anforderungen, die von ihren Autoren bzw. in dazugehörigen Lehrerheften oder Didaktiken aufgestellt werden? Das entspräche einem «Messen der bürgerlichen Verhältnisse an ihrem Begriff»[19].

Aber das reicht nicht aus: der «politisch-praktische Bezug solcher Messungen» ist aufzuweisen[19] – und das geschieht in der **zweiten Etappe, der «transzendierenden Kritik»**, mit der die ideologische Funktion der im Text enthaltenen Sinnstrukturen, einzelner Momente oder Passagen untersucht wird.

- Werden zum Beispiel soziale Bezüge biologischer Themen oder beunruhigende Fragen und Probleme wie das Welthungerproblem, die Bedrohung durch Atombomben und biologische Waffen etc. harmonisierend, verzerrt oder falsch dargestellt – oder sogar ganz weggelassen? Werden zu Kritik anregende Fragen unterschlagen? Dann wäre der Text Ausdruck eines *falschen Bewußtseins* über die Wirklichkeit (wenn er ehrlich gemeint ist) oder aber er würde zu solchem falschen Bewußtsein erziehen (vgl. Kapitel IV).
- Fördert der Text Haltungen, Einstellungen, Ansichten, die zu Untertanengeist erziehen oder die in irgendeiner Weise das bei uns herrschende Wirtschaftssystem und dessen politisch-soziale Institutionen rechtfertigen? Dann wäre er ideologisch.

Festzuhalten ist dabei:
Nicht jede «Sinnstruktur» und nicht jedes weltanschauliche Element, Motiv oder Muster («Syndrom») eines Textes ist ideologisch. Vielmehr ist der ideologische Charakter bzw. die ideologische Funktion einer Textstelle, eines Motivs oder der ganzen Sinnstruktur jeweils erst nachzuweisen. Bei naturwissenschaftlichen Texten wird es dabei nicht immer möglich sein, *alle* Vermittlungsschritte vom direkten Inhalt einer Aussage zu dessen ideologischer Funktion herauszufinden, da die Zusammenhänge zwi-

schen Naturwissenschaft und Gesellschaft recht komplex sind. Dann muß man sich zunächst mit Hypothesen begnügen, die später weiter untersucht werden können.

6. Die Ideologiekritik hat die Frage nach dem **«Überschuß»** einzubeziehen, der aus den ideologisch verbrämten Klassenverhältnissen hinausweist, auf eine menschliche Zukunft hin. Zum Beispiel ist zu fragen: Welche emanzipatorischen Ansätze, Inhalte, Fragestellungen enthält der Text trotz aller Ideologie oder sogar in ideologischen «Mustern» (s. u.) selbst?

7. Die beiden «Etappen» der Kritik enthalten eine Reihe von Einzelschritten, die, wie oben gesagt, quantitative wie qualitative Aspekte umfassen, die sich gegenseitig ergänzen, wobei das Schwergewicht auf der qualitativen Seite liegt. – Diese Fragen können auch von Lehrern und Schülern im Unterricht zum Ausgangspunkt einer Schulbuchanalyse gemacht werden. Sie bedeuten dabei nicht eine logisch notwendige Reihenfolge, sondern bezeichnen teilweise aufeinander verweisende Aufgaben.

a) **quantitative Fragen:**

Welche Begriffe, Phrasen, Motive, welche Art von Beispielen, welche Themen kommen wie oft vor? («Frequenzanalyse»)

Was kommt gehäuft vor?

Wie viele Seiten sind welchen Themen gewidmet?

Sind wichtige Fragen umfangsmäßig ausreichend behandelt?

b) **qualitative Fragen:**

- Warum wird ein besonderer Begriff, ein spezielles Motiv, ein bestimmtes Thema besonders hervorgehoben? Wie wird das begründet? Wird es überhaupt begründet? Wenn nicht, welche Gründe lassen sich vermuten?
- Wie lassen sie sich durch andere Textstellen belegen?
- Wie sieht überhaupt der Kontext der analysierten Einzelaussagen aus? Gibt er Hinweise zu deren adäquater Interpretation bzw. Analyse? Deckt er die schon gemachten Aussagen?
- Welchen einzelnen, versprengten Momenten, Begriffen oder Motiven («Singularität») ist trotz ihres nur einmaligen Vorkommens besonderes Gewicht zuzuerkennen?

  Anders gesagt:
- Welche charakteristischen Einzelausdrücke oder -begriffe deuten auf ein bestimmtes weltanschauliches oder ideologisches Muster («Syndrom») hin, bzw. an welchen Ausdrücken läßt sich dieses Muster festmachen? (Dabei kann wiederum die Kontextanalyse wichtige Hinweise geben.)
- Und schließlich: Was steht nicht im Text? Welche sachlich wichtigen Themen, Begriffe, Fakten usw. sind weggelassen worden? («Nichterscheinen», «Präsenz») Und warum?
- Außerdem ist die Interpretation der Textelemente in ihrem engeren und weiteren Kontext hilfreich, hier also der Zusammenhang mit weiteren Stellen im Schulbuch, mit anderen Schulbüchern, mit Lehrerheften, Didaktiken etc. (Kontextanalyse).
- Wem nützen welche Aussagen und Sinnstrukturen des Textes?

Für die Rekonstruktion einer Sinnstruktur können einerseits immer wieder auftauchende Textelemente («Frequenz») von Bedeutung sein, und andererseits gerade geringe Häufigkeiten oder Einzelfälle («Singularität») und «Nichterscheinen» von Themen, Motiven, Fragen, Problemen («Präsenz»):

«Für eine ideologiekritische Inhaltsanalyse wird es ... ausschlaggebend, ob sie imstande ist, ein *ideologisches Syndrom* (›*Muster*‹)[16] ... aufzudecken, das latente Sinnstrukturen umgreift, Einzelfällen besondere Relevanz verleihen kann (Singularität) und Nichterscheinen (Präsenz) zu gewichten vermag.»[20]

Dieses methodische Vorgehen ist orientiert an der Form der Ideologiekritik, wie sie von K. Marx anhand der Kritik der gängigen ökonomischen Theorien seiner Zeit entwickelt[21] und von J. Ritsert[15] zu einer quantitativen und qualitativen *Untersuchungstechnik* weiterentwickelt wurde.

8. **Zum Schulalltag**

Diese methodischen Fragen lassen sich für Unterrichtszwecke mit jüngeren Schülern oder für den Anfang, wo es oft nur darum geht, sich mit einem einzigen Buch oder mit der Seite einer Zeitung oder den Ansichten eines Lehrers auseinanderzusetzen, vereinfachen zu den folgenden fünf Ansätzen[22]:

1. **«Zitatenschau»:**
   Zusammenstellung besonders signifikanter Textstellen. – In unserem Buch sind einige solche Zitatensammlungen zusammengestellt.
2. **«Was steht nicht im Schulbuch** (in der Zeitung)?»:
   Dazu ist ein gesundes Mißtrauen und etwas Wissen über den im Text behandelten Gegenstand nötig. «Gegen»-Informationen zu Schulbuchtexten lassen sich holen aus wissenschaftlicher Literatur und kritischen Zeitschriften.
   Ein Beispiel für ein Geographie-Buch gibt das Flugblatt «Der Schulbuch-Neger» der Arbeitsgruppe «Schulbuch» der Schülerzeitung «Spectrum», Hamburg (s. S. 24)
3. **«Mit Zahlen arbeiten»:**
   Das im Text enthaltene «sachliche Wissen», vor allem Zahlen, hinterfragen.
   Zum Beispiel: a) Wieso wird hervorgehoben, wie viele Eier eine Bienenkönigin täglich legt – nicht aber, wie lange wie viele Bienen brauchen, um 1 kg Honig zu produzieren, oder wie hoch der Welthonigverbrauch ist etc., wieso also Daten zur ökonomischen Bedeutung meist fehlen? Und:
   b) Stimmen die Fakten überhaupt? Zum Beispiel: Wie viele Eier legt eine Bienenkönigin am Tag?
   – K. Haug (Wir erforschen das Leben, Naturkundliches Arbeitsbuch, 1974, Mundus-Verlag, S. 174): Eine «gute Königin» legt «täglich rund 1500 Eier»;
   – Hausmann/Häusler (Biologie Bd. 2, 1970, Oldenbourg-Verlag, S. 47): «täglich rund 1200 Eier»;
   – Vogt: Tierkunde (Bd. IV, 1960, BSV, S. 43): «Bis zu 3000 Eiern am Tag!»
   – Duderstadt/Scholz/Winkel (Biologie für das 5. und 6. Schuljahr, [8]1974, Diesterweg, S. 150): «im Juni bis zu 1500 täglich».
   Wenn solche Daten schon genannt werden, dann wäre wohl sinnvol-

ler, bei ihrer Nennung darauf einzugehen, warum sie schwanken (können) und außerdem methodische Fragen der Biologie damit zu beleuchten, anstatt sie als absolut sicher hinzustellen. Daten werden erst sinnvoll in dem Zusammenhang, in dem sie stehen.

4. **«Nach Begründungen fragen»:**
   Dies ist wichtig, um den Ursachen der zunächst nur als existent festgestellten Fehler, Mängel und «Muster» auf die Spur zu kommen. Ein Beispiel wurde unter 3a) schon gegeben. Weitere Fragen wären: *Warum* soll man das, was im Schulbuch steht, überhaupt lernen? Wieso ist manches andere («Gegen»-Informationen) weggelassen? Weshalb soll man das Verschwiegene *nicht* lernen? Zum Beispiel:
   «Warum taucht ... *das* Tier (*der* Löwe, *das* Haustier, *das* Wirbeltier ...) stets nur als unsoziales Wesen auf – allein mit *der* Natur und *dem* Menschen? ... Geselligkeit bei Tieren gibt es im traditionellen Biologieunterricht offenbar nur ... bei der Fortpflanzung (Paarung) und ... bei so perfektionierten Staatswesen wie Termiten, Ameisen, Bienen, Quallen (Modell der organisierten Massengesellschaft?).»[23] (Kursivierung im Original gesperrt)
   Die gegenseitige Hilfe in der Tier- und Pflanzenwelt, auf die schon Darwin hingewiesen hat, wird also nicht hervorgehoben.
5. **«Nach Interessen fragen»:**
   Wem nützt was? – Zum Beispiel: Wem könnte es nützen, wenn die schwarze Bevölkerung ehemaliger Kolonien so dargestellt wird wie in dem Beispiel auf S. 24 («Der Schulbuch-Neger» im Seydlitz).

IV. Ideologie und Ideologiekritik

Da die Begriffe «Ideologie» und «Ideologiekritik» sehr unterschiedlich benutzt werden, soll nun ihr hier zugrundegelegtes Verständnis thesenartig erläutert werden.

Zunächst: Diese Untersuchung steht in der Tradition der von K. Lenk in seinem Standardwerk «Ideologie» (1961) als «radikal-aufklärerisch» bezeichneten Linie der Ideologiekritik[24]. Sie knüpft an die klassische Ideologielehre Marx' an, aus den folgenden Gründen:

- Die Anwendung der *vor-marxschen* Ideologielehren kann zwar einige interessante Aspekte im untersuchten Material zum Vorschein bringen, bleibt jedoch immer begrenzt, da diese Lehren zwar Ideologien darstellen, aber noch nicht die *funktionale* Notwendigkeit von Ideologien in der bürgerlich-kapitalistischen Gesellschaft erkannt haben. Zur Analyse des Zusammenhangs der Ideologien mit ihrer gesellschaftlichen Funktion und Basis (das heißt zu einem dem Ideologiephänomen adäquaten Begriff von Ideologie) führt erst die Marxsche Ideologienlehre.[25]
- Die *nicht-marxistischen Ideologienlehren nach Marx* fallen sämtlich hinter ihn zurück. So ist der relativistische Ideologiebegriff K. Mannheims («Ideologie und Utopie», Bonn 1929)[26], der die Ideologienlehre gerade ihrer kritischen Funktion berauben will, selbst Teil bürgerlicher Ideologie. Wie die Marxsche Ideologiekritik eine Kritik mit emanzipatorischer Absicht ist, als Theorie auf praktisch-revolutionäres Verhalten hinzielt, ist die vorliegende Arbeit dadurch motiviert, mit-

tels der Kritik an Biologieschulbüchern und -didaktiken Voraussetzungen für Veränderungen im BU zu liefern.

• Die gesellschaftliche Wirklichkeit der BRD ist in ihren wesentlichen Bestimmungen (Warenproduktion, Privateigentum an Produktionsmitteln, daraus folgende Klassenstruktur der Gesellschaft) die gleiche geblieben, wenn auch bestimmte Veränderungen stattgefunden haben und immer noch stattfinden (Konzentration und Monopolisierung, Imperialismus, wissenschaftlich-technische Revolution). Nach wie vor gibt es Ideologie, die untrennbar ist von ihrer Funktion, diese Verhältnisse zu rechtfertigen bzw. in irgendeiner Weise zu unterstützen und damit zu ihrer Aufrechterhaltung beizutragen. Dabei dürften gerade diese Veränderungen, besonders die Entwicklung der (Natur-)Wissenschaft zur Produktivkraft[27] im Rahmen der wissenschaftlich-technischen Revolution[28] Gründe dafür liefern, weshalb die Ideologiekritik auch für den Bereich der Naturwissenschaften zu leisten ist.

Den genannten Veränderungen entsprechend ist die Marxsche Ideologienlehre und -kritik zu *erweitern*, wobei die Ideologiekritik der zwanziger Jahre (Horkheimer/Adorno)[29] und die Studentenbewegung der sechziger Jahre[30] hilfreiche Ansätze geben. – Ergebnis sind die folgenden Bestimmungen:

1. Es gibt keine Theorie, die «an sich», für immer und ewig, ideologisch wäre. Der ideologische Charakter einer theoretischen Aussage oder eines weltanschaulichen Moments ist an die jeweiligen – *historisch veränderlichen* – gesellschaftlichen Verhältnisse gebunden.
2. Nicht jedes Denken ist ideologisch (vgl. Kapitel III, 5.). – Oft wird die ideologische Funktion einer Aussage «nur» dadurch erzeugt, daß sie falsch eingeordnet oder bewertet wird. Zum Beispiel: wenn es darauf ankommt, «welche Fragen . . . *vor* (der Untersuchung eines Sachverhalts) und *nach* ihr» gestellt werden[31], so daß nicht jede einzelne Aussage der ganzen kritisierten Theorie falsch sein muß, obwohl sie als Ideologie verwendet wird. – Es kommt also auch auf den *Zusammenhang* an, in dem die einzelne untersuchte Aussage steht, zum Beispiel: «Frauen sind im statistischen Durchschnitt schwächer als Männer» kann Teil einer diskriminierenden Werthaltung gegenüber Frauen sein.
3. Dadurch, daß die (bürgerlichen) Ideologien die wahre Struktur und Entstehungsgeschichte der gesellschaftlichen Wirklichkeit verschleiern, im verborgenen lassen, tragen sie zu deren Aufrechterhaltung bei, das heißt zur Aufrechterhaltung der kapitalistischen Produktionsweise unter der Herrschaft der Bourgeoisie; «Ideologie» dient der *Legitimierung* der herrschenden Verhältnisse, sie ist nach Marx untrennbar verbunden mit den *Interessen der herrschenden Klasse.* Sie ist damit als *Rechtfertigung* bestimmt. Die Ideologiekritik hat die Rechtfertigungsfunktion aufzuzeigen.
4. Nach Marx entstehen alle *Wissenschaft und Theorie letztlich* aufgrund von praktischen Erfordernissen der Produktion und Reproduktion des menschlichen Lebens (Arbeit/Praxis)[32]; *Ideologie* entsteht, wenn dieser Zusammenhang verlorengegangen ist, wenn er nicht mehr bewußt ist oder wenn er verzerrt, falsch, im Bewußtsein erscheint. Die Entstehung solcher Ideologie wird gefördert, wenn – in der gesellschaftlichen Ar-

beitsteilung – die Kopfarbeit von der Handarbeit getrennt wird.[33] Ideologie ist damit bestimmt als *von der Praxis, vom Lebenszusammenhang, losgelöstes Denken, falsches Bewußtsein.*

Wenn zum Beispiel behauptet wird, Naturwissenschaftler würden «reine Wissenschaft» betreiben, nur «um der Erkenntnis willen» forschen, so ist das ein von den tatsächlichen Zusammenhängen losgelöstes Denken und damit Ideologie.

Mit einer solchen Ideologie lassen sich auch die obskursten Forschungsprogramme noch scheinbar rechtfertigen; mit dem Verweis auf die «Interessantheit» einer wissenschaftlichen Fragestellung wird die Frage nach der gesellschaftlich-praktischen Berechtigung genauso im vorhinein (bewußt oder unbewußt) zu verdrängen versucht, wie die Frage nach möglichen Herrschaftsinteressen, die hinter dem vorgeschlagenen Programm stehen könnten. Dabei wird die «Interessantheit» oft aus einer von der Praxis selber losgelösten sogenannten «Fachsystematik» oder aus «fachimmanenten Strukturen» abgeleitet.

5. Wenn «Ideologie» ein «falsches», ein «zerrissenes» Bewußtsein darstellt (s. o.), so ist ihre Entstehung darauf zurückzuführen, daß die (gesellschaftliche) Wirklichkeit selbst «zerrissen» ist. Marx wirft weder den «Ideologen», den Vertretern und Verbreitern von Ideologien, noch denen, die sie glauben, Dummheit oder (bezüglich der «Ideologen») beabsichtigte Täuschung vor, sondern er sucht sowohl die Gründe für das Entstehen (die «Genesis») der Ideologien als auch für den Glauben an sie, das heißt für ihre Wirksamkeit in der *Struktur der gesellschaftlichen Wirklichkeit* selbst. Diese zerrissene Wirklichkeit *muß* nach Marx mit *Notwendigkeit* zu einem entsprechenden, «zerrissenen» Bewußtsein führen, sowohl bei den Beherrschten wie auch bei den Herrschenden. In diesem «muß» liegt ein «wahres» Moment der Ideologie: sie weist – richtig – auf die elende Struktur der Wirklichkeit hin.[34] Zu dieser «logischen Notwendigkeit» der Entstehung von Ideologie (als falschem Bewußtsein) im Kapitalismus kommt die die Interessen der Herrschenden betreffende Notwendigkeit hinzu, den «Schein» aufrechtzuerhalten, damit nicht die ausgebeuteten Klassen ihre Lage und deren Ursachen erkennen und entsprechend gegen die Unterdrückung und Ausbeutung der Herrschenden – bzw. gegen das kapitalistische System – vorgehen können. Ideologie ist daher (gesellschaftlich, nicht natürlich!) *notwendig falsches Bewußtsein, notwendiger (falscher) Schein.*

6. Um die Notwendigkeit des falschen Bewußtseins im Interesse der Emanzipation der Menschen zu zerbrechen, ist wissenschaftliche Anstrengung nötig, Einsicht in die wirkliche Struktur der kapitalistischen Produktionsweise, ihre inneren Gesetzmäßigkeiten, Ideologiekritik.

7. *Die erste Etappe oder Stufe der Ideologiekritik erweist die Mangelhaftigkeit oder die Falschheit* der kritisierten Aussagen (vgl. Kapitel III, 5.). – Diese kann darin bestehen,

a) daß lediglich die «unmittelbare Erscheinungsform der Verhältnisse reflektiert» wird, «deren innerer Zusammenhang» jedoch verborgen bleibt.[35] Oder darin,

– daß nur die quantitativen Bestimmungen gegeben werden, die qualitativen, wesentlicheren, aber fehlen.

● In diesen beiden Fällen liegt das Ideologische also formal am *Weglas-*

sen oder *Verbergen* von wesentlichen Bestimmungen: **Ideologie durch Weglassen**.

b) daß partielle Bestimmungen des untersuchten Gegenstandes als essentielle oder als schon für die Erklärung ausreichende angesehen werden,
- daß Sekundäres als Primäres, Ursache oder Grund als Folgen oder Wirkung dastehen,
- daß «*Deutungen* . . . als unmittelbare Feststellung von *Tatsachen* ausgegeben (werden), an denen nicht zu rütteln ist»[36], zum Beispiel in den Biologiebüchern: «in wunderbarer Arbeitsteilung» (mystifizierender Sprachstil, vgl. Kapitel VII),
- daß Normen als Fakten, Tatsachen dargestellt werden[37], zum Beispiel bei «wortfixierten Wertungen»: Daß zu einem Unternehmer «Redlichkeit» gehört, zu einem deutschen Beamten «Unbestechlichkeit», daß «‹Marktwirtschaft› heilvoll, ‹Planwirtschaft› dagegen des Teufels sei, braucht man nicht mehr ausdrücklich zu sagen, es wandert für das schon präparierte Bewußtsein der Aufnehmenden als ungeprüfte Konterbande[38] im Worte mit»[37].

• In diesen Fällen erzeugen also *Vertauschungen* (vertauscht wird Essentielles, Wesentliches mit Partiellem, Nebensächlichem; Sekundäres mit Primärem; Tatsachen mit Wertungen, Wertungen mit Tatsachen) den ideologischen Gehalt der Aussagen: **Ideologie durch Vertauschen**.

c) daß historisch veränderliche, temporäre oder nur für eine bestimmte Gesellschaftsform charakteristische Erscheinungen oder wesentliche Bestimmungen als fixe, überhistorische, oder gar als naturgegebene dargestellt werden, Gewordenes als Gesetztes angesehen wird, gesellschaftlich Bedingtes als ewiges Naturgesetz:

• Das bedeutet: **Ideologie durch Ontologisierung**.

In den Biologiebüchern ist die Ideologie der *Ontologisierung* die wichtigste Form der Ideologie. Ontologisierung kommt zum Vorschein
- in bezug auf die *Menschen* (in der Redeweise «der Mensch» auch da, wo gesellschaftlich relative oder nur besondere Bestimmungen behandelt werden, in den Bestimmungen der Unterschiede von «Mann und Frau», in der Vererbungslehre), also in der in den Texten enthaltenen *Anthropologie*;
- in bezug auf die *Gesellschaft* (wenn gesellschaftliche Sachverhalte als naturgegebene, selbstverständliche, unveränderliche dargestellt werden), also in in den Texten enthaltenen Anschauungen zu ökonomischen und gesellschaftlichen Sachverhalten, das heißt in den Texten zugrundeliegenden *gesellschaftstheoretischen Elementen*;
- in bezug auf die *Natur* (zum Beispiel als statische Auffassung der Natur), also im *Naturverständnis.*

Die Ideologie der Ontologisierung kommt in den Texten also bei *allen* Themen vor, die Gegenstand von «*Weltanschauung*» sein können.

8. *Die zweite Etappe oder Stufe der Ideologiekritik* ist die «transzendierende Kritik» (vgl. Kapitel III, 5.), die nach den gesellschaftlichen Gründen bzw. Ursachen der jeweiligen Ideologien und Ideologeme (Elemente von Ideologien) fragt und deren Legitimationsfunktion nachweist. Sie sucht also den *notwendigen funktionalen Zusammenhang zwischen der jeweiligen Ideologie und deren gesellschaftlicher, politisch-ökonomischer Grundlage («Basis») aufzuweisen.*

9. Zur Aufhebung der Ideologien –
Ideologiekritik und praktisches Handeln:
Die «Entlarvung» oder Aufdeckung der Ideologien durch die Ideologiekritik allein kann die Ideologien jedoch noch nicht aufheben. Dies gilt auch für ideologische Aspekte der Naturwissenschaften und des mathematisch-naturwissenschaftlichen Unterrichts. Denn die Ideologie wird erst verschwinden, wenn ihre *Ursachen* aufgehoben sind, wenn die Menschen ihren Produktions- und Reproduktionsprozeß unter ihrer bewußten, planmäßigen Kontrolle haben und die Klassengegensätze beseitigt sind[39], nach dem «praktischen Umsturz der realen gesellschaftlichen Verhältnisse»[40].

Für die Biologieschulbücher heißt das: Die Kritik an ihnen führt allein noch nicht dazu, daß bessere Bücher oder Unterrichtsmaterialien produziert werden. Es müssen auch die Produktionsbedingungen für Schulbücher verändert werden, denn die Bindung der Schulbuchproduktion an privaten Gewinn und staatliche Zulassung wirkt sich auf viele Neuerungsversuche nicht nur hemmend, sondern katastrophal aus. (Vgl. dazu die zwei Beiträge zur Schulbuchproduktion in diesem Band.)

Wieso die Ideologiekritik an naturwissenschaftlichen Schulbüchern trotzdem nötig ist, und aufgrund welcher Voraussetzungen sie theoretisch überhaupt möglich ist, zeigt das folgende Kapitel.

V. Ideologie, Naturwissenschaften und Biologieunterricht

Der Begriff der Ideologie und die Methode der Ideologiekritik wurden an der Kritik der politischen Ökonomie, der idealistischen Philosophie und der Religion entwickelt – nicht an den Naturwissenschaften: K. Marx hat seine Methode an den untersuchten Stoff gebunden,[41] er

> «hat die Ideologiehaftigkeit der geistigen Gebilde ausdrücklich auf den Komplex des religiösen Verhaltens, der Geistes- und Gesellschaftswissenschaften begrenzt. Es ist ihm nicht eingefallen, die Mathematik und die Naturwissenschaften einzubeziehen. Sonst hätte er nicht die ‹naturwissenschaftlich treu› zu konstatierende Umwälzung in den ökonomischen Produktionsbedingungen unterschieden ‹von den juristischen, religiösen, künstlerischen oder philosophischen, kurz ideologischen Formen, worin sich die Menschen dieses Konflikts bewußt werden und ihn ausfechten›.»[42]

Die **Naturwissenschaft** ist für Marx als Wissenschaft dem ideologischen Denken gerade entgegengesetzt; sie hat für ihn sogar praktisch ideologiekritische Funktion – nämlich gegenüber der Ideologie in ihrer vorkapitalistischen Form, dem «befangenen Bewußtsein», der archaischen Religion, der Mythologie: Dieses befangene Bewußtsein werde aufgehoben mittels der tatsächlichen Herrschaft über die Natur,[43] also vermittels der Naturwissenschaft als der Voraussetzung und einem Instrument der Naturbeherrschung.[44] Die Naturwissenschaft ist es, die bei der Umwälzung der Produktionsweise von der Manufaktur zur «großen Industrie» eine besondere Rolle gespielt hat[45], und die große Industrie stellt nun das vorherrschende «praktische Verhältnis der Menschen zur

Natur»[46] dar (vgl. Kapitel I, 3.). Die tatsächliche Beherrschung der Natur ist vermittelt durch die Anwendung der Naturwissenschaft in der Industrie.

Wenn die Naturwissenschaften aber Anspruch auf gültige Erkenntnis erheben können, ja sogar ideologiekritische Funktionen haben sollen, wie ist es dann möglich, sie selbst als «ideologieverdächtig» zu betrachten, noch dazu auf der Basis des Marxschen Ideologiebegriffs? Einige Antworten sollen thesenartig gegeben werden.

1. Der Gegenstand – von dem die Methode abhängt – hat sich in der Zwischenzeit fortentwickelt und verändert. Die Naturwissenschaften haben eine weitere Bedeutung erlangt als *erste Produktivkraft*[47] in der Produktion der industrialisierten kapitalistischen Länder.[48]

2. Damit hat sich – so der Sozialphilosoph J. Habermas – das Verhältnis zwischen dem «institutionellen Rahmen» der Gesellschaft und ihrem «technischen Subsystem» grundlegend verändert: die traditionellen Legitimationsmuster (Religion und Moral) reichen zur Rechtfertigung der politisch-ökonomischen Herrschaft nicht mehr aus. An ihre Stelle treten Technik und Wissenschaft, die nun also auch die Funktion von Herrschaftslegitimationen übernehmen.[49] Naturwissenschaft und Technik werden damit zur *«Ideologie»*. Die für die Bereiche zweckrationalen Handelns (das «technische Subsystem») geltende Art von «Rationalität» wird auf andersartige Bereiche (den «institutionellen Rahmen») übertragen, sie bestimmt nach und nach alle Bereiche der gesellschaftlichen Arbeit und Reproduktion, sie wird verallgemeinert, zum beherrschenden Prinzip gemacht.

3. Das Bereitstellen eines neuen Legitimationsmusters in der Form der *Wissenschaft (und Technik) als Ideologie* ist gerade *charakteristisch* für den heutigen Stand der Entwicklung des Kapitalismus. Die ideologiekritische Analyse von Naturwissenschaften und Technik ist daher dringend notwendig und nimmt in der Analyse des entwickelten Kapitalismus eine zentrale Stelle ein.

4. Das gilt auch für die **Biologie**: Auch sie hat die Doppelfunktion, «Wissenschaft als Produktivkraft» und «Wissenschaft als Ideologie» zu sein:

Biologie als Produktivkraft:

Wie die technisch-wissenschaftliche Revolution durch eine Kybernetisierung und Chemisierung sowohl der Produktionsmittel als auch der Produktions-*Gegenstände* gekennzeichnet ist[50], also durch die Anwendung von Chemie, Physik, Mathematik und Kybernetik als Produktivkraft, so entwickelt sich auch die Biologie immer mehr zur Produktivkraft in diesem Sinne: Die bio-technologischen Produktionsverfahren nehmen bereits einen steigenden Anteil an der industriellen Weltproduktion ein, und ihre Entwicklung wird weiter vorangetrieben.[51]

Biologie als Ideologie:

Ein *historisches Beispiel* für die ideologische Funktion biologischer Aussagen und Theorien gibt deren Bedeutung in der faschistischen Ideologie des Nationalsozialismus (vgl. dazu den Beitrag zur Vererbungslehre von E. Busche in diesem Band).[52] *Aktuelle Beispiele* für biologische Ideologien lassen sich in reichlichem Maße in der Verhaltensforschung (Humanethologie), insbesondere der Lorenz-Schule, finden – zum Beispiel in dem Versuch, die Studentenbewegung der sechziger Jahre als ethologisch verursacht zu behaupten, indem sie als bloßer Generationenkonflikt ausgegeben wird[53], oder die Annahme eines «angeborenen Aggressionstriebes», aufgrund dessen Kriege nicht vermeidbar seien.[54] (Es dürfte trivial sein, daß Kriege nicht deswegen entstehen, weil die einzelnen Bürger oder Soldaten der kriegführenden Staaten Aggressionen abreagieren wollen.) Hier führt eine biologische Behauptung zur allgemeinen Rechtfertigung von Kriegen sowie zur Verschleierung deren wahrer (politisch-ökonomischer) Ursachen.

5. Außerdem berücksichtigte Marx nicht, daß auch die Naturwissenschaft – als Forschungsprozeß – als eine Form des Stoffwechsels mit der Natur betrachtet werden muß. Der Naturwissenschaftler steht nicht außerhalb der Natur, und er kann sie nicht als unbeteiligter Beobachter betrachten, sie bei seiner Forschung unberührt lassen: Aus dem Gesamtzusammenhang der Naturerscheinungen isoliert er partikulare Zusammenhänge, um sie weiter zu untersuchen.[55] Diese Isolation und weitere Forschung ist eine ihren Gegenstand verändernde Tätigkeit. Dies muß bei der Interpretation der Ergebnisse dieser Tätigkeit berücksichtigt werden. Geschieht das nicht, so entsteht ein «Einfallstor» für Falsches und/oder Ideologisches.

6. *Heute, nach* der weiteren Entwicklung des Kapitalismus, ist daher *gegen* das Marxsche Verständnis von Naturwissenschaft, aber *getreu* seinen Intentionen, eine **Ideologiekritik auch der Naturwissenschaften möglich und nötig**. Fragestellungen für diese Ideologiekritik können zum einen auf indirektem Wege – qua Ableitung – aus der Marxschen Theorie gewonnen werden, zum anderen aus allgemeinen und prinzipiellen Überlegungen zum Verhältnis Naturwissenschaften und Ideologie (dazu s. u.). Ein Beispiel für den ersten Weg:

Marx kritisiert an *Feuerbach* dessen bloß beschaulichen, bloß statischen und unhistorischen Materialismus und schreibt in diesem Zusammenhang in der 6. These zu Feuerbach:

«Feuerbach . . . ist . . . gezwungen,
1. von dem geschichtlichen Verlauf zu abstrahieren und das religiöse Gemüt für sich zu fixieren, und ein abstrakt – *isoliert* – menschliches Individuum vorauszusetzen.
2. Das Wesen kann daher nur als ‹Gattung›, als innere, stumme, die vielen Individuen *natürlich* verbindende Allgemeinheit gefaßt werden.» (MEW, Bd. 3, S. 6)

Hieraus kann für die zu untersuchenden *naturwissenschaftlichen Texte* und die in ihnen enthaltene Weltanschauung geschlossen werden:

– Wo von einem fixen, unveränderlichen und naturgegebenen *Menschenbild* ausgegangen wird und/oder
– wo der Mensch als bloß natürliche Gattung dargestellt wird, als «Ensemble der gesellschaftlichen Verhältnisse» (6. Feuerbach-These) nicht vorkommt, wo seine *gesellschaftlich* bedingten (und veränderlichen) «Wesensarten» unterschlagen oder gar als natürliche ausgegeben werden, da ist dies mit Marx zu kritisieren und als Ideologie zu begreifen (Ideologie durch Weglassen und/oder durch Vertauschen).

Da Marx außerdem nicht von einem fixen *Begriff der Natur* ausgeht, sondern auch die Natur als sich entwickelnde und sich verändernde erkannt hat,[56] kann eine explizit oder implizit als fix und unveränderlich dargestellte Natur in den Biologiebüchern als *Ideologie* angesehen werden, ebenso wie ein *Naturverständnis*, das «Natur» als das von Menschen Unberührte, als Urtümliches, begreift, also «Natur» auf einen bestimmten historisch einmal gewesenen Zustand festlegt und so einen Übergangszustand als allgemeinen hypostasiert.
Weitere Fragestellungen für die Ideologiekritik an naturwissenschaftlichen Texten lassen sich aus den folgenden Ansätzen von **Wissenschaftskritik** entnehmen.

a) Kritisiert wird die *Verwertung* naturwissenschaftlichen Wissens in der Technik und Industrie. Die spezifische *Form* dieser Verwertung unter kapitalistischen Bedingungen wird mitverantwortlich gemacht für die fortschreitende Zerstörung der Natur und damit der menschlichen Lebensbedingungen.

b) Die Kritik von seiten von Vertretern der Entwicklungsländer der Dritten Welt: Die Verfügung über das technisch-naturwissenschaftliche Know-how, die in den fortgeschrittenen Industriestaaten monopolisiert und zum Beispiel qua Patentrecht geschützt wird, und der gleichzeitige bzw. vorausgegangene Export von Fertigprodukten und Produktionsmaschinen in die Entwicklungsländer, der sie dann von diesem technisch-naturwissenschaftlichen Know-how abhängig mache, stelle die neue Form imperialistischer Herrschaft von seiten der kapitalistisch organisierten Industriestaaten über die Dritte Welt dar: *technologische Abhängigkeit als neue Form der Herrschaft und Ausbeutung.*

c) Ein weiterer Ansatz der Kritik ist die «Verwertung» naturwissenschaftlicher Methoden für die Sozialwissenschaften/Sozialtechnologie, das heißt die *Übertragung* des naturwissenschaftlichen Rationalitätsmodells in die Sozialwissenschaft und die Bereiche kommunikativen Handelns (so J. Habermas, s. o., Punkt 2).

d) Wird dieser Ansatz logisch konsequent fortgeführt, geht die Kritik auf diesen naturwissenschaftlichen *Rationalitätsbegriff* selbst und nicht bloß auf seine Verwertung in anderen Bereichen, das heißt letztlich auf das *Paradigma* (Grundmuster) *von naturwissenschaftlicher Vernunft,* die in ihrer Art oder Form gerade als für die bestehende Form kapitalistischer Herrschaft über Natur und Menschen *konstitutiv* begriffen wird (H. Marcuse: Der eindimensionale Mensch, 1967). Mit dieser Kritik verbunden ist die Behauptung der Notwendigkeit einer *«Neuen Naturwissenschaft»*, die auf einem *«neuen Naturverständnis»* basiert, nämlich darauf, die Natur als gleichberechtigten Partner der Interaktion zwischen Mensch als Subjekt und Natur als Objekt sowie Natur als Subjekt und Menschheit als ihrem Teil und als von ihr abhängige (Objekt) zu akzeptieren und zu behandeln, anstatt als bloßes Objekt technischer Verfügung, Herrschaft und Ausbeutung.

e) Daß es «Ideologie» – als falsches Bewußtsein, das aus einer zerrissenen Wirklichkeit *notwendig* entspringt – auch im Bereich der Naturwissenschaften gibt, verdeutlicht P. Bulthaup an einigen Beispielen:

«Die Schwärmerei von ‹dem wissenschaftlichen Gebäude der physikalischen Welt in seiner geistigen Tiefe, Komplexität und Gliederung›»[57], das durch naturwissenschaftliche Bildung erkannt und überschaut werde, steht im Widerspruch zu der Tatsache, daß jeder in der wissenschaftlichen Forschung und technischen Entwicklung arbeitende Naturwissenschaftler sich auf ein kleines Fachgebiet spezialisieren muß, und daß selbst auf den Spezialgebieten ein Überblick über die dazu erscheinende Literatur meist nicht mehr möglich ist, so daß eine gewisse «geistige Verkrüppelung»[58], entfremdetes Bewußtsein, entsteht. Den in solchem (Selbst-)Bewußtsein Befangenen, «die meinen, auf die heroischen Zeiten ungebrochen sich berufen zu können ... [in denen] die Wissenschaftler die vergleichsweise primitiven Instrumente der Untersuchung noch selbst schufen»[59], ist weder ihre berufliche Entfremdungssituation bewußt, noch daß diese – gleichwohl als Frustration *empfundene* – Entfremdung gerade mit der Entwicklung der Arbeitsteilung, der Spezialisierung und des Zurückgeworfenseins auf Partikulares ursächlich zusammenhängt.[60]

- Aus der Arbeitssituation der Wissenschaftler, der Spezialisierung und dem «Zwang, unter dem Druck der Konkurrenz *papers* zu produzieren», resultiert, daß weder alle relevanten angebotenen Informationen von ihnen aufgenommen oder verarbeitet werden können, noch eine «Reflexion auf Relevanz und Funktion der behandelten Probleme» möglich ist.[61]
- Gegenüber den weiteren Folgen und Ergebnissen ihrer wissenschaftlichen Tätigkeit in Technik, Industrie, Umwelt sehen sich die Wissenschaftler zwar verantwortlich, doch ohnmächtig.

Bulthaup sieht hier also Zusammenhänge zwischen der Art der wissenschaftlichen Produktion und dem Bewußtsein der in ihr Tätigen. Arbeitsteilung zwischen den Wissenschaftlern und Zerteilung der Naturzusammenhänge in partikulare, einzelne Erscheinungen und Relationen führen zur mangelhaften Einsicht in die Art und Funktion der eigenen Tätigkeit und zur falschen Sicht des Verhältnisses von Subjekt und Objekt, des Verhältnisses zwischen Wissenschaftler, Mensch und menschlicher Produktion und der (ersten) Natur/Umwelt und eigenen Natur.

«Zerrissene Verhältnisse» bedingen so ein falsches Bewußtsein – und dies notwendig: Das angeblich wertneutrale Instrumentarium Technik führt in seiner kapitalistischen Organisierung zu der Herrschaft von Menschen über Menschen, nämlich zu der Herrschaft der Eigentümer der Produktionsmittel, der Maschinen und technischen Hilfsmittel über diejenigen, die als Nicht-Besitzer von Produktionsmitteln nur ihre Arbeitskraft verkaufen können, und die dann, im Rhythmus der Maschinen arbeitend, selbst zum bloßen *Mittel* der Produktion, zum bloßen Anhängsel der Maschine werden, anstatt daß sie bzw. ihre Bedürfnisse der *Zweck* der Produktion wären (gesellschaftlich-politische Herrschaft qua kapitalistischer Naturausbeutung). Anstatt die Emanzipation der Menschen von ihrer Abhängigkeit von der ersten Natur/Umwelt zum Ziel und Zweck zu haben, ist der Zweck der Produktion der Profit.

f) Die Naturwissenschaften können – so A. Gorz – außerdem aufgrund ihrer sozialen Funktion, die sie in der Form der *Qualifikation* leitender Arbeitskräfte in den betrieblichen Hierarchien besitzen, ideologischen Charakter erlangen:

Besonders die hohen theoretischen Qualifikationen der Akademiker und Techniker in den Betrieben, die ja über die eigentlichen technischen Erfordernisse hinausgehen, sollen deren Vorgesetzten-Rolle, deren von der Unternehmerseite delegierte Kontroll- und Herrschaftsfunktionen, gegenüber den minder qualifizierten Arbeitern legitimieren. Dies bedeutet eine ideologische Funktion naturwissenschaftlich-technischen Wissens im derzeitigen Produktionsprozeß (vgl. A. Gorz: Technische Intelligenz und Kapitalistische Arbeitsteilung, in: Politikon 37, Göttingen 1971).

g) An der Sprache naturwissenschaftlicher Texte bzw. Theorien setzt R. Vahrenkamp an.[62]

Die in abstrakten Formalismen und abstrakter Sprache dargestellten Ergebnisse der naturwissenschaftlichen Forschung bleiben «für den Alltagsverstand» unverständlich und müssen ihm als absurd erscheinen.

Analog der Bernsteinschen *Theorie der «Sprachbarrieren»*, nach der die Schüler der Mittel- und Oberschicht durch das Sprachverhalten, das sie als Mitglieder ihrer Schicht erlernen (den sogenannten «elaborierten Code»), gegenüber den Kindern der unteren Schichten, die ein anderes Sprachverhalten (den sogenannten «restringierten Code») erlernen, in ihren Bildungs-, Aufstiegs- und Entwicklungschancen eindeutig bevorzugt werden,[63] und so die Strukturen der Reproduktion der bürgerlichen (herrschenden) Schichten aus ihren eigenen Reihen mittels dieser «Sprachbarrieren» erhalten werden,[64] bedeutet also die Unverständlichkeit naturwissenschaftlicher Theorien für die «Alltagsmenschen» eine analoge Herrschaftsstruktur und -ausübung.

Naturwissenschaftliches Wissen hat also als «Sprachbarriere» gesellschaftliche, ideologische Funktionen.

8. **In die Biologie als Wissenschaft – und damit auch in den BU –[65] können weitere gesellschaftliche und damit möglicherweise ideologische Elemente eintreten auf mehreren Wegen:**

a) durch Wertbegriffe in den Schlüsselkategorien der Wissenschaft Biologie:

R. Young spricht in diesem Zusammenhang von der «grundlegende(n) Rolle der Wertbegriffe in der Biologie» und den «metaphysischen Grundlagen» der modernen Wissenschaft:[66] waren bis zum 17. Jahrhundert «die Begriffe von Zweck und Wert – die ‹letzten Ursachen› und teleologischen Erklärungen – . . . für die . . . Naturanschauung»[67] maßgebend, so wurden sie mit der Kritik am Aristotelismus aus den naturwissenschaftlichen Erklärungen der Biologie entfernt; dies bedeutete jedoch nicht das Ende der Metaphysik:

«Die Fragen, die man nun, d. h. bis ins 19. Jh. über die Natur stellte, konnten so bewertend oder so qualitativ sein, wie man eben wollte, die Antworten mußten jedoch in Begriffen der Materie, der Bewegung und der Zahl gegeben werden . . ., das fundamentale Paradigma [= Muster] der Erklärung . . . mußte alle Phänomene auf physikalisch-chemische Begriffe reduzieren oder sie darin erklären.»[68]

Auch in der *heutigen Biologie*, meint Young, seien Werte und Wissenschaft nicht zu trennen. Wissenschaftliche Thesen seien daher immer auch unter dem Aspekt der Ideologie zu diskutieren.

b) Da nach R. Young die biologischen Wissenschaften eine Zwischenstellung *zwischen* den rein mathematischen und physikalisch-chemischen Wissenschaften einerseits und den Human- und Sozialwissenschaften andererseits einnehmen, also auch an deren philosophischen und methodologischen Problemen teilhaben, können mindestens von diesen «human- und sozialwissenschaftlichen» Anteilen her Ideologien in sie eintreten.[69] Das bedeutet für den BU: In den Bereichen

– Anthropologie und Verhaltensforschung,
– Sexualwissenschaft,
– Genetik,
– Evolutionstheorie,

dürften eher ideologische Momente enthalten sein als in den Bereichen

– Zoologie,
– Botanik,
– Physiologie,
– Biomathematik,
– Mikrobiologie,
– Ökologie usw.

Hier wird es darauf ankommen, nachzuweisen, daß gerade auch in den zuletzt genannten «mehr naturwissenschaftlichen» Bereichen des BU weltanschauliche und/oder ideologische Momente enthalten sind.

c) Ein falsches *Wissenschaftsverständnis* kann weitere ideologische Funktionen der Biologie erzeugen. Falsch wären zum Beispiel folgende Vorstellungen:

– In unvoreingenommener Erkenntnissuche lausche der Naturwissenschaftler gewissermaßen der Natur ihre Geheimnisse ab (naiver Empirismus).
– Die Naturwissenschaften seien prinzipiell wertfrei, nie ideologisch und unpolitisch (Positivismus).
– *Der wissenschaftliche Fortschritt* bestehe in einer immer weiter fortschreitenden Annäherung an «die Wahrheit». Naturerkenntnis habe entsprechend übergesellschaftlichen, überzeitlichen, tendenziell quasi absoluten Charakter.

Dann würde nämlich der naturwissenschaftliche Forschungsprozeß (oder auch historische Entwicklungen allgemein) als geradlinige, lineare Entwicklung dargestellt werden, und/oder als ein allein durch die sacheigene, wissenschaftsimmanente Logik erzeugter Prozeß, so daß bestehende externe Determinanten verleugnet würden[70].

Ein richtiges Wissenschaftsverständnis hätte demgegenüber den Prozeßcharakter der Naturwissenschaften, ihre historische Bedingtheit, ihre weltanschaulichen und gesellschaftlich-ökonomischen Voraussetzungen und die Wechselwirkungen zwischen erkennendem bzw. handelndem Subjekt und dem untersuchten, behandelten und selbst sich verhaltenden Gegenstand («Natur») zu berücksichtigen.

9. **Ideologien im Biologieunterricht**

Der BU kann

erstens alle solchen weltanschaulichen und ideologischen Aspekte enthalten, die von der Biologie her, als der ihm übergeordneten Fachwissenschaft, auf ihn übertragen werden können.

Er kann

zweitens zusätzlich weltanschauliche Momente und Ideologien enthalten oder solche ideologische Funktionen haben, die in der Art des institutionellen Rahmens begründet sind, in dem der BU stattfindet – das heißt von seinem Charakter als einer Institution der bürgerlich-kapitalistischen Gesellschaft her.

a) Die ideologischen Momente des BU, die aus der *wissenschaftlichen Biologie* stammen, können

- aus dem Charakter der Biologie als (Natur-)Wissenschaft herrühren (vgl. Punkte 1–5 und 7). Dies umfaßt auch Einflüsse, die aus dem Charakter der Wissenschaft als Produktivkraft oder aus dem institutionellen Rahmen der Wissenschaft als gesellschaftlich organisierter Forschung (vgl. Punkt 7e) stammen,
- auf Einflüssen anderer Fächer beruhen,
- sowie in weltanschaulichen Voraussetzungen, Gehalten oder Folgerungen begründet sein (vgl. Punkt 8.).

b) Die ideologischen Aspekte des BU, die in seiner Zugehörigkeit zur *Institution Schule* begründet sind, können folgen

- zum einen aus ideologischen Momenten in Didaktik, Fachdidaktik, Lehrerausbildung, Lehrplänen und Richtlinien, die sich auf den BU übertragen, und
- zum anderen aus der gesellschaftlichen Doppelfunktion der Schule, nämlich
- die für den Produktionsprozeß nötigen Arbeitskräfte zu qualifizieren,
- und gleichzeitig deren ideologische Einpassung zu leisten,[71] um so die bestehenden Macht- und Besitzstrukturen zu sichern und konservieren zu können.

  Diese Doppelfunktion des Bildungswesens ist verbunden mit einer schichtenspezifischen Selektionswirkung.[72]

  Eine Ideologiekritik ist auf jeder der genannten Ebenen möglich.

10. Für die ideologiekritische Inhaltsanalyse der Biologiebücher lassen sich nun – aufgrund der theoretischen Überlegungen zum Verhältnis Naturwissenschaften/Biologie, BU und Ideologie[73] – «ad hoc» verschie-

dene **Fragestellungen** sowie Dimensionen und Kategorien im Sinne Ritserts (vgl. Kapitel III) aufstellen. Zum Beispiel:

- Die Entwicklung der Wissenschaft bzw. der *Biologie zur Produktivkraft* und die damit verbundenen Änderungen in der Art der Zusammensetzung der Produktionsstätten und in den Qualifikationsanforderungen an die nötigen Arbeiter und Angestellten könnten möglicherweise auf die Inhalte der naturwissenschaftlichen Bildung bzw. die des BU Auswirkungen haben, die sich in irgendeiner Weise in den biologischen Lehrtexten widerspiegeln müßten. Die Frage wäre: in welcher Weise?
- Lassen sich an den untersuchten Texten Elemente der *faschistischen Ideologie* wiederfinden, die zeigen würden, daß mit dem Ende des Nationalsozialismus dessen Ideologien keineswegs aufgelöst wurden?
- Wird in den untersuchten Texten von einem fixen, unveränderlichen *Menschenbild* ausgegangen? Und wird «der Mensch» als gesellschaftliches Wesen bestimmt?
  Eine entsprechende Untersuchungskategorie wäre das durchgängige Auftauchen der *Sprechweise* von «dem Menschen» anstelle der Nennung konkreter Menschen, und das *Weglassen* der historisch unterschiedlichen und gesellschaftlich bedingten «Wesensarten» von Menschen.

- In welcher Weise sind überhaupt *historische Aspekte* in den Texten enthalten?
- Kommen Ideologien aus *nicht-naturwissenschaftlichen Gebieten* zum Vorschein?
- Drückt sich in den Texten ein positivistisch-bürgerliches *Wissenschaftsverständnis* aus?
- Welches *Naturverständnis* ist in den Texten enthalten? In welcher Weise wird über «Natur» gesprochen?

  Diese Fragen zum Naturverständnis lassen sich differenzieren in die folgenden Dimensionen:
- Wird Natur als fixe, unveränderliche dargestellt?
- Wird «Natur» als das von Menschen Unberührte, Ursprüngliche aufgefaßt?
- Erscheint Natur als «gleichberechtigtes Gegenüber» im Sinne eines partnerschaftlichen Verhältnisses zur Natur?
- Erscheint «Natur» als das Objekt der Ausbeutung durch Menschen im Sinne eines *technologischen Naturverständnisses*?

  Dann würde in den Texten der *Nutzen-Aspekt* für die Menschen oder die mögliche *Verwertung* der Natur in der landwirtschaftlichen und industriellen Produktion betont werden (Kategorien «Nutzen» und «Verwertung»).

Eine Antwort auf die meisten dieser Fragen gibt die nun folgende Analyse der Biologiebücher, die sowohl von «internen» wie von den eben genannten «externen» Fragestellungen geleitet war (vgl. Kapitel III).

Das Pferd im Schulbuch

«Das Pferd zeichnet sich durch seine schöne Gestalt aus. Der Rumpf ist gerundet, die Beine sind schlank. Am Kopf des Pferdes fallen die großen klugen Augen auf.» (G. Partheil und W. Probst: Naturkunde für Mittelschulen, höhere Mädchenschulen und verwandte Anstalten, Dessau und Leipzig 1893, Kählers Verlag)

«Das Pferd ist eines der schönsten und edelsten Geschöpfe der Erde . . . Seit Menschengedenken ist das Pferd ein dienender Freund des Menschen. Es ist das einzige Tier auf dem Erdboden, das mitten im Getümmel der Schlacht weder flieht noch in wilde Wut gerät.
Sein gestreckter Rumpf ist fast walzenrund . . . Von hohen zierlichen Beinen wird der Körper getragen.» (J. Nissen: Präparationen für den Unterricht in der Naturgeschichte der Volksschule, Goslar 1911, Danehls Verlag)

«Gelehrigkeit und Gehorsam, Mut und Ausdauer zählen zu den Tugenden des Pferdes. Als Herdentier zeigt es eine angeborene Anhänglichkeit, aber auch die Wildtiereigenschaften der blinden Flucht bei drohender Gefahr sind ihm als Erbe geblieben. Seine Gemütsbewegung spiegelt sich untrüglich in seinem Ohren- und Schwanzspiel wieder . . .» (Das Tier – Band 1 – Biologie für Gymnasien, Stuttgart 1965/1978, S. 48, Klett)

VI. Weltbild mit Scheuklappen – Ideologie durch Weglassen

Eine *falsche* Anschauung über diese Welt oder die Natur wird durch eine Darstellung vermittelt, die wesentliche Bereiche der Realität vernachlässigt, wichtige Merkmale und Bestandteile ihrer Struktur ausklammert. *Ideologisch* sind die so erzeugte Weltanschauung und/oder das so erzeugte Naturverständnis dann, wenn sie ein notwendig falsches Bewußtsein verkörpern und in irgendeiner Weise der Legitimierung und Aufrechterhaltung der «herrschenden Ordnung» nützen, das heißt der Aufrechterhaltung der kapitalistisch organisierten Wirtschafts- und Gesellschaftsstruktur.[74] Die verschiedenen untersuchten Biologieschulbücher (vgl. die Liste am Ende dieses Beitrages) sind in diesem Sinn, also dadurch, daß sie wichtige Fragen und Themen der Biologie *weglassen* und die mit diesen zusammenhängenden Probleme somit gar nicht erst zur Sprache bzw. ins Schülerbewußtsein bringen – unabhängig von «Weltbild» oder «Perspektive» – mindestens in den folgenden zwei Punkten *ideologisch*:

1. *Im Fehlen des politischen bzw. gesellschaftlichen Bezuges* allgemein und bezüglich einzelner Aspekte, womit den Schülern ein unpolitisches Bewußtsein anerzogen wird.

Nur in sehr wenigen Büchern wird der *gesellschaftliche Bezug* von zunächst als rein biologisch betrachteten Fragen und Problemen explizit thematisiert und theoretisch (in den dazugehörigen Texten für die Lehrer) auch ein entsprechender Anspruch erhoben. Hierzu gehören:
- die «Sexfibel» von Jacobi u. a. (Leske, 1974)
- «Sexualität und Gesellschaft» von J. Kuchta und K.-J. Penné (1973, Cornelsen–Velhagen & Klasing)

- die drei «Biologisch-sozialkundlichen Arbeitshefte» von Bäuerle/Hornung (1972, Leske) mit den Titeln «Aggression», «Rangordnung» und «Umwelt», die aber nur in der Sekundarstufe II (Oberstufe GS) verwendbar sind,
- «Lebendige Welt. Biologie 1» von H. Garms (Neubearbeitung 1973 im Westermann-Verlag),
- die drei Bände «Kennzeichen des Lebendigen» von Kattmann u. a. (1975/76, Vieweg/Bertelsmann),
- und (in Grenzen): die «Biologie des Menschen» von Bruggaier/Kallus (1973, Diesterweg/Quelle & Meyer)

Jedoch: wie die Liste zeigt, sind von diesen sechs Titeln drei keine eigentlichen Biologiebücher, sondern Arbeitshefte und Sexualkundetexte. Außerdem ist bei ihnen jeweils erst zu prüfen, ob die angesprochenen gesellschaftlichen Fragen ausreichend und richtig dargestellt sind oder nicht.

Denn bei den Biologiebüchern besteht die Gefahr, daß sie anstelle eines wahren *Gesellschaftsbezugs* (der auf dem Boden einer kritischen Gesellschaftstheorie definiert werden müßte) von einem solchen ausgehen, der in anderen Schulbuchanalysen – nämlich denen von Geschichts- und Sozialkundebüchern – schon als ideologisch «entlarvt» worden ist.[75] Hier kann also einer eventuellen «naturwissenschaftlichen» Ideologie auch noch eine *«geschichts- und sozialwissenschaftliche» Ideologie* aufgestülpt werden («Eurozentrismus» zum Beispiel ist eine solche Ideologie, vgl. Kapitel VIII, 5.), wobei diese beiden nicht etwas strikt Verschiedenes sind, sondern sich in ein übergreifendes ideologisches Syndrom der bürgerlichen Gesellschaft einordnen lassen, das u. a. dadurch gekennzeichnet ist, daß in ihm «große Männer» die Geschichte machen, daß die Probleme der heutigen kapitalistischen Gesellschaften technologisch lösbar seien (dies auch beim wissenschaftlich-modernen Weltbild) und daß – allgemein – gesellschaftlich Bedingtes und in jeweils verschiedenen Gesellschaften und in jeweils einzelnen Entwicklungsstufen einer Gesellschaft Unterschiedliches als naturbedingt und als historisch unveränderbar, endgültig, hingestellt wird.[76]

Ein *Beispiel* für einen falschen Gesellschaftsbezug:

Das eben genannte (nach dem Rahmenplan neubearbeitete) Buch von H. Garms, in dem immer von «dem Menschen» gesprochen wird; genauso in dem dazugehörigen Lehrerband: Wenn dort gesagt wird, dieses oder jenes Thema sei ausgewählt worden, weil es «für den Menschen» wichtig sei, so genügt das nicht. Es müßte gesagt werden, *warum* es wichtig sein soll und für *welche* Menschen: für Friseurlehrlinge, Holzfäller, Schlosser, Bäcker, ungelernte Arbeiter, Chemielaboranten oder Angestellte oder für Manager und Großindustrielle oder für Pfarrer, Lehrer, Ärzte oder für die Besitzer von Schloßgütern. – Die Sprechweise von «dem Menschen» berücksichtigt nicht, daß «der Mensch» nur gemeinsam mit anderen – als Gesellschaft – existiert, und sie bekommt gerade ein Kennzeichen unserer eigenen Gesellschaft nicht in den Blick: ihre Differenzierung in verschiedene soziale Klassen und Schichten. (Darin ist diese Sprechweise ideologisch.)

Auf die Frage der *gesellschaftlichen Relevanz (Bedeutung) bzw. Funktion der Biologie* (eine Frage, die wegen ihrer Bedeutung in jedem Biologiebuch angesprochen sein müßte) gehen die meisten Bücher überhaupt nicht ein. Einige wenige, die das Thema andeutungsweise behandeln, bleiben in einseitigen Betrachtungsweisen oder nichtssagenden Allgemeinplätzen stecken.

So schreibt Linder in seinem Vorwort zur «Biologie» ([17]1971, S. VI, Metzler): «Ihre Ergebnisse (die der biologischen Forschung, M. M.) sind für den (!) heutigen Menschen von grundlegender Bedeutung geworden.» Kein Wort davon, worin diese Bedeutung besteht, ob sie negativ oder positiv ist, und für welche Bevölkerungsgruppe etc.

Biologisches Wissen soll den Schülern laut Linder Hilfen «für die geistige Auseinandersetzung unserer Zeit» geben (ebd.). Zu welchem Zweck und in wessen Interesse wird diese «geistige Auseinandersetzung» geführt? Und ist es überhaupt eine nur geistige Auseinandersetzung?

Linders Sätze tragen nicht viel zur Erhellung des Themas bei.

Im «Organismus» von Fels/Grah/Liesenfels (1969, Klett) wird zwar immerhin die praktische Anwendung der Biologie «z. B. auf den Gebieten der Medizin, Hygiene, Landwirtschaft oder Bevölkerungspolitik» und ihre Bedeutung «für das Weiterleben der ständig wachsenden Weltbevölkerung» erwähnt (Vorwort, S. 6). Ähnliche Sätze lassen sich in einigen anderen Biologiebüchern finden (zum Beispiel in der Pflanzenkunde von Ewald, Bd. II, 1947, [4]1957, Vorwort zur 1. Aufl., oder in der Biologie von Hausmann/Häusler, Bd. 2, [2]1970, S. 5).

An diesen Stellen wird jedoch nur auf als «positiv» – im Sinn von «nützlich für die Menschheit» – bewertete Anwendungsmöglichkeiten der Biologie hingewiesen; aber deren negative Anwendungsmöglichkeiten (zum Beispiel biologische Kriegführung, unkontrollierter Einsatz von DDT und Biociden, Anwendung medizinischer – also humanbiologischer – Kenntnisse für Folterungen usw.) sind *weggelassen.*

Verheimlicht werden außerdem die wahren Ursachen, Motive und Stimuli wissenschaftlicher Forschung[77] und die wirkliche wirtschaftlich-gesellschaftliche Bedeutung der Naturwissenschaften.[77] Es kommt damit in diesen Büchern ein äußerst *mangelhaftes Wissenschaftsverständnis* zum Vorschein, ein Wissenschaftsverständnis, das die mit der Fortentwicklung der Wissenschaften (besonders in der Produktion) verbundenen schwerwiegenden Probleme außer acht läßt und damit weder zu einem entsprechenden Problembewußtsein führt noch zum Nachdenken über mögliche Lösungen anregt.

Dagegen werden in den genannten Texten ein *unreflektierter Fortschrittsglaube und «Heile-Welt»-Vorstellungen* reproduziert, die dazu angetan sind, bei den Schülern eine unpolitische und angepaßte Haltung zu erzeugen, wodurch sie leichter zu willigen und untertänig funktionierenden Rädchen im kapitalistischen Wirtschaftsgefüge gemacht werden können. Dies ist die ideologische Funktion solcher (und anderer) Passagen.

Durchgängig sind in vielen Biologiebüchern außerdem Themenstellungen und Sprachregelungen in den Kapiteln zur Genetik, deren Gebrauch während des *Faschismus* in Deutschland noch übel im Ohr klingt (vgl. dazu den Beitrag von E. Busche in diesem Band).

2. *In der Sexualerziehung*

Vor allem in den systematisch-morphologischen Büchern (Typ I und II), aber auch in anderen (zum Beispiel des Typs III), bleiben wichtige Bereiche der Sexualität außer acht.

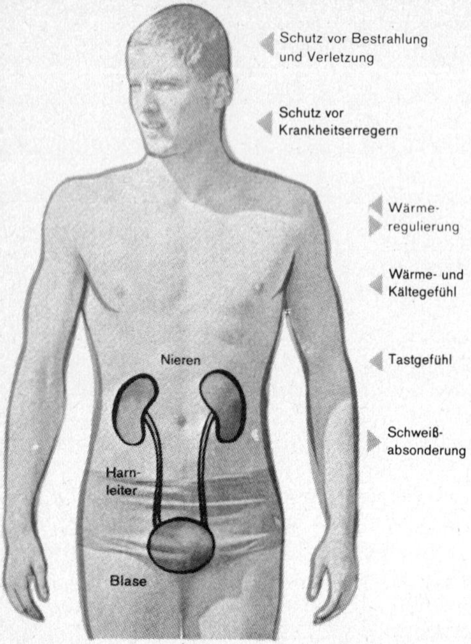

1965 brachte der Klett Verlag sein «Badehosenbiobuch» heraus. Im Band «Das Tier 1» ist achtmal ein Schwimmer abgebildet, in den Muskel-, Skelett-, Verdauungssystem usw. bunt eingedruckt sind; dieser Schwimmer behält aber selbst bei eingezeichneter Blase und Niere die Badehose an, wodurch der falsche Eindruck entsteht, daß der Urin nirgends aus dem Körper herauskommt. Mit dieser wissenschaftlich falschen Darstellung erfüllte der Verlag noch nebenbei eine sexualrepressive Aufgabe: Er ließ einfach ein Glied weniger zeichnen, als jeder Mann von Natur aus aufzuweisen hat.

Veröffentlichungen und Rundfunksendungen wiesen auf diese mißratene Sexualpädagogik hin. Auf kritische Lehrerbriefe reagierte die naturwissenschaftliche Redaktion des Klett Verlages mit einem Sonderdruck, in dem es u. a. heißt:

«Mit diesem Bild aber scheint für einige Biologielehrer die Frage der Geschlechtserziehung aufgeworfen worden zu sein. Die Geschlechtserziehung, die ja nur ein Teil der Gesamterziehung ist, fängt nicht bei der ‹Aufklärung› an, sondern bei der Schaffung von Kontaktfähigkeit, personaler Entfaltung und sittlichem Wertempfinden . . . Alles, was außerhalb der einfachen und natürlichen Selbstverständlichkeit liegt, kann sich eher schädlich als förderlich auswirken, und die ‹Verhüllung› des Schwimmers (als solche hatten wir die Badehose gar nicht aufgefaßt!) ist nun einmal das Gewohnte und Selbstverständliche.»

In extremer Weise geschieht dies in dem berühmt-berüchtigten «Badehosen-Biologiebuch» (Das Tier, Sammelband, ^{2}1971, Klett), das nach seinem Erscheinen von Biologielehrern wegen seiner Prüderie heftig kritisiert wurde, jedoch ohne daß die dadurch ausgelöste Auseinandersetzung zu einer Änderung der weiteren Auflagen führte.[78] Der in diesem Buch mehrfach abgebildete Mann ist nicht nackt abgebildet, sondern mit einer Badehose bekleidet. Auf dem Foto, in dem schematisch die Ausscheidungsorgane eingezeichnet sind (S. 7), hat die Blase keinen Ausgang – der Penis ist nicht eingezeichnet.

Auf unterschiedliche *geschlechtsspezifische Rollenerwartungen* wird nicht kritisch eingegangen; wenn Rollenverteilungen zur Sprache kommen, dann eher im Sinn einer Perpetuierung traditioneller Vorstellungen, wie in dem folgenden Beispiel aus «Das Leben 1» (Ausgabe H, von Kruse/Blume, ^{2}1971, S. 214, Klett):

«*Mann und Frau.* Mann und Frau sind die beiden *Geschlechter* des Menschen. Sie unterscheiden sich im Körperbau. Der Mann hat breite Schultern und ein schmales Becken, die Frau schmale Schultern und ein breites Becken. Die Stimme des Mannes . . .

Neben diesen allgemeinen körperlichen Merkmalen unterscheiden sich die Geschlechter auch in ihrem Wesen. Verallgemeinernd könnte man sagen, das Handeln des Mannes wird mehr durch den Verstand, das der Frau mehr vom Gefühl bestimmt. So ergänzen sich Mann und Frau in ihrem Wesen. Sie sind von der Natur füreinander geschaffen. Zuneigung und Liebe führt sie zusammen; sie gründen eine Familie. Heranwachsende Kinder finden in der Familie Schutz und Geborgenheit.»[79]

Zur Darstellung «des Menschen» werden – bis auf wenige Ausnahmen in ganz neuen Büchern – nur Fotos oder Zeichnungen von Männern benutzt; der Mensch erscheint damit vor allem als Mann (Männlichkeitswahn). Die gesellschaftliche Diskriminierung der Frauen findet damit auch in den Biologiebüchern ihren Ausdruck, und sie wird durch sie weiter gefördert.

Sexualität wird so abgehandelt, daß ihre Behandlung kaum Auswirkungen auf die eigene sexuelle Praxis der Schüler haben dürfte, da der *Erlebniswert* verschiedener physiologischer Vorgänge (Menstruation, Erektion, Orgasmus) nicht oder nur ungenügend dargestellt wird. Von Lust ist nur selten die Rede.

Die Sexualerziehung in diesen Büchern ist gekennzeichnet durch ihre lustfeindliche Haltung, die sich nicht an den Bedürfnissen der Schüler orientiert, sondern im Gegenteil auf die Beschränkung und Unterdrückung sexueller Bedürfnisse zielt. Die Voranstellung moralischer Normen soll die Triebunterdrükkung erleichtern. Es ist die Rede von «Verantwortung», «Gewissen» und «Fortpflanzung» – nur im Hinblick auf die Fortpflanzung, im Rahmen von Ehe und Kleinfamilie (wie im obigen Textbeispiel), soll Sexualität erlaubt sein; aber darauf, wie befriedigende geschlechtliche Beziehungen möglich und dementsprechende Einstellungen und Verhaltensweisen lernbar wären, wird nicht eingegangen.

Hier wird eine *repressive Sexualerziehung* deutlich, deren ideologische Funktion darin besteht, daß sie die Individuen psychisch in die bestehende bürgerliche Gesellschaft integrieren und dem Kapitalismus eine in der Triebstruktur verankerte Basis schaffen soll.[80]

– *Nicht falsch oder ideologisch* ist dagegen der Gesellschaftsbezug der «Sexfibel» von Jacobi u. a. (Opladen 1974, Leske). Dieses Buch enthält statt einer Anhäufung von Schemata Fotos von Menschen, und zwar in konkreten Situationen, außerdem lustbetont und ohne Tabuisierung der Geschlechtsteile. In ihm werden bestehende Abhängigkeits- und Herrschaftsverhältnisse nicht verschleiert, sondern es wird im Gegenteil darauf hingewiesen. Denn die Autoren ordnen «Sexualität» bewußt in den gesamten Lebenszusammenhang von Menschen in der BRD ein, zum Beispiel problematisieren sie den Zusammenhang von der Sexualität eines Menschen zu seinen Wohn- und Arbeitsbedingungen. (Zu weiteren Alternativen in der Sexualerziehung siehe den Beitrag von R. Müller, P. Figge, J. Henke in diesem Band).

Die neuesten (seit 1973) herausgekommenen Bücher (Typ IV, Rahmenplan) scheinen, zumindest auf den ersten Blick, lustbejahender und sexualfreundlicher zu sein als die älteren, zwischen 1948 und 1973 erschienenen Bücher.

Ob sie, möglicherweise in einer subtileren Art und Weise, zu kritisierende Elemente enthalten oder nicht-emanzipatorische Einstellungen vermitteln, wäre noch zu untersuchen.

Die ideologischen Momente der Biologiebücher, die als «Ideologie durch Weglassen» bezeichnet wurden, lassen sich in Büchern *aller* sechs Schulbuchtypen finden. Die Gesamtheit dieser Bücher weist aber in sich eine wichtige Differenzierung auf: Die einen enthalten ein «mystifizierend-religiöses Weltbild», die anderen ein «wissenschaftlich-modernes Weltbild». Diese zwei unterschiedlichen «Weltbilder» lassen sich zunächst an dem bestimmten Sprachstil, bzw. an bestimmten Worten und Begriffen festmachen, die in den jeweiligen Büchern wesentlich, charakteristisch und durchgängig zu finden sind. – Wenn nun diese beiden Weltbilder gekennzeichnet werden sollen, muß angemerkt werden, daß die folgende Beschreibung ein aus den verschiedenen Büchern herausgezogenes, also «idealisiertes» «Syndrom» oder «Muster» im Sinne Ritserts darstellt, das in den einzelnen Büchern je unterschiedlich stark zum Vorschein kommen kann. Dabei kann gerade Singuläres große Bedeutung für die Rekonstruktion eines ideologischen Syndroms besitzen (vgl. Kapitel III).

VII. Das mystifizierend-religiöse Weltbild

Kennzeichnende Vokabeln sind hier «Wunder», «wunderbar», «sinnvolle Ordnung der Natur», «Schöpfung», «Heimatnatur», «Ehrfurcht» (vor Gott und der Schöpfung), «Geheimnis».

1. *«Staunen» und mystifizierendes Naturverständnis*

Anstatt die Gesetze der Natur wissenschaftlich durchdringen zu lernen, soll den Schülern Ehrfurcht und Staunen vor ihren «Geheimnissen» beigebracht werden:

Die Ohnmacht von Menschen, die sich unvorhersehbaren und blind auf sie einstürzenden Naturgewalten ausgeliefert fühlen, wie es besonders archaische Gesellschaften kennzeichnet, ist hier bestimmend geworden.

Es sollen – im Gegensatz zum «wissenschaftlichen» Weltbild – die «Geheimnisse», also das zunächst Unerklärbare, undurchschaut bleiben, mit letztlich unwissendem Staunen betrachtet werden.

Hierbei mag es zunächst als Widerspruch erscheinen, wenn zum Beispiel in der «Biologie» von Hausmann/Häusler, die Bienen«sprache» zwar im Sinn des mystifizierenden Weltbildes als «geheimnisvoll» *bezeichnet* (Bd. 2, S. 49), dann aber doch ausführlich erläutert wird, oder wenn Ewald in ihrem Vorwort zur 1. Auflage der «Pflanzenkunde» zwar als «höchstes Ziel» des Biologieunterrichts die Erziehung zur «Ehrfurcht vor der Natur» postuliert, andererseits gerade ein «klares Erfassen und Durchdenken biologischer Fragen» als Lernziel darstellt (Bd. I, 1965 BSV). Dieser *Widerspruch* erklärt sich erstens daraus, daß zumindest in allen Büchern, die systematisch-morphologisch aufgebaut sind, wesentliche biologische Zusammenhänge nicht behandelt werden, sondern vor allem *beschrieben* und dargestellt wird, und daß wirkliche *Erklärungen* fehlen. Zweitens soll gerade *die* Darstellungsweise, die *angeblich* zum «Durchdenken biologischer Fragen» führt (Ewald), die Schüler Ehrfurcht und Staunen vor der Natur lehren. In dieser Absicht nämlich wird sie (die Natur) als harmonische, schöne, als vollkommene, als Wunderwerk und als heile Welt vorgeführt.

2. *Natur als Hinweis auf Gott – die säkularisierte Religion*

Dabei ist die Pflicht zu Staunen und Ehrfurcht anscheinend daraus abgeleitet, daß die Natur als das Werk eines allmächtigen Schöpfergottes gedacht wird, so daß also in dem Staunen vor der «wunderbaren» Natur eigentlich dieser Gott verehrt werden soll. Die Natur erscheint also als das Absolute, als Gott-Ersatz und gleichzeitig als Hinweis auf Gott, ihren «Schöpfer».

Das mystifizierende Weltbild ist daher noch vor-aufklärerisch. Die anti-metaphysische Funktion der Naturwissenschaften in der Aufklärung scheint hier vergessen worden zu sein.

Zur Illustration dessen, wie das mystifizierend-religiöse Weltbild in den Texten zum Vorschein kommt, einige Zitate aus dem Klett-Buch «Pflanze, Tier und Mensch» (Bd. 1, Ausgabe B, 1968):

«Vom *Wunder* der Keimung» (S. 50)[81]

«Der Garten ist nicht nur ein genutztes Land, . . . er ist auch eine Stätte voller *Geheimnisse.* Sie warten darauf, von Euch entdeckt zu werden.» (S. 49)

«Das Roggenkorn ist ein *Vorratsspeicher*[82]. Der Vorrat reicht gerade so lange, bis sich die junge Pflanze selbst ernähren kann. *Welch eine sinnvolle Ordnung herrscht in der Natur*[81]!» (S. 51)

Die beiden letzten Zitate sind als «Merksätze» gelb unterlegt. – Das Ausrufezeichen deutet schon an: unwissendes, naives Staunen soll hervorgerufen werden; es wird nicht weitergefragt.

Der zuletzt zitierte Satz ist sogar *falsch*, denn er unterstellt mit «welch . . . *sinnvolle*» ein teleologisches Prinzip[83] in der Natur, bzw. die Vorstellung, die Natur sei nach einem gezielten und überdachten Plan geschaffen worden – was den Erkenntnissen der Evolutionstheorie widerspricht, denn für das Überleben und damit für die Fortpflanzung besser geeignete Mutationen, die zu Artänderungen führen können, entstehen nicht zielgerichtet, sondern *zufällig.*

Auch in dem Kapitel «Die *geheimnisvollen* Termiten»[81] des Tierkunde-Bandes

«Der geduldige und ausdauernde Forscher entdeckt immer wieder neue Wunder.» (Ewald/Venzl: Pflanzenkunde, Bd. I, ^{2}1970, S. 8)

IV von Vogt (1966, BSV), drücken Ausrufezeichen das Sich-Wundern-Sollen aus: «die Termiten . . . sind . . . bis auf König und Königin blind! . . . Bis zu 3000 Eier kann die Königin an einem Tag absetzen!» (S. 68)

Desgleichen in bezug auf die Bienenkönigin: «Sie legt bis zu 3000 Eier am Tag!» (S. 43)

Weitere Beispiele[81]: «die *wunderbare* Verwandlung in den fertigen . . . Maikäfer» (Hausmann/Häusler: Biologie, Bd. 2, ^{2}1970, S. 17)

«Der geduldige und ausdauernde Forscher entdeckt immer wieder *neue Wunder*» (Ewald/Venzl: Pflanzenkunde, Bd. I, ^{2}1970, BSV, S. 8).

Ähnliches findet sich an vielen anderen Stellen in den Biologiebüchern. Die Beispiele könnten beliebig vermehrt werden.

3. *Die Ehrfurcht der Beherrschten – Biologieunterricht als politische Erziehung I*

Wenn «Ehrfurcht» vor der Natur als Lernnorm gesetzt wird und wenn dabei jede ableitende Begründung fehlt, so bedeutet das, daß es eine *Untertanenhaltung* ist, die gelernt werden soll – denn «Ehrfurcht» setzt Unterwerfung voraus. Im Ausdruck «Ehrfurcht» ist die Angst der Beherrschten schon enthalten. – Menschen, die Angst und Furcht haben, werden aber weniger leicht die Herrschafts- und Machtverhältnisse in Frage stellen, denen sie unterworfen sind, und dies ist nützlich für die Herren. Die «Ehrfurcht» vor ihnen anerkennt ihre Herrschaft,[84] sie erweist sich als nützliche Schranke vor Widerspruch und Aufstand[85] und damit als Hemmnis gesellschaftlicher Emanzipation. Das gilt auch für ein Gesellschaftssystem wie das unsrige, in dem Herrschaft vor allem durch bestehende gesellschaftlich-ökonomische *Strukturen* ausgeübt wird,[86] und die Träger der dazugehörigen Herrschafts*funktionen* oft erst ermittelt werden müssen.

Zwar wird von den Autoren der Biologiebücher explizit nur die Ehrfurcht vor der Natur verlangt, und nicht die vor gesellschaftlicher Autorität (seien es nun Könige, Amtsträger, Bürokraten, Arbeitgeberpräsidenten, Manager oder auch Eltern und Lehrer). *Die Natur ist hier der Herrscher, die Unterwerfung verlangende Macht. Sie* erscheint als undurchschaubar und als etwas Bedrohliches. *Sie braucht keine zusätzlichen rationalen Legitimationen* für die Rechtfertigung ihrer Herrschaft; ihre Existenz allein genügt. Also kann man diese Herrschaft auch nicht mittels einer Kritik an solchen theoretischen Legitimationen in Frage stellen.

Ein solches Verhältnis der Ehrfurcht zur Natur (im autoritätshörigen Sinne) wäre vielleicht verständlich, wenn wir noch in urgeschichtlicher Zeit, als Sammler und Jäger, lebten, den Naturgewalten hilflos ausgeliefert, ohne sie auch nur wissenschaftlich durchschauen und erklären zu können.

Wird ein solches Ehrfurchtsverhältnis aber in einem modernen Biologiebuch postuliert, muß das fragwürdig erscheinen. Dies um so mehr, wenn der Ausdruck «Ehrfurcht» in dem Zusammenhang gesehen wird, aus dem er wirklich stammt: aus einer Pädagogik, der ein *autoritäres Konzept von Erziehung* zugrunde liegt, die zu «Achtung vor dem Alter», zu Fleiß und Frömmigkeit, Vaterlandsliebe und Individualismus erziehen will, die Ehrfurcht vor Autoritäten per se verlangt, ohne nach deren Legitimationen zu fragen – eine Pädagogik, die bis heute ihre für die Schüler und für die politische Entwicklung nachteiligen Wirkungen zeigt.[87] Eine solche autoritäre Erziehung bildete u. a. eine wichtige sozialpsychologische Voraussetzung für die Entstehung des Faschismus in Deutschland.[87]

Aus diesen Gründen ist anzunehmen, daß «Erziehung zur Ehrfurcht» *nicht* aus dem Verhältnis der Menschen zur Natur, sondern gerade aus den Ansprüchen der herrschenden gesellschaftlichen Interessen abgeleitet ist, und daß sie von da auf das Verhältnis zur Natur *übertragen* wurde, um den gesellschaftlichen Interessen eine legitimierende Stütze zu geben: Die Erziehung der Schüler zur Ehrfurcht soll gerade in ihrem Verhalten gegenüber gesellschaftlichen Autoritäten eine Wirkung entfalten, die der oben für das Knechtsschaftsverhältnis gegenüber der Natur dargestellten Funktion einer solchen Erziehung entspräche: Sie wird grundlegender Teil der Erziehung zu einem «Untertanen-Bewußtsein», sie wird sich als Hemmschuh für Widerstand und Revolution (gegen die herrschenden gesellschaftlichen Kräfte) erweisen, und sie wird den Herrschenden die Schwierigkeiten ihrer Legitimationen abnehmen. *Das Naturverständnis wird zum Vehikel einer affirmativen politischen Bildung. Dadurch erhält es eine ideologische Funktion.*

Interessant ist dabei, daß solche Erziehung, charakterisiert als «Einübung einer Untertanenhaltung», dem Herrschaftsinteresse der Bourgeoisie, von deren Selbstverständnis her gesehen, nicht einmal entspricht, denn für den Bourgeois ist der «Untertan» mit der Monarchie abgeschafft, er sieht sich selber eher als selbstbewußten Bürger seines Staates (solches Selbstbewußtsein gehört auch zur Ideologie der «freien unternehmerischen Tätigkeit»). Den Schülern eines Landes mit hochentwickeltem Monopolkapitalismus soll hier ein Bewußtsein beigebracht werden, das eher einer vorbürgerlichen Stufe der gesellschaftlichen Entwicklung entspricht. Die Konzeption einer «Erziehung zur Ehrfurcht», im Rahmen des mystifizierend-religiösen Weltbildes, bildet damit ein der gesellschaftlichen Entwicklung *hinterherhinkendes Bewußtsein.*

4. *Mythische Innerlichkeit und heile Welt*

Ebenfalls Teil des mystifizierend-religiösen Weltbildes ist eine Darstellungsweise, die verniedlichende und besonders emotionell gefärbte Wörter und Ausdrücke verwendet, und das in modernen Biologiebüchern, das heißt in Texten, die mit dem Anstrich von Sachlichkeit versehen sind:

«Nur einige Wochen dauert das luftige Maikäferdasein» (Hausmann/Häusler: Biologie, Bd. 2, ²1970, S. 16);

«Sehr tief steigen auch die reichverzweigten Wurzeln der trübviolett blühenden *Ackerdistel*[82] (Cirsium arvense) in den Boden hinab.» (Ewald: Pflanzenkunde, Bd. II, ⁴1957, S. 16, BSV);

«Samen – Bewahrer des Lebens»; «Dem Licht entgegen» u. a. (Kapitelüberschriften in der Pflanzenkunde I von Spanner, München/Kiel, ² 1966, S. 3/4, Oldenbourg/Hirt);

«Die *mächtige* Pflanze braucht viel Wasser»[81] (Titel eines Absatzes in Bd. 2 der «Biologie» von Hausmann/Häusler, S. 5; gemeint ist die Sonnenblume);

«müssen wir diesen *heimtückischen und aufdringlichen Feind* von Mensch und Tier bekämpfen» (gemeint: die Stubenfliege; Hausmann/Häusler, Bd. 2, S. 39); «Hummeln und die *stechlustige Gesellschaft* der Wespen und Hornissen» (Vogt: Tierkunde, Bd. IV, 1968, S. 50).

Die Prädikate in den letzten drei Zitaten können kaum als solche der biologischen Fachwissenschaft bezeichnet werden. – In der «Pflanzenkunde» von Ewald findet sich eine Häufung von solchen Verniedlichungsformen, in mehreren Büchern sind weitere Kapitelüberschriften enthalten, die allesamt in diesem Zusammenhang zu interpretieren sind.

Die Zitate zeigen ein *Naturverhältnis* an, das sich sozusagen durch ein «inniges Band» mit der Natur verknüpft, in gefühlsmäßigem Einklang mit ihr fühlt: *mythische Innerlichkeit.* – Dementsprechend wird im Lehrerheft zu den drei Bänden «Pflanze, Tier und Mensch» (1971, Klett), die ein Musterbeispiel für das mystifizierend-religiöse Weltbild darstellen, als Ziel des Biologieunterrichts ein «Kennenlernen, Hineinwachsen und tieferes Verstehen der Heimatnatur» angegeben, aus dem «das Gefühl der Verbundenheit» entstehen soll.

Der Philosoph Th. W. Adorno hat solche Innerlichkeit in seinem Buch «Jargon der Eigentlichkeit» (Frankfurt/M. 1964, es 91) kritisiert. Er schreibt zu diesem Jargon:

«Während er überfließt von der Prätention tiefen menschlichen Angerührtseins, ist er unterdessen so standardisiert wie die Welt, die er offiziell verneint.» (S. 9)

Seine kennzeichnenden Vokabeln sind: «‹in der Entscheidung›, Auftrag, Anruf, Begegnung, echtes Gespräch, Aussage, Anliegen, Bindung» (S. 9).

An diese Liste erinnern einige Worte aus dem genannten Lehrerheft:

«ein ‹Angebundensein› an dieses Stück Erde» (S. L 3);

Es entsteht «echtes Wissen» (S. L 5);

durch *«Begegnungen»* wird «menschliches Wachsen und Reifen» «entscheidend mitbestimmt» (S. L 4)[82];

«Merkmal einer echten Begegnung» sind «Unmittelbarkeit» und *«Weiterwirkung»*[82] (S. L 4);

Die «planende Vorbereitung» der «Begegnung» ist ihr «Zugang» (S. L 4) usw.

Es entspricht der *Technikfeindlichkeit* des «Jargons der Eigentlichkeit», wenn in dem Lehrerheft gesagt wird:

«Je mehr Hast, Unruhe und Nervosität in der technisierten Welt nach dem Menschen greifen, um so mehr muß die Schule einen Raum der Schönheit und Stille, wie er sich in den verschiedenen gestalteten Heimatnaturen anbietet, dem Kinde . . . erschließen und erhalten.» (S. L 5)

In den zitierten Passagen ist zwar das Bemühen um eine «kindgerechte» Darstellung (modern: «Schülerrelevanz») an der Sprache sichtbar; dies wirkt sich aber so aus, daß die *Welt als heile Welt* erscheint, als harmonische, eben «sinnvolle Ordnung» eines gütigen Schöpfergottes, der alles so weise eingerichtet hat. – Wenn Schülern die Natur in dieser verzerrten, unrealistischen Weise dargestellt wird, so kann dies nicht anders als Verbreitung eines «entfremdeten Bewußtseins»[88] bezeichnet werden – als Ideologie.

5. *Das Leben selbst wird zum Mythos – Vitalismus in Naturdarstellung und Anthropologie*

Ein weiteres Element des ideologischen Musters des mystifizierend-religiösen Weltbildes ist seine mythische Lebensphilosophie, die sich präsentiert durch solche Worte wie «erwachendes Leben» (Ewald/Venzl: Pflanzenkunde, Bd. 1, ^{2}1970, S. 9), «Lebensfunke»; «Keimkraft» (Pflanze, Tier und Mensch, Bd. 1, 1969, S. 51), «Lebenssäfte», «Tod und neues Leben». – Der zweite und die beiden letzten Ausdrücke sind der «Pflanzenkunde» von Spanner u. a. entnommen (Bd. II, 1965, S. 5), die Innerlichkeit und Mystifikation ‹auf die Spitze treibt›: Es ist in der dazugehörigen Textstelle die Rede vom «großen Sterben», von «arger Bedrängnis», von «neuerwachtem Leben» und «Offenbarung» – säkularisierte Religion. Eine halbseitige Zeichnung «Blühende und fruchtende Mohnpflanzen» in Rot und Grün soll den Mystizismus passend veranschaulichen.

Liest man auch die anderen Textstellen, aus denen die eben zitierten Teile entnommen sind, im Zusammenhang, wird außerdem ihr *märchenerzählerischer Charakter* deutlich. Dieser Märchenstil des mystifizierend-religiösen Weltbildes wird auch in dem folgenden Zitat aus «Pflanze, Tier und Mensch» (Bd. 1, S. 51) deutlich, in dem außerdem im Sprachstil implizit der Hinweis auf das «Wunderbare» an der *Keimung eines Roggenkornes* ausgedrückt ist; explizit steht er in der Kapitelüberschrift: «Vom Wunder der Keimung» (S. 50):

«*Schon nach einem Tag*[81] wird am gequollenen Korn ein weißer Fleck sichtbar. Am zweiten Tag durchbricht hier *das erste Würzelchen*[81] die Schale und wird langsam länger. Zwei weitere Würzelchen folgen. Alle zusammen heißen *Keimwurzeln*[82] und sterben später ab. (An ihre Stelle treten Wurzeln, die aus dem Sproß entspringen). Nach etwa 6 Tagen erscheint die *Keimscheide*[82]. Sie ist rötlich und spitz und *durchbohrt den Boden wie ein Spieß*. Der Bauer sagt: ‹Der Roggen spießt.› keimen alle gesäten Körner, hat das Saatgut die volle *Keimkraft*[82].»

Auffallend ist, daß alle diese Stellen – bis auf eine – jeweils gleich *auf der ersten Seite* der verschiedenen Bücher zu finden, also in besonderer Weise hervorgehoben sind. – Dies auch bei Ewald/Venzl: «Erwachendes Leben» ist dort die Überschrift der ersten Seite der Pflanzenkunde (Bd. 1, ^{2}1970, S. 9). Als Untertitel folgt dem: «Die Knospe der Roßkastanie» – und eine detailhafte Beschreibung des Vorganges, wie eine solche Knospe aufspringt.

Weshalb gerade die Kenntnis dieses Vorgangs und die Hervorhebung des Keimes und des «Frühlingserwachens» von solch großer Wichtigkeit für die Schüler sein soll, geht aus der bekannten Fachdidaktik Kuhns hervor; er schreibt:

«Die Kastanienknospe als Beispiel für die Zielgerichtetheit alles Lebendigen: Schwellende Knospen waren schon immer Symbole des drängenden, schaffenden Lebens. Es gibt daher kaum geeignetere Studien als die am Knospenfrühling, um den Kindern jene geheimnisvolle schöpferische Kraft deutlich vor Augen zu stellen, die in allem, was da lebt, wirksam ist.» (W. Kuhn: Methodik und Didaktik des Biologieunterrichts, München ^{4}1971, S. 193)

Hieraus geht hervor, daß das Motiv der schwellenden Knospe und des keimenden Samens als mythische Bilder vom Geheimnis des Lebens ein *wesentlicher Bestandteil* des mystifizierenden Weltbildes sind; es bestätigen sich hier die oben dargestellten Charakteristika des mystifizierenden Naturverständnisses.

Außerdem kommt hier besonders deutlich ein grundlegendes *weltanschauliches* Element des mystifizierenden Weltbildes zum Vorschein: Die Vorstellung einer «*Lebenskraft*», einer «*Entelechie*», die in allem Lebendigen «wirksam» sein soll – sozusagen der Atem, den Gott Adam einblies – und gleichzeitig *teleologisches Prinzip*.[83]

Hier schlagen (neu-)vitalistische Vorstellungen durch, vermischt mit christlich religiösen Gedanken. Der Vitalismus, der von der Existenz einer besonderen Lebenskraft (lat. vis vitalis) ausgeht, von deren Wirken die Lebenserscheinungen abhängig sein sollen, gilt jedoch als längst widerlegt, als völlig überholt.

Neu-vitalistische Vorstellungen kommen auch in Passagen über den menschlichen Körper zum Ausdruck, also in der in den Texten enthaltenen *Anthropologie*. Ein Beispiel aus der Tierkunde von Vogt (Bd. I, 41964, S. 5), das wiederum auf der *ersten Textseite* steht:

«DER MENSCHLICHE KÖRPER
Unser Körper ist ein wahres Wunderwerk! Wir nehmen uns meistens nicht die Zeit, darüber nachzudenken. Während des ganzen Lebens schlägt unser Herz; du kannst es deutlich an der linken Brustseite fühlen. Sitzt du ruhig auf deinem Platz, verrichtet das Herz seine Arbeit gemächlich. Läufst du dagegen schnell, so hat es auch dein Herz eilig. Es schlägt schneller. Der Körper regelt dies von selbst, du

brauchst nicht erst den ‹Befehl› dafür zu geben! Ist das allein nicht wunderbar genug?

Wollen wir tiefer in das Geheimnis des Lebens eindringen, dann müssen wir erst einmal die Teile unseres eigenen Körpers näher kennenlernen. Hierzu genügt es nicht, daß wir wissen: Wir haben einen Kopf, einen Rumpf, zwei Arme und zwei Beine. Nein, wir wollen auch ins Innere hineinschauen und sehen, was dort zu finden ist: Muskeln, Knochen, Magen, Lunge und vieles andere.»

Die in den Lehrtexten zum Vorschein kommenden weltanschaulichen Momente bilden also nicht nur eine Entfremdung des menschlichen Bewußtseins von der Natur, sondern auch von ihrem Gattungswesen.[88]

6. *Biologie als Gesellschaftslehre – politische Erziehung II*

Ein anderes, besonders gesellschaftlich bedeutendes Element des mystifizierenden Weltbildes geht hervor aus einigen Stellen des Lehrerheftes zu «Pflanze, Tier und Mensch» (Klett):

«Aus der Kunde von der Natur wird schließlich ein ‹Angebundensein› an dieses Stück Erde, ein Vertrautsein mit dieser kleinen Welt und ein *Gefühl des Besitzes.*»[82]

«Diese Arbeitsform (das «Pflanzen und Pflegen», M. M.) erweckt das *Gefühl zu ‹Eigenem›.*» (S. L 6)[81]

«Solche Mappen (die alle Arbeitsergebnisse der Schüler enthalten sollen, M. M.) . . . sind der *Stolz ihrer Besitzer.*» (S. L 9)[81]

Aus der Beschäftigung mit der Natur auf der Ebene ihrer Erforschung und der des Pflegens und Sammelns von Pflanzen, also aus einem praktischen Verhältnis der Schüler zur Natur (oder: des Subjekts zum Objekt), soll ein *der Natur selbst nicht zugehöriges*, also ein ihr äußerliches Verhältnis entwickelt werden: das des *Besitzgefühls.*

Hier wird ein gesellschaftlich und historisch bedingtes Verhältnis – das des Besitzes/Eigentums – aus dem gesellschaftlichen Bereich übertragen auf das Verhältnis zwischen den Menschen (als Gattungswesen) und der Natur; denn ein solches Verhältnis des Eigentums ist in der bürgerlich-kapitalistischen Gesellschaft kein äußerliches, nebensächliches Phänomen, sondern geradezu charakteristisch für die spezifische Weise, in der die bürgerliche Gesellschaft und ihre Individuen ihre Produktion organisieren. In der bürgerlichen Ideologie wird ja gerade das «Recht auf Eigentum» hervorgehoben – wobei zwischen dem Eigentum an Dingen für den privaten Konsum und dem – gesellschaftlich maßgebenden – an Produktionsmitteln gerade nicht unterschieden wird.

Deshalb kann aber hier angenommen werden, daß die Förderung eines «Besitzgefühls» gegenüber persönlich-privaten Dingen gerade eine ideologisch rechtfertigende Funktion für das Bestehen von privatem Eigentum an Produktionsmitteln hat. In der Übertragung des «Eigentum/Besitz-Verhältnisses» auf die Natur soll es nun als *naturgegeben* erscheinen und damit seine Legitimation und Unanfechtbarkeit begründen und erhalten.

Dies erscheint *notwendig* in einer Situation, in der sich die herrschenden Kräfte in einer Legitimationskrise befinden[89] und die gesellschaftlichen Herrschafts- und Ausbeutungsverhältnisse sich nicht mehr so leicht mittels religiöser oder expliziter gesellschaftlicher Ideologemen rechtfertigen lassen. Angeblich auf biologische, das heißt «natürliche» Ursachen rückführbare Normen müssen dagegen als besonders geeignet erscheinen, die notwendige Legitimation zu liefern, da «Natürliches» im allgemeinen Bewußtsein als «gegeben» an sich, als vom menschlichen Willen Unbeeinflußbares, von gesellschaftlichen Interessen per definitionem Unberührtes und insgesamt als Unveränderbares erscheinen muß. Die Ideologie der «Ontologisierung» kommt hier deutlich zum Ausdruck.

7. *Die politische Funktion des mystifizierend-religiösen Weltbildes im Selbstverständnis seiner Apologeten – Kontextanalyse*

Daß das *mystifizierend-religiöse Weltbild* eine durchgängige Struktur des BU darstellt, kann anhand einer Analyse der zu den Schulbüchern gehörigen Lehrerbände, von Biologie-Didaktiken, Lehrplänen und auch von Vorworten in Schülerbüchern gezeigt werden. Dabei dienen die Elemente dieses Weltbildes sowohl als Norm, das heißt als Zielsetzungen des BU, als auch als sein Begründungsrahmen.

Welche *politische Funktion* es seinem Anspruch nach haben soll, geht aus der schon genannten Didaktik Kuhns hervor: Es soll die Schüler vor den Einflüssen des (bösen) Materialismus schützen, speziell vor dem «östlicher Prägung»: Biologie als Mittel des kalten Krieges. Kuhns Begründung:

> «Denn es ist, wie Reinke bereits im Jahre 1907 sagt, an dem Siegeszug des Materialismus nicht ein ‹Zuviel›, sondern ein ‹Zuwenig› naturwissenschaftlicher Bildung schuld . . .» (Methodik und Didaktik des Biologieunterrichts, [4]1971, S. 35)

Ob der Biologieunterricht die Funktion, die ihm Kuhn zuordnet, *tatsächlich* erfüllt, ist fraglich. Es könnte daher eingewendet werden, diese Ideologie sei nur äußerliches Beiwerk oder leerformelhafte Absichtserklärung, die eigentlich mit der tatsächlichen biologischen Lehre nicht viel zu tun habe. Es sollen hier aber mit naturwissenschaftlich-sachlichem Anspruch auftretende Materialien zum Biologieunterricht ideologiekritisch untersucht werden, und dazu gehört auch die Ebene der Fachdidaktiken.

Gerade die Kuhnsche Didaktik des BU ist allgemein anerkannt und weitverbreitet; was sie über das ganz und gar nicht wertfreie Selbstverständnis seines Autors zum Vorschein bringt, kann daher als repräsentativ für diese Richtung des BU gelten.

Bei Kuhn geht es nicht um das Erkennen der Natur schlechthin, wie es etwa einem positivistischen Verständnis (des BU) entspräche; der Biologieunterricht ist bei ihm nicht «wertfrei» – sondern soll gerade Werte betonen (die des sogenannten christlichen Abendlandes); es geht ihm um «weltanschauliche Erziehung», um geistige Aufrüstung im Kampf gegen den Materialismus (sprich: gegen die östlichen sozialistischen Länder).

Dabei spielen neu-vitalistische Vorstellungselemente mit, nämlich die Ablehnung mechanistischer Naturerklärung; «mechanistisch» wird mit «materialistisch» gleichgesetzt. Der Materialismus wird also bei Kuhn nur vulgärmaterialistisch (bzw. mechanistisch) gefaßt – nicht dialektisch. Kuhn:

«Wie kann, so lautet die Frage, die sich der Unterrichtende überwiegend stellen muß, wie kann dieses bestimmte Thema, das ich heute behandeln will, zu allen genannten Zielen des Biologie-Unterrichts hinführen unter Erfüllung des ersten und obersten Zieles: der Weckung von Ehrfurcht vor Schöpfer und Schöpfung, die nur über die Verwunderung und das Staunen zu erreichen sind? Nur wer sich dieses höchste Anliegen unseres biologischen Unterrichts vor Augen hält, wird der Gefahr entgehen, bewußt oder unbewußt mechanistische Ideologie zu treiben – eine in unserer weltanschaulichen Situation geradezu tödliche Gefahr.» (a. a. O., S. 35)

Dem «Materialismus» wird von Kuhn vorgeworfen, er benutze die Biologie als wissenschaftliche Verkleidung einer antireligiösen Ideologie.

Gerade dagegen anzugehen, soll der BU nützen, und zwar eben dadurch, daß er die Natur als harmonisch, vollkommen etc. darstellt, das heißt im Sinn des mystifizierend-religiösen Weltbildes:

«Ein Unterricht, der immer wieder an besonders geeigneten Beispielen die unwahrscheinliche Ordnung alles Lebendigen – im räumlichen wie im zeitlichen Geschehen – vor Augen stellt, und sie der Selbstverständlichkeit alles Gewohnten entkleidet, wird wesentlich dazu beitragen, daß materialistisch-atheistische Theorien auf angeblich biologisch-wissenschaftlicher Grundlage nicht mehr ohne weiteres kritiklos akzeptiert werden.» (a. a. O., S. 37)

Stellt sich die Frage:

Ist das mystifizierend-religiöse Weltbild der aktuellen politisch-gesellschaftlichen Lage überhaupt noch angemessen?

Insofern es ideologischer Ausdruck der Auseinandersetzung mit dem Marxismus ist, ist es das. Zur Aufrechterhaltung des christlichen Abendlandes (= des kapitalistischen Wirtschaftssystems) erscheint es in den Köpfen seiner Autoren als *notwendig* (ist also *notwendig falsches Bewußtsein*). Andererseits ist das mystifizierende Weltbild der aktuellen Lage unangemessen, denn in dieser Form entspricht es der Art des Kampfes zur Zeit des kalten Krieges.

In Wahrheit stellt das mystifizierend-religiöse Weltbild ein der gesellschaftlichen Entwicklung «*nachhinkendes Bewußtsein*» dar, es entspricht nämlich der Zeit von vor 70 oder 100 Jahren. Dies wird deutlich in dem folgenden Zitat von Falk Riess, aus seinem Aufsatz «Zur Kritik des mathematisch naturwissenschaftlichen Unterrichts»:

«So war in Preußen von 1879 bis 1908 der Biologieunterricht abgeschafft, weil die Darwinsche Evolutionstheorie Gegenstand einiger Schulstunden einer Realschule in Lippstadt gewesen war.[90] Staat und Kirche betrachteten den Darwinismus ... als diametralen Gegensatz zum Schöpfungsbericht und damit als Wegbereiter eines antichristlichen Materialismus, der geradewegs zum Sozialismus zu führen drohte.» (in: Die Deutsche Schule, 11 (1972), S. 706)

8. *Das mystifizierend-religiöse Weltbild – Zusammenfassung*

- Das mystifizierend-religiöse Weltbild beruht auf einem Naturverständnis, das die Natur als vollkommen, harmonisch, geordnet ansieht. Sie ist als geheimnisvolles Wunderwerk zu betrachten, dem Ehrfurcht und Staunen gebührt. Diese Gefühle sollen Teil einer Einstellung zur Natur sein, die durch «innerliche Verbundenheit» und «Ehrfurcht» gekennzeichnet ist. Der Entwicklung dieser Haltung soll alle Beschäftigung mit der Natur, insbesondere im BU, dienen, und alle Einzeldarstellungen sind diesem Ziel untergeordnet, von ihm her bestimmt.

- Die «Gesamtschau» (Linder: Biologie, Vorwort zur 10. Aufl., [17]1971, S. 6) – eben mit Hinweis auf die hinter dem «Ganzen» stehende Schöpferkraft Gottes – ist wichtig, nicht einzelne Erkenntnisse.
- Zu den charakteristischen Elementen des mystifizierend-religiösen Naturverständnisses gehört das Motiv des Keims und der Knospe als Symbole des «erwachenden Lebens», also eine mythische Einstellung zum Leben, auch in bezug auf die Entstehung des eigenen, menschlichen Lebens (Vitalismus).
- Obwohl in diesen Motiven Entwicklung («Wachsen») eine wichtige Rolle spielt, ist das Naturverständnis, das in den untersuchten Texten zum Vorschein kommt, insgesamt *statisch* und *ahistorisch*: Es geht von einer prästabilisierten Harmonie (einer «heilen Welt») aus, die zudem explizit oder implizit auf einen Schöpfergott verweist/verweisen soll: säkularisierte Religion.
- *Als latenter gesellschaftlicher Gehalt* ist die Bewertung des «Besitzdenkens» in den Lehrerbänden und die mit der «Ehrfurcht» zusammenhängende, von den Schülern erwartete Untertanenhaltung anzusehen, beide werden *explizit* nur auf die Natur bezogen, das heißt die *Natur dient als Vehikel für gesellschaftliche Interessen* – genauer: für die herrschenden gesellschaftlichen Interessen.
- Die Welt erscheint ganz und gar als «*heile Welt*». So wird ein falsches Bewußtsein über die Welt erzeugt, das Veränderungen verhindern soll (die Veränderung des Bestehenden setzt die Erkenntnis seiner Falschheit voraus). Daß die mystifizierend-religiöse Variante des BU nicht einmal von ihren Vertretern her «wertfrei», also auch nicht ideologiefrei ist – sie bedeutet ihnen Mittel im Kampf gegen den Marxismus, Instrument des kalten Krieges –, wurde anhand von Kuhns Didaktik gezeigt.

VIII. Das wissenschaftlich-moderne Weltbild

Im Gegensatz zum mystifizierend-religiösen Weltbild ist das «wissenschaftlich-moderne» gekennzeichnet durch einen «sachlichen», «wissenschaftlichen» Sprachstil und eine entsprechende Darstellungsweise. Vokabeln des mystifizierend-religiösen Weltbildes kommen allenfalls noch als verstreute Anhängsel vor, sind aber nicht mehr strukturierend für das Ganze.

1. *Die Natur als Objekt der Herrschaft des Menschen*

Die Natur soll nicht mehr als Geheimnis verehrt werden, sie steht hier unter der Herrschaft «des» Menschen. «Der» Mensch erscheint als «Gestalter» seiner Umwelt (der Natur), der die «Natur»-Landschaft in eine «Kultur»-Landschaft umgewandelt hat.

Der die Einzeldarstellungen leitende Aspekt ist nicht mehr die «Gesamtschau» mit Richtung auf Staunen und Ehrfurcht, sondern die mögliche Verwertung und Ausbeutung der Natur, ihr «Nutzen» für «den» Menschen:

«Die ausgewählten Stoffgebiete rücken möglichst weitgehend den Nutzen oder Schaden der Lebewesen für den Menschen . . . in den Vordergrund.» (Das Leben, Lehrerheft, Bd. 1, 1969, S. 2, Klett).

2. *Faktizität, Exaktheit und Atheismus*

Mit diesem Naturverständnis korreliert die Betonung von biologischen Fakten und Naturgesetzlichkeiten, sowie ein Bemühen um wissenschaftliche Genauigkeit, ohne daß dies mit solchen Ideologemen[91] wie «wunderbar», «sinnvoll» etc. verziert würde.

Das einzelne ist wichtig auch an sich und nicht erst durch seinen Hinweischarakter auf eine Schöpferkraft. Nicht mehr sich unterwerfende Ehrfurcht und religiöse Anbetung der Natur werden zum Bildungsziel erklärt, sondern die Norm ist hier, «in die facheigene Arbeitsweise einzuführen» und «die ersten grundlegenden Erkenntnisse» zu «vermitteln («Das Leben» – Lehrerheft 1, S. 1 und Lehrerheft 3, 1971, S. 1).

Lernziel ist, «Verständnis» für biologische Themen und Fragestellungen zu entwickeln.

Dieses wissenschaftliche Weltbild ist praktisch atheistisch. Hinweise auf einen Schöpfergott kommen nicht vor.[92]

3. *Die «Verantwortung» des Herrschers*

Das Verhältnis von Subjekt (Mensch, bzw. Schüler oder Biologe) zu Objekt (Natur) ist hier nicht mehr das der Unterwerfung des Subjekts unter das Objekt, einer innerlichen Beziehung des Staunenden zu seinem Fetisch, sondern das des Herrschaftsanspruchs des Subjekts gegenüber einem Gegenstand:

«Der» Mensch macht sich die Erde untertan; die Natur wird zum bloßen Mittel für «den» Menschen:

«Der Mensch, der für seine Zwecke einerseits in die Landschaft eingreifen muß, ist andererseits auch verantwortlich für die Lebewesen und für Ordnung und Gleichgewicht in der umgestalteten Natur.» (Das Leben, Lehrerheft, Bd. 1, S. 9.)

Daß es auch Herrschaft von Menschen über Menschen gibt, wird verschwiegen.

Für «den» Menschen folgt aus seiner Herrschaftsstellung eine «Verantwortung» für die unterworfene Natur (im selben Heft) – ein patriarchalisches Verhältnis des Menschen zur Natur.[93] Dies läßt sich besonders an den Kapiteln zum Naturschutz zeigen.

Auch hier wird immer von «*dem* Menschen» gesprochen – der Mensch wird nur als Gattungswesen gefaßt, woraus auch die «Verantwortung» gegenüber der Natur abgeleitet wird; weder erscheint «der» Mensch als gesellschaftliches Wesen, noch ist seine «Verantwortung» gesellschaftlich. Sie wird vorwiegend individuell-persönlich gefaßt.

Zur *Illustration* der Darstellungsweise des wissenschaftlichen Weltbildes seien einige Stellen, die zur Charakterisierung des mystifizierend-religiösen Weltbildes herangezogen wurden, mit entsprechenden Stellen des wissenschaftlichen verglichen: Das Roggenkorn erschien im mystifizierend-religiösen Weltbild als «Vorratsspeicher», als Hinweis auf die «sinnvolle Ordnung der Natur» (vgl. Kap. VII, 2.). In dem Haupt- und Realschulbuch «Das Leben» liest sich die inhaltlich entsprechende Stelle so:

«Legen wir ein Getreidekorn in feuchte Watte, so werden die Nährstoffe im Mehlkörper abgebaut und flüssig, sie dringen durch das *Schildchen* unter dem Mehlkörper in den Keimling . . . Nach der Aufnahme von Wasser und Nährstoffen beginnt der Keimling bald zu wachsen . . . Die Spitze der Keimscheide durchstößt die Erde . . . Der Inhalt des Korns ist nun verbraucht. Es ist geschrumpft. Die junge Pflanze muß sich nun selbst Bau- und Nährstoffe herstellen.» (Kruse/Blume: Das Leben 1, ^{2}1971, S. 11, Klett)

Hier werden Fakten beschrieben, Vorgänge dargestellt – frei von daraus abgeleiteten oder vorangestellten Interpretationen über das «Wesen» des Lebens. Es werden keine angeblich kindgemäßen Vergleiche zur Erklärung herangezogen, die das Dargestellte scheinbar verständlicher machen sollen. Statt des Märchenstils des mythischen Weltbildes, der «Sagenhaftes» am Geschehen hervorhebt: «die *Keimscheide* . . . durchbohrt den Boden wie ein Spieß», wird hier geschrieben: «Die Spitze der Keimscheide durchstößt die Erde» – Differenzierung («Spitze der Keimscheide» statt nur «Keimscheide»), Beschränkung auf sachliche Beschreibung, der Versuch, *wertfrei*, nicht-emotional, *rational* darzustellen.

Dieser Unterschied der Darstellungsweise läßt sich auch an anderen, sich thematisch entsprechenden Kapiteln der verschiedenen Bücher zeigen, wie zum Beispiel an denen über die Roßkastanie.

Damit wird die vorab aufgestellte Hypothese bestätigt, nach der sich weltanschauliche (und ideologische) Momente des BU gerade in «mehr naturwissenschaftlichen» (nicht-sozialwissenschaftlich/anthropologischen) Gebieten des BU nachweisen lassen sollten (vgl. Kapitel V).

Das wissenschaftliche Weltbild steht in *aufklärerischer* Tradition: das rationale Erkennen von Naturvorgängen ist begründende Zielvorstellung. Ausrufezeichen, die Staunen hervorrufen sollen, fehlen. So wird in bezug auf die Legeleistungen der Termitenkönigin lediglich festgestellt:

«Die unbewegliche Königin hat, wegen ihrer mächtig entwickelten Eierstöcke, einen unförmig angeschwollenen Hinterleib. Sie . . . hat die einzige Aufgabe, Eier zu legen, täglich 10000 Stück, in ihrem 50jährigen Leben bis zu 500 Millionen.» (Das Tier, ^{2}1971, S. 124, Klett)

Der Mythos der großen Zahl (vgl. das Zitat aus Vogt: Tierkunde in Kapitel VII, 2.) ist hier durch leidenschaftslose Faktizität ersetzt.

4. *Verwertbarkeit – latenter gesellschaftlicher Gehalt des Naturverständnisses*

Statt der Erziehung zur Ehrfurcht vor der Natur ist hier die implizite Einstellungsnorm gegenüber der Natur vom Aspekt des Verwertungsinteresses, des Nutzens für den Menschen, bestimmt: ein tendenziell *technologisches Naturverständnis* liegt hier zugrunde. (Dies beantwortet eine der vorab entwickelten Fragestellungen.) So ist das Kapitel «Keimung» (im mystifizierend-religiösen Weltbild dem Mythos vom Geheimnis des Lebens zugeordnet) in «Das Leben» (Bd. 1) Teil des Abschnitts «Ernte und Saat», mit dem hier das Buch beginnt, es ist eingebettet in die Darstellung von Getreideanbau und Getreideverwertung.

Bei Lange/Strauß/Dobers (Biologie, Bd. 1) ist das Kapitel über die Keimung, «Gemüsebohne und Feuerbohne keimen verschiedenartig» (Bd. 1, ^{4}1973, S. 103), der Überschrift «Gemüsegärten versorgen Küchen und Märkte» untergeordnet und wird mit einem Kapitel «Auf dem Wochenmarkt und in Geschäften wird viel Gemüse angeboten» ergänzt, ist also ebenfalls in den Zusammenhang der Verwertung bzw. des Verkaufs eingeordnet.

Diese Art der Darstellung entspricht wegen ihrer Hervorhebung des Nutzen- bzw. Verwertungsaspektes im Verhältnis zur Natur dem heutigen praktischen Verhältnis der bundesrepublikanischen Gesellschaft zur Natur, also der Industrie und der industriellen Ausbeutung der Natur, weit besser als das mystifizierend-religiöse Weltbild, das eher einer vorkapitalistischen Produktionsweise (mit einem «befangenen Verhältnis zur Natur») zuzuordnen wäre.

5. *Ideologische Aspekte des wissenschaftlich-modernen Weltbildes*

Aber auch das wissenschaftlich-moderne Weltbild enthält ideologische Sinnstrukturen; es erfüllt einige der Charakteristika, die für falsche und ideologische Vorstellungen kennzeichnend sind (vgl. Kapitel IV).

- Gesellschaftliches wird als naturgegeben, selbstverständlich, immerwährend hingestellt: zum Beispiel die Existenz von Märkten und Geschäften und die Überführung der Produkte in Waren (Lange/Strauß/Dobers) – Ideologie der *Ontologisierung.*
- Dabei wird davon abgesehen, daß Anbauzeiten und -methoden, Ferien (Schulsystem!) und Märkte außerhalb der BRD, zum Beispiel in der Türkei oder in Ländern der Dritten Welt (Drei-Felder-Wirtschaft, primitive Methoden) oder in der DDR (Kollektive statt einzelner Bauern) anders sein können: *Ideologie durch Verbergen.* – Die eigenen Verhältnisse werden unreflektiert als überall geltend, das Besondere als Allgemeines dargestellt: *Ideologie durch Vertauschen.*
- Die Ideologie, die eigenen, das heißt in Westeuropa herrschenden Verhältnisse, als die «natürlichen» oder allgemein geltenden oder auch als die besten oder bestmöglichen darzustellen, sei als «Eurozentrismus» bezeichnet. Diese «*Ideologie des Eurozentrismus*» findet sich, ausgedrückt in vielerlei Vorstellungen und Notizen, auch in den bundesdeutschen Geschichts-, Sozialkunde- und Erdkundebüchern.[94] Der Eurozen-

trismus stellt ein sogenanntes «Übertragungsdenken» dar, mit dem «Interessen und Denkweisen, die für Westeuropa bzw. für die Bundesrepublik kennzeichnend sind», auf die «Außenwelt» als Maßstab übertragen werden.[95]

- Außerdem wird bei einer noch detaillierteren Textanalyse, und zwar einem Vergleich des HS-/RS-Werkes «Das Leben» (3 Bände) mit dem GS-Schulbuchwerk «Das Tier/Die Pflanze» (4 Bände, bzw. 2 Sammelbände – beide im Klett-Verlag, Stuttgart, erschienen), ein weiteres ideologisches Moment sichtbar: Obgleich *beide* Unterrichtswerke ein wissenschaftlich-modernes Weltbild enthalten, zeichnen sie sich doch durch signifikante Unterschiede in Ausdrucksweise (Sprache!), Sichtweise, Stoffauswahl u. a. aus. Diese signifikanten Unterschiede bedeuten eine unterschiedliche *Perspektive* in der Darstellung derselben Stoffe: «Froschperspektive» für Haupt- und Realschüler, «Vogelschau» für Gymnasiasten.
- Da sich die Schüler von HS/RS und von GS hinsichtlich ihrer sozialen *Herkunft* und hinsichtlich ihrer persönlichen Zukunftsaussichten («Chancen»), also ihrer sozialen *Zukunft*, unterscheiden, müssen die Unterschiede in der Perspektive als *schichtenspezifische Differenzierung* bezeichnet werden, in der die Klassenverhältnisse der bundesrepublikanischen Gesellschaft zum Ausdruck kommen. Indem diese Differenzierung gleichzeitig die klassen- bzw. schichtenmäßige Struktur des Schulwesens fördert, erfüllt sie affirmative Funktionen für das bestehende Gesellschaftssystem. Damit stellt sie ein wichtiges Element des BU dar (näheres dazu in Kapitel X).

IX. Weltbild und Klassenstruktur der Gesellschaft

Auch die Differenzierung in mystifizierend-religiöses und wissenschaftlich-modernes Weltbild ist eine schichtenspezifische Differenzierung: Von den Büchern, die einem der beiden «Weltbilder» zuzuordnen sind (alle echt und scheinbar systematisch-morphologische Bücher, vgl. die Liste in Kapitel II, «Bundesdeutsche Biologiebücher»)

- gehören fast alle, die ein mystifizierend-religiöses Weltbild enthalten, zur Gruppe der HS-/RS-Bücher,
- während fast alle Bücher mit wissenschaftlich-modernem Weltbild GS-Bücher sind:[96]

Der Unterschied zwischen «mystifizierend-religiösem» und «wissenschaftlich-modernem» Weltbild fällt mit dem Unterschied von HS/RS und GS zusammen. Den Kindern der unteren sozialen Schichten und der unteren Mittelschicht (HS/RS-Schüler) wird ein mystifizierendes Weltbild, den Kindern der oberen Mittelschicht und der Oberschicht (GS-Schüler) ein wissenschaftlich-modernes Weltbild vermittelt.

Zwischen den beiden Weltbildtypen besteht eine gewisse *zeitliche Differenz*, besser gesagt, eine zeitliche Entwicklung oder Tendenz, die der historischen Entwicklung der inhaltlichen Strukturierung der Biologiebücher entspricht

Früh trennen sich die Wege: Biologieunterricht für Hauptschüler und für Gymnasiasten.

(«vom systematisch-morphologischen zum Rahmenplan-Buch»), und die vom mystifizierend-religiösen Weltbild zum wissenschaftlich-modernen hin geht. Das heißt: Unter den «älteren» Büchern (von 1948–1954 und 1965–ca. 1970 herausgekommen) befinden sich mehr mystifizierend-religiöse Bücher als unter den «neueren» (ca. 1969–1972 herausgekommen).

Das erklärt, warum nicht *alle* hier untersuchten *GS-Bände* ein wissenschaftlich-modernes Weltbild enthalten: Die wenigen GS-Bücher mit mystifizierend-religiösem Weltbild gehören zu den ältesten der untersuchten GS-Bände.

Dagegen wurden *alle* hier untersuchten *HS-/RS-Bücher* in der Zeit zwischen 1967 und 1971 herausgegeben (zum Teil als Neubearbeitungen früherer Bücher, wie «Lebendige Welt» von Garms, «Pflanze, Tier und Mensch» von Gotthard/Hager u. a., «Naturkundliches Arbeitsbuch» von Haug). Daß diese doch recht neuen Bücher fast alle das mystifizierend-religiöse Weltbild enthalten, kann also nicht – unter Berufung auf die historische Entwicklung der Biologiebücher – auf ein etwaiges «hohes Alter» zurückgeführt werden, sondern muß andere Gründe haben. Sie müssen damit zusammenhängen, daß es HS-/RS-Bücher sind und keine GS-Bücher und sind somit in der schichtenspezifisch verschiedenen gesellschaftlich-ökonomischen Funktion der Schulausbildung im Kapitalismus zu suchen, denn an den Rahmen dieser Institution Schule ist ja der Gebrauch der Bücher gebunden (näheres dazu im Kapitel XI «Die Reproduktion der Klassenstruktur der Gesellschaft im Biologiebuch»).

Daß das HS-/RS-Unterrichtswerk «Das Leben» (Klett) und Lange/Strauß/Dobers «Biologie» (Bd. 1 und 2, Schroedel-Verlag) ein wissenschaftlich-modernes Weltbild enthalten, deutet die neuere Entwicklung an: *Die Differenzierung «mystifizierend-religiöses Weltbild (für HS-/RS-Schüler) versus wissenschaftlich-modernes Weltbild (für GS-Schüler)» ist bei den jüngsten Büchern ersetzt durch die Differenzierung «Froschperspektive (für HS-/RS-Schüler) versus Vogelschau (für GS-Schüler)»*, wobei sich,wie gesagt, Froschperspektive und Vogelschau *beide* auf ein wissenschaftlich-modernes Weltbild beziehen. Dies erklärt auch den obengenannten zeitlichen Unterschied bzw. die Entwicklung vom mystifizierenden zum wissenschaftlichen Weltbild.

X. Froschperspektive und Vogelschau in der Darstellung der Natur – Der klassen- und schichtenspezifische Kirschbaum

Die Differenzierung «Froschperspektive–Vogelschau» läßt sich durch den Vergleich der beiden Unterrichtswerke «Das Leben» und «Die Pflanze/Das Tier» anschaulich machen. Denn: – beide sind im Klett-Verlag, Stuttgart, dem größten westdeutschen Schulbuchverlag, erschienen. Beide liegen in hohen Auflagen vor und sind weit verbreitet, daher wichtige Träger bei der Formung des Schülerbewußtseins. Beide enthalten ein wissenschaftlich-modernes Weltbild. Vor allem aber: die drei Bände «Das Leben» sind von den in ihnen angegebenen Autoren nicht neu geschrieben worden, sondern dadurch entstanden, daß die drei ersten Teilbände des Gymnasialwerkes «Die Pflanze/Das Tier» sozusagen «umgetrimmt» worden sind auf HS-/RS-«Niveau». Zu diesem Zweck wurden sie streckenweise umgeschrieben oder anders strukturiert. Wenn die Autoren dabei *bestimmte* Teile übernahmen, andere wegließen oder veränderten, so muß angenommen werden, daß sie sich bei ihren Veränderungen Gedanken über den Unterschied zwischen Gymnasien und Haupt- und Realschulen und deren Schüler gemacht haben, von denen sie sich leiten ließen.

Es fragt sich, was dabei herausgekommen ist. Vielleicht ein Beitrag zur Emanzipation des Hauptschülers?

Die Verfasser von «Das Leben» selbst meinen jedenfalls, sie hätten den Stoff des HS-/RS-Buches danach strukturiert, wie er den Schülern «räumlich und seelisch nahestehe» (Lehrerheft zu Bd. 1, 1969, S. 1). Wir werden sehen, ob sie recht haben, und vergleichen daher im folgenden exemplarisch die sich in den Büchern entsprechenden Kapitel zur *Kirsche.*

1. *Der Gegenstand ist gleich – seine Einordnung verschieden*

Die Überschriften «Blühen und Fruchten im Obst- und Gemüsegarten» für die Haupt-und Realschüler und «Im Obstgarten – die Familie der Rosengewächse (Rosaceae)» für die Gymnasiasten signalisieren bereits die Unterschiede: Das gleiche Thema wird in zwei völlig verschiedene Zusammenhänge eingeordnet – nur ihr Ausgangspunkt, der Obstgarten, ist derselbe.

– *Im Gymnasialband* ist der Obstgarten lediglich didaktischer Einstieg für das Thema Rosengewächse. Die Beschreibung der Kirsche, gegliedert nach Absätzen über Blüte, Frucht, Baum und Verwandte dient der exemplarischen Charakterisierung einer Pflanzenfamilie mit der Absicht, durch das Herausstellen von Unterschieden und Gemeinsamkeiten das *System der Pflanzen* erkennbar zu machen. Diesem Ziel dient ebenfalls der Merkstoff und eine ganzseitige Tafel, die Blütenbau, Fruchtbau, Blatt und Baumformen verschiedener Rosengewächse – Kirsche, Pflaume, Apfel und Birne als Beispiel für drei Unterfamilien der Rosaceae – vergleichend nebeneinanderstellt. Die Gymnasiasten sollen dadurch zu selbständigem Betrachten und Vergleichen, also zu wissenschaftlichen Tätigkeiten, angeregt werden.

– *Für die Haupt- und Realschüler* dagegen sind Obst- und Gemüsegarten und was darin wächst selbst der Lernstoff. Bezeichnenderweise fehlen der Merkstoff und die Tafel zur Systematik, und die Strukturierung von der Pflanzensystematik her ist aufgegeben worden. Die Kapitelgliederung in «Der blühende und fruchtende Kirschbaum. Beerenfrüchte» und «Das Kernobst», und die bloß aneinandergereihten Beschreibungen einzelner Beerenarten (nach den beiden Absätzen «Der Stamm sprengt die Borke» und «Aus dem Fruchtknoten entsteht die Frucht») tragen nicht zur Klärung der systematischen Stellung der darin abgehandelten Pflanzen bei.

2. *Verwirrende Einzelheiten für die Haupt- und Realschüler – Klarheit und Überblick für die Gymnasiasten*

Die obengenannte klare Untergliederung des GS-Buch-Textes (4 Absätze) wurde für die Haupt- und Realschüler ersetzt durch die Unterteilung in die erwähnten zwei Absätze («Der Stamm sprengt . . .» usw.), wodurch Einzelaspekte als wesentlich erscheinen («Ideologie durch Vertauschen») und aneinandergereiht werden, ohne daß deren Funktion oder systematischer Zusammenhang deutlich gemacht würde – «Froschperspektive» –, wohingegen im GS-Band mehr auf Gliederung und Überblick geachtet wird: «Vogelschau». Ein weiteres Beispiel:

Im *GS-Buch* steht:

«Die Blüten werden von Bienen und Hummeln beim Nektar- und Blütenstaubsammeln bestäubt.

Frucht. Aus dem Fruchtknoten bildet sich die *Frucht.* Alle übrigen Blütenteile fallen ab.» (Die Pflanze, Sammelband, 1969, S. 62)

Dies wurde für das *HS-/RS-Buch* umgeschrieben in den folgenden Text:

«Viele Insekten, besonders Bienen, besuchen die Kirschblüten, um vom Blütenboden *Nektar* oder von den Staubblättern *Blütenstaub* zu sammeln. Nach der Bestäubung und Befruchtung fallen die Blütenblätter ab und bedecken den Erdboden mit ‹Blütenschnee›. Der Fruchtknoten wird bald so dick, daß er die Wand des Blütenbodens sprengt. Sie fällt mit den Resten der Kelch- und Staubblätter ab.» (Das Leben 1, ^{2}1971, S. 80).

Der kurze und recht klare Text des GS-Buches wurde hier durch Unwesentliches erweitert (Blütenblätter und Blütenschnee), ist unübersichtlicher und weniger deutlich. Unwichtige Einzelheiten erdrücken das Wesentliche, das in der Vorlage kurz und klar gegeben war. *Aus der «Vogelschau» im GS-Band wurde für die Haupt- und Realschüler eine «Froschperspektive» gemacht.*

3. *Unterschiedlicher Praxisbezug*

Der Standpunkt, von dem aus das *GS-Buch* beschreibt, ist der des am Geschehen (im Garten) unbeteiligten Beobachters, der eines analysierenden Wissenschaftlers. Die Pflanzen werden darauf hin betrachtet, wie sie sich begrifflich in die Kategorien der Pflanzensystematik einordnen lassen. Ihr Gebrauchswert für die menschliche Produktion und Reproduktion wird nicht einmal erwähnt.

Dagegen steht im einleitenden Absatz des *HS-/RS-Buches*:

«Obst- und Gemüsegarten waren ursprünglich reine Nutzgärten, die durch ihr Angebot an Früchten und Gemüsen aller Art den Speisezettel bereicherten. Erst seit dem Mittelalter werden auch Blumenbeete angelegt und Ziersträucher im Garten angepflanzt. Die Pflege aller dieser Gartenpflanzen erfordert das ganze Jahr über viel Mühe und Arbeit; doch stets ist die Arbeit im Garten und das Beobachten der Pflanzen, ihr Blühen und Fruchten auch eine Erholung und Entspannung.» (Das Leben, Bd. 1, S. 80)

Hier geht es zu fast wie im Märchen: Nutzgärten bieten Früchte an, der «Speisezettel» wird «bereichert», alles erscheint wohlgeordnet und heil, also: Heile-Welt-Ideologie. «Der Garten tritt den Haupt- und Realschülern unter dem Gesichtspunkt des Nutzens und der Brauchbarkeit entgegen, er bedarf der Pflege und braucht viel Mühe und Arbeit». Obstbaum und Garten werden aus der Perspektive dessen dargestellt, der sie zu bearbeiten hat. Der Praxisbezug, von dem hier ausgegangen wird, und auf den hin orientiert wird, ist der der landwirtschaftlich-gärtnerischen Arbeit, die hier noch dazu so dargestellt wird, als ob sie sich lediglich zwischen «dem Menschen» und «der Natur» abspielt; sie ist ihres gesellschaftlichen Anteils entkleidet, denn in Wirklichkeit arbeitet «der Mensch» nie allein, sondern immer nur gemeinsam mit anderen Menschen, in ein Wirtschaftssystem eingebunden, das die Art und Weise der Produktion und der Verteilung der hergestellten Güter regelt.

Das Buch deutet zwar die Schwere der Arbeit an, entschärft diese kritische Äußerung jedoch sofort wieder durch den Hinweis auf «Erholung und Entspannung» beim «Beobachten der Pflanzen», wobei so getan wird, als ob das innerliche Verhältnis zwischen bearbeitendem Menschen und Obstbäumen das Maßgebende wäre. Damit die Schüler gar nicht erst über das Thema «harte Arbeit» weiter nachdenken und fragen, ob das denn so sein müsse oder warum nur bestimmte Menschen «viel Mühe und Arbeit» haben, andere hingegen nicht, so wird – gleichsam als Beruhigungspille – nachgeliefert, Arbeit und Mühe seien gar nicht so schlimm, denn sie bedeuten «stets ... auch eine Erholung und Entspannung». Das scheint mir tendenziell nicht besser zu sein als im Mittelalter, wo den Sklaven als Lohn für die Mühe auf Erden die Seligkeit im Himmel versprochen wurde. Zwar kann Gartenarbeit für gutgestellte Wohlstandsbürger «Erholung und Entspannung» bedeuten, für Gärtner und Landwirte dürften eher harte wirtschaftliche Zwänge für ihre Arbeit ausschlaggebend sein.

An anderen Stellen des *HS-/RS-Buches* kommt die kleinbäuerliche Idylle eines landwirtschaftlichen Subsistenzbetriebes zum Vorschein, in der «Landmaschinen ... von Zugtieren ... gezogen werden» (Das Leben 1, S. 6), es gibt noch von Pferden gezogene Mähmaschinen, Korn wird in den Garben aufgestellt, ein Foto (a. a. O., S. 39) zeigt einen Hahn mit zwei Hennen in einem Hof mit Zaun und Blumenbeet – eine in der Landwirtschaft kaum noch verbreitete Art der Eierproduktion. Über die modernen Produktionsmethoden (Legebatterien mit Fließband) wird nichts gesagt.

Zwar befindet sich auch der *GS-Band* in bezug auf die Darstellung der landwirtschaftlichen Produktion nicht auf der Höhe der Entwicklung, aber es wird im GS-Band alles aus der Distanz des Beobachters beschrieben: es geht um Überblick, Übersicht und auch um historischen Rückblick (zum Beispiel enthält der GS-Band ein Kapitel «Aus der Geschichte der Botanik», im Getreidekapitel Hinweise auf die Ursprungsländer der Getreidearten, eine Landkarte Europas u. a., was im HS-/RS-Buch *fehlt*). In der Einleitung zum Kapitel «Getreideerzeugnisse» (Die Pflanze, Sammelband, S. 118) heißt es folgerichtig: «Wir wollen einen *Einblick*[81] in ihre Verarbeitung gewinnen»; ein Absatz des Kapitels ist distanzierend mit «*Beim* Bäcker» überschrieben.

Dagegen lautet die entsprechende Überschrift im Hauptschulbuchkapitel («Das Mahlgut und seine Verwendung», S. 8f): «*Das* Backen» – wodurch eine *direkte* Beziehung zum Gegenstand hergestellt werden soll, eine Beziehung, die der Bäcker selber hat, und nicht der, der ihn bloß besucht und beobachtet (wie «Beim Bäcker»). – Die Autoren setzen für die Haupt- und Realschüler anscheinend voraus, daß sie eher Bäcker werden; zumindest aber, daß sie eine direktere Beziehung zum Handwerk haben als die Gymnasiasten.

4. *Kleinkindsprache und Märchenstil kontra sachliche und wissenschaftliche Sprache*

Beispiele aus dem Haupt- und Realschulbuch:

«Der Stamm sprengt die Borke» (S. 80, Bd. 1): Das erinnert an eine Sensationsmeldung der Boulevard-Presse.

«Unerwünschte Gäste, wie Ameisen ... werden durch Drüsenhaare zurückgehalten (S. 81): Dies ist ein Anthropomorphismus.

«Blütenschnee» (S. 80) ist kein wissenschaftlicher Ausdruck, allenfalls ein poetischer, der Emotionen erzeugen soll.

Lateinische Pflanzennamen – im GS-Band reichlich vorhanden – sind im HS-/RS-Buch prinzipiell weggelassen.

Mit einer verniedlichenden Sprache, die allerdings in den mystifizierend-religiösen Biologiebüchern noch stärker enthalten ist (vgl. Kapitel VII, 4), werden keine Sprachbarrieren abgebaut, sondern eher verstärkt, denn

- die Schüler können mit ihr keine Dinge «auf den Begriff» bringen;
- das ihnen zugemutete Wissen bleibt im einzelnen haften, vermittelt keine Zusammenhänge und keine Klarheit,
- es beruht nicht auf Beobachtung/Distanz, sondern zielt auf unmittelbares Erleben, das dann unbegriffen bleibt.
- Die Froschperspektive verweist – ähnlich wie das mystifizierend-religiöse Weltbild – auf ein «dumpfes Mittendrin» des Subjekts, das nicht wissenschaftlich begreifen, sondern staunend verehren soll.

5. *Wissenschaft für die einen – Unwissen für die andern*

Ein Beispiel:

Im GS-Buch ist beim Absatz «Keimversuche» eine Reihe schematischer Zeichnungen enthalten, zur Erläuterung dessen, wie man feststellen bzw. wissenschaftlich nachweisen kann, daß zur Keimung nur Wasser, Luft und Wärme (nicht auch Erde) nötig sind. – Diese Darstellung kann bei den Schülern ein Methodenbewußtsein fördern, und sie läßt Sätze der Biologie als *Ergebnis* eines Untersuchungs- bzw. Forschungsprozesses erscheinen. Diese «genetische Darstellungsweise», wie man sie nennen könnte, *fehlt* im *HS-/RS-Buch*: Ideologie durch Weglassen.

6. *Der heimliche Lehrplan – Fazit*

In den hier genannten und noch weiteren Unterschieden kommt, als latenter gesellschaftlicher Gehalt, in den Texten ein «heimlicher Lehrplan»[97] zum Vorschein, der besagt:

- Die *Gymnasiasten* sollen auf spätere Aufgaben als Wissenschaftler, Akademiker, leitende Angestellte vorbereitet werden, wozu sie «Einblick» und Überblick, historisches Wissen (im GS-Band wird Historisches wenigstens ansatzweise berücksichtigt, im HS-/RS-Band höchstens in ungenauen Floskeln), und die Fähigkeit benötigen, Zusammenhänge zu erkennen.
- Den *Haupt- und Realschülern* wird dagegen lediglich ein begrenztes Wissen geboten, ein veralteter bzw. reduzierter Sprachstil und eine Darstellungsweise, die eine unmittelbare, gefühlsmäßige Identifikation mit bestimmten Gegenständen und Tätigkeiten erzeugen soll, statt objektivierende Beobachtungsfähigkeit. Die Haupt- und Realschüler sollen sozusagen an der eigenen Scholle kleben, nicht über den begrenzten Horizont der heimatlichen Erde blicken, sie sollen ihre

Arbeit tun, ohne nach- oder weiterzufragen. Die Froschperspektive versperrt ihnen den Blick in wissenschaftliche Dimensionen und historisch-gesellschaftliche Zusammenhänge. Sie sollen so auf untergeordnete Tätigkeiten oder auf die Tätigkeit kleiner Landwirte oder Handwerker hin orientiert werden.

- Damit kommen in den Unterschieden der Texte schichtenspezifisch unterschiedene Qualifikationsanforderungen an die späteren Arbeitskräfte zum Vorschein – wodurch sie im affirmativen Zusammenhang mit gesellschaftlich-ökonomischen Verhältnissen stehen. Der «heimliche Lehrplan» ist also ein ideologisches Moment des BU, das von dessen Zugehörigkeit zur Institution Schule herrührt (vgl. Kapitel V)

7. *Durchgängige Ideologien*

Trotz Vogelschau und Froschperspektive besitzen HS-/RS-Unterrichtswerk und GS-Unterrichtswerk einige gemeinsame Eigenschaften. Nicht alle Themen sind nach demselben schichtenspezifischen Muster gestrickt. In das Korsett einer gemeinsamen Ideologie werden die Schüler aller drei Schularten gesteckt:

- Die Abschnitte über die Eigenschaften «des» Mannes und «der» Frau sind im Wortlaut fast völlig gleich (vgl. das Zitat im Abschnitt «Sexualerziehung» in Kapitel VI, 2). Sie schreiben eine traditionelle Geschlechterrolle fort, sie verschleiern die Problematik von Familie, Ehe und Sexualität in unserer Gesellschaft durch eine idealisierte Familienidylle und durch die Beschränkung der Sexualität auf Ehe und Fortpflanzung. Die mit Ehe und Familie verbundenen gesellschaftlichen Bestimmungen werden in beiden Büchern als naturgegeben hingestellt (Ideologie der Ontologisierung).
- In beide Unterrichtswerke ist der Badehosenmann aufgenommen worden: repressive, prüde Sexualerziehung.
- Diese, sowohl im GS-Band mit seiner Vogelschau und im HS-/RS-Band mit seiner Froschperspektive, enthaltenen ideologischen Aspekte entsprechen denjenigen, die unter «Weltbild mit Scheuklappen – Ideologie durch Weglassen» beschrieben wurden.

8. Abgesehen von diesen Gemeinsamkeiten, lassen sich die *gefundenen Unterschiede* zwischen dem GS-Buch und dem HS-/RS-Buch in folgender Gegenüberstellung zusammenfassen:

8. *Zusammenfassende Gegenüberstellung der unterschiedlichen Perspektive in der Darstellungsweise*

Die «Vogelschau» für Gymnasien (am Beispiel des Klett-Buches «Die Pflanze/Das Tier»)	*Die «Froschperspektive» für Haupt/Realschulen (am Beispiel des Klett-Buches «Das Leben»)*
1. Die *Sprache* im GS-Band ist sachlicher und «wissenschaftlicher» gehalten.[98] Auf die lateinischen Fachtermini (Pflanzennamen), auf Tabellen, Karten, Übersichten wird Wert gelegt.	1. Die Sprache verfällt streckenweise in einen «*Kleinkinderstil*»; es werden auch eher dem *mystifizierenden* Weltbild zugehörige Sprechweisen verwendet, außerdem eine Reihe von *Anthro-*

	pomorphismen. Tabellen und Übersichten sind oft weggelassen.
2. Die Darstellung ist weniger deskriptiv als vielmehr «genetisch»; Fakten werden oft als *Ergebnis* eines Entwicklungs- oder Forschungsprozesses dargestellt.	2. Die Darstellung ist mehr *deskriptiv* als erklärend. An einigen Stellen verliert sie sich so sehr im Detail, daß die wesentlichen Aspekte des Themas nicht mehr klar hervortreten.
3. *Historisches* wird berücksichtigt, sowohl in bezug auf Entstehung und Entwicklung verschiedener Pflanzen, als auch in bezug auf die Geschichte der Botanik (Wissenschaftsgeschichte).	3. *Historisches* über die Entwicklung der Pflanzen kommt nur sehr am Rande vor, im Hinblick auf die Geschichte der Botanik (Wissenschaftsgeschichte) überhaupt nicht. Dagegen kommt es in *deformierter Form* in bestimmten sprachlichen Floskeln zum Ausdruck («Erst seit dem Mittelalter . . .», «schon in vorgeschichtlicher Zeit . . .»).
4. Es wird Wert gelegt auf distanzierende Betrachtung, auf Überblick und auf die Klärung von Zusammenhängen. (Wenn dies auch, absolut gesehen, noch in einer beschränkten, weil die wahren Verhältnisse noch verschleiernden Weise geschieht.)	4. Die Texte im HS/RS-Buch sind kaum geeignet, «Überblick» zu vermitteln. Sie gehen mehr auf unmittelbare, undistanzierte (emotionale) *Identifikation.*
5. *Fakten* werden mehr als *exemplarische* Erläuterungen, Beispiele, Veranschaulichungen verwendet, in fachsystematischen Zusammenhang gestellt.	5. *Fakten* werden mehr als einzelne unübersichtlich *aneinandergereiht,* nicht recht strukturiert (etwa durch Oberbegriffe oder durch die Darstellung der Zusammenhänge, in denen sie stehen); sie bleiben oft abstrakt.
6. Der Stoff ist nicht vom «Erleben-Sollen» her bestimmt, sondern von der *Fachsystematik* her gegliedert. Auf «wissenschaftliche Erklärung» und konkretes Wissen wird Wert gelegt.	6. *«Erleben» von Wirklichkeit* steht im Vordergrund; es kommt mehr aufs Glauben als aufs Beweisen an.
7. Es kommt nicht nur auf Zusammenhänge an, es wird auch versucht, wenigstens ansatzweise ein *methodenproblematisches Bewußtsein,* wissenschaftliches Denken [98] und Vorgehen bei den Schülern zu fördern.	7. Experimentelle Versuche des GS-Bandes fehlen im HS-/RS-Band oft. (Angeblich) *«zu schwere» oder «zu abstrakte» Zusammenhänge* werden aus (angeblich) pädagogischen Gründen, unter Berufung auf die ungenügende Reife der Kinder, öfters einfach *weggelassen* (Begrenzte Information).
8. An *Lernstoff* wird den Gymnasiasten mehr zugetraut als den Haupt- (und Real-)schülern.	8. Es wird den Schülern nur *«maßvolles» oder «mäßiges» Merkwissen* (Lernstoff) geboten. Dies dürfte kaum

geeignet sein, die Schüler zur Bildung von eigenen, begründeten Urteilen zu befähigen.

9. Der GS-Band stellt eher aus der Perspektive des Wissenschaftlers her dar, aus der des Planers, und dessen, der den Überblick hat und Verantwortung trägt: *Wissen zum Führen, Befehlen und Beherrschen; Wissen für spätere Akademiker, leitende Angestellte und Wissenschaftler.*

9. Das HS-/RS-Buch geht von einem *Lebens- oder Praxisbezug* aus, der für kaum ein Kind noch gegeben ist: der bäuerlichen, heilen Welt einer landwirtschaftlichen Subsistenzwirtschaft; oder es wird aus der Perspektive des Konsumenten oder des kleinen handwerklichen Produzenten oder Arbeiters heraus dargestellt und darauf hin orientiert. Nicht mit Distanz zum Gegenstand, sondern auf unmittelbare Akzeptation hin wird dargestellt: *Wissen für spätere Bauern, Handwerker, Arbeiter, Untergebene.*

10. In bezug auf die Beziehung zwischen Subjekt (Mensch) und Objekt (Natur) liegt die Betonung mehr auf der *Erkenntnis der Natur* (zum Zweck ihrer Beherrschung und Verwertung), so daß Aspekte des Nutzens in ihrem biologischen Funktionszusammenhang dargestellt werden (technokratische Tendenzen). Auch wird explizit die «Verantwortung» «des» Menschen gegenüber der Natur postuliert.[99]

10. Entsprechend wird das Verhältnis zwischen Subjekt (Mensch, Schüler) und Objekt (Natur) vorwiegend unter dem Aspekt des praktischen Nutzens, der *direkten Brauchbarkeit im täglichen Leben* (als Nahrung, zur Erholung) gesehen.

9. *Froschperspektive und Vogelschau in weiteren wissenschaftlich-modernen Büchern*

Die hier anhand zweier Klett-Unterrichtswerke entwickelte Differenz «Froschperspektive und Vogelschau» ist in einigen Momenten auch in anderen Büchern enthalten, zum Beispiel in den RS- bzw. HS-Büchern «Biologie» (3 Bde.) von Lange/Strauß/Dobers (1967–71, Schroedel-Verlag) und «Biologie für das 5. und 6. Schuljahr» von Duderstadt u. a. (1969, 1972, Diesterweg), die *«nach übergeordneten Gesichtspunkten» bzw. «Kennzeichen des Lebendigen»* strukturiert sind (Buch-Typ III); sämtliche ihnen von der stofflichen Struktur her entsprechenden GS-Bände des Typs III enthalten eine Vogelschau: die «Biologie» von Linder (1948ff, Metzler), die «Biologie» von v. Frisch (Neubearb. ³1967, BVS) und der «Organismus» von Fels/Grah/Liesenfels (1969, Klett).

Die meisten auf dem *«Rahmenplan»* des Verbandes Deutscher Biologen beruhenden Bücher (Buch-Typ IV), wie «Lebendige Welt» von H. Garms (Westermann 1973), lassen sich dem Gegensatz Froschperspektive und Vogelschau jedoch kaum mehr unterordnen: sie enthalten kaum noch «kleinkindsprachliche» Verschnörkelungen; sie versuchen, Sexualität als mit Lust verbunden darzustellen und (in gewissem Rahmen) Zusammenhänge deutlich zu machen.

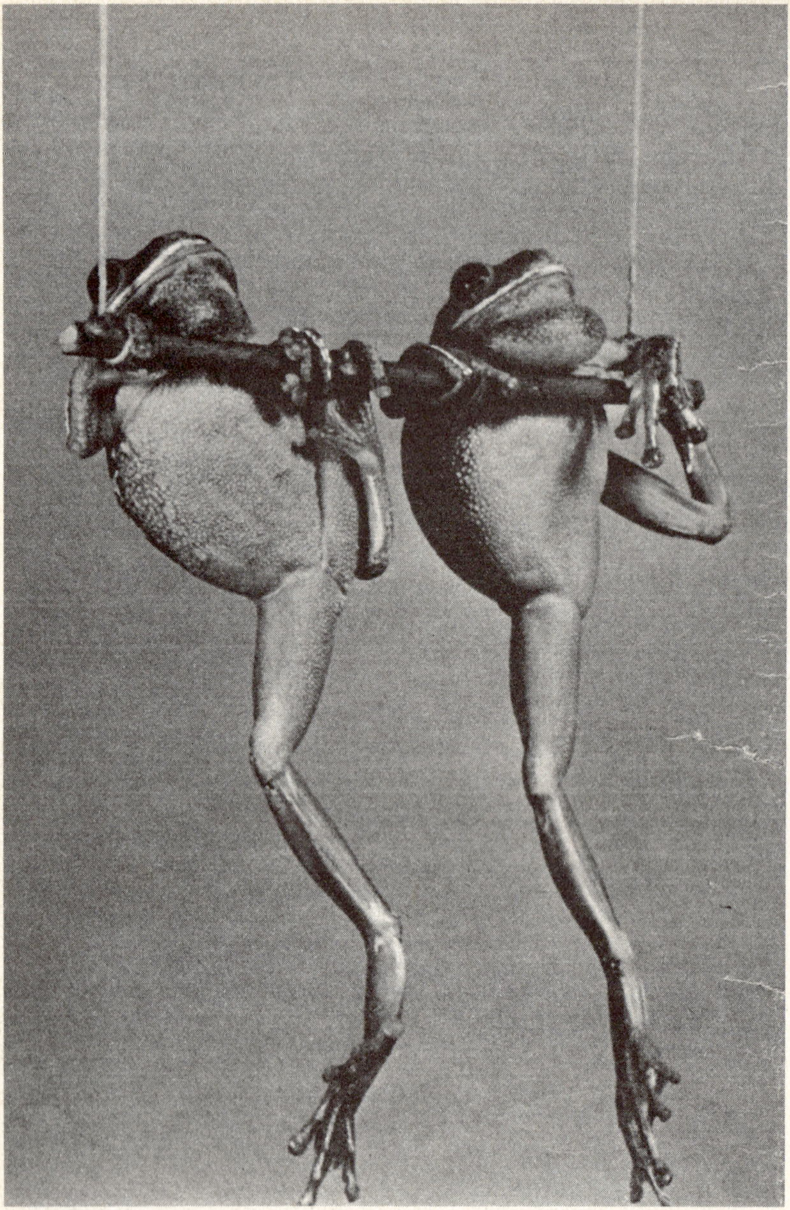

Mit ein bißchen Beweglichkeit schafft jeder den Sprung von der Frosch- in die Vogelperspektive.

Dies gilt nicht für das Rahmenplan-Buch des BSV, «Biologie 5/6» (von Gerhardt/Dircksen/Höner, 1974), das einige Tendenzen zur Froschperspektive aufweist.

Das Gesagte bedeutet jedoch nicht, daß in den jüngsten, nach 1973 herausgekommenen und hier nur zum Teil erfaßten Biologiebüchern, die sich mehrheitlich am Rahmenplan orientieren, überhaupt keine ideologischen und/oder weltanschaulichen Aspekte mehr zu finden wären. Wenn sie sich der Differenz «Froschperspektive–Vogelschau» nicht unterordnen lassen, so liegt das auch daran, daß der Rahmenplan nicht mehr von einem dreigliedrigen Schulsystem ausgeht – also an ihm orientiert gar keine neuen HS-/RS- und GS-Bücher mehr geschrieben werden, sondern nur noch Bücher für die sogenannte «Orientierungsstufe» (5. und 6. Kl.) und die sogenannte «Sekundarstufe I» (7. bis 10. Kl.) – so daß diese Bücher auch meist nicht als HS-/RS- oder GS-Bücher analysierbar sind.

Aber auch diese Bücher sind nicht wertfrei, wenngleich sachlicher und «wissenschaftlicher»[98] als die früheren; auch sie enthalten ein bestimmtes Weltbild und einen *heimlichen Lehrplan* – Erziehung zur Affirmation des Bestehenden. Dies zeigt die Analyse von B. Marquardt in diesem Band, in der exemplarisch die Kapitel zu Ökologie–Umweltschutz untersucht werden, die – im Gegensatz zu den vorherigen Büchern – in den neuesten vermehrt enthalten sind, von denen man daher zunächst mit Recht annimmt, sie stellten einen großen Fortschritt dar.

XI. Die Reproduktion der Klassenstruktur der Gesellschaft im Biologielehrbuch

Die Ergebnisse der Analyse von Naturverständnis und Weltbild in den Biologiebüchern sollen nun zusammenfassend interpretiert werden. Dabei wird versucht, die weltanschaulich-ideologischen Sinnstrukturen der Biologiebücher (als «theoretischem Überbau») wenigstens ansatzweise mit den Veränderungen der gesellschaftlich-ökonomischen sogenannten «Basis» in Beziehung zu setzen.

1. *(Sinn-)Strukturen in den Biologiebüchern und Klassenstruktur*

Die Doppelfunktion der Schule, die damit zusammenhängt, daß die Schule eine Institution der bürgerlich-kapitalistischen Gesellschaft ist, liefert die Gründe für die Existenz sowohl der schichtenspezifischen Differenz «Froschperspektive und Vogelschau», als auch für die der, ebenfalls schichtenspezifischen, Differenz «mystifizierend-religiöses und wissenschaftlich-modernes Weltbild» in den Biologiebüchern.

Diese beiden «Differenzen» stellen die Struktur eines *latent* in den Büchern enthaltenen «Musters» dar (vgl. Kapitel III), das durch eine Inhaltsanalyse rekonstruiert worden ist.

Mit diesen beiden schichtenspezifischen «Mustern» oder «Sinnstrukturen» kommt in den Biologiebüchern latenter gesellschaftlicher Gehalt zum Vorschein: Es reproduziert sich in ihnen die Klassenstruktur der Gesellschaft nämlich darin, daß sie je nach Schultyp – und das bedeutet je nach sozialer Klasse und Schicht – unterschiedliche «Muster» in Weltbild und Perspektive enthalten.

Umgekehrt betrachtet unterstützen und fördern die Biologieschulbücher die Klassen- und Schichtenstruktur der Gesellschaft, indem sie die der Schule im Kapitalismus zukommende Doppelfunktion erfüllen helfen – womit sie selbst eine die Verhältnisse stabilisierende, also eine ideologische Funktion erhalten.

Diese Doppelfunktion besteht zum einen darin, die Schüler entsprechend ihrer sozialen Herkunft und Zukunft *ideologisch* (das heißt in ihren Einstellungs- und Verhaltensmustern) *so zu formieren* und zum anderen bezüglich der späteren *Qualifikationsanforderungen so auszubilden*, daß ein späteres reibungsloses Funktionieren der jetzigen Schüler im gesellschaftlich-ökonomischen System erwartet und gesichert werden kann.

2. *Ideologische Formierung und berufliche Qualifikation durch Froschperspektive und Vogelschau*

Die die Doppelfunktion der Schule im Kapitalismus unterstützende Rolle der Biologiebücher *konkretisiert* sich in den Texten, was die für HS-/RS-Schüler und für GS-Schüler verschiedene *Perspektive* der Darstellung betrifft, in den im Kapitel «Froschperspektive und Vogelschau» dargestellten Punkten (vgl. dort), von denen die wichtigsten waren:
- Einordnung der behandelten Gegenstände,
- Praxisbezug,
- Sprache,
- Naturverständnis.

Die damit verbundene *ideologische Formierung* bezieht sich bei den Haupt- und Realschülern darauf, daß «viel Mühe und Arbeit» als solche verharmlost und beschönigend dargestellt wird; daß ihnen nur begrenztes Wissen geboten wird und daß Sprachbarrieren eher verstärkt werden. Dadurch werden einer möglichen Analyse ihrer Lage und deren sprachlicher Artikulation, also auch der (Selbst-)Verständigung[100] darüber, sowie einer möglichen Aufhebung der Wissenschaftssprache als Herrschaftssprache, Schranken gesetzt. Diese Schranken bilden Hemmnisse für emanzipatorische Entwicklungen der Haupt- und Realschüler als mehrheitlich Angehörige der Arbeiterklasse.

Die entsprechende ideologische Formierung bei den *Gymnasiasten* besteht darin, daß sie implizit auf die Ausübung von Leitungsfunktionen, das heißt auf die Ausübung von «Herrschaftsfunktionen in Wirtschaft und Staat» hin orientiert werden.

Die *Qualifikationen*, die die Schüler je nach ihrer späteren Stellung im Produktionsprozeß durch die unterschiedliche Art der *Perspektive* vermittelt bekommen, bestehen für die *Haupt- und Realschüler* darin, daß sie es lernen, Arbeitsanweisungen exakt und pflichtbewußt auszuführen, ohne viel zu fragen. Dies drückt sich in den Texten in den im Befehlston gehaltenen Arbeitsanleitungen aus. Für die *Gymnasiasten* bestehen sie darin, Versuchsbeschreibungen zu *verstehen*, aber noch mehr darin, beobachten zu können, in Ansätzen Methodenbewußtsein zu entwickeln, Verständnis für Zusammenhänge zu haben, planen zu können, selbständig arbeiten zu können und Entscheidungen treffen zu können.

3. *Ideologische Formierung und berufliche Qualifikation durch das Weltbild*

In bezug auf das je nach Schultyp unterschiedliche Weltbild *konkretisiert* sich die die Doppelfunktion der Schule unterstützende Rolle der Biologiebücher in den Texten in entsprechender Weise:

- Die unterschiedliche Einordnung und der unterschiedliche Stellenwert der gleichen Themen äußert sich
  - für Hauptschüler darin, daß durch sie in den Schülern «Staunen» und «Ehrfurcht» (vor der «Schöpfung» und dem «Schöpfer») erzeugt werden soll, die Natur soll als Hinweis auf Gott dienen und als Beweis einer «Lebenskraft», die «in allem, was da lebt», wirke, es geht um «Gesamtschau» (was aber nicht heißt, daß es um «Überblick» geht);
  - für Gymnasiasten dagegen werden Fakten und Naturgesetzlichkeiten betont, die Weltanschauung ist praktisch atheistisch.
- im unterschiedlichen Verhältnis zwischen Subjekt (Mensch) und Objekt (Natur) (Unterschiedlicher Praxisbezug):
  - Dumpfes «Mittendrin» für Hauptschüler,
  - Abstand, Distanz, Überblick für Gymnasiasten.
- in der unterschiedlichen Sprache:
  - Märchenstil für Hauptschüler,
  - wissenschaftliche, sachliche Darstellung für Gymnasiasten.
- im unterschiedlichen Naturverständnis:
  - Betont wird für Hauptschüler die «wunderbare Ordnung» der Natur, es wird Unterwerfung unter sie und Ehrfurcht vor ihr von ihnen verlangt. In den HS-Texten besteht eine gewisse Technikfeindlichkeit.
  - Für die Gymnasiasten wird die Natur dagegen als Objekt der Herrschaft des Menschen dargestellt, «der» Mensch steht über der Natur, ist für sie «verantwortlich». Nutzen und Verwertbarkeit werden betont (mehr technologisches Naturverständnis).

Die *ideologische Formierung* der Schüler vermittels der unterschiedlichen *Weltbildtypen* besteht darin, daß

- den Hauptschülern, vermittelt über das Naturverständnis, ein autoritätshöriges Bewußtsein beigebracht werden soll und die Achtung vor dem Eigentum/Besitz.
  Die mystifizierend-religiöse Ausdrucksweise hat die gleiche Funktion wie die Sprache der Froschperspektive (Aufrechterhaltung von Sprachbarrieren).
- Die ideologische Formierung der Gymnasiasten besteht wie bei der Vogelschau darin, daß sie implizit auf die Ausfüllung von Leitungsfunktionen hin orientiert werden, sie sollen sich «verantwortlich» fühlen.

Die Unterschiede in den *Qualifikationen*, die *je nach Weltbildtyp* des benutzten Schulbuchs (ob «mystifizierend-religiös» oder «wissenschaftlich-modern») im BU vermittelt werden, dürften – im Effekt – im großen und ganzen den Unterschieden in den Qualifikationen entsprechen, die vermittels der zwei unterschiedlichen Arten von Perspektive («Froschperspektive» oder «Vogelschau») entstehen.

Fazit:

Auch der Biologieunterricht leistet seinen Beitrag zur Erfüllung der Aufgaben, die das Bildungswesen im Kapitalismus hat. Sie bestehen darin,

«die *Mitglieder der herrschenden Klasse* mit der Quantität und Qualität der

Bildungsleistungen zu versorgen, die ... notwendig sind, damit sie unter den Bedingungen der wissenschaftlich-technischen Revolution ihre Herrschaftsfunktion ... in Wirtschaft und Staat ausüben können. Der *Masse der Werktätigen* wird jedoch nur soviel Bildung zugänglich gemacht, wie sie zur Erfüllung ihrer Funktion im kapitalistischen Produktionsprozeß benötigen, um eine maximale Verwertung des Kapitals sichern zu können.» (Knauer/Arnold/Maier/Wolter: Sozialistische Bildungsökonomie. Grundlagen. Aufgaben – Probleme – Lösungen, Berlin (DDR) 1972, S. 19, Verlag die Wirtschaft)[81]

4. *Biologiebuch und Ökonomie*

Das bedeutet aber: *Die politisch-ökonomische Struktur («Basis») der Gesellschaft («Kapitalismus») übt ihren Einfluß bis in die Inhalte naturwissenschaftlicher Lehrbücher – hier der Biologielehrbücher – aus.* Sie ist letztlich für den Wechsel von der Weltbild-Differenz zur Differenz in der Perspektive verantwortlich. Denn:

Dieser Wechsel bezeichnet gleichzeitig die *historische Entwicklung* in der inhaltlichen Strukturierung der Biologiebücher (vgl. das Kapitel «Weltbild und Klassenstruktur»); die *ideologische Funktion* der schichtspezifischen Weltbild-Differenz in den älteren Büchern (1948–1954 und 1965–ca. 1970 erschienen) wird in den neueren (ca. 1969–1972 erschienenen) Büchern von der gleichfalls schichtenspezifischen Differenz in der Perspektive übernommen: Die beiden «Differenzen» haben *dieselben Funktionen.*

Das erklärt gewisse *Ähnlichkeiten* bzw. Überschneidungen zwischen mystifizierend-religiösem Weltbild und Froschperspektive (zum Beispiel im Sprachstil, im «dumpfen Mittendrin», der Distanzlosigkeit des Subjekts zum Gegenstand, im Naturverständnis): beide sollen die Haupt- und Realschüler ins bürgerlich-kapitalistische System einpassen.

Entsprechendes gilt – bezogen auf die Gymnasiasten – für Ähnlichkeiten zwischen wissenschaftlich-modernem Weltbild und Vogelschau.

Warum dann aber dieser Wechsel? Warum sind die Verlage nicht einfach beim Alten geblieben? Warum sind sie dazu übergegangen, auch für Haupt- und Realschüler «wissenschaftliche» Bücher herauszugeben? Neben anderen möglichen Gründen geben die *Unterschiede* zwischen mystifizierend-religiösem Weltbild und Froschperspektive einen Hinweis auf die Antwort zu dieser Frage: In den «Froschperspektive»-Büchern werden, wie es dem «wissenschaftlich-modernen» Weltbild entspricht, mehr Anforderungen an technisches Können, an die Durchführung von Experimenten, an logisches Denkvermögen und an naturwissenschaftliches Wissen gestellt als in den mystifizierend-religiösen Büchern, wenn auch nicht so hohe wie in den «Vogelschau»-Büchern.

Was in der historischen Entwicklung der Lehrbücher zum *Ausdruck* kommt, ist also ein historischer Wandel der *Qualifikationen,* die im BU, bzw. durch die Biologiebücher vermittelt werden.

Dieser Wandel entspricht aber den Veränderungen der Qualifikations*anforderungen,* die im Produktionsbereich, vor allem im industriellen, an die Lohnabhängigen gestellt werden, in der letzten Zeit, bzw. seit 1948: Es werden *mehr* technisch/naturwissenschaftlich höher qualifizierte Arbeiter gebraucht als früher. [101]

Dies wiederum hat seine Gründe in der weiter verstärkt vorangetriebenen Technisierung, Chemisierung, Automation und Rationalisierung im Produktionsbereich [102], und – bezüglich der Biologie und des BU – in der weitergehenden Entwicklung auch der Biologie zur Produktivkraft, ist also auf die ökonomischen und sozialen Veränderungen zurückzuführen, die mit der wissenschaftlich-technischen Revolution verbunden sind und ihre Ursachen in den bestehenden Verwertungsbedingungen des Kapitals haben, das heißt in der ökonomischen (kapitalistisch organisierten) Struktur bzw. Basis der Gesellschaft.[101] Also:

In den Inhalten der Biologiebücher, in dem Wandel ihres Weltbildes, ihres Naturverständnisses, ihrer Perspektive, drücken sich die Veränderungen der politisch-ökonomischen Basis der Gesellschaft (Produktionsprozeß und -organisation, Qualifikationsanforderungen) aus. Die Basis bestimmt den Überbau, der Überbau wirkt auf die Basis zurück.

Die *neueste Tendenz*, nämlich die Ablösung von Schulbüchern, die jeweils für HS/RS und für GS verschieden sind, durch allen Schulen gemeinsame Bücher für eine sogenannte «Orientierungsstufe» (5. und 6. Klasse) und die «Sekundarstufe I» (7. bis 10. Klasse), wie das bei den Rahmenplan-Büchern intendiert wird, ist im gleichen Zusammenhang interpretierbar: Die Gymnasiasten werden später als Akademiker tendenziell ebenfalls zu «Arbeitern», das heißt zu Lohnabhängigen, wenn auch zu privilegierten[101]; entsprechend gibt es derzeit unter Akademikern vermehrt Tendenzen, in Gewerkschaften einzutreten. An «Arbeiter» werden andererseits, im Zusammenhang mit dem Fortschreiten von Automation und Rationalisierung, weiter steigende Anforderungen an technisch/naturwissenschaftliches Wissen gestellt. Daher können die strengen Unterschiede etwas abgebaut werden, wie es in dem Konzept «gleiche Bücher für die 5.–10. Klasse» zum Ausdruck kommt. Dies bedeutet jedoch nicht das Ende aller Ideologie in bundesdeutschen Biologiebüchern, denn ein vermehrtes Wissen unter Arbeitern soll nicht zu «zu großer» Denkfähigkeit führen, da sie auch vermehrte Kritikfähigkeit und höheres Selbstbewußtsein bedeuten würde. Daher sind auch in den neuesten Biologiebüchern (nach 1973 erschienen) – obgleich wesentlich versteckter und subtiler – weiter ideologische Momente enthalten. Dies unabhängig davon, ob die Schulbuchautoren sie subjektiv gewollt haben oder nicht – auch Schulbuchautoren sind den ideologischen Einflüssen in dieser Gesellschaft «ausgeliefert». Die ideologischen Abhängigkeiten aber durchschauen zu lernen, dazu kann die Ideologiekritik wichtige Beiträge liefern. Für die neuesten Biologiebücher steht sie noch weitgehend aus. Lediglich für den Bereich Ökologie gibt B. Marquardt in diesem Band einen Ansatz. P. Jacobi nennt Gründe dafür.

Waidmanns Heil

«Die Augen von Reh und Hirsch nennt der Waidmann Lichter, von Fuchs und Hase Seher. Die Beine werden allgemein als Läufe, die Hufe als Schalen bezeichnet. Der abgesetzte Kot heißt von allen Tieren Losung (weil sich das Tier vom Kot gelöst hat). Ein schönes Beispiel für das Gemüt, das der Jägersprache eigen ist, bildet der Ausdruck Spiegel für das helle Hinterteil beim Reh.» (Das Tier – Band 1 – Biologie für Gymnasien, Stuttgart 1965/1978, S. 59, Klett Verlag)

Verzeichnis der untersuchten Biologielehrbücher[103]

Nr.	Schultyp	Verfasser	Titel	Verlag	angegeb. Copyright[104]	weitere Aufl.[105]	für Klasse
1_{I}	HS/RS	Kruse/Blume	Das Leben 1 (Ausgabe H)	Klett, Stuttgart	1967		5/6
1_{II}	HS/RS	Kruse/Blume	Das Leben 2 (Ausgabe H)	Klett, Stuttgart	1968		7/8
1_{III}	HS/RS	Blume/Fels	Das Leben 3 (Ausgabe H)	Klett, Stuttgart	^{1}1971		9/10
2_{I}	HS	Hager, Gotthard u. a.	Pflanze, Tier und Mensch 1.	Klett, Stuttgart	?	n 1968	5/6
2_{II}	HS	Hager, Gotthard u. a.	Pflanze, Tier und Mensch 2. (n: Ausgabe B)	Klett, Stuttgart	?	n 1968	7/8
2_{III}	HS	Gotthard/Hager u. a.	Pflanze, Tier und Mensch 3. (n: Ausgabe B)	Klett, Stuttgart	?	n 1968	9/10
3_{I}	HS/RS	Lange/Strauß/Dobers	Biologie 1.	Schroedel, Hannover	1967 ü	^{4}1973	5/6
3_{II}	HS/RS	Lange/Strauß/Dobers	Biologie 2.	Schroedel, Hannover	1969 ü		7/8
3_{III}	HS/RS	Lange/Strauß/Dobers	Biologie 3.	Schroedel, Hannover	1971 ü		9/10
4_{I}	S I[14a]	Duderstadt u. a.	Biologie 1, für das 5. u. 6. Schulj.	Diesterweg, Frankfurt	1969	^{6}1972	5/6
4_{II}	S I	Duderstadt u. a.	Biologie 2, vom 7. Schulj. an	Diesterweg, Frankfurt	1971	^{4}1972	ab 7.
4_{III}	?	Bruggaier/Kallus	Biologie des Menschen	Diesterweg, Frankfurt	1973		?

5_I	S I	H. Garms	Lebendige Welt. Biologie 1.	Westermann, Braunschweig	1967 ü	n 1973	ab 5.
6_I	HS	Karl Haug	Wir erforschen das Leben. Naturkundl. Arbeitsbuch für das 5.–9. Schulj.	Mundus, Stuttgart	?	?	5.–9.
6_{II}	HS	Karl Haug	Naturkundliches Arbeitsbuch: Der Mensch und seine Umwelt.	Mundus, Stuttgart	?	? 1971	
7_I							
	RS	Hausmann/Häusler u. a.	Biologie 1	Oldenbourg, München	1968		5–10
7_{II}	RS	Hausmann/Häusler u. a.	Biologie 2	Oldenbourg, München	1969		
7_{III}	RS	Hausmann/Häusler u. a.	Biologie 3	Oldenbourg, München	1971		
7_{IV}	RS	Hausmann/Häusler u. a.	Biologie 4	Oldenbourg, München	1970		
8_I	HS	Knoll/Rüthlein u. a.	Biologie, Bd. 1	Oldenbourg, Mün-	1970	^{2}1973	5
8_{II}	HS	Knoll/Rüthlein u. a.	Biologie, Bd. 2	chen/Cornelsen-	1970	^{2}1972	6
8_{III}	HS	Knoll/Rüthlein u. a.	Biologie, Bd. 3	Velhagen & Klasing,	1971	^{2}1973	7
8_{IV}	HS	Knoll/Rüthlein u. a.	Biologie, Bd. 4	Bielefeld/Berlin	1972		5
8_V	HS	Knoll/Rüthlein u. a.	Biologie, Bd. 5		1971		9
9_I	S I	Kattmann u. a.	Kennzeichen des Lebendigen (3 Bde.)	Viehweg/ Bertelsmann	1975–76		5–10
10_I	S I	Gerhardt/Dircksen/ Höner	Biologie 5/6	BSV, München	1974		5/6

Nr.	Schultyp	Verfasser	Titel	Verlag	angegeb. Copyright[104]	weitere Aufl.[105]	für Klasse
11_{I}	GS	Schmeil (Koch)	Pflanzenkunde	Quelle & Meyer, Heidelberg	?	ü 1970	
11_{II}	GS	Schmeil (Mergenthaler)	Tierkunde	Quelle & Meyer, Heidelberg	1954 ü	ü 1970	
11_{III}	GS	Schmeil (Spielberger)	Der Mensch	Quelle & Meyer, Heidelberg (d: zus. mit Diesterweg Ffm)	?	d ^{113}1975 (!)	
12_{I}	OGS	Linder	Biologie	Metzlersche	1948	^{17}1971	11–13
12_{II}	GS	Linder/Hübler	Biologie des Menschen	Verlagsbuchhandl. Stuttgart	1951	^{9}1969	9–10
13_{I}	GS/RS/?	Ewald (ü: Venzl)	Pflanzenkunde I–II (2 Bde.)	BSV, München	1947/48	I: ü ^{9}1965	
13_{II}	GS/RS/ HS	Wüst	Tierkunde I–II (2 Bde.)	BSV, München	?	n 1970	5–9
		Dircksen	Tierkunde III (2 Bde.)	BSV, München	?	II: n ^{2}1970	
13_{III}	GS/RS/ HS	Pfandzelter	Menschenkunde	BSV, München	?	ü. d. ^{3}1968	9/10
13_{IV}	OGS/RS	v. Frisch	Biologie	BSV, München	?	n ^{3}1967	ab 11.
14_{I}	GS	Spanner	Pflanzenkunde I–IV (4 Bde.)	Oldenbourg, München/Hirt, Kiel	1964–68		5–9
14_{II}	GS	Vogt	Tierkunde I–IV (4 Bde.)	Oldenbourg, München/Hirt, Kiel	1964–68		
14_{III}	GS	Falkenhan	Menschenkunde	Oldenbourg, München/Hirt, Kiel	1965		9–10

15_{I}	GS	Heiligmann/Janus/	Die Pflanze (2 Bde.)	Klett, Stuttgart	1967		
15_{II}	GS	Länge	Das Tier (2 Bde.)	Klett, Stuttgart	1965		5–10
15_{III}	GS/?	Fels/Blume/Kuhn u. a.	Der Mensch	Klett, Stuttgart	1972		
15_{IV}	OGS	Fels/Grah/Grah/ Liesenfels	Der Organismus	Klett, Stuttgart	1969		ab 11.
16	?	Fels	Pubertät	Klett, Stuttgart	1969		5–7
(17	GS)	Stengel/Weise u. a.	Biolog. Unterrichtswerk (7 Bde.)	Klett, Stuttgart		5. Aufl., 7. Nachdruck 1964	
17_{I}	GS	Stengel/Weise u. a.	I–III, Blütenpflanzen und Wirbeltiere	Klett, Stuttgart	?		5–13
17_{II}	GS	Stengel/Weise u. a.	IV–V, Vom Einzeller zur Lebensgemeinschaft	Klett, Stuttgart	?		
17_{III}	GS	Stengel/Weise u. a.	VI, Menschenkunde	Klett, Stuttgart	?		
17_{IV}	OGS	Stengel/Weise u. a.	VII, Allgemeine Biologie	Klett, Stuttgart	?		
17_{V}	GS	Stengel/Weise u. a.	– «Lebendige Natur», Bd. 1–3	Klett, Stuttgart	?		5–7
(18	OGS)	Bäuerle/Hornung	Biologisch-sozialkundl. Arbeitshefte	Leske, Opladen			
18_{I}	OGS	Bäuerle/Hornung	1: Aggression	Leske, Opladen	1972		ab 11
18_{II}	OGS	Bäuerle/Hornung	2: Rangordnung	Leske, Opladen	1972		ab 11
18_{III}	OGS	Bäuerle/Hornung	3: Umwelt	Leske, Opladen	1972		ab 11
19	?	Jacobi u. a.	Sexfibel	Leske, Opladen	1974		bis 5/6
20	?	I. Kuchta/ K.-J. Penné	Sexualität und Gesellschaft d. Arbeitsblätter für das 5/6. Schuljahr	Cornelsen-Velhagen & Klasing, Bielefeld/Berlin	1973	5/6	
(21		Nuffield-Curriculum)					

Anmerkungen

1 Zur *Physik*: Falk Riess: Zur Kritik des mathematisch-naturwissenschaftlichen Unterrichts. Kategorien und Ansätze einer ideologiekritischen Analyse, in: Die Deutsche Schule, 11(1972), S. 702; ders.: Ideologiekritik des naturwissenschaftlichen Unterrichts, in: ders. (Hg.): Zur Kritik des mathematisch-naturwissenschaftlichen Unterrichts, Frankfurt/M. 1977, S. 322, pädex.
Lutz Wolfert: Naturwissenschaftliche Ausbildung: Ein Instrument kapitalistischer Anpassung, in: Erziehung und Klassenkampf 12(1973), S. 3–45.
Zur *Mathematik*: J. Neander: Mathematik und Ideologie. Zur politischen Ökonomie des Mathematikunterrichts, Starnberg 1974, Raith.

2 M. Maurer: Weltanschauung und Naturverständnis. Eine sprach- und ideologiekritische Untersuchung naturwissenschaftlicher Lehrtexte, Tübingen, 10. 2. 1976 (Philosophische Magisterarbeit, unveröff. Manuskript).

3 Vgl. den Abschnitt 5. «Das Material» in diesem Kapitel.

4 Zur *«persönlichkeitsprägenden Bedeutung»* von Lehrbüchern: vgl. B. Kozdon: Wird das Schulbuch im Unterricht noch gebraucht?, Bad Heilbrunn 1974, S. 54.
Vgl. außerdem: K. H. Flechsig, H.-D. Haller: Entscheidungsprozesse in der Curriculumentwicklung, a. a. O., s. Anm. 5.
Materialien zur Schulbuchproduktion, a. a. O., s. Anm. 5, S. 49f.

5 Zur Bedeutung von *Lehrplänen* vgl.: K.-H. Flechsig, H.-D. Haller: Entscheidungsprozesse in der Curriculumentwicklung, in: Deutscher Bildungsrat, Gutachten und Studien der Bildungskommission, Bd. 24, Stuttgart 1973 (bes. S. 48).
U. Hameyer: Bildungspläne kritisch befragt, in: Die deutsche Schule, 10(1975).
Zur Funktion von *Richtlinien* vgl.: Materialien zur Schulbuchproduktion. Analysen – Tendenzen – Alternativen. Reihe Roter Pauker, Heft 8. (Hg.: Sozialistischer Lehrerbund/Sozialistisches Büro) Offenbach, Okt. 1973, S. 32.

6 Vgl. die Ergebnisse der Untersuchung von B. Santini für die Schweiz, die auch für die BRD zutreffen dürften, in: B. Santini: Das Curriculum im Urteil der Lehrer, Basel 1971.

7 Dieser Teil der Untersuchung wird hier nicht aufgenommen, da E. Busche in seinem Beitrag «Vererbung bei Krupp, Krause und Klett» (in diesem Band) darauf eingeht und seine Arbeit im wesentlichen zu den selben Resultaten kommt.

8 Sie werden im folgenden aus Platzgründen höchstens andeutungsweise erwähnt.

9 Vgl. K. Fohrbeck, A. Wiesand, R. Zahar: Heile Welt und Dritte Welt. Medien und politischer Unterricht I. Schulbuchanalyse, Opladen 1971, Leske.

10 Vgl. J. Beck u. a.: Erziehung in der Klassengesellschaft, Einführung in die Soziologie der Erziehung, München 1970, List;
N. Weber: Privilegien durch Bildung, Frankfurt/M. 1973;
H. Popitz: Die Ungleichheit der Chancen im Zugang zur höheren Schulbildung, in: L. v. Friedeburg (Hg.): Jugend in der modernen Gesellschaft, Köln–Berlin 1965, S. 392ff.

11 Bücher, die nach Ende des Jahres 1975 erschienen sind, konnten nicht mehr

berücksichtigt werden, da die Untersuchung zu diesem Zeitpunkt im wesentlichen abgeschlossen war.

12 Siehe: Mitteilungen des Verbandes Deutscher Biologen e. V., Beilage zu «Naturwissenschaftliche Rundschau», Stuttgart Nr. 6, 1973.

13 Z. B. das Nuffield-Programm (England). – Die Diskussion um einen integrierten naturwissenschaftlichen Unterricht begann in den USA infolge des Sputnik-Schocks Anfang der Sechziger Jahre und brachte eine ganze Reihe solcher Curriculum-Projekte hervor (vgl. Päd-extra-Lexikon, Stichwort integrierter naturwissenschaftlicher Unterricht 1, Beil. zu päd-extra 10(1975) Frankfurt/M. vom 15. 5. 1975.)

14 Vgl. z. B. G. Sönnichsen: Die Erneuerung des Biologieunterrichts im Rahmen der modernen Curriculumforschung, Auswahl Reihe B, Nr. 57/58, Hannover 1973, Schroedel.

14a «SI»: Sekundarstufe I

15 J. Ritsert: Inhaltsanalyse und Ideologiekritik. Ein Versuch über kritische Sozialforschung. Frankfurt/M. 1972, S. 41, Fischer-Athenäum, 4001.

16 Hervorhebung von mir, M. M.

17 Konnotation = mitschwingende Bedeutung, mitgemeinte Begriffe und Werte.

18 Hervorhebung im Original.

19 J. Ritsert, a. a. O., S. 10.

20 J. Ritsert, a. a. O., S. 31.

21 K. Marx: Das Kapital. Kritik der politischen Ökonomie. 3 Bde., Berlin DDR, 1962, 1963, 1964 (Marx-Engels-Werke «MEW» 23, 24, 25, Dietz Verlag.
Vgl. auch: J. Zelený: Die Wissenschaftslogik bei Marx und «Das Kapital» (1962) Frankfurt/M. 1968; Europäische Verlagsanstalt.

22 Nach K. Fohrbeck u. a., a. a. O., S. 163–178.

23 Ebd., S. 178.

24 K. Lenk: Ideologie. Ideologiekritik und Wissenssoziologie, Darmstadt/Neuwied [6]1972, S. 41ff, Luchterhand.

25 A. a. O., S. 33 und 59.

26 «Ideologisch» ist für K. Mannheim (Ideologie und Utopie, Bonn 1929) gleichbedeutend mit «seinsgebunden», und «seinsgebunden» ist für ihn *jedes* Denken einschließlich des «Wissens», und zwar schlechthin. Mit Hilfe der Wissenssoziologie will er daher die Ideologienlehre von der «Kampfapparatur einer Partei» umwandeln in eine überparteiliche, neutrale, «soziologische Geistesgeschichte» (a. a. O., S. 32). Die Wissenssoziologie, als eine Ideologienlehre, soll lediglich den «Zusammenhang zwischen *sozialer* Seinslage und *Sicht*» des Denkens aufzeigen (a. a. O., S. 33, Hervorhebung im Original).

27 Vgl. z. B.: E. Stölting: Wissenschaft als Produktivkraft. Die Wissenschaft als Moment des gesellschaftlichen Arbeitsprozesses. München 1974, List (leider vergriffen).
J. Habermas: Technik und Ökonomie als ‹Ideologie›, Frankfurt/M. 1968, es 287.

28 Vgl. z. B. Richta-Report: Politische Ökonomie des 20. Jahrhunderts, Prag 1968, dt. Frankfurt/M. 1971, makol-Verlag, Schwanthaler Str. 49, 6000 Frankfurt.

29 M. Horkheimer: Ein neuer Ideologiebegriff?, in: Archiv für die Geschichte des Sozialismus und der Arbeiterbewegung, 15. Jg., Hg. v. Carl Grünberg, Leipzig 1930, Hirschfeld-Verlag, S. 33–56.

Institut für Sozialforschung (Horkheimer/Adorno): Soziologische Exkurse Frankfurt/M. ²1972. S. 162–181, EVA.

30 Siehe hierzu W. F. Haug: Notizen über einen aktuellen Gebrauch der Begriffe «Wissenschaft» und «Ideologie», in: Das Argument 66, Heft 6/7, Okt. 1971, S. 439–460; bes. S. 446ff.

31 Das Zitat s. J. Zelený, a. a. O., S. 31, Hervorh. im Original.

32 Vgl. K. Marx, F. Engels: Die deutsche Ideologie. Kritik der neuesten deutschen Philosophie in ihren Repräsentanten Feuerbach, B. Bauer und Stirner, und des deutschen Sozialismus in seinen verschiedenen Propheten, in: MEW, Bd. 3, Berlin (DDR) 1969, S. 2ff, und die 8. Feuerbachthese, in: MEW, Bd. 3, a. a. O., S. 7.

33 Vgl. K. Marx, F. Engels: Die deutsche Ideologie, a. a. O., S. 31f. Die Bestimmung der Ideologie als von der Praxis losgelöstes Bewußtsein wurde in der Kritik der idealistischen Philosophie gewonnen.

34 Die «Verkehrung im Bewußtsein der deutschen Ideologen ist für Marx der theoretische Ausdruck einer realen Verkehrung in der kapitalistischen Warengesellschaft: In ihr hat sich der Prozeß der Produktion und Reproduktion des materiellen Lebens den Bedürfnissen der Menschen gegenüber verselbständigt. Produkte der menschlichen Hand werden im Tauschprozeß zu selbständigen Dingen, zu Wertgegenständen, die eine von der Tätigkeit der Menschen losgelöste Eigendynamik zu besitzen scheinen . . . In Analogie zu . . . (der) Fetischisierung der Warenwelt werden die Produkte des menschlichen Denkens zu selbständigen Mächten, die die Geschichte zu lenken scheinen, verdinglicht.» (Lenk: Ideologie, a. a. O., S. 34)

35 Das Marx-Zitat lautet vollständig: «Hier wird sich zeigen, woher die Vorstellungsweise von Spießer und Vulgärökonom stammt, nämlich daher, daß in ihrem Hirn sich immer nur die unmittelbare Erscheinungsform der Verhältnisse reflektiert, nicht deren innerer Zusammenhang. Wäre letzteres übrigens der Fall, wozu wäre dann überhaupt eine Wissenschaft nötig?» (Marx/Engels: Ausgewählte Briefe, Berlin 1953, S. 223, zit. nach Lenk: Marx in der Wissenssoziologie, Soziologische Texte, Bd. 78, Neuwied und Berlin 1972, S. 164, Luchterhand.)

36 W. Hofmann: Universität, Ideologie, Gesellschaft. Beiträge zur Wissenssoziologie, Frankfurt/M. 1968, es 261, hier zit. nach der 6. Aufl. 1972, S. 60/61, Hervorhebungen im Original.

37 A. a. O., S. 61.

38 Konterbande = Schmuggelware.

39 K. Marx, F. Engels: Die deutsche Ideologie, a. a. O., S. 48.

40 A. a. O., S. 38.

41 Vgl. Zelený, a. a. O., S. 182.

42 H. Barth: Wahrheit und Ideologie, Zürich 1945, S. 154.
Er zitiert Marx aus «Zur Kritik der Politischen Ökonomie», besorgt v. Marx–Engels–Lenin–Institut, Zürich, o. J., S. 5.

43 Vgl. K. Marx: Ökonomisch-philosophische Manuskripte (1844), in: Texte zur Methode und Praxis, Reinbek bei Hamburg 1968, Bd. II, S. 83.

44 K. Marx: Das Kapital, Bd. 1 (1972), S. 510.

45 A. a. O., S. 485.

46 «Die *Industrie* ist das *wirkliche* geschichtliche Verhältnis der Natur und daher der Naturwissenschaft zum Menschen.» (K. Marx: Ökonomisch-philosophische Manuskripte, a. a. O., S. 83, Hervorhebungen im Original)

47 Unter «Produktivkräften» versteht man die Faktoren, die allgemein zur Produktion von Gegenständen nötig sind. Sie umfassen den *subjektiven*

Faktor Mensch (menschliche Arbeitskraft) und die *objektiven* Faktoren Produktionsmaterial (Rohstoffe aller Art) und Produktionsmittel (Werkzeuge, Maschinen usw.). Die Produktivkräfte wandeln sich im Lauf der Geschichte fortwährend, sind also das dynamische Element gesellschaftlicher Entwicklung.

48 Vgl. hierzu J. Habermas: Technik und Wissenschaft als «Ideologie», Frankfurt/M. 1968, bes. S. 48–103, es 287.

49 Vgl. J. Habermas, a. a. O., S. 72. An dieser Stelle beruft sich Habermas auf H. Marcuses Schrift: «Der eindimensionale Mensch», Neuwied und Berlin 1967, Luchterhand.

50 Die frühere «industrielle Revolution» brachte im Gegensatz dazu lediglich eine Umwälzung der Produktions*mittel*. – Vgl. hierzu den «Richta-Report»: Politische Ökonomie des 20. Jahrhunderts, a. a. O., bes. S. 30–38.

51 Vgl. die Studie «Biotechnologie», die im Auftrag des Bundesministers für Forschung und Technologie vom Arbeitsausschuß «technische Biochemie» der DECHEMA ausgearbeitet wurde: DECHEMA, Frankfurt/M., Jan. 1974: bes. S. VIII–X.

52 Vgl. hierzu z. B. H.-G. Zmarzlik: Der Sozialdarwinismus in Deutschland. – Ein Beispiel für den gesellschaftspolitischen Mißbrauch naturwissenschaftlicher Erkenntnisse, in: G. Altner (Hg.): Kreatur Mensch. Moderne Wissenschaft auf der Suche nach dem Humanum, Gräfelfing vor München 1969, S. 147–155, Moos Verlag.
H.-G. Zmarzlik: Der Sozialdarwinismus in Deutschland als geschichtliches Problem, in: ders.: Wieviel Zukunft hat unsere Vergangenheit? Aufsätze und Überlegungen eines Historikers vom Jahrgang 1922, München 1970, S. 56–85, Piper (mit weiteren Literaturangaben!).
Ders.: Politische Biologie im Dritten Reich. Die ideologische Umrüstung der Höheren Schule, in: Wieviel Zukunft . . ., a. a. O., S. 86–105.
W. Emmerich: Zur Kritik der Volkstumsideologie, Frankfurt/M. 1971 es 502, darin bes. das Kapitel «Rassismus», S. 84–88.

53 Wie bei K. Lorenz: Die acht Todsünden der zivilisierten Menschheit, München 1973, S. 72–74.

54 Zur Kritik der Verhaltensforschung siehe W. Schmidbauer: Biologie und Ideologie, Hamburg 1973, Hoffmann u. Campe.

55 Vgl. P. Bulthaup: Naturwissenschaftliche Bildung, in: ders.: Zur gesellschaftlichen Funktion der Naturwissenschaften, Frankfurt/Main 1973, S. 7–26, es 670.

56 K. Marx, F. Engels: Die deutsche Ideologie, a. a. O., S. 43f.

57 In: Zur gesellschaftlichen Funktion der Naturwissenschaften, a. a. O., S. 8. – Hier zitiert Bulthaup den bekannten Aufsatz von C. P. Snow: The Two Cultures and the Scientific Revolution, New York 1961, Cambridge University Press.

58 Vgl. K. Marx: Das Kapitel, Bd. 1, MEW 23, S. 384.

59 P. Bulthaup, a. a. O., S. 8.

60 In der Chemie z. B. Begriffe wie «Element», «Periodensystem der Elemente», «Molekül», «Verbindung», etc. Vgl. Bulthaup, a. a. O., S. 9.

61 P. Bulthaup, a. a. O., S. 14. Hervorhebung im Original.

62 R. Vahrenkamp: Entwicklungsmöglichkeiten der Technologie, in: ders.: Technologie und Kapital, Frankfurt/Main 1973, S. 211–233, es 598.

63 S. Anmerkung 10.

64 Vgl. zur Theorie der Sprachbarrieren: U. Oevermann: Sprache und soziale Herkunft. Ein Beitrag zur Analyse schichtenspezifischer Sozialisationspro-

zesse und ihrer Bedeutung für den Schulerfolg. Institut für Bildungsforschung in der Max-Planck-Gesellschaft, Westberlin 1970;
G. M. Rückriem: Der gesellschaftliche Zusammenhang der Erziehung, in: W. Klafki, G. M. Rückriem u. a.: Funkkolleg Erziehungswissenschaft, Bd. 1, Frankfurt/M. 1970, S. 292ff, Fischer Taschenbuch.

65 Da der BU *inhaltlich* – d. h. von Stoffplänen und Lehrbüchern her – einen mehr oder weniger starken «Abklatsch» der wissenschaftlichen Biologie darstellt, wenn auch zum Teil in deformierter Form und/oder in zeitlicher Verzögerung, so können alle ideologischen Momente der wissenschaftlichen Biologie sowie auch der Naturwissenschaften allgemein in ihn übertreten.

66 R. M. Young: Evolutionäre Biologie und Ideologie – einst und heute, in: W. Fuller (Hg.): Biologie und Gesellschaft, a. a. O., S. 247–266.

67 A. a. O., S. 249f.

68 A. a. O., S. 250. – Entsprechende Beispiele für den Wandel in den Grundkategorien der biologischen Erklärungen (Paradigmenwechsel) im 20. Jahrhundert geben St. Rose, H. Rose, in: W. Fuller (Hg.): Biologie und Gesellschaft, a. a. O., S. 267–278.

69 R. M. Young: Evolutionäre Biologie und Ideologie, a. a. O., S. 250f.

70 Zur Frage der «externen» Determinanten der Wissenschaftsentwicklung siehe:
G. Böhme: Die Bedeutung praktischer Argumente für die Entwicklung der Wissenschaft, in: Akten des XV. Weltkongresses für Philosophie, Sofia 1973, Bd. 1, S. 33–41;
J. Senger: Ökonomische Aspekte des Forschungs- und Entwicklungsprozesses, in: W. Pohrt (Hg.): Wissenschaftspolitik von wem, für wen, wie? Prioritäten in der Forschungsplanung (Veröffentlichung der Vereinigung deutscher Wissenschaftler), München (o. J.), S. 77–98, Reihe Hanser.
J. D. Bernal: Wissenschaft. Science in History, Reinbek bei Hamburg 1970, 4 Bände.

71 Vgl. hierzu: E. Altvater, F. Huisken (Hg.): Materialien zur politischen Ökonomie des Ausbildungssektors, Erlangen 1971 (darin bes.: F. Huisken: Anmerkungen zur Klassenlage der pädagogischen Intelligenz, S. 408).
F. Nyssen (Hg.): Schulkritik als Kapitalismuskritik, Göttingen 1971.
E. Becker, G. Jungblut: Strategien der Bildungsproduktion. Eine Untersuchung über Bildungsökonomie, Curriculumentwicklung und Didaktik im Rahmen systemkonformer Qualifikationsplanung, Frankfurt/M. 1972.
J. Beck u. a.: Erziehung in der Klassengesellschaft, a. a. O. (bes. den Beitrag von J. Beck: Demokratische Schulreform in der Klassengesellschaft?, S. 90–123).

72 Vgl. die Literatur Anmerkung 10.

73 Näheres in M. Maurer: Weltanschauung, a. a. O.

74 Vgl. Kapitel IV und Anmerkung 21.

75 Vgl. z. B.: K. Fohrbeck u. a., a. a. O.
R. Kühnl (Hg.): Geschichte und Ideologie. Kritische Analyse bundesdeutscher Geschichtsbücher, Reinbek 1973, rororo aktuell 1656.

76 Vgl. Anmerkung 75, sowie F. Riess: Ideologiekritik des naturwissenschaftlichen Unterrichts, a. a. O.

77 Vgl. die Titel zur Wissenschaftskritik in der Literaturliste am Ende dieses Buches, unter «Naturwissenschaften, Industrie und Politik» und «Wissenschaftskritik, Biologie . . .»

78 Vgl. E. Busche: Sexualpädagogik als Disziplinierungsmittel. Eine negative

Dokumentation über Richtlinien, Methodik und Lehrerverhalten, in: Das Argument 56, Febr. 1970, April [2]1971, S. 28–40, hier S. 31f.

79 Ein fast wörtlich identischer Text findet sich in Heiligmann/Janus/Länge: Die Pflanze (Sammelband), Stuttgart [2]1971, S. 8 a, Klett.

80 Zum Zusammenhang zwischen Sexualität und Herrschaft vgl.: Das Argument, mehrere Hefte zum Thema «Sexualität und Herrschaft» (die Nummern 22, 23, 24, 35 und 36).
Speziell zum Zusammenhang repressiver Sexualnormen (wie der strikten ehelichen Treue für die Frau) und der Entstehung des Kapitalismus siehe: F. Engels: Über den Ursprung der Familie, des Privateigentums und des Staats, in: MEW, Bd. 21, S. 30–173 (oder in: K. Marx, F. Engels, Ausgewählte Schriften in zwei Bänden, Bd. 2, Berlin (DDR) (1952), [18]1970, S. 155–301). – Zur weiteren Kritik der Sexualerziehung vgl. E. Busche: Sexualpädagogik, a. a. O.

81 Hervorhebung(en) von mir, M. M.

82 Hervorhebung(en) im Original.

83 Teleologisches Prinzip (von griech. «telos»: das Ziel): es besagt, daß die Natur sich *zielgerichtet* – nach einem in ihr selbst liegenden Plan oder nach dem Plan eines Schöpfergottes – entwickelt habe.

84 Zur Dialektik des Verhältnisses zwischen Herr und Knecht vgl.: G. W. F. Hegel: Phänomenologie des Geistes, bes. Kapitel IV: «Selbständigkeit und Unselbständigkeit des Selbstbewußtseins; Herrschaft und Knechtschaft»; Werke Bd. 3, Frankfurt/M. 1970, bes. S. 145ff, Suhrkamp.

85 Zur Funktion der Angst vergl. z. B. D. Duhm: Angst im Kapitalismus, Lampertheim 1972, Kübler.

86 Vgl. z. B.: K. Marx: Das Kapital, 1. Bd., a. a. O.;
J. Agnoli, P. Brückner: Die Transformation der Demokratie, Frankfurt/M. 1968, EVA;
D. Senghaas (Hg.): Imperialismus und strukturelle Gewalt. Analysen über abhängige Reproduktion, Frankfurt/M. 1972, es 563;
J. Steffen: Strukturelle Revolution. Von der Wertlosigkeit der Sachen, Reinbek 1974 (Rowohlt).

87 Vgl. z. B.: M. Horkheimer: Autorität und Familie (1934);
W. Reich: Massenpsychologie des Faschismus (1933).

88 Zum Begriff der Entfremdung vgl. K. Marx: Ökonomisch-philosophische Manuskripte (1844), in: Texte zur Theorie und Praxis, Bd. II, Reinbek 1968, bes. S. 50ff. (Das Kapitel «Die entfremdete Arbeit»), sowie: J. Israel: Der Begriff Entfremdung. Makrosoziologische Untersuchung von Marx bis zur Soziologie der Gegenwart, Reinbek 1972, rde 339, bes. S. 7–106.

89 Vgl. J. Habermas: Legitimationsprobleme im Spätkapitalismus, Frankfurt/M. 1973, es 623.

90 Hier beruft sich Riess auf O. Brüggemann: Naturwissenschaft und Bildung, Heidelberg 1967, S. 56.

91 «Ideologem» = Element einer Ideologie, ideologischer Ausdruck.

92 Außer im Linder-Vorwort (Biologie, 16. Aufl.). Dies hat bei Linder aber keinen mystifizierenden Sprachstil zur Folge.

93 «Patriarchalisch» ist hier nicht in dem Sinne gemeint wie in der Diskussion um die Frauenemanzipation; zur Kennzeichnung der Beziehung zwischen verschiedenen gesellschaftlichen Schichten benutzt, bezeichnet «patriarchalisch» ein Verhältnis, das im feudalen Mittelalter die Fürsten zu ihren Leibeigenen, die Lehnsherren zu ihren Pächtern hatten, und wie es ähnlich in den agrarischen Pachtverhältnissen Lateinamerikas zu beobachten ist: die

Bauern werden von ihren Herren ausgebeutet; sie rackern sich für die «Patrones» ab, und die sind dafür für sie verantwortlich» bis in ihre familiären Nöte und persönlichen Probleme hinein, deren Kenntnis durch den Herrn die Abhängigkeit des Bauern auch psychologisch festigt. (Vgl. hierzu I. Sotelo: Soziologie Lateinamerikas, Stuttgart 1973)

94 Vgl. K. Fohrbeck u. a., a. a. O., S. 81, S. 25–30 und S. 83–86.

95 A. a. O., S. 15 und S. 26.

96 Die Statistik, die dies belegt, wurde hier aus Platzgründen weggelassen. Vgl. M. Maurer: Weltanschauung und Naturverständnis, a. a. O., S. 159.

97 Der «heimliche Lehrplan»: «Damit sind Kenntnisse, Erfahrungen und Verhaltensweisen gemeint, die in keinem Lehrplan stehen, die man als Schüler aber einfach dadurch lernt, daß man zur Schule gehen muß und dabei ihren organisatorischen wie didaktischen Regelungen und Maßnahmen unterworfen ist». (J. Beck: Heimlicher Lehrplan I, päd-extra-Lexikon)
Vgl. außerdem: J. Zinnecker: Der heimliche Lehrplan, in: ders.: Die Parteilichkeit der Unterrichtsforschung, in: betrifft: Erziehung, Seminartext, für eine andere Unterrichtsforschung, Sonderdruck, Weinheim, Okt. 1974, S. 10–23.

98 «Wissenschaftlich» im positivistischen Sinne. Ob dies gut oder schlecht durchgeführt wird, ob das zugrundeliegende Wissenschaftsverständnis noch hinterfragt werden kann/muß, sei an dieser Stelle nicht diskutiert.

99 Z. B. in: Die Pflanze, 1969, S. 143, Klett.

100 Um zu einer handlungsfähigen Einheit zu werden und ihre Lage zu verändern, müssen sich die Lohnabhängigen ihre Situation und deren Ursachen und Bedingungen bewußt machen und sich darüber untereinander *verständigen.*

101 Vgl.: Das Argument 61 (Klassenstruktur und Klassenbewußtsein), Dez. 1970, ^{2}1971, darin bes. den Aufsatz von M. Tjaden-Steinhauer, K. H. Tjaden: Zur Analyse der Sozialstruktur des deutschen Kapitalismus, a. a. O., S. 645–664, bes. S. 653ff, sowie den Aufsatz von J. Jung: Zur Diskussion um den Inhalt des Begriffs ‹Arbeiterklasse› und zu Strukturveränderungen in der westdeutschen Arbeiterklasse, a. a. O., S. 665–698, bes. S. 689f.

102 Vgl.: Richta-Report. Politische Ökonomie des 20. Jahrhunderts, a. a. O.

103 Mit «?» versehene Stellen bedeuten, daß die entsprechenden Informationen nicht verfügbar waren. Soweit alte und neubearbeitete Auflagen eines Buches existieren, wurden beide in die Untersuchung aufgenommen. Die Inhaltsanalyse selbst wurde auf bestimmte Bücher konzentriert, andere wurden nur erwähnt, nicht ausführlich diskutiert.

104 Soweit feststellbar. – Oft ist das Copyright in den Büchern *nicht* angegeben. Das Erscheinungsjahr der 1. Auflage ist meist, aber nicht immer mit dem Copyrightjahr identisch.

105 Soweit sie mir bekannt sind. Abkürzungen:
«d»: durchgesehene (Auflage),
«ü»: überarbeitete (Auflage),
«n»: neubearbeitete oder Neuauflage.

Biologisch betrachtet…

... ist der Mensch ein schwaches Lebewesen: Ohne Fell der Kälte wie der Hitze ausgeliefert, ohne Flügel an die Erde gebunden, auf zwei Beinen von mäßiger Schnelligkeit, in den Reflexen vielen Tieren unterlegen, ohne Training dick und träge ... – hätte der Mensch nicht seinen Geist und (oder) sein Geld, er stünde arm da in der Welt.

Geist und Geld setzen ihm Flügel und machen ihm Beine und geben ihm Kräfte. Geld ist ein Ausgleich für allerlei Mängel.

Brunhilde Marquardt

Umwelterziehung zwischen Schmutz und Idylle – Politik in Umweltschutzkapiteln

Die zunehmende öffentliche Diskussion über Umweltverschmutzung und Umweltschutz ist auch an der Schulbiologie nicht spurlos vorbeigegangen. Während in den älteren Lehrplänen und Schulbüchern lediglich einige Passagen über den Schutz seltener Tiere und Pflanzen vorhanden waren, so enthalten beispielsweise fast alle nach 1970 erschienenen Schulbücher ein «Umweltschutzkapitel». Umweltverschmutzung und Umweltschutz sind also zu wichtigen Themen des Biologieunterrichts geworden.

Inwieweit die verstärkte Aufnahme des Themas auch die erwünschte Wirkung, nämlich umweltbewußtes Handeln bei Schülern, zur Folge haben könnte, soll hier anhand von Schulbüchern[1] untersucht werden.

Die Beantwortung dieser Frage ist davon abhängig, was eigentlich unter umweltbewußtem Handeln zu verstehen ist und wie dieses Ziel erreicht werden kann.

Reicht es aus, dem Schüler Informationen über das Problem Umweltverschmutzung zu vermitteln? Werden diese Informationen ihn zu umweltbewußtem Handeln bringen?

Welche Informationen sind im Hinblick auf das Ziel wichtig, nur naturwissenschaftliche oder auch darüber, wie man naturwissenschaftliches Wissen anwenden kann? Reicht Wissen allein aus, um umweltbewußt zu handeln oder muß nicht auch dieses Handeln gelernt werden? Kann der Schüler umweltbewußtes Handeln über die Hege und Pflege von Pflanzen und Tieren lernen?

Diese Fragen deuten verschiedene Vorstellungen darüber an, wie umweltbewußtes Handeln zu erreichen sei. In dem vorliegenden Beitrag wird umweltbewußtes Handeln als letztlich politisches Handeln verstanden.

Der Mensch ist nicht nur passives Mitglied des natürlichen Systems, sondern auch gestaltender und verändernder Teil. Er steht der Natur nicht hilflos gegenüber, sondern sie ist weitgehend unter seine Verfügung gestellt. Die Art und Weise, wie Menschen sich gegenüber der Natur verhalten, pflegerisch oder ausbeutend, ist vom Gesellschaftssystem bzw. Wirtschaftssystem abhängig. Menschliche Gesellschaften sind aber keine bloße Summe von Menschen, sondern nach Klassen gegliederte Gebilde, wo es um die Auseinandersetzung um Macht und Herrschaft geht.

Gerade bei Umweltproblemen stehen Interessen verschiedener Gruppen gegeneinander. Gesellschaftliche Interessenkonflikte beziehen sich also auch auf die Auseinandersetzung des Menschen mit der Natur. Somit ist der Mensch bei der Beschreibung der Beziehung Mensch–Natur nicht nur als biologisches, sondern auch als politisch handelndes Wesen angesprochen.

Was könnte dies für den Unterricht konkret heißen? Ursachen der Wasserverschmutzung mit eutrophierender Wirkung sind beispielsweise nicht nur biologisch-chemisch durch Belastung von Vorflutern mit Phosphaten zu erklären, sondern auch durch die ausführliche Frage nach den Verursachern, nach bestehenden Umweltgesetzen und deren Anwendung, nach Umweltprogrammen der Parteien. Ebenso wären biologisch-technische Maßnahmen zur Wasseraufbereitung auf dem Hintergrund ihrer tatsächlichen politischen und ökonomischen Durchsetzung zu sehen.

Weiter sollte dem Schüler deutlich werden, was er selbst für die Erhaltung einer gesunden Umwelt tun kann, beispielsweise die Möglichkeit einer (späteren) Mitarbeit in Bürgerinitiativen oder politischen Organisationen und das Einhalten umweltschonender Maßnahmen im eigenen Bereich. Im Unterricht diskutiert werden müßte auch, daß biologisches Wissen zwar notwendige Voraussetzung ist, um aktiv zu werden, aber allein nicht ausreicht, um dieses Wissen auch anzuwenden. Der Biologieunterricht könnte erste politische Aktivitäten wecken, indem Schüler zum Beispiel Interviews und Flugblattaktionen durchführen.

Unter Biologen mag sich Unbehagen breitmachen. Hat das noch etwas mit Biologieunterricht zu tun? Die Antwort lautet: Auch bei rein biologisch anmutenden Aussagen liegen implizit politische Vorstellungen vor, wie zum Beispiel in dem folgenden Schulbuchzitat:

«Im allgemeinen wird Lärm als Störung und Belästigung empfunden. Wir dürfen diesen aber nicht nur einseitig negativ sehen. Wie neuere Untersuchungen gezeigt haben, kann Lärm u. U. auch positiv wirken. So besitzen Flugplatzbewohner zwar eine geringere Konzentrationsfähigkeit, reagieren dafür um so schneller.» (Lange/Strauß/Dobers, 1972, S. 280).

Es besteht die Gefahr, daß Schüler durch solche Aussagen zu einer hinnehmenden Haltung erzogen werden, da alles nicht so schlimm sei und sogar Umweltschäden ihre positiven Seiten hätten. Fischer (1975, S. 7) sieht die Möglichkeit heimlicher politischer Bildung im Biologieunterricht wie folgt:

«Was wohl zumal von Naturwissenschaftlern und Didaktikern der Naturwissenschaften erkannt werden muß, ist dies: Auch sich ‹rein› fachwissenschaftlich gerierende Aussagen, die mit vorgeblich unpolitischen Sprachzeichen operieren, die sich um politische Bildung als Prinzip aller Fächer und Lehrinhalte herumdrücken und Sachverhalte als politische Problemlagen zu befragen, in qualitates occultae verflüchten, sind politische Bildung, allerdings regelmäßig und ausschließlich affirmativ politisch bildungswirksam.»

Auch im herkömmlichen Biologieunterricht geht also politisches Lernen vor sich, jedoch unbewußt und deswegen um so gefährlicher. Unbewußtes politisches Lernen ist nämlich besonders wirksam, da bewußte Abwehr- und Kontrollmechanismen kaum Korrekturen vornehmen können.

Aus einem Biologieunterricht, der sich bemüht, auch die gesellschaftliche Dimension der Umweltproblematik einzubeziehen, würden nicht die biologischen Fakten und Zusammenhänge verschwinden, sondern sie erscheinen *offen* und nicht *heimlich* in einem jeweils zu bestimmenden gesellschaftlich-politischen Kontext.

Will man die anfangs gestellte Frage nach dem Beitrag der Biologieschulbücher zu umweltbewußtem Handeln beantworten, so muß also besonders gezeigt werden, wie politische Bildung latent im Biologieunterricht vor sich geht. Denn sie kann umweltbewußtes Handeln im Sinne dieses Beitrags verhindern. Es ist jedoch zu berücksichtigen, daß der auch in dieser Fragestellung enthaltene Aspekt der Wirkungen von Schulbüchern bei Schülern nicht allein anhand einer Schulbuchanalyse beantwortet werden kann. Dazu wären Wirkungsanalysen erforderlich. Es lassen sich jedoch anhand der Schulbuchanalyse Anhaltspunkte für begründete Einschätzungen der möglichen Wirkungen bei Schülern zusammentragen. Dies geschieht über die folgenden Fragen:

- Welche Inhalte (naturwissenschaftliche und sozialwissenschaftliche),[2]
- welche politischen Ursachen und Lösungsmöglichkeiten des Umweltproblems

werden in den Schulbüchern angeboten

Begründet ist dieses Vorgehen folgendermaßen:

Als wichtige Voraussetzung für umweltbewußtes Handeln gilt hier auch die politische Dimension. Aus den Inhalten der Umweltschutzkapitel läßt sich bereits ablesen, ob Umweltprobleme rein biologisch oder auch im politischen Zusammenhang gesehen werden. Der politische Zusammenhang ist besonders bei den Ursachen und Lösungen des Umweltproblems gegeben. Deshalb werden beide obigen Analysefragen zunächst quantitativ (Seitenumfang, Zeilenumfang) beantwortet, jedoch in einem zweiten qualitativen Analyseschritt nur noch die Aussagen zu den Ursachen und Lösungen genauer unter die Lupe genommen.

Die Inhalte der Umweltschutzkapitel

Die folgenden Tabellen geben eine Übersicht der typischen Inhalte der Umweltschutzkapitel. Tabelle 1 enthält einen Katalog derjenigen naturwissenschaftlichen Inhalte, die in den Umweltschutzkapiteln der Schulbücher vorkommen. Die Prozentangaben beziehen sich jedoch nur auf die übergeordneten Themenkomplexe wie Wasserverschmutzung, Naturschutz etc.

Tabelle 2 zeigt die Aussagen zu den Ursachen in den Umweltschutzkapiteln der Schulbücher und Tabelle 3 zu den Lösungen des Umweltproblems (sozialwissenschaftlich erklärbare Aspekte.)

Tabelle 1

Wasserverschmutzung: (natürlicher Wasserkreislauf; Wasserhaushalt; Wasserbedarf; schädigende Stoffe; gesundheitliche Folgen; Auswirkungen auf Pflanzen und Tiere; biologische Selbstreinigung; Klärwerke; Methoden zur Wasseruntersuchung; Verschmutzung des Süßwassers; Verschmutzung der Meere)	28 %
Naturschutz: (Verdrängung der Naturlandschaft zur Kulturlandschaft; Urbanisierungsprobleme; Motive für Naturschutz; Pflanzenschutz; Tierschutz; Landespflege)	21 %
Luftverschmutzung: (schädliche Bestandteile der Luft; gesundheitliche Auswirkungen; Auswirkungen auf Pflanzen und Tiere; Sauerstoffbedarf des Menschen; Kreislauf des Sauerstoffes; Smog)	13 %
chemische Schädlingsbekämpfung: (Bekämpfungsmittel; Vorteile chem. Schädlingsbekämpfungsmittel; Wirkungen auf Pflanzen und Tiere; Wirkungen von DDT)	9 %
Welternährung: (These von Malthus; landwirtschaftliche Überflußgebiete; Hungergebiete; naturwiss. Lösungsmöglichkeiten des Hungerproblems)	9 %
Müll: (Zusammensetzung des Mülls; Menge des Mülls; Arten der Müllablagerung und deren Folgen; natürliche Selbstreinigung des Bodens)	7 %
Weltbevölkerung: (Bevölkerungsentwicklung; Phasen der europäischen Bevölkerungsentwicklung; Situation der Bevölkerungsentwicklung in Industriestaaten, in Entwicklungsländern)	6 %
Lärm: (unterschiedliche Wirkung des Lärms; gesundheitliche Folgen beim Menschen; Lärmmessung)	4 %
biologische Schädlingsbekämpfung: (Einsatz natürlicher Feinde; falsch verstandene Schädlingsbekämpfung; Sterilisation)	3 %

Tabelle 2

nationale und internationale gesetzliche Maßnahmen: (z. B. Benzin-Bleigesetz)	46 %
Maßnahmen von seiten der Industrie: (Reinigung der Abgase durch Elektronenstaubsauger etc.)	14 %
Maßnahmen von seiten der einzelnen: (Appelle wie: jeder einzelne muß zur Lösung des Umweltproblems beitragen; Aufforderungen, Energieverbrauch zu mindern etc.)	14 %
Schwierigkeit der Durchsetzung politischer Maßnahmen	9 %
staatliche Maßnahmen	7 %
globale Maßnahmen	2 %
ökologisch sinnvolle Produktion	4 %
Rolle von Politik	2 %
Rolle von Wissenschaft	1 %
Einschätzung der Lösbarkeit des Umweltproblems	1 %

Tabelle 3

Verursacher (Gemeinden, Industrie, Kraftfahrzeuge)	52 %
anthropologische Erklärungen (der Mensch, wir alle)	23 %
Technik	6 %
Zunahme der Bevölkerung	5 %
Konsum-Wohlstandsorientierung	5 %
industrieller Fortschritt	3 %
mangelnde Beachtung der Naturgesetze	2 %
wachsende Produktion	1 %
Wachstumsideologie	1 %
steigender Wohlstand	1 %
gestörtes Verhältnis Mensch–Umwelt	1 %

Betrachtet man die naturwissenschaftlichen Inhalte (Tabelle 1), so sind sie mit ca. 80% am umfangreichsten vertreten. Der Schüler erhält ein breites Spektrum von Informationen über den Zustand belasteter Ökosysteme. Über diese Inhalte scheint die Möglichkeit zur Anbahnung umweltbewußten Handelns beim Schüler gegeben.

Wie sieht es bei den übrigen Inhalten der Umweltschutzkapitel aus?

Aus den Tabellen wird deutlich, daß, gemessen am Seitenumfang der Umweltschutzkapitel (ca. 16 Seiten), die sozialwissenschaftlich erklärbare Dimension (Ursachen, Lösungen) zwar relativ gering vertreten ist, für Biologieschulbücher es jedoch erstaunlich ist, daß diese Dimension überhaupt mit 20% enthalten ist. Es bleibt also als erstes positives Ergebnis festzuhalten, daß sich die Schulbuchautoren um gesellschaftliche Aussagen bemühen und damit auf eine rein biologische Darstellung des Umweltproblems verzichten.

Schaut man sich Tabelle 2 und 3 jedoch genauer an, so fällt auf, daß eine Vielzahl für das Verständnis von Umweltproblemen wichtiger Aspekte fehlt. So zum Beispiel die Diskussion über widersprechende Interessen bei Fragen der Umweltpolitik, über verschiedene Parteiprogramme zu Umweltproblemen, über Schwierigkeiten der Kontrolle von Umweltgesetzen, über das Fehlen von Ausführungsverordnungen, über die Unverhältnismäßigkeit der Höhe des Strafmaßes bei «kleineren» Umweltvergehen im Vergleich zu «größeren» etc. Die Liste ließe sich fortführen.

Im folgenden sollen nun die Aussagen zu den Ursachen und Lösungen anhand einiger anschaulicher Beispiele unter die Lupe genommen werden.

Diese Beispiele sind nicht repräsentativ ausgewählt worden und nicht unbedingt charakteristisch für das jeweilige Umweltschutzkapitel insgesamt. Der Leser möge anhand der Umweltschutzkapitel aber selber beurteilen, ob nicht auch solche gezielt ausgewählten Beispiele hilfreich zur Beurteilung der übrigen Aussagen sein können.

Der Mensch als Verursacher der Umweltkrise?

«Leichtsinnig leiten wir Millionen Tonnen Abwässer in Flüsse und Meere.» (Gerhard/Dircksen/Höner, 1974, S. 78)

«Auf der Jagd nach dem Fortschritt und dem wirtschaftlichen Erfolg hat *der Mensch* eine ganze Reihe von umfangreichen Veränderungen verursacht, die nicht immer segensreich verliefen.» (Duderstadt/Scholz/Winkel, [5]1973, S. 192)

Anstelle einer adäquaten Ursachenanalyse werden in den obenzitierten Passagen globale anthropologische Erklärungsmuster verwandt, wo die Ursachen des Umweltproblems vorschnell aus ewig menschlichem Versagen abgeleitet werden. Solche Passagen «erklären» gesellschaftliche Prozesse nach seinsgebundenen, übergeschichtlichen Kategorien, die gegenwärtige Entwicklungen als «naturgegeben» und somit als unabänderlich erscheinen lassen können.

Natürlich sind meist Menschen und nicht Naturvorgänge für die Umweltverschmutzung verantwortlich. Diese Menschen gehörten bzw. gehören Klassen an und handelten nach bestimmten Interessen. Diese ergeben sich jedoch nicht unmittelbar aus «der Natur des Menschen», sondern sind gesellschaftlich bedingt. Das Gerede von der Schuld des Menschen kann von den tatsächlichen Verursachern der Verschmutzung vieler Ökosysteme ablenken.

Die Industrie, die Haushalte ...
Verursacher der Umweltkrise?

1. «Nicht nur aus dem Trinkwasser drohen Menschen dichtbesiedelter Gebiete Schäden, sondern auch aus der verschmutzten Luft. (...) Jährlich regnen auf das Bundesgebiet 2,5 Millionen Tonnen Staub nieder, der aus industriellen Anlagen und Haushaltungen stammt. Hinzu kommen 5 Millionen Tonnen Schwefeldioxid. (...)

Ein großer Teil der Luftverschmutzung geht in unseren Städten zu Lasten der Kraftfahrzeuge. 1967 gaben die Kraftfahrzeuge in der BRD 3,7 Millionen Tonnen des giftigen Kohlenmonoxids ab, 470000 Tonnen Kohlenwasserstoffe, 55000 Tonnen Schwefeldioxid, 44000 Tonnen Ruß und 5300 Tonnen Blei.» (Blume u. a., 1971, S. 175)

2. «Beispielsweise werden zur Erzeugung einer Tonne Kohle 5, einer Tonne Stahl 20, einer Tonne Benzin 90 und einer Tonne Kunstfaser 740 m^3 Wasser verbraucht. Dieses Wasser wird den Strömen und dem Grundwasser entnommen. Die Abwässer der Fabriken werden auch heute noch unvollkommen gereinigt den Flüssen zugeleitet. Eine vierköpfige Familie erzeugt pro Jahr 150 bis 180 m^3 Abwasser. In vielen Gebieten wird es sogar ungeklärt in die Flüsse geleitet. Es ist jedoch wenig in bezug auf die Menge, die die Industrie einleitet. Man hat berechnet, daß der Rhein bei Konstanz täglich 500, unterhalb des Ruhrgebietes jedoch 30000 t chemischer Salze transportiert.» (Duderstadt/Scholz/Winkel, [5]1973, S. 192)

Dies sind zwei typische Beispiele für die Angabe der Verursacher der Wasser- und Luftverschmutzung. In beiden Texten sind Zahlen exakt nebeneinandergestellt und enthalten durchaus wichtige Informationen.

Zahlen bekommen jedoch erst dann einen Sinn, wenn sie in einem Kontext interpretiert werden, der die Interessen der verschiedenen Verschmutzergruppen (zum Beispiel die Diskussion: weniger verschmutzende industrielle Verfahren haben weniger Arbeitsplätze zur Folge) miteinbezieht. Im zweiten Zitat werden immerhin nicht nur Zahlen gegenübergestellt, sondern auch verglichen. Damit wäre ein erster interpretierender Schritt getan.

Die Darstellung der Verursacher in den Umweltschutzkapiteln ist durchaus verständlich, da sie dem exakten naturwissenschaftlichen Vorgehen entspricht.

Dahinter steht vermutlich das Bemühen, durch eine Interpretation der Zahlen eine politische Aussage zu vermeiden; der Schüler soll sich aus den Zahlen selbst ein Urteil bilden. Das Verschweigen der hinter den Zahlen stehenden Interessen kann jedoch ebenfalls von den eigentlichen Ursachen des Umweltproblems ablenken.

Die Technik oder der Fortschritt als Verursacher

«Der technische Fortschritt hat uns neben vielen Vorteilen auch Nachteile gebracht.» (Lange/Strauß/Dobers, 1971, S. 272)

«Bei seiner Ausbreitung über die Erde hat der Mensch große Teile der Erdoberfläche umgestaltet. Er hat durch die Landwirtschaft, durch die Verstädterung und seit dem 19. Jahrhundert durch die Industrialisierung viele Landstriche ihrem Naturzustand entrissen und seinen Zwecken dienlich gemacht.» (Blume u. a., 1971, S. 173)

Weitere Erläuterungen zur Bedeutung der Technik, der Industrialisierung oder des Fortschritts für die Ursachen des Umweltproblems finden sich in den Umweltschutzkapiteln meist nicht. Zwar sind die Aussagen der Schulbücher nicht falsch, für den Schüler müssen sie jedoch unklar bleiben, da es Leerformen ohne Erklärungscharakter und ohne eigene Substanz sind.

Bemüht der Biologe beispielsweise Begriffe wie «die Technik» oder «der Fortschritt», ohne sie weiter zu erläutern, so stellt er sie unhinterfragt dar. Diese Begriffe drücken jedoch im Grunde genommen bestimmte gesellschaftliche Verhältnisse aus. Durch die Errungenschaften der Technik ist es möglich geworden, die Natur zu beherrschen. Ob die technischen Möglichkeiten jedoch im Hinblick auf die Lösung erdumfassender Probleme eingesetzt wurden bzw. werden oder im Sinne der Profitmaximierung, ist nicht von der Technik abhängig, sondern davon, in welchem und wessen Interesse sie verwandt wird. Benutzt der Biologe zum Beispiel den Begriff «Technik» wertfrei, so besteht die Gefahr, daß die Technik zu einem gegebenen Tatbestand verdinglicht wird. Der Effekt der politischen Bildung kann sich dadurch ergeben, daß Technik als etwas vom Menschen Unbeeinflußbares erscheint. Die Technik schafft danach Sachzwänge, denen Menschen ohnmächtig ausgeliefert sind.

Regierung und Industrie unternehmen viel

«Seit einigen Jahren bemühen sich Industrie und Regierung, die Luftverseuchung zu verringern. Die Industrie bringt Milliardenbeträge auf, um durch geeignete Filteranlagen die Abgase zu entgiften. Die Regierung errichtet Überwachungsdienste, um Luftverunreinigungen aufzuspüren, zu kontrollieren und notfalls gegen die Schuldigen gesetzlich vorzugehen.» (Gerhard/Dircksen/Höner, 1974, S. 77)

Aussagen dieser Art finden sich in den meisten Schulbüchern. Bloßes Aufzählen gesetzlicher Verordnungen und industrieller Maßnahmen kann jedoch den Eindruck vermitteln, daß genügend gegen Umweltverschmutzung unternommen wird. Zwar sind Regierung und Industrie nicht tatenlos geblieben, aber der noch immer bedrohliche Zustand der Umwelt belegt, daß diese Maßnahmen noch nicht ausreichend waren.

1. «Ab 1. 1. 1972 ist in der Bundesrepublik der Bleigehalt des Benzins zwar durch Gesetz verankert worden, doch glaubt man noch nicht ganz auf Bleizusatz verzichten zu können. Die führenden Autofirmen stecken Millionenbeträge in die Entwicklung von Motoren, deren Abgase weitgehend entgiftet sind. Doch die Entwicklung solcher Motoren ist langwierig.» (Gerhard/Dircksen/Höner, 1974, S. 75)

2. «Alle diese Schäden können verhindert werden, allerdings um einen hohen Preis. Es ist technisch möglich, Autoabgase weitgehend zu entgiften. Wenn das zur Zeit noch nicht geschieht, so liegt das einzig daran, daß man nur an kurzfristig zu erzielende Gewinne und nicht an langfristig sich auswirkende Schädigungen denkt.» (Blume u. a., [2]1971, S. 176)

Dafür sind beispielsweise die mangelnde Kontrolle der Einhaltung der Gesetze und die vorwiegend profitorientierte und nicht umweltorientierte Produktionsweise verantwortlich zu machen. Erklärungen dieser Art finden sich jedoch erst ansatzweise in den Schulbüchern.

Der erste Schulbuchtext sieht die Entwicklung von Motoren mit weitgehend entgifteten Abgasen als technisch langwierig an. Im zweiten Schulbuchtext wird die Entwicklung solcher Motoren nicht als technisches, sondern als ökonomisches Problem dargestellt.

Vergleicht man die beiden Texte, so bleiben einige Fragen ungeklärt:

- Steht das Verhältnis der Ausgaben der Industrie etwa für das Styling eines neuen Automodells und für Abgasentgiftung in einer angemessenen Beziehung zu dem jeweiligen gesellschaftlichen Nutzen?
- Sollte sich herausstellen, daß Autos mit weitgehend entgifteten Abgasen für ihre herkömmliche Verwendung unpraktikabel sind, müssen dann nicht andere Lösungen, zum Beispiel Ausweitung des öffentlichen Verkehrswesens in Angriff genommen werden?

Durch die undifferenzierte Behandlung des Themas Luftverschmutzung wird im ersten Schulbuchtext von weitreichenden Lösungsmöglichkeiten abgelenkt. Da die Industrie ja schon ihr Bestes tut, bleibt eigentlich nichts anderes übrig, als hoffnungsvoll die Erfolge ihrer Anstrengungen abzuwarten (zum zweiten Schulbuchtext vgl. den späteren Abschnitt «Deutlich ist unerwünscht . . .»).

Gefahr erkannt, Problem gelöst?

«Es deutet allerdings heute vieles darauf hin, daß die Gefahren allgemein erkannt werden, die von den unüberlegten Eingriffen in unseren Lebensraum ausgehen. An vielen Orten werden Gegenmaßnahmen getroffen und strenge Gesetze gegen Umweltverschmutzer erlassen.» (Gerhard/Dircksen/Höner, 1974, S. 75)

Dieser Text wirkt sehr beruhigend, das Umweltproblem ist erkannt und es werden genügend Maßnahmen ergriffen. Was soll das Gerede über Umweltverschmutzung? Ein Blick nach draußen in eine deutsche Großstadt oder in die Zeitung widerlegen, daß dem so ist. Der Schulbuchtext zeigt nicht auf, daß, um die Verschmutzung wichtiger Lebensräume zu verhindern, Gesetze allein nicht ausreichen, wenn nicht auch gleichzeitig ihre Einhaltung kontrolliert wird. Kontrollen geschehen jedoch erst noch sehr wenig, und außerdem sind die Betriebe oft vorgewarnt, so daß sie entsprechende Vorkehrungen für eine Kontrolle treffen können.

Vergessen wird in den Aussagen des Schulbuchs auch, daß zum Beispiel die Industrielobby verhindern kann, daß Gesetze nach biologischen, umweltschützerischen Gesichtspunkten getroffen werden. So wurde beispielsweise ein wirksames Wasserabgabengesetz verhindert. Es ist heute für die Industrie noch billiger, für eingeleitetes verschmutztes Wasser Gebühren zu bezahlen, als das Wasser gereinigt in die Flüsse zurückzugeben.

Ausführungen wie die oben zitierten entsprechen also nicht den tatsächlichen Sachverhalten, sie vermitteln ein harmonisierendes Bild. Es ist zu vermuten, daß Schüler durch solche Informationen eher zu einer passiven als zu einer umweltbewußten Haltung kommen.

Jeder einzelne, wir alle müssen das Umweltproblem lösen

«Aufgabe der Bürger ist allgemein ein überlegtes Umweltverhalten, ob wir Lärm vermeiden, sparsamer mit Reinigungsmitteln umgehen oder auf unnötiges Verpackungsmaterial verzichten – durch unzählige vernünftige Überlegungen können wir zur Schonung unserer Umwelt beitragen. Nur: tun müssen wir es.» (Duderstadt/Scholz/Winkel, ^{5}1973, S. 199)

Appelle an das Verantwortungsbewußtsein jedes einzelnen, wie die oben zitierten, sind in vielen Schulbüchern zu finden. Sie ergeben sich durchaus folgerichtig aus der Behandlung der Verursacherproblematik in den Schulbüchern: Der Mensch, wir alle, haben die Umweltverschmutzung verursacht, also müssen wir und jeder einzelne etwas zur Lösung des Problems beitragen. Diese Appelle mißverstehen jedoch, daß die Macht des einzelnen minimal ist.

Appelle an jeden einzelnen suggerieren nämlich, daß ein einzelner beispielsweise durch den Verzicht auf Plastikeinkaufstüten die Umweltverschmutzung vermindern könne. Eine solche Maßnahme, gleichzeitig durchgeführt von einer großen Anzahl von Haushalten, hätte da eher Chancen. Würde Schülern aufgezeigt, daß sie beispielsweise in einer Bürgerinitiative den Boykott von Plastiktüten organisieren können, so würde deutlich, daß nicht durch Individualverhalten allein, sondern durch politische Verhaltensweisen etwas gegen die Umweltproblematik zu unternehmen ist. Appelle an jeden einzelnen bleiben jedoch auf Individualverhalten beschränkt,

«soziale, gar politische Verhaltensweisen werden derart nicht erreicht, voraufgebaut, stabilisiert – auf die aber kommt es angesichts der Umweltproblematik an» (Fischer, 1975, S. 5).

Die Kosten für Umweltmaßnahmen trägt der kleine Mann

«Die Mittel zur Bekämpfung von Umweltgefahren müssen erwirtschaftet werden. Billig sind sie nicht. Eine Verteuerung der Lebenshaltung ist unausweichlich. Jeder einzelne bekäme die Verteuerung zu spüren. Er muß bereit sein, diese Lasten auf sich zu nehmen, wenn er gesünder leben will. Wir alle müssen lernen, daß in einer modernen Industriegesellschaft Gesundheit einen hohen Preis kostet.» (Blume/Fels, 1975, S. 131f)

Sind diese Äußerungen in ihrer Absolutheit aufrechtzuerhalten? Stimmt es wirklich, daß der einzelne, das heißt nur der kleine Mann für eine bessere Umwelt zahlen muß? Wird der Schüler hier nicht zu einem kritiklosen Steuergeldzahler erzogen? Wie steht es eigentlich mit den Industrieunternehmen? Wieso verdient die Industrie sogar noch an der

Umweltverschmutzung, indem sie staatlich subventionierte Verfahren und Geräte zur Säuberung von Wasser usw. entwickelt? Dies sind Fragen, die sich aus den Lösungsvorschlägen einiger Schulbücher ergeben.

«Es geschieht viel zu wenig, sagen die Wasserexperten, wir müssen Kläranlagen bauen noch und noch. Vielleicht können wir dann den jetzigen Stand halten. Industriebetriebe, Bundesregierung, Landesregierung und Gemeinden geben sehr viel Geld aus, um die Abwässer zu reinigen. Trotzdem wird in den nächsten Jahren nicht so viel Geld zur Verfügung stehen, daß alles Abwasser geklärt in die Flüsse eingeleitet werden kann.» (Gerhard/Dircksen/Höner, 1974, S. 78)

Auch hier wird vorbereitet, daß der Schüler die notwendigen Opfer einsieht. Da kein Geld vorhanden ist, wird er es wohl zahlen müssen. Gefragt wird jedoch nicht, warum kein Geld zur Verfügung stehen wird.

Deutlich ist unerwünscht – oder Schulbuchzensur?

Vergleicht man zwei Schulbücher von Klett, und zwar «Der Mensch» von Blume u. a. (1971) und «Das Leben 3» von Blume/Fels (1975), so fällt eine Veränderung in der Tendenz in den Umweltschutzkapiteln auf. Im neuesten Buch («Leben 3») findet sich ein überarbeiteter Text des Menschenkundebandes. Einige Veränderungen, die dabei passierten, sind recht aufschlußreich.

1. «Alle diese Schäden können verhindert werden, allerdings um einen hohen Preis. Es ist technisch möglich, Autoabgase weitgehend zu entgiften. Wenn das zur Zeit noch nicht geschieht, so liegt das einzig daran, daß man nur an kurzfristig zu erzielende Gewinne und nicht an langfristig sich auswirkende Schädigungen denkt. (. . .)

Wir sehen also, daß der Mensch den Folgen der Industrialisierung nicht so hilflos preisgegeben sein müßte. Es kommt darauf an, daß der Staat durch gesetzliche Maßnahmen das Interesse der Allgemeinheit über die Interessen einzelner Gruppen der Gesellschaft stellt.» (Blume u. a., 1971, S. 176)

2. «Die Gefahren der Luftverpestung kann man mildern, allerdings wiederum nur um den Preis hoher Kosten. Industrieabgase müssen entstaubt werden. Die Giftgase kann man beseitigen, wenn man die Abgase durch Wasserfontänen schickt. Autos kann man weitgehend entgiften. Solche Entgiftungsanlagen würden die Autopreise beträchtlich erhöhen. (. . .)

Die Mittel zur Bekämpfung von Umweltgefahren müssen erwirtschaftet werden. Billig sind sie nicht. Eine Verteuerung der Lebenshaltung ist unausweichlich. Jeder einzelne bekäme diese Verteuerung zu spüren. Er muß bereit sein, diese Lasten auf sich zu nehmen, wenn er gesünder leben will. Wir alle müssen lernen, daß in einer modernen Industriegesellschaft die Gesundheit einen hohen Preis kostet.» (Blume/Fels, 1975, S. 131)

Während im ersten Text der Grund dafür genannt wird, warum so wenig für eine saubere Umwelt geschieht, fällt dieser Grund im zweiten Text weg. Auch bei den Lösungsvorschlägen weichen beide Texte erheblich voneinander ab. Wie kam diese Änderung zustande? War der erste Text zu deutlich? Im ersten Text war noch von Profitinteressen die Rede, im zweiten Text geht wieder alles zu Lasten «des kleinen Mannes». Er soll darauf vorbereitet werden, daß er Opfer bringen soll.

Zusammenfassung und Konsequenzen

Sieht man die Ergebnisse auf dem Hintergrund der anfangs vorgeführten Fragestellungen, so ergibt sich folgendes Bild. Ob die Umweltschutzkapitel zu umweltbewußtem Handeln erziehen, darüber lassen sich nur Vermutungen anstellen. Gezeigt wurde, daß der Schüler eine Vielzahl von Informationen über den gefährdeten Zustand der Lebensräume erhält.

Es ist jedoch fraglich, ob Schüler ihr Wissen auch einsetzen können, da ihnen kaum politische Handlungsmöglichkeiten aufgezeigt werden. Die Schulbuchautoren haben erkannt, daß bei der Behandlung von Umweltproblemen auch die Frage nach Ursachen und Lösungen von Bedeutung sind, deshalb haben sie diese Aspekte auch berücksichtigt. Dieses Bemühen ist positiv zu bewerten. Von einer adäquaten Ursachenanalyse kann jedoch nicht die Rede sein.

Es besteht sogar die Gefahr, daß mangelhafte oder falsche Aussagen über Verursacher, über die Schuld des Menschen und die der Technik politisch wirksam werden können, da sie die Ursachen des Umweltproblems verschleiern. Ebenso können undifferenziertes Aufzählen der Gegenmaßnahmen von staatlicher und industrieller Seite und apolitischer Handlungsperspektiven den «kleinen Mann» darauf vorbereiten, daß er die Kosten zu tragen hat.

Auch durch diese Art der Behandlung wird politische Bildung betrieben, jedoch eine, die Schüler vermutlich bestehende Verhältnisse als gegeben ansehen und Alternativen nicht in ihr Blickfeld gelangen läßt.

Es bleibt die Frage nach den Konsequenzen. Biologielehrer sind aufgrund ihrer Ausbildung meist nicht in der Lage, auch den sozialwissenschaftlichen Aspekt des Themas Umweltverschmutzung adäquat zu behandeln. Sie benötigen also Materialien, die ihnen bei diesem Aspekt helfen.

Hierbei kann der Lehrer bereits auf einige Schulbücher zurückgreifen. So zieht sich durch das Umweltschutzkapitel von «Biologie vom 7. Schuljahr an» von Duderstadt/Scholz/Winkel, [5]1973, als Leitlinie das kritische Hinterfragen des sogenannten Fortschritts in der zivilisierten Welt.

In dem Schulbuch von Kattmann/Palm/Rüther (1975) wird den Schülern durch den Charakter eines Arbeitsbuches (zur Diskussion anregende Texte, konkrete Untersuchungsmethoden zu verschmutztem Wasser) eher ermöglicht, sich kritisch mit Umweltverschmutzung auseinanderzusetzen. Außerdem betont dieses Buch auch den globalen Charakter des Problems und klammert Überlegungen zur Lösung von Umweltproblemen nicht aus.

Das Umweltschutzkapitel des Linder/Hübler (1976) fällt besonders durch die umfangreiche, informative Analyse der Ursachen der Umweltbelastung und der Möglichkeiten zur Abhilfe auf (ca. 4 Seiten). Bei der Frage der Ursachen werden die von anderen Schulbüchern benutzten abstrakten Begriffe wie zum Beispiel Wirtschaftswachstum an Beispielen konkretisiert. Zusammenhänge zwischen Produktion und Werbung sind aufgeführt, ebenso wie das Verursacherprinzip. Bei der Diskussion um Lösung des Umweltproblems werden neben technisch-biologischen auch politische Maßnahmen aufgezeigt, zum Beispiel Gesetze. Gleichzeitig wird problematisiert, welche Erfolge gesetzliche Maßnahmen versprechen und welche Probleme bei der Gesetzgebung bestehen. Bedauerlich ist nur, daß an sich richtige Einsichten in diese Problematik wieder relativiert werden.

Eine andere Möglichkeit, die politische Dimension des Themas Umweltverschmutzung in den Biologieunterricht einzubeziehen, ist eine Schulbuchanalyse mit den Schülern. Beispielsweise könnten Schulbuchtexte mit den von Schülern gesammelten Zeitungsausschnitten konfrontiert werden. Wie man dabei vorgehen kann, zeigt die ausführliche Analyse eines Zeitungstextes bei Dahl/Palmstierna/Sandegård (1974, S. 72f).

Zusätzlich müßten integrierte Unterrichtsmaterialien für das Thema Umweltverschmutzung entwickelt werden (vgl. auch die vorgestellten Materialien in diesem Buch).

Anmerkungen

1 Die Analyse berücksichtigt alle Schulbücher der Sekundarstufe I, die nach 1970 erschienen und ein Umweltschutzkapitel enthalten (mindestens 2 Seiten).
Die nach 1975 erschienenen Schulbücher, die ein Umweltschutzkapitel enthalten, werden nicht berücksichtigt. Die Analyseergebnisse treffen auch für die neueren Schulbücher zu.

2 Unter naturwissenschaftlichen Inhalten sind alle Begriffe und Aussagen gefaßt, die sich naturwissenschaftlicher Aussagen bei Themen wie Verschmutzung von Luft und Wasser oder bei Müllproblemen bedienen. Unter sozialwissenschaftlich erklärbaren Aspekten des Umweltproblems werden soziologische, anthropologische und ökonomische Begriffe wie zum Beispiel Industrialisierung, Bevölkerungswachstum, Gesetze etc. verstanden.

Literatur

Blume, D., Fels, G.: Das Leben. Bd. 3, Organismus und Umwelt, Ausgabe H, Stuttgart 1975, Klett

Blume, D., Fels, G., Homolka, T., Kuhn, K., Liesenfeld, F.-J.: Der Mensch, Ausgabe A/B, Stuttgart 1971, Klett

Dahl, B., Palmstierna, H., Sandegård, E., übersetzt und bearbeitet von Jacobi, P.

und Maier, L.: Bedrohte Umwelt, Weinheim und Basel 1974, Beltz
Duderstadt, H., Scholz, E.-F., Winkel, G.: Biologie vom 7. Schuljahr an, Frankfurt, Berlin, München 1973, Diesterweg
Fischer, K. G.: Möglichkeiten und Grenzen einer Integration sozio-ökonomischer und naturwissenschaftlicher Inhalte in einem Ökologie-Unterricht, unveröff. Ms.
Garms, H.: Lebendige Welt, Neuausgabe, Biologie 5/6, Braunschweig 1973, Westermann
Gerhardt, A., Dircksen, J., Höner, P.: Biologie 5/6, München 1971, Bayerischer Schulbuch-Verlag
Kattmann, U., Palm, W., Rüther, F.: Kennzeichen des Lebendigen 9/10. Mensch und Biosphäre, Düsseldorf, Braunschweig 1975, Vieweg
Kruse, E., Stengel, E.: Das Leben 3. Allgemeine Biologie und Menschenkunde. 9./10. Schuljahr, Stuttgart 1971, Klett
Lange, F., Strauß, E., Dobers, J.: Biologie 3, Hannover 1972, Schroedel
Linder/Hübler: Biologie des Menschen, herausgegeben von Schaefer, G., Stuttgart 1976, Metzlersche Verlagsbuchhandlung.

Boje Maaßen

Ökologie und Umweltschutz in der Schule

1. Wirtschaft, Ökologie und Biologieunterricht

1. 1. Wirtschaft und Ökosysteme

Brokdorf und die anderen bestehenden oder geplanten Atomkraftwerke sind wichtiger Bestandteil – und wohl auch Symbol – für eine Wirtschaftsweise, die ohne Rücksicht auf biologisch-ökologische Bedingungen und die Bedürfnisse der Bürger fortgeführt wird, und die ständig – im Namen des Wirtschaftswachstums – weiter ausgebaut wird.

Dieser Aspekt der ökologischen Debatte scheint mir bisher fast einem Denktabu unterworfen zu sein. Deshalb dazu einige Bemerkungen.

Das Wirtschaften ist, in biologischen Kategorien, der Stoffwechsel der Menschen, bzw. der menschlichen Gattung. Es ist notwendig für ihr Überleben. Doch bedeutet «Wirtschaften» ganz allgemein betrachtet, für die jeweiligen Ökosysteme in der Regel Beeinträchtigung bis Zerstörung durch

- den Rohstoffabbau,
- die bei der Produktion und den Transportleistungen entstehenden Emissionen und
- die Beseitigung der funktionslos gewordenen Produkte.

Die ökologische Kritik richtet sich gegen eine Wirtschaft, die glaubt, sich über ökologische Grenzen hinwegsetzen zu dürfen, und die somit die Lebensgrundlage zukünftiger Generationen zerstört. Außerdem ist es noch lange nicht ausgemacht, ob die tendenziell total werdende Warengesellschaft den Bürgern von Nutzen ist.

Ohne Zweifel gehört die Wirtschaft unseres Landes mit ihren anvisierten Wachstumsraten zu denen, die ökologische Destruktion größten Ausmaßes durchführen. Eine vollständige Bestandsaufnahme – auch annäherungsweise – gibt es nicht. Hier können nur einige Fakten genannt werden, die die Aussage von der ökologischen Destruktion überzeugend belegen:

- Die Hälfte der rund 490 Wirbeltierarten sind in der Bundesrepublik Deutschland vom Aussterben bedroht.
- Von 240 in der Bundesrepublik Deutschland brütenden Vogelarten sind 105 bedroht oder bereits ausgestorben.
- Ca. 40 % der etwa 2300 Arten von Farn- und Blütenpflanzen gelten als bedroht, 50 sind schon ausgestorben, 180 stehen an der Schwelle des Aussterbens.
- Täglich gehen über 110 Hektar Land durch Bebauung verloren.
- Trotz allergrößter finanzieller Bemühungen auf dem Gebiet der Wasserreinigung (reines Wasser ist ein wichtiger Produktionsfaktor!) wurde insgesamt gesehen keine Verbesserung der katastrophalen Wasserverhältnisse erreicht.
- Von den ursprünglichen Mooren sind etwa 90 % in Weide- und Akkerland umgewandelt worden, was z. B. vielen Vogelarten die Existenzgrundlage genommen und so das ökologische Gleichgewicht gestört hat.

Daß diese Aussagen Realität wiedergeben, muß meiner Ansicht nach nicht unbedingt durch wissenschaftlich fundierte Globalzahlen belegt werden. Wer aufmerksam die Veränderungen in der Ökologie seiner Landschaft verfolgt hat, kommt sicherlich zu den gleichen Ergebnissen. Jedenfalls:

Die Erhaltung der Biosphäre ist gegenwärtig die wichtigste Aufgabe, vor der besonders die Gesellschaften in den fortgeschrittenen Industrieländern, aber auch in allen anderen Ländern, stehen. Dabei fällt der Ökologie eine entscheidende Rolle zu.

1. 2. Konsequenzen für den Biologielehrer und seinen Unterricht

Diese Tatsachen und ihre Zusammenhänge müssen sowohl in der Biologie als auch im Biologieunterricht in ihrer ganzen Gewichtigkeit aufgenommen werden. Ein Biologe darf auf keinen Fall zulassen, daß die Biosphäre, also der Gegenstand seiner Arbeit, nahezu tagtäglich vor seinen Augen Stück für Stück vernichtet wird.

Da diese ökologischen Fragen bisher nur von wenigen als politische Fragen erkannt wurden, geht es zunächst noch nicht darum, daß die Biologielehrer nun politische Maximalforderungen erfüllen sollen.

Es wäre – als erster Schritt – bereits viel gewonnen, wenn jeder Biologe im Unterricht und in der Öffentlichkeit aussagt, in welchem gefährdeten Zustand sich die Mehrzahl unserer Ökosysteme befinden und welche Folgen dies haben wird. Dann wäre als zweiter Schritt der Aufweis der Kausalbeziehungen zwischen gegenwärtiger Wirtschaftsweise und Umweltzerstörung nötig. Erst darauf aufbauend sollte dann

– als dritter Schritt – die Frage nach den politisch-gesellschaftlichen Ursachen und Bedingungen dieser Entwicklung diskutiert und nach Alternativen gesucht werden.

2. Die derzeitige Situation im Biologieunterricht – Beispiel Lehrpläne

Hauptaufgabe der Schule war, ist und wird immer sein, Wissen und Fähigkeiten zu vermitteln, die für das jeweilige gesellschaftliche System und deren Mitglieder für notwendig erachtet werden. Eine solche abstrakte Aussage verdeckt natürlich, wer und für wessen Interessen die Ziele definiert und durchgesetzt werden. Didaktik ist also im Kern «not-wendend». Dies sollte insbesondere für die Biologiedidaktik gelten. Erfüllt sie eine solche Aufgabe? Teilweise Antwort auf diese Frage geben die Ergebnisse einer Untersuchung, die ich an Lehrplänen und Unterrichtsmaterialien zum Bereich Ökologie–Umweltschutz durchgeführt habe.[1]

Dabei habe ich alle die Lehrpläne und Unterrichtsmaterialien als «ökologisch» betrachtet, die solche Problemfelder betreffen, und in die Untersuchung aufgenommen, die in der öffentlichen Umweltschutzdebatte intensiv diskutiert wurden wie: Wasser, Luft, Boden, Natur- und Landschaftsschutz, Urbanisierungsprobleme, Raumplanung, Bevölkerungsexplosionen, Qualitätsverluste der Nahrung und die Problematik der Atomkraftwerke. Weiter Ursachen und Alternativen auf verschiedenen Ebenen und Bereichen (Recht, Ethik, Gesellschaftspolitik usw.), und schließlich die Frage, wie die Umweltschutzprobleme mit der ökologischen Theorie zu begreifen und zu erklären sind.

Hier sollen aus Platzgründen lediglich die Ergebnisse der Lehrplananalyse dargestellt werden. Daran anschließend folgt eine kurze Bestandsaufnahme der Defizite, und zum Abschluß wird eine Reihe von Alternativvorschlägen zur Diskussion gestellt.

Lehrpläne sollen Verhalten strukturieren, steuern und legitimieren, und zwar primär das Verhalten von Lehrern, sekundär und vermittelt darüber das Verhalten von Schülern und tertiär die Sicherung bzw. Veränderung gesellschaftlicher Verhältnisse (vgl. Hesse/Manz, 1974, S. 101). Wie weit die Intentionen der Lehrplanherausgeber realisiert werden, ist nicht leicht auszumachen. Zu diesen Fragen überwiegen in der Literatur hypothetische oder unpräzise Aussagen. Grundsätzlich ist festzustellen, daß der Einfluß von Lehrplänen neueren Datums auf den Unterricht gestiegen ist. Die Gründe liegen in der größeren Ausführlichkeit der Lehrpläne, an den Einführungskursen und an dem größeren Durchsetzungswillen der Schulbürokratie. Weiter läuft ein indirekter Einfluß von Lehrplänen auf den Biologieunterricht über Schulbücher, Fachdidaktiken und Lehrerhandbücher.

Was verlangen nun die Lehrpläne in bezug auf Ökologie/Umweltschutz? Die hier vorgelegten Antworten beruhen auf einer Stichprobenanalyse von 90 gültigen Lehrplänen allgemeinbildender Schulen der BRD. Es wurden acht Fächer untersucht: Biologie, Chemie, Erdkunde, Physik, Technik, Sozialkunde, Kunst, Verkehrserziehung. Den aus den Lehrplänen filtrierten Aussagen wurden vier «Dimensionen»[2] zugeordnet, die wiederum in insgesamt 40 «Kategorien»[2] differenziert wurden. Die Dimensionen lauteten: Ökologie; Themen des Umweltschutzes (Wasser, Luft, Boden, Bevölkerung); Themen zur Raumproblematik; Aussagen zu gesellschaftlichen Bedingungen des Bereichs Ökologie/ Umweltschutz.

2. 1. Ergebnisse im Fach Biologie

a) In 70 % der untersuchten Biologielehrpläne ist Ökologie–Umweltschutz konstitutiver Teil.

b) Im Durchschnitt betreffen 20 % der Aussagen in den untersuchten Lehrplänen des Faches Biologie den Bereich Ökologie/Umweltschutz. Die restlichen 80 % beziehen sich auf Morphologie, Physiologie, Humanbiologie usw.

c) Die Aussagen zum Bereich Ökologie/Umweltschutz verteilen sich auf die einzelnen Dimensionen folgendermaßen:
45 % Ökologie,
31 % Umweltschutz,
13 % Raumproblematik,
11 % Gesellschaft.

d) Das Spektrum der Thematisierung ist breit. Von nahezu allen Lehrplänen der Biologie werden folgende Themen behandelt:
Biozönose (Lebensgemeinschaft); Anpassung (Wechselbeziehungen); Natur- und Landschaftsschutz. Die klassischen Umweltthemen (Wasser, Luft, Boden/Müll und Bevölkerungsprobleme) werden etwa von der Hälfte der Lehrpläne berücksichtigt.

Das Thema Lärm taucht in den Biologielehrplänen nicht auf. Der Begriff «Umwelt» und ein solch wichtiges Thema wie die Stadt, wird nur in ca. 20 % der Lehrpläne diskutiert. Die Frage nach den gesellschaftlichen Ursachen der Umweltproblematik wird nahezu ausgespart. Zu den nicht berücksichtigten Themen gehören u. a. Atomkraftwerke, Wirtschaft und Umweltschutz, Konsum und Produktion.

2. 2. Ergebnisse in den anderen Fächern

Nahezu gleiche Ergebnisse liegen im Fach Erdkunde vor, natürlich mit anderen Schwerpunkten:

14 % Ökologie, 28 % Umweltschutz, 34 % Raumproblematik und 24 % Gesellschaft.

In der Sozialkunde (Gesellschaftskunde u. ä.) betreffen insgesamt 6 % der Aussagen den Bereich Ökologie/Umweltschutz. In den anderen untersuchten Fächern liegen die Werte bei 2,5 % (Chemie) und tiefer.

Eine letzte Zahl sei noch genannt. Ca. 6 % aller Aussagen in den untersuchten Lehrplänen der acht genannten Fächer können dem Bereich Ökologie/Umweltschutz zugeordnet werden.

2. 3. Interpretation der Ergebnisse im Fach Biologie

Natürlich ist die Aussagekraft solcher Zahlen nur begrenzt. Auf sie allein ein Werturteil aufzubauen, wäre falsch. Man darf aber wohl sagen, daß der quantitative Anteil (20 %) der Aussagen zu Ökologie/Umweltschutz nicht unbedeutend ist, aber in Anbetracht der Dringlichkeit gesteigert werden müßte. Die biologische Ökologie wird anteilmäßig gut berücksichtigt. Probleme des Umweltschutzes und der Raumproblematik, die doch entscheidend nahezu alle Ökosysteme berühren, müßten in Umfang und Intensität wesentlich stärker behandelt werden. Die gesellschaftliche Dimension wird trotz ihrer großen Bedeutung weitestgehend vernachlässigt. Hier Abhilfe zu schaffen und interdisziplinäre Zusammenhänge herzustellen, wäre die Hauptaufgabe einer Lehrplanrevision Biologie.

Geht man von den geltenden Lehrplänen aus, so ist die so notwendige fächerübergreifende Behandlung von Ökologie/Umweltschutz noch am besten von den Fächern Biologie, Erdkunde und Sozialkunde zu leisten. Eine solche Kombination könnte auch der Komplexität dieser Themen gerecht werden.

2. 4. Die Defizite im Bereich Ökologie–Umweltschutz

Relativ leicht zu bestimmen ist, was sein soll, und festzustellen, was ist. Ohne Zweifel ist die Durchsetzung der Ziele meistens ein ungleich schwereres und mühseligeres Geschäft. Das gilt nicht zuletzt für die Arbeit in der Schule. Jeder Praktiker weiß, daß hier kleine und kleinste Brötchen gebacken werden. Die Gründe sind vielfältigster Natur und auch qualitativ und quantitativ nicht exakt bestimmbar. Der Hauptgrund liegt wohl darin, daß die Möglichkeiten der Schule, Rationalität in unserer Gesellschaft durchzusetzen, wesentlich begrenzter sind, als man es sich am grünen Tisch des «Curriculumkonstrukteurs» vorstellte.

Für den Bereich Ökologie–Umweltschutz leite ich aus meinen begrenzten Erfahrungen ab:

- Die Lehrpläne berücksichtigen den Faktor Mensch/Gesellschaft in den Ökosystemen bei weitem nicht angemessen. Die meisten dort angegebenen Ökosysteme existieren gar nicht mehr in dieser Form. Weiter sind in den Lehrplänen keinerlei Hinweise vorhanden, die dem interdisziplinären Charakter von Ökologie/Umweltschutz gerecht werden, indem zum Beispiel die Fächer Biologie, Chemie, Erdkunde und Gesellschaftskunde aufeinander bezogene und aufeinander abgestimmte Inhalte enthalten.
- Mir scheinen – insbesondere in der Hauptschule – die Lehrplananforderungen der biologischen Ökologie teilweise zu hoch zu sein. So wird zum Beispiel in Schleswig-Holstein in der H 8 das Thema «Lebensraum Wald» innerhalb von 12 Stunden mit Begriffen wie «Produzent», «Konsument», «Reduzent», «Fließgleichgewicht», «Regulation» und «Regeneration» behandelt. Bei Erfüllung solcher Anforderungen sieht es so aus, daß zumeist erfahrungslose Begriffshülsen Unterrichtserfolge vorgaukeln. Verständlicherweise werden diese Hülsen nicht einmal von allen Schülern beherrscht. Das Dilemma besteht u. a. darin, daß man viel zu schnell auf eine begriffliche Abstraktionsebene gelangen will, die zwar dem gegenwärtigen Erkenntniszustand und der Terminologie genügt, aber über den Köpfen der Schüler liegt.
- Geht man von wöchentlich zwei Stunden Biologie und 40 Unterrichts-

wochen aus, so entfallen auf den Ökologie-Umweltschutz-Unterricht (nach den Lehrplänen 20 %) jährlich 16 Stunden. Soll dieser Unterricht nicht in einer «Kreide-Biologie» enden, sondern Experimente und Freilandbeobachtungen wesentliche Bestandteile sein, dann ist ganz offensichtlich, daß hier nicht einlösbare Ziele vorliegen.

- Lange nicht alle Biologielehrer sind fachausgebildet. Die Forderung nach einem konsequenten Fachlehrersystem erscheint mir aus einer Reihe pädagogischer Einwände allerdings auch nicht als der Weisheit letzter Schluß.
- Die gegenwärtige Schulorganisation, besonders die der großen Systeme, machen Blockstunden und annähernd regelmäßige Freilandarbeit unmöglich.
- Ein weiterer Grund der relativen Erfolglosigkeit des Ökologie-Umweltschutz-Unterrichts liegt im Lehrer bzw. in seiner beruflichen und gesellschaftlichen Situation. Worin soll er überall kompetent sein? Als Biologe in seinem Fach, als Ökologe zumindest auch noch in den Gesellschaftswissenschaften, als Erzieher in Psychologie und Soziologie. Wo überall aktiv sein? Als Umweltschützer in der Bürgerinitiative, als politisch Engagierter in einer Partei, als Gemeindemitglied im Turnverein in der Rolle des Übungsleiters, als Vater im Drachenbau.

3. Das derzeit Mögliche – Was kann trotzdem erreicht werden?

Zum Schluß einige Tips, wie man vielleicht innerhalb der gegenwärtigen Bedingungen den Unterricht im Bereich Ökologie–Umweltschutz effektiver gestalten kann. Sie haben sich aus der eigenen Praxis und im Gespräch mit Kollegen entwickelt.

3.1. Die Inhalte eines Ökologie-Umweltschutz-Unterrichts

Gelehrt werden muß eine *realistische Ökologie*, die den Menschen und seine Aktivitäten nicht als Anhängsel, sondern als einflußreichen bis dominierenden Faktor in nahezu allen Ökosystemen sieht und behandelt. Diese Aktivitäten wirken sich leider so aus, daß die Dysfunktion der Normalfall ist und damit auch Gegenstand der Wissenschaft Biologie sein muß. Die damit geschaffene Realitätsnähe und die darin steckende Forderung nach Verbesserung – worauf gar nicht immer gleich hingewiesen zu werden braucht – steigern erfahrungsgemäß die Motivation der Schüler. Wenn also Arten, Ökosysteme usw. behandelt werden, dann sollte es eine Selbstverständlichkeit sein, die Gefährdungsaspekte mit ihren Ursachen und Lösungsmöglichkeiten in der notwendigen Ausführlichkeit darzustellen. Das ist auch ohne Schwierigkeiten zu machen.

Zum Ökologie-Umweltschutz-Unterricht gehört auch der Ausweis vieler, zumeist unauflösbarer Widersprüche, die im politisch-öffentlichen Raum, insbesondere von den interessierten Lobbyisten verharmlost oder als nicht existent abgetan werden: das zunehmend dichter werdende Straßennetz und die Erhaltung der Lebensräume vieler Arten; intensive

Lehrbuch der Säuglingspflege 198?

Düngung und der Schutz vor Eutrophierung der Gewässer; die unspezifizierte Vernichtung der Insekten und Vogelschutz; Anpassung an die von den dominierenden Waren ausgehenden Zwänge auf die Lebensweisen der Bürger und physische und psychische Gesundheit.

Thematisiert werden muß ebenfalls der ethische Aspekt zwischen Gesellschaft und Natur «Darf der Mensch das?». Ich meine die drastische Reduzierung der Artenvielfalt, wie sie zum Beispiel in der «Roten Liste»[3] zum Ausdruck kommt; die industriellen Produktionsmethoden in der Tierhaltung; die indirekte Vernichtung von Arten durch Weiterzüchtung, die nur noch sehr entfernte Ähnlichkeiten mit den Ausgangsarten haben.

Alle diese Aspekte müssen in den täglichen Biologieunterricht einfließen. Sie müssen, um den heute überstrapazierten Begriff zu benutzen, Unterrichtsprinzip sein. Daß das fast immer möglich ist, sei kurz am Thema «Das Rind» aufgezeigt, das in der Orientierungsstufe durchgenommen wird. Im Unterthema «Vorkommen und Herkommen» die Vernichtung von 60 Millionen Bisons innerhalb von 70 Jahren auf dem nordamerikanischen Kontinent; im «Rind als Säugetier» die Problematik der Züchtung von Hochleistungstieren; im «Das Rind als Wirtschaftsfaktor» die Gefahren durch Verfütterung von Antibiotika, Sulfonamiden, sogenannten Zartmachern und Hormonen.

Ebenfalls muß die momentane Kluft zwischen Ökologie und Ästhetik deutlich gemacht werden. Dies ist eindrucksvoll am herrschenden Gartenideal nachzuweisen: Monotonie statt Vielfalt; starre Grenzen statt fließender Übergänge; Pestizide statt biologischer Schädlingsbekämpfungsmittel; Krüppelgewächse statt Bäume; Krach durch motorisierte Gartengeräte statt Stille und Muße. Ökologische Nischen wie der Komposthaufen, der alte Baum, das Stückchen «Wildnis» werden radikal beseitigt. Gleiches läßt sich nahezu überall feststellen, nicht zuletzt in den Schulanlagen. Unter dem Diktat «pflegeleicht» wird Natur auf Zement und wenige Arten reduziert.

- In diesem Zusammenhang soll auf einen äußerst wichtigen Zusammenhang – der auch biologisch folgenschwer ist – verwiesen werden, der allerdings den Schülern sehr schwer zu vermitteln ist: das in neuerer Zeit insbesondere von Brigitte Wormbs (1976) bearbeitete Thema der gesellschaftlich vermittelten und damit stetig sich verändernden Wahrnehmung von Natur und Landschaft. Ich meine die Tatsache, daß der Safari-Park oder Mallorca anziehender sind als das noch nicht übererschlossene Mittelgebirge, daß Laubbäume tendenziell in den Geruch von «Umweltverschmutzern» kommen, da sie Laub abwerfen, daß ein ökologisch angelegter Garten als öffentliches Ärgernis interpretiert wird. Solche Haltungen und Einstellungen sind natürlich Folge einer Lebenspraxis, deren Merkmale Verlust an Sinnlichkeit und Eindimensionalität sind, in dem Sinne, daß zunehmend alle Aktivitäten sich nach den Geboten des Marktes richten: Lebenswelt wird zur Warenwelt.

3.2. Die Vermittlung

Eine entscheidende Voraussetzung für einen effektiven Unterricht, der den Bereich Ökologie/Umweltschutz angemessen darstellt, ist ganz einfach das Engagement des Lehrers. Schwer, vielleicht unmöglich zu entscheiden ist, wie sich dieses Engagement ausdrücken soll, wo es aufdringlich wird und dann bei den Schülern auf Ablehnung stößt. Aber nach meiner Erfahrung hat der Unterrichtende ein Gespür dafür, wo das Optimum zwischen wissenschaftlichem Anspruch, den ökologischen Erfordernissen und Schülerbedürfnissen liegt.

Man kann auf der anderen Seite davon ausgehen, daß dieses Engagement und Interesse an gestörten ökologischen Abläufen und Umweltproblemen nahezu bei jedem Schüler vorhanden ist. Als günstiger Einstieg hat sich der Artenschutz, insbesondere der der gefährdeten Vögel erwiesen.

Gerade der Biologielehrer sollte möglichst langfristig und möglichst konkret unter Berücksichtigung der Jahreszeiten, örtlichen Gegebenheiten und vorhandenen Arbeitsmitteln vorausplanen.

Wohl jeder Praktiker weiß, daß so etwas leicht zu fordern, aber schwer realisierbar ist. Diese Schwierigkeit hängt auch mit einem tiefliegenden, nahezu unlösbaren Widerspruch zusammen: Wie uns Ökologie und Systemtheorie lehren, gibt es keine isolierten Probleme, der Bezugsrahmen ist letztlich die Erde. Diese Erkenntnis wird immer mehr zum Allgemeingut. Der Lehrer, und nicht zuletzt der Biologielehrer, versucht, dieses zu berücksichtigen. Das bedeutet, eine ungeheuer große Zahl von Elementen, deren Eigenschaften und Beziehungen zu kennen und zu vermitteln. Ein einzelner kann das nicht leisten. Der lernökonomische Ausweg besteht nun darin, daß man Welt in relativ abstrakten (und damit wenigen) Begriffen erfaßt, also Begriffen, die sehr viele Inhalte enthalten.

Dieses Wissen wird erkauft mit dem Verlust von konkretem Detailwissen. Ein Phänomen, das wir in den Wissenschaften, in der Politik, ja selbst im Kinderspiel beobachten können. Aber zumindest aus zweierlei Gründen muß die Arbeit am Konkreten geleistet werden: Zum Korpus des Wissens gehören nicht nur Strukturen, sondern auch das einzigartige Objekt in seiner Totalität, kurz das Individuum, sei es jetzt der Graureiher oder das Ökosystem See. Zum anderen kommt ein Unterricht, der dieses berücksichtigt, den Schülern wesentlich entgegen.

- Die Behandlung von Ökologie–Umweltschutz bedarf von der Sache her des öfteren Phasen *autonomen Schülerarbeitens*, das heißt: innerhalb eines Rahmens Setzung eigener Arbeitsschwerpunkte und -methoden, keine scharfen Zeitgrenzen, keine Hausaufgaben im üblichen Sinne. Nach meinen Erfahrungen sind bei einem solchen Verfahren das Motivationsniveau höher und die Arbeitsergebnisse in der Regel befriedigender; auf der anderen Seite sind der Arbeitsaufwand von Lehrer und Schüler größer, und es passiert leider häufig, daß ein – wenn auch kleinerer Teil – von Schülern sehr wenig erfaßt. Diese Ambivalenz autonomer Unterrichtsarbeit kann man auffangen, indem diese Form und der mehr lehrerzentrierte, auf die rezeptive Vermittlung von Wissen orientierte Unterricht (der auch sinnvoll ist), nebeneinander praktiziert werden. Dergleichen Forderung darf natürlich nicht in einem verbalen «Sowohl-als-auch» steckenbleiben. Unter Berücksichtigung der gegenwärtigen Bedingungen und Ansprüche an die Schule sollte es möglich sein, knapp die Hälfte des Ökologie-Umweltschutz-Unterrichts als autonomen Unterricht durchzuführen. Themen, in denen interdisziplinäre und forschende Aspekte vorherrschen, sollten hier vorrangig behandelt werden. Lehrpläne und Arbeitsmaterialien müßten ein solches Konzept unterstützen und legitimieren.
- Sei kein Erfüllungssklave der Lehrpläne! Die Einhaltung von Lehrplänen bringt Vorteile wie Klassenwechsel ohne größere Schwierigkeiten, straffen Unterricht, Vergleichs- und Überprüfbarkeit; aber auch schwerwiegende Nachteile wie Vernachlässigung bis Nichtberücksichtigung der gerade im Fach Biologie starken Schülerinteressen, der zeitlichen, örtlichen und schulischen Gegebenheiten, sowie die Unmöglichkeit des Verweilens. Das Abweichen von Lehrplänen muß aber überzeugend begründet sein.
- Eine wesentliche Aufgabe des Ökologie-Umweltschutz-Unterrichts ist, Verantwortung zu erzeugen. Ein Beispiel: Es erfordert vom Leh-

rer nicht viel Arbeit, wenn er jeden Schüler seiner Klasse zum Experten einer gefährdeten Art macht, die in seiner Umgebung lebt oder leben könnte. Aufgabe des Schülers wäre es, Informationen über diese Art in herkömmlicher Weise zu gewinnen, ergänzt durch Größe der Population, Ursache der Gefährdung und Möglichkeiten, Abhilfe zu schaffen. Die Schüler haben keine Schwierigkeiten, passende Bilder und Fotos zu finden und zusätzlich Zeichnungen anzufertigen. Dies zusammen wird als Halbjahresarbeit behandelt, bewertet und mit den anderen Arbeiten zu diesem Thema zu einem Buch «Gefährdete Arten» zusammengefaßt.

- Die Schüler müssen mit einem Begriffssystem und Instrumentarium ausgestattet werden, die es ihnen ermöglichen, Umweltschäden und ökologische Dysfunktionen zu erkennen und zu bestimmen.
- Immer wieder zu fordern und anzustreben, wenn auch unter den herrschenden Bedingungen äußerst schwer zu verwirklichen, ist das Aufsuchen der Probleme vor Ort: Die von Molkereiabwässern belasteten Gräben, das vom Straßenbau bedrohte Moor, die durch Eindeichung gefährdeten Salzwiesen, die im Stadtzentrum zum Abholzen freigegebene Linde, die Einsicht in Bebauungspläne, der Besuch beim Jäger bei seiner Tätigkeit als Heger und Pfleger.[4] Dazu gehört auch das vor allem in Großbritannien entwickelte Konzept der «Wildlife Conversation» (Neil, 1976), das die Errichtung von Naturreservaten auf dem Schulgelände durch Schüler und Lehrer fordert und an durchgeführten Modellen detailliert erläutert.

Der engagierte Lehrer sollte dafür sorgen, daß in den Schulbibliotheken und Fachräumen das entsprechende Informations- und Arbeitsmaterial vorhanden ist und – was lange nicht immer der Fall ist – allen Kollegen bekannt sein muß.

Umweltschutz–Ökologie ist ebenfalls ein ergiebiges Thema für Arbeitsgemeinschaften. Als außerschulische Aufgabe haben sich «Naturvereine» als erfolgreich erwiesen, die sich das Kennenlernen und den Schutz der heimatlichen Tier- und Pflanzenwelt zum Ziel gesetzt haben. Ideal ist es, wenn nach einer gewissen Anlaufphase der Verein von den Jugendlichen selbst getragen wird.

Von entscheidender Wichtigkeit für effektiven Ökologie-Umweltschutz-Unterricht ist, daß möglichst bei jedem auftauchenden Problem auch Handlungswege und -mittel aufgezeigt und diskutiert werden, die eine Lösung dieses Problems anstreben. Das reicht vom Aufstellen eines Nistkastens bis hin zu politischen Aktivitäten.

Anmerkungen

1 Maaßen, B.: Ökologie und Umweltschutz in Lehrplänen und Lehrplanentwürfen. Deskriptive Analyse und Kritik, unveröffentlichte Diplomarbeit. Maaßen, B.: Unterrichtsmaterialien zum Bereich Ökologie–Umweltschutz. Eine annotierte Bibliographie, Kiel, IPN, Universität Kiel, 1975.

2 «Dimensionen» und «Kategorien» sind Ausdrücke, die das methodische Vorgehen bei der Inhaltsanalyse eines Textes (hier der Lehrpläne) betreffen.

3 «Rote Liste» der in der Bundesrepublik Deutschland gefährdeten Tierarten in «Natur- und Landschaft», 51. Jg. (1976) ab H. 2.
4 Eine Fundgrube von Anregungen hierzu ist immer noch «Thema: Umweltschutz», von einer Kommission der schwedischen Schulverwaltung, Weinheim 1972, und Dahl/Palmstierna/Sandegård: «Bedrohte Umwelt», Arbeits- und Lesebuch, Weinheim 1974, Beltz.

Literatur

Ehrlich, P., Ehrlich, A.: Bevölkerungswachstum und Umweltkrise, Frankfurt/Main 1972, Fischer
Engelhardt, W.: Umweltschutz-Gefährdung und Schutz der natürlichen Umwelt des Menschen, München 1973, Bayerischer Schulbuch-Verlag
Enzensberger, H. M. (Hg.): Kursbuch 33, Berlin 1973, Kursbuch Verlag
Goldmann, M. H.: Umweltzerstörung und Umweltvergiftung in der Sowjetunion. In: Umweltgefährdung und Gesellschaftssystem, hg. von Glagow, M., München 1972, Piper
Goldsmith, E., Allen, R. (Hg.): Planspiel zum Überleben, Stuttgart 1972, Deutsche Verlags-Anstalt
Harich, W.: Kommunismus ohne Wachstum? Babeuf und der «Club of Rome», Reinbek 1975, Rowohlt
Hesse, H.-A./Manz, W.: Einführung in die Curriculumforschung, Stuttgart 1972, Kohlhammer
Illich, I.: Selbstbegrenzung. Eine politische Kritik der Technik. Reinbek 1975, Rowohlt
Illies, J. (Hg.): Unsere Umwelt als Lebensraum, Grzimeks Buch der Ökologie, München 1973, Kindler
Kade, G.: Ökonomische und gesellschaftliche Aspekte des Umweltschutzes, in: Gewerkschaftliche Monatshefte, Köln 1971, H. 5
Kade, G.: Umwelt. Durch das Profitmotiv in die Katastrophe, in: Wirtschaftswoche 40 vom 1. 10. 1971
Luhmann, N.: Systemtheorie, in: Wörterbuch der Erziehung, hg. von Ch. Wulf, München 1974, Piper
Neil, A.: Wildlife Conversation by Young People, London 1976
Wormbs, B.: Über den Umgang mit Natur, München 1976, Hanser

Hartmut Entrich

Biologielehrerausbildung in der Kritik

1. Nur mündige Lehrer erziehen mündige Schüler

Darüber, wie ein Biologielehrer auszubilden ist, gibt es unterschiedliche Auffassungen. Sie reichen von der Vorstellung, daß nur ein wissenschaftlich qualifizierter Fachbiologe ein guter Lehrer sein könne, bis zu der Meinung, auch der Biologielehrer müsse in erster Linie Erzieher sein.

Dabei wird in der Regel vernachlässigt, daß zwischen den beruflichen Anforderungen an einen Grundstufenlehrer mit dem Lernbereich Sachunterricht und an einen Gymnasiallehrer, der Leistungskurse im Fach Biologie betreut, unbedingt differenziert werden muß. Das heißt die Ausbildung zum Lehrer, der in irgendeiner Weise mit dem Fach Biologie zu tun hat, kann *nicht* eine einheitliche sein. Daher bedarf die Frage, ob der Biologielehrer auch Biologe sein müsse (vgl. Schaefer, 1977) zu ihrer Beantwortung immer auch der Frage: Biologielehrer gegenüber welcher Adressatengruppe?

Gleichwohl lassen sich übergreifende Kriterien für die nähere Beschreibung von Lehrerausbildung finden. In diesem Beitrag wird darunter folgendes verstanden:

Lehrerausbildung ist wissenschaftlich orientierte Berufsausbildung mit dem Ziel, Wissen und Bildung einer relativ kleinen Gruppe (Lehrer) an eine weit größere Gruppe (Schüler) weiterzuvermitteln, so daß diese zu *Sach-, Sozial- und Selbstkompetenz befähigt* werde und *zugleich autonom und solidarisch* zu *handeln* lernt.

Es bedarf keiner besonderen Argumentation, um einsichtig zu machen, wie schwierig es ist, Anspruch und Erwartung dieser Zielsetzung einzulösen. Ebenso ist unstrittig, daß die Qualität der Lehrerausbildung ganz entscheidend den Weg vorherbestimmt, den der künftige Lehrer zur Ausübung seiner beruflichen Praxis beschreiten wird: Ohne ein *sinnvolles Arrangement erziehungswissenschaftlicher, fachwissenschaftlicher, fachdidaktischer, schulpraktischer und im weitesten Sinne gesellschaftswissenschaftlicher Studienanteile* wird kaum ein Lehrerstudent in die Lage versetzt werden, seinen Erziehungsauftrag im Unterricht angemessen verwirklichen zu können. Eine wie auch immer geartete wissenschaftliche Fundierung der Lehrerausbildung allein reicht jedoch noch nicht aus, für eine Berufspraxis zu qualifizieren, in der die Erziehung Heranwachsender für eine mündige und kritikfähige Gesellschaft das höchste Ziel sein sollte. Es müssen weitere Merkmale hochschulischer Profilierung hinzutreten, die insgesamt vielleicht in der nachfolgenden Forderung am treffendsten zusammengefaßt werden können:

Voraussetzung für das angestrebte Ziel des mündigen Individuums (Schülers) ist zuvor auf der Hochschule die Qualifizierung zum mündigen Lehrer, das heißt die «*Potenzierung der Mündigkeit der Lehrerrolle*» (Gamm, 1970, S. 290).

Genau in diesem Punkt aber klaffen die Bemühungen um Ausbildung und Ausbildungsreform an der Hochschule weit auseinander, sicherlich nicht zuletzt deshalb, weil bereits die Auslegung des Mündigkeitsbegriffes sehr vieldeutig ist. Die Kontroversen betreffen nicht nur die Ziel-Inhalts-Frage oder die Formen der Stoffbewältigung und die Wege der Zusammenarbeit zwischen Student und Dozent. Besonders in der Frage der Mitgestaltung, -planung und -verantwortung der Lehrerausbildung durch die Betroffenen, die Lehrerstudenten, aber auch in der Frage zur Form der Leistungsnachweise, der Leistungsbeurteilung oder der Beteiligung der Studenten am Forschungsprozeß der Hochschule zeigt sich,

«. . . und müssen sie darauf achten, daß gerade in der Biologie der Begriff der Mündigkeit besonders vielfältig ausgelegt wird.»

wie Mündigkeit tatsächlich ausgelegt wird oder wie ernst (oder nicht) es der Hochschule bzw. ihren Vertretern mit dem Begriff der zunehmenden Selbstbestimmung und Selbständigwerdung im einzelnen wirklich ist. Im Wahlfach Biologie ist die Teilnahme der Studenten an der Studienganggestaltung nahezu eine Utopie.

Dazu ein Beispiel:

Eine Umfrage an der Universität Hamburg unter allen Studenten (103) der Fachdidaktik Biologie im WS 1973/74 zur Frage der Mitgestaltung ihrer Ausbildung ergab folgendes Ergebnis (vgl. Entrich, 1976):

Die nachfolgenden Überlegungen befassen sich vor allem mit dem Studium künftiger Biologielehrer. Es sollen einige Problemfelder der Biologielehrerausbildung analysiert werden. Dabei wird sich die Analyse im wesentlichen auf den fachwissenschaftlichen Teil des Studiums, also auf

Einflußnahme auf den Studiengang im Wahlfachstudium Biologie:

	1.–4. Semester		5.–12. Semester	
	ja	nein	ja	nein
Einflußnahme auf den Studiengang	0	44	1	52
Inhaltliche Einflußnahme auf die Vorlesungen	0	44	1	52
Inhaltliche Einflußnahme auf Praktika, Übungen, Seminare	0	44	1	52
Enthaltungen	5		0	

Einfußnahme auf den Studiengang im Bereich der fachdidaktischen Ausbildung in der Fachdidaktik Biologie:

	1.–4. Semester			5.–12. Semester		
	ja	nein	Enthaltung	ja	nein	Enthaltung
Einfluß auf die Gesamtplanung einer Veranstaltung	22	9	18	25	14	15
Einfluß auf eine Sitzung	10	22	17	36	6	12
Einfluß auf Veränderungen während des Semesters	11	22	16	32	10	12
Einfluß auf Ort und Zeit der Veranstaltung	19	11	19	39	6	9

das biologische Wahlfachstudium, beschränken und nur am Rande auf die übrigen Ausbildungskomponenten bzw. außeruniversitären Fragestellungen eingehen. Die Ausführungen stützen sich u. a. auf eine Umfrage an der Universität Hamburg sowie auf die Analyse von Beiträgen zum Problem des Studiums mit dem Fach Biologie, aber auch auf die Analyse verschiedener Ausbildungsgänge, Prüfungs- und Studienordnungen sowie Lehrpläne für das Fach Biologie.[1] Als Problemfelder werden im folgenden verstanden:

- Hochschullehrer und Fachausbildung Biologie,
- Student und Fachstudium Biologie,
- Freiheit im Studium, Erwartungen, Realitätsschocks,
- Stiefkindertheorie.

2. Hochschullehrer und Fachausbildung Biologie

Die meisten Fachvertreter zeigen ein deutliches Interesse, ihre Spezialgebiete und biologischen Teildisziplinen, etwa die *Histologie*, die *Ökologie*, die *Genetik*, die *Physiologie*, als relevant für die Ausbildung von Diplomanden darzustellen. Darüber hinaus ist das Bestreben zu erkennen, das vertretene Forschungsgebiet/Fachgebiet auch als unerläßlich für die Lehrerausbildung herauszustellen.

Ist das Fachgebiet erst in der Studien- und Prüfungsordnung verankert, kann der Hochschullehrer ziemlich uneingeschränkt die Inhalte diktieren und damit den Studiengang sowie den Studienabschluß (schriftliches und mündliches Examen) wesentlich nach seinen Vorstellungen gestalten. Die Folge davon ist nicht selten, daß der Student, der auf das Lehrangebot verpflichtet ist, versucht, zu erfassen, welche wissenschaftliche Auffassung und welche Forschungsschwerpunkte der Hochschullehrer vertritt, damit er diesen Neigungen – besonders im Examen – nahekommen kann. Auf diese Weise entsteht eine permanente, gefährliche Form studentischer Abhängigkeit und Anpassung, zumal dann, wenn der Hochschullehrer nicht bereit ist, andere als seine Vorstellungen über ein biologisches Problem zu akzeptieren, konkurrierende wissenschaftliche Auffassungen und Theorien unterschlägt oder ihre Diskussion verhindert und sich allein auf die Vermittlung *kognitiver Fähigkeiten* einläßt. Das Modell der Partnerschaftlichkeit im Studium versagt.

Zusätzlich besteht immer die Möglichkeit, sich hinter behördlich verordneten Studiengängen und Lehrerprüfungsordnungen zu verschanzen und diese als Alibi für den eigenen Lehrstil und besonders für die vertretenen Inhalte zu verwenden. In diesem Falle wird die Existenz von *Pflichtveranstaltungen* und die Vergabe von *Leistungsnachweisen* zum Kontroll- und Druckmittel einer vom Ursprung und Wesen her *freien* Universitätsausbildung.

Wen kann es angesichts eines solchen nicht selten als Instrument zur Aufrechterhaltung von Hierarchien eingesetzten und praktizierten Mechanismus verwundern, daß in erster Linie gelernt wird, was geprüft wird, aber längst nicht immer auch geprüft wird, was später gebraucht wird.

Der Student bemüht sich zunächst darum, glatt und ohne große Widerstände durch sein Studium zu kommen, mit möglichst wenig Zeitaufwand, aber um so besseren Noten. Die ohnehin nicht sehr günstigen Rahmenbedingungen für ein biologisches Wahlfachstudium künftiger Lehrer werden durch ein autoritäres Hochschullehrerverhalten noch in erheblichem Maße verschlechtert. Es leuchtet ein, wenn es an studentischen Initiativen, Kritik und Forderungen als besonders wichtigen Antrieben zur Studienreform zunehmend fehlt (vgl. Huber/Schulmeister, 1977). Die Bedingungen des Studiums und die geringen Berufschancen fördern dieses Verhalten; vielleicht resultiert es gar daraus.

Die Qualität des fachwissenschaftlichen Studienganges ist dazu angetan, eine ganz bestimmte, fachspezifische Sozialisation in den Studenten aufzubauen, anstatt sie fachlich zu qualifizieren und beruflich zu sozialisieren:[2] Nicht nach *Teamfähigkeit, Kooperationsbereitschaft, kommunikativer Kompetenz* oder *Selbständigkeit* und *Kreativität* wird im Examen gefragt, sondern nach fachbiologischen Einzelfakten, wie die Tradition es vorschreibt. Und selbst an Hochschulen, die ihr fachwissenschaftliches und erziehungswissenschaftliches Studium auf Projekte, Arbeitsvorhaben, Plenumsveranstaltungen und Kleingruppenarbeit umgestellt haben oder umzustellen beginnen, wird dieser fortschrittliche Ansatz spätestens dann wieder durchbrochen, wenn die Abschlußexamina bevorstehen und dem gewohnten Prüfungsmodus Tribut gezollt wird. Diesem Rückschritt könnten in erster Linie die Hochschullehrer entgegenwirken.

Ein weiterer Gesichtspunkt wirkt sich erschwerend auf Reformen in der fachbiologischen Ausbildung aus: Die Fachbiologen vertreten nicht nur ihre bestimmten Forschungsschwerpunkte und die daran geknüpften Lehraufgaben. Sie entwickeln sich auch genau in ihrem Interessenbereich fort und bauen diesen aus. Reformansätze aber, etwa mit der Forderung einer Auseinandersetzung mit neuen Studieninhalten für die Lehrerausbildung, stehen gerade quer zu diesem Prozeß und behindern ihn eventuell sogar.

Bei vielen Hochschullehrern und leider auch unter den Biologen fehlt oft die Bereitschaft, sich in der Lehre umzustellen oder ihre bisherigen Lehrinhalte in bezug auf die Lehrerausbildung in Frage zu stellen. Hochschullehrer qualifizieren sich in der Regel fachimmanent weiter, immer in bezug zu ihren Forschungsinteressen, *nicht aber didaktisch.*

Das heißt, sie leiten ihr Ausbildungskonzept aus dem Bezugsrahmen ihrer Disziplin streng fachspezifisch ab, und nur in Ausnahmen fragen sie, was für die gegenwärtigen Anforderungen eines Biologielehrers tatsächlich relevant sein könnte.

Reformversuche im biologischen Wahlfachstudium müssen daher so lange wirkungslos bleiben, wie von seiten der Fachwissenschaftler nicht die Bereitschaft erlangt werden kann, ihre Funktion in der Lehrerausbildung neu zu bestimmen. Da es eine Ausbildung (Weiterbildung) der Ausbilder jedoch nicht gibt, erfolgt zwar unablässig die Erforschung biologischer Phänomene, einen Gewinn davon kann jedoch ein biologisches Wahlfachstudium für Lehrer so lange nicht haben, wie diese wie Diplomanden angesehen werden.

Das biologische Wahlfachstudium – soviel belegt eine Inhaltsanalyse der Studienpläne der Hochschulen – ist nur teilweise ein berufsadäquates Studium, in Wirklichkeit erwerben die Lehrerstudenten ein «Schmalspurdiplom» (Sekundarstufe I) oder etwas mehr (Sekundarstufe II).[3] In beiden Fällen ist das Ergebnis des Fachstudiums eine viel zu speziell angelegte fachwissenschaftliche Überladung der Lehrerstudenten, die auf Kosten berufsrelevanter Ausbildungsanteile geht, aber im Prinzip die überhöhten und sich immer mehr in die Höhe schraubenden Anforderungen der Lehrpläne und Schulbücher für den Biologieunterricht rechtfertigt bzw. durch diese gerechtfertigt wird. An der Leistungsrealität der Schüler (besonders der gegenwärtigen «Restschule Hauptschule») wird daher vorbeistudiert und vorbeidoziert. Doch dieser Vorwurf kann nicht einmal in vollem Umfange an den Hochschullehrer gerichtet werden: er hat die Schulpraxis und damit die Ausmaße notwendiger fachwissenschaftlicher Qualifizierung künftiger Biologielehrer aus eigener Praxisbegegnung nie kennenlernen können. Er weiß um den Vorwurf der fachwissenschaftlichen «Ballaststoffe» (Ewers, 1977) in der Biologielehrerausbildung; und die Fachdidaktik steht selbst noch auf viel zu schwachen Beinen (als eigenständige Wissenschaft wird sie noch kaum von den

«Wie Sie sehen, erwartet Sie bei mir ein besonders intensives Fachstudium.»

Fachbiologen anerkannt), um hier entscheidende Veränderungen initiieren zu können.

3. Student und Fachstudium Biologie

Der Student erfährt im Verlaufe seines Studiums zwangsläufig eine Reihe von Einwirkungen, von denen sich ein Großteil auch unmittelbar auf seinen Qualifikations- und Sozialisierungsprozeß auswirkt. Im Biologiestudium werden ihm eine Reihe von fachbezogenen *Verfahrenstechniken* (zum Beispiel Präparieren), aber auch Einstellungen und Wertorientierungen vermittelt (etwa wenn er an einer Diskussion über biologische Manipulationsmöglichkeiten oder den Zusammenhang von Reiz/Reaktion und Werbetechnik teilnehmen kann). In der Auseinandersetzung mit den Inhalten der Biologie prägen sich in erster Linie *fachwissenschaftliche Qualifikationen* aus, eine Zunahme an *berufsorientierter Sozialisation* kann parallel zur wachsenden Fachkompetenz vermutet werden. Ausdrückliches fachorientiertes Ausbildungsziel ist sie jedoch keineswegs. Bedenken an der Fachausbildung stellen sich in dem Augenblick ein, da das Studium zweier Wahlfächer – etwa der Biologie und der Chemie – gegenüber den übrigen Ausbildungsanteilen zeitlich und fachspezifisch so dominant ist, daß die *Hochschulsozialisation* mit einer *Fachspezialisierung* gleichgesetzt werden muß.

Dies trifft besonders für den Studiengang der künftigen Sekundarstufe II-Lehrer zu. Eines kann sicherlich aus der engen Fachbezogenheit gefolgert werden: «Das Phänomen der ‹fachspezifischen Akzentuierung› weist darauf hin, daß die Sozialisationsprozesse an der Hochschule vorwiegend über den institutionellen und informellen Kontext einer Disziplin vermittelt sind.» (Reiss, 1975, S. 279) Das Berufsbild des Biologielehrers als das eigentliche Bezugssystem der Ausbildung tritt dabei vollkommen in den Hintergrund.

Der Vorteil für den fachwissenschaftlich gut informierten Lehrerstudenten besteht gewiß darin, daß er im Bewußtsein seines Ausbildungsstandes an Sicherheit und Selbstverständnis gewinnt und ihm damit seine Identitätsfindung erleichtert wird. Fachwissenschaftliche Kompetenz (auch bei den Hochschullehrern) als einseitig ausgelegte Fachautonomie kann aber auch den Blick verstellen für weiterreichende Bedürfnisse der Lernenden (Studenten oder Schüler), etwa für individuelle und gruppenspezifische Probleme, für Fragen der Mitbestimmung in der Ausbildung oder für kritische Einwände und damit die Persönlichkeitsentwicklung der Lernenden hemmen. Diese Gefahr ist besonders groß, wenn der Fachwissenschaftler (sei es als Lehrer oder Hochschullehrer) nicht als «personifizierte Fachdatei» offen und abfragbar ist und hilfsbereit Informationen und Arbeitstechniken weitergibt, sondern in hierarchischem Rollen- und Statusdenken ein *Kommunikationsgefälle* produziert, das allein aus seinem Wissens- und Erfahrungsvorsprung resultiert und zu einer Lehr-/Lernhierarchie aller am Bildungsprozeß Beteiligten führt. Das Ergebnis sind entweder abhängige, angepaßte oder auch aggressiv reagierende Empfänger von Wissen und Lernstoffen oder im Extrem solche Individuen, die den Komplex entwickeln, überhaupt nichts zu wissen, und voller Angst durch die Ausbildung gehen. Sie empfinden Fachautorität als Amtsautorität und geraten in Leistungsstress. So entsteht zum Beispiel die Gefahr, daß an der Hochschule erlebte und/oder praktizierte Verhaltensmuster in der Schule fortleben, sich bei Lehrern und Schülern verinnerlichen und – wenn letztere wieder an die Hochschule gelangen – ihre Erwartung in bezug auf das Studium bereits von dem vorgeprägt ist, was auf der Schule erfahren wurde.

Nicht zuletzt aufgrund dieses «Regelkreises» spricht man von «typischen Naturwissenschaftlern» und vom spezifischen Image und Verhaltensmuster des Studenten mit naturwissenschaftlichen Studienfächern. Dieser Student zeigt als Lehrer in seinem Verhalten im Vergleich etwa zu einem angehenden Geschichtslehrer tendenziell «Übereinstimmungen der an der Hochschule erworbenen schulrelevanten Normen und Wertvorstellungen, eine im Mittel eher konservative Einstellung zur Art der Lehrer–Schüler-Interaktion und zu Fragen der Schulreform . . ., andererseits eine ausgeprägte Fachorientierung, die durch eine vergleichsweise hohe fachliche Kompetenz gestützt wird. Beides entspricht in der Tendenz den herrschenden Normen des sozialen Umfeldes.» (Reiss, 1975, S. 183)[4]

Die Palette der Lehrerqualitäten, Verhaltensweisen und Einstellungen in naturwissenschaftlichem Unterricht spiegelt offenbar besonders deutlich die Qualität des vorangegangenen naturwissenschaftlichen Studiums wider. Eine nur wenig angezweifelte fachwissenschaftliche Ausbildung bestimmt den Handlungsfreiraum des Lehrerstudenten und später sein berufliches Denken und Handeln: Er akzeptiert oft kritiklos den Stoffkanon des Lehrplans, der viele Übereinstimmungen mit dem Stoffkanon im Fachstudium aufweist, und vermittelt angeblich wertfreie Fachwissenschaft. In der Tat gibt es ja auch nur wenig oder besser gar nichts an den Organellen einer Pflanzenzelle oder am Prozeß der Photosynthese zu bezweifeln. Das verleitet dazu, biologisches Sosein auch nur als solches zu präsentieren, zu reproduzieren und als Fachwissenschaft zu verinnerlichen. Es wird nicht als Grundlagenwissen zum Zwecke der Transparentmachung und Bewältigung ursächlich an die Naturwissenschaften gekoppelter Probleme genutzt und ausgewählt, sondern ist sich selbst Zweck genug. Zweifel und Kritik sind also anzusetzen bei der Frage nach dem individuellen und gesellschaftsrelevanten Wert der Inhalte und ihren Vermittlungsformen für den Beruf des Biologielehrers.

Für Reformdiskussionen scheint aber gerade im Biologie-(Naturwissenschafts-)studium seitens der Studenten relativ wenig Zeit und vor allem auch nur wenig Neigung zu bestehen; auf der anderen Seite ist der zum Beispiel mit der *Präparation eines Frosches* aufwartende Hochschullehrer in der Regel weder an einer Reformdiskussion über den didaktischen Wert seiner Veranstaltung interessiert, noch kommt ihm in den Sinn, daß das, was er seit Jahren nach alter Tradition praktiziert, überhaupt einmal angezweifelt werden könnte, selbst dann nicht, wenn sich der Biologieunterricht und seine Ziele längst verändert haben. So darf nicht verwundern, daß in einem Präparierkurs, in dem vielleicht 30 Frösche benötigt werden, um in die Technik des Präparierens und in die Anatomie der Lurche einzuführen, eine Frage etwa nach der Nützlichkeit von Fröschen oder ihrer abnehmenden Zahl und ihrer bedrohten Umwelt nicht gestellt wird oder gar die Scheu besteht, sie zu stellen. Gerade aber hier böten sich unterrichtsnahe Gespräche an. Sofern die spätere Tätigkeit, etwa im Biologieunterricht, weitgehend darin besteht, eine Planung, Durchführung und Auswertung von Lernprozessen mit biologischem Inhalt zu leisten und Schüler in diesen Prozeß mit einzubeziehen, um sie darin zunehmend selbständiger und lehrerunabhängiger zu machen, muß das bloße Erbringen und Abfordern fachbiologischer Leistungen aus Spezialgebieten der Biologie im Widerspruch dazu stehen. Daran kann weder die unzweifelhafte Forderung etwas ändern, daß der Biologielehrer auch Biologe sein muß (Schaefer, 1977), noch der Hinweis der Fachwissenschaftler, daß die Aufgaben der *Fachdidaktik* und der *Erziehungswissenschaft* in der Auseinandersetzung mit den Inhalten des Unterrichts liegen und dies nicht die «Sache» der Fachwissenschaftler sein könne.[5]

4. Freiheit im Studium, Erwartungen, Realitätsschocks

Der Student studiert also sein Wahlfach nur in geringem Umfange unter dem Aspekt der Verwendbarkeit in der Schule, dafür in erster Linie für den Verwendungszweck «Staatsprüfung».

Die Biologie bietet eine Fülle von Veranstaltungen an mit zum Teil faszinierenden Titeln, verstreut über alle biologischen Teildisziplinen. In Vorlesungen,

Seminaren, Übungen, Praktika, wissenschaftlichen Anleitungen und Exkursionen reicht die Bandbreite des Angebotes von der Möglichkeit zu *morphologischer Betrachtung* und anschließender *Systematisierung* bis in die *molekulare Ebene*, von der *Biomedizin* bis zur *Elektronenmikroskopie*, vom *Obstbau* bis zur *Pharmakognosie*, von der *Algenkultur* bis zur *Mülldeponie*, von der *Humangenetik* bis zur *Fischereibiologie* – nichts, was nicht vertreten würde.[6]

Wem nützt es? Dem Diplombiologen, dem Holzwirt, dem Tropenmediziner, dem angewandten Botaniker, dem Lehrerstudenten? Für den letzteren wird laut Erläuterungen im Vorlesungsverzeichnis nur ein Bruchteil der Angebote relevant, und zu vielen Veranstaltungen ist er überhaupt nicht zugelassen. Doch selbst wenn Interessen bestehen, werden fast nur Pflichtveranstaltungen besucht. Mit dem Scheinerwerb und der Erfüllung des «Pensums» an Pflichtveranstaltungen ist der Student in der Regel so weit ausgelastet, daß er nur wenig Möglichkeiten hat, andere fachbiologische Angebote zu seiner persönlichen Bereicherung wahrzunehmen.

Von der sog. *Wahlfreiheit* im Fachstudium bleibt angesichts dieser Situation nur wenig übrig. Begründet wird diese Erkenntnis zum großen Teil durch die Fülle der einschränkenden Studienbedingungen wie etwa:

Begrenzte Studienzeit, lange Wartezeit bis zur Aufnahme in Praktika, zu wenig Laborplätze, Leistungszwang und -nachweis, Leistungsdruck und Konkurrenz (Abschlußnoten) im Hinblick auf eine Erhöhung der ohnehin immer geringer werdenden Berufschancen, Nachteile der Lehrerstudenten gegenüber den Diplomanden.

Zwar kann der Student – was Freiheit und Unfreiheit der Inhaltsauswahl anbetrifft – bereits auf einen beträchtlichen Erfahrungsschatz auf Grund ähnlicher Mechanismen in der gymnasialen Oberstufe zurückblicken und hat einen Konkurrenzkampf (den um einen Studienplatz) sogar schon erfolgreich hinter sich gebracht. Doch hilft ihm diese «Praxis» nicht immer über teilweise recht ernüchternde Startbedingungen hinweg, die bereits als der *«erste Realitätsschock»* bezeichnet werden. Dies nicht nur, weil die freie Wahl der Inhalte (abgesehen etwa von Wahlpflichtveranstaltungen und alternativen Einzelangeboten) versagt ist und stundenplanartig der reglementierende Pflichtkanon dominiert.

Der Aufbau der einführenden Grundveranstaltungen ist bereits am höchsten Stand der Biologie orientiert. Der Hochschullehrer sieht sich einem überdurchschnittlich großen Auditorium gegenüber, das noch nicht gelernt hat, Einspruch zu erheben, zurückzufragen, Kritik zu üben. Für ihn ist die Verlockung oft groß, hier eine erste wirkungsvolle «Imagepflege» zu betreiben. Der Student wird beeindruckt, versteht nicht, was ihm doch gerade eine Einführung in die Wissenschaft und in sein Studium sein soll, kann mit seinem Schulwissen nicht die Situation bezwingen, sieht auch keinerlei Kontinuität vom Gymnasium zu seinem neuen Ausbildungsplatz und erlebt einen ersten Frustrationsprozeß (besonders im Sinne eines Theorieschocks). Er schreibt alles mit, was er hört, aber er kann es nicht immer nacharbeiten, bekommt ein schlechtes Gewissen und quält sich zur nächsten Veranstaltung.

Unter diesem Eindruck, der durch viele Studentenberichte bestätigt ist, müssen inhaltliche und organisatorische Veränderungen des Studienbeginns gefordert werden und sollten die sogenannten *Grundveranstal-*

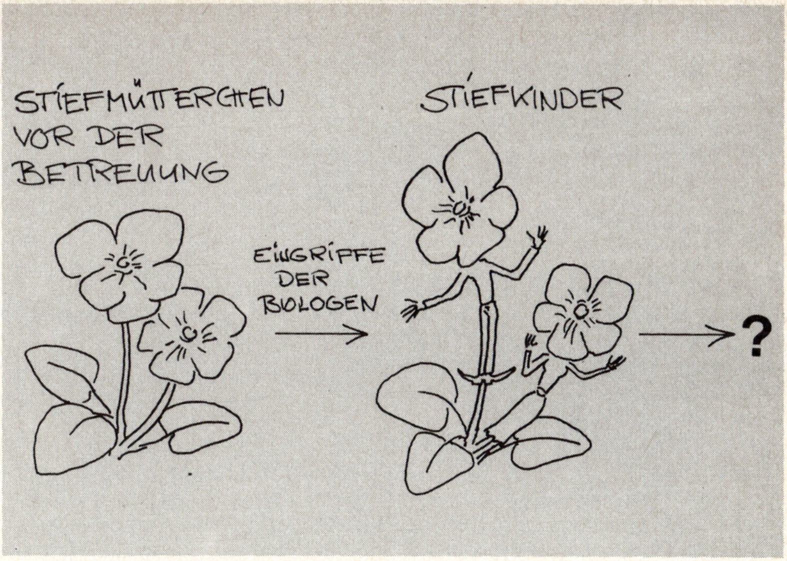

tungen des bisherigen Modus nicht zum Pflichtkanon der Anfangssemester gehören, sondern besser ans Ende des Studiums verlegt werden. Gerade aber Veranstaltungen wie die Vorlesungen «*Allgemeine und spezielle Botanik/Zoologie*», «*Systematik*» oder «*Humanbiologie*» dienen bereits als Voraussetzungen für die Aufnahme in die Pflichtkurse.

Für viele Studenten wird im ersten Semester die Weiche dafür gestellt, daß sie an sich zweifeln, selten aber am *didaktischen Vermögen der Hochschullehrer*, daß sie zu Studienwechslern werden oder ihre Ausbildung ganz abbrechen und den ohnehin schwer genug erkämpften Studienplatz resignierend abgeben. Statistische Erhebungen zeigen, daß gegenwärtig noch immer jeder achte Student sein Studium aufgibt, ohne je einen Abschluß zu erreichen.

Wer gar die Erwartung hatte, er könne neben der fachbiologischen Ausbildung, dem anderen Wahlfach und den erziehungswissenschaftlichen Studienanteilen auch noch einen Blick über die vielgerühmten «pädagogischen Zäune» (Geissler, 1973) in andere Studiengänge werfen, um sein Blickfeld zu erweitern, stellt fest, daß ihn die drohende Regelstudienzeit, die Sorge um die Studienförderung und das permanente Nach- und Aufarbeiten der Pflichtveranstaltungen kaum dazu kommen lassen, anderen als den studiengangspezifischen Anforderungen nachzugehen. Zudem werden Interesse für die Belange der Hochschule, für studentische Gremienarbeit und Einsatz für die Bedürfnisse höherer Studiensemester erwartet, die die Anfangsprobleme überwunden haben und nun in vielerlei Hinsicht um Stimmen für ihre vielfältigen Formen der Hochschulkritik werben.

Oft endet die Erwartung an das noch immer mit Status und Ansehen verbundene Studieren in einer Vereinsamung des Studenten, und noch ehe er diese überwinden konnte, treffen ihn nicht selten beim Studienwechsel, im Staatsexamen, bei seinem Übergang in die Zweite Phase, in die Schulwirklichkeit oder gar in die Arbeitslosigkeit die nächsten Realitätsschocks.

5. Stiefkindertheorie

Im Ansehen der das Fach «Biologie» studierenden Hochschulabsolventen stehen die Lehrerstudenten gegenüber den Diplombiologen auf einem geringeren Niveau. Daran ändert auch die Tatsache nichts, daß oftmals nahezu identische Studieninhalte absolviert werden oder sogar gemeinsame Veranstaltungen zu besuchen sind. Im Hinblick auf die Forschungsvorhaben des Hochschullehrers sind die Diplomanden besonders über ihre Diplomarbeiten wichtige Informanten und Zulieferer einzelner wichtiger Bausteine für die Erschließung hochschullehrerspezifischer Forschungsinteressen. Obwohl die Lehrerstudenten nach Umfang und Anspruch ihrer fachwissenschaftlichen Examensarbeiten kaum weniger gefordert werden (eine vergleichende Analyse von Diplomarbeiten und Staatsexamensarbeiten, besonders für das Gymnasium, belegt diese Beobachtung sehr eindringlich), gelten ihnen weit weniger Erwartungen. Auch muß gesehen werden, daß viele Hochschullehrer Seminare mit Diplomanden bevorzugen, da sie in der Ausbildungsverpflichtung gegenüber Lehrerstudenten einen Prestigeverlust sehen. Diesen fangen sie entweder dadurch auf, daß sie das Anspruchsniveau der Diplomanden selbst für die Ausbildung von Volks- und Realschullehrern zugrunde legen, oder sie delegieren Lehrerveranstaltungen an Assistenten. Wenn man für die künftigen Gymnasiallehrer noch hinzufügt, daß diese auch in der Erziehungswissenschaft/Fachdidaktik nicht recht heimisch sind (dort haben wenigstens die Volks- und Realschullehrer der bisherigen Ausbildung einen festen Standort, vgl. zum Beispiel Situation an der Universität Hamburg bzw. Reiss, 1974), so bleiben auch weiterhin die Lehrerstudenten die *«Stiefkinder der Ausbildung»*.

6. Ausblick und Konsequenzen

Fachwissenschaft und Wissenschaftsorientierung als Wissenschaftlichkeit der Ausbildung nehmen einen hohen Stellenwert im Studium künftiger Naturwissenschaftslehrer sowohl bei den Studierenden selbst als auch besonders in der Öffentlichkeit ein. Das Streben nach Wissenschaftlichkeit birgt jedoch die Gefahr in sich, daß der Verwendungszweck des Studiums zu wenig auf den Lehrerberuf gerichtet ist, im Hinblick auf diesen zu wenig kritisch hinterfragt wird und biologischer Schulunterricht nicht primär als Bildungsprozeß Heranwachsender mit individuellen Bedürfnissen und Problemen gesehen, sondern in Anlehnung an die erlebte Fachausbildung wiederum auch als solche reproduziert wird.

Im biologischen Wahlfachstudium fehlt – um das Kriterium einer wissenschaftlichen Ausbildung mit Berufsbezug zu gewährleisten – die Möglichkeit für die Studierenden, unterrichtsbezogen forschungsaktiv zu arbeiten. Da das fächerlastige Studium auch weitgehend ohne Bezug zur Fachdidaktik absolviert wird, kann auch diese nur wenig Praxisnähe in die fachwissenschaftliche Ausbildung bringen. Als Folge des zu eindeutig aus dem Bezugsrahmen der Fachdisziplin abgeleiteten Ausbildungsangebotes macht sich eine übergroße *fachspezifische Sozialisation* bei den Studierenden bemerkbar, die auch als Ausdruck des Lehrverständnisses der meisten Naturwissenschaftler interpretiert werden muß. Unabhängig vom institutionellen Kontext von Schule, Hochschule und curricularen Bedingungen in der Ausbildung werden besonders im naturwissenschaftlichen Fachstudium «*Sozialisationswirkungen*» verursacht, «die einer kritisch emanzipatorischen Entwicklung der Lernenden im Wege stehen» (Reiss, 1976, S. 151).

Die Fachdisziplin als Lehr-/Lerngegenstand für Lehrerstudenten sollte sich jedoch – ähnlich wie es die Fachdidaktik seit längerem praktiziert oder es zumindest versucht – auf unterrichtswissenschaftliches Denken und Handeln einrichten. Dann dürfte die Gefahr ihrer Verselbständigung und Dominanz im Lehrerstudium reduziert werden. Daraus folgt:

Das gesamte Lehrerstudium ist auf unterrichtswissenschaftliches Denken und Handeln hin anzulegen. Vielleicht trifft dann auch erstmals die These zu, daß die wissenschaftliche, berufsorientierte Auseinandersetzung mit der biologischen Basisdisziplin gemäß ihrer Inhalte und Methoden, also letztlich das Eindringen in die *Fachwissenschaft*, Transfers auch für eine wissenschaftliche Bewältigung des *Biologieunterrichts* zuläßt, ohne daß der Biologieunterricht nur die Fachdisziplin reproduziert. Hingegen kann ein noch so intensives Eindringen in die Rolle des Biologen und in sein Spezialgebiet kaum ein Weg sein, Qualifikationen für die Bewältigung eines biologischen Problems mit Schülern abzuleiten oder gar Biologieunterricht sach- und schülergerecht zu gestalten: *Aus der Berufsrolle des Fachbiologen kann nicht die Rolle des Biologielehrers abgeleitet werden. Ähnlich wie der Erziehungswissenschaftler seine Aufgaben gegenüber dem Studenten ohne Zuhilfenahme etwa der Psychologie und der Soziologie nicht vernünftig wahrnehmen kann, kann das Fächerstudium kaum allein vom Fachbiologen, Fachphysiker, Fachchemiker getragen werden. Es bedarf zu seiner Konzipierung und Durchführung zumindest der Unterstützung durch Erziehungswissenschaft, Fachdidaktik, Curriculumtheorie und Lerntheorien, wenn verhindert werden soll, daß der Lehrerstudent ein reduziertes Diplomstudium betreibt und Schule als bloßer Arbeitsplatz, aber nicht vorrangig als Stätte der Bildung Heranwachsender gesehen wird. Die Hochschule hat diesem Gesichtspunkt in erster Linie Rechnung zu tragen. Das Studienangebot der Biologie kann nicht nur aus der Disziplin hergeleitet werden, sondern muß sich zuallererst aus gesamtgesellschaftlichen Bedürfnissen bestimmen.*

Wenn die biologische Wissenschaft von vielen künftigen Lehrern zum eigentlichen Inhalt ihrer Ausbildung erhoben wird, darf das eben nicht heißen, diese Wissenschaft sei der einzige Bezugsrahmen des Studiums. Denn: Gesellschaft aus der Wirkungsweise, dem Entwicklungsstand und den Forschungsgegenständen der Disziplin heraus verstehen zu lernen, erscheint für die Zielsetzung des Fachstudiums ebenso notwendig wie umgekehrt die Einsicht in die gesellschaftliche Bedingtheit der Wissenschaft. Der Student erfährt bestenfalls in Ansätzen ein Fachstudium unter dieser Intention. So regiert die Stoffülle als biologischer Unterrichtsstoff an Hochschule und Schule gleichermaßen und steigert die Ausbildung die «fachliche Sozialisation» auf Kosten der «beruflichen Sozialisation».

Im Lehrerstudium künftiger Biologielehrer sollten Biologie und Erziehung immer konkret auf das Individuum und die Gesellschaft bezogen werden. Weder kann es keine isolierte Betrachtung der Biologie geben – sie aber dominiert nach wie vor – noch darf es eine isolierte Betrachtung von Unterricht und zu Unterrichtenden geben. Vermittelndes Bindeglied kann Fachdidaktik sein, besonders wenn sie Gesellschaft und Umwelt als das Praxisfeld auffaßt, von dem her sich Inhalte und Zielsetzung der Ausbildung letztlich immer bestimmen müssen. Veränderungen in der Lehrerausbildung sollten immer zugleich mit der Reform der Inhalte die Reform der Verhandlung und des Austausches von Inhalten (Informationen und Verhaltensmuster) anstreben. Arbeitsgemeinschaften zum Beispiel dürften eine sinnvolle, weil für alle Beteiligten fruchtbare Form der Inhaltsbewältigung darstellen, da in ihnen «hochschuldidaktische, lern- und sozialisationspsychologische und methodische Kenntnisse bezogen (werden) auf ein gemeinsames konkretes Handlungsziel, etwa auf die gemeinsame Planung oder Verbesserung einer Veranstaltung oder eines Teilcurriculums» (Huber/Schulmeister, 1977, S. 15).

Bezüglich der Ausbildungsreform im Hinblick auf eine engere Berufsorientierung und eine stärkere Beachtung beruflicher Verwendungssituationen müßte erreicht werden, daß die Ausprägung des Studienangebotes nicht länger davon beeinflußt oder gar bestimmt wird, was als Systematik der Biologie bei den Fachbiologen als ihr spezifisches Verständnis von ihrer Disziplin vorherrscht.

Lernziele und Lerninhalte ergeben sich «nicht nur aus den realen oder vermeintlichen Strukturen der Wissenschaft» (Haarmann u. a., 1975, S. 78), sie sollten sich in erster Linie daraus ableiten, was der Lehrer für die *autonome* und *sachkompetente* Bewältigung der Unterrichtssituationen und allgemeinen «sozialen Lebenssituationen» benötigt.

Anmerkungen

1 Es wurden u. a. herangezogen: Haupt, Schaefer, Rodi, Entrich/Hoebel-Mävers/Gärtner, Hinz, Kattmann, die Studien- und Prüfungsordnungen der Universitäten Hamburg und Bremen, die Studienordnung der Universität Gießen, die Lehrpläne für den Biologieunterricht in Hamburg und Bremen, die Empfehlungen des Würzburger Rahmenplanes, VDB-Unterlagen zur Biologielehrerausbildung sowie der VDB-Rahmenplan (siehe Literatur).

2 Vgl. Reiss 1974, 1975, 1976 (siehe Literatur)

3 Vgl. Studienordnungen für Diplombiologen und Lehramtskandidaten.

4 Reiss war von der Situation der Studienreferendare ausgegangen, doch dürften ihre Überlegungen auch für Studenten der naturwissenschaftlichen Disziplinen zutreffen.

5 An der Universität Hamburg werden zum Beispiel «Biologische Schulversuche» vom Fachbereich Biologie an den Fachbereich Erziehungswissenschaft/Fachdidaktik verwiesen, obwohl die Veranstaltung laut Lehrerprüfungsordnung Pflichtteil der biologischen Fachausbildung ist.

6 Vgl. Vorlesungsverzeichnis der Universität Hamburg.

Literatur

Empfehlungen des Beirates der Sektion Fachdidaktik im Verband Deutscher Biologen zur Biologielehrerausbildung. Verantwortlich: Rodi, D., Schwäbisch-Gmünd 1977

Entrich, H.: Lehrerbildung Biologie, IPN-Arbeitsberichte Nr. 25, Kiel 1976

Entrich, H., Hoebel-Mävers, M., Gärtner, H.: Überlegungen und Perspektiven zur Situation der Ausbildung von Biologielehrern. Mitteilungen des Verbandes Deutscher Biologen, Nr. 232, März 1977, und Nr. 234, Mai 1977

Ewers, M.: Bildungskritik und Biologiedidaktik, Frankfurt 1974

Ewers, M. (Hg.): Naturwissenschaftliche Didaktik zwischen Kritik und Konstruktion, Weinheim und Basel 1975

Gamm, H. J.: Die Lehrerrolle im gesellschaftlichen Feld, in: Bokelmann/Scheuerl (Hg.): Der Aufbau erziehungswissenschaftlicher Studien und der Lehrerberuf, Heidelberg 1970, S. 273–291

Geissler, G.: Eingliederung der Lehrerbildung in die Universität. Das Hamburger Beispiel, Weinheim und Basel 1973

Haarmann, K., u. a.: Reformmodell eines biologischen Praktikums für Lehrerstudenten, in: Naturwissenschaftliche Rundschau, Beilage, Heft 8(1975), S. 77–81 und Heft 10 (1975), S. 83–88

Haupt, W.: Probleme der Biologielehrerausbildung nach den neuen Lehrerbildungsgesetzen, in: Mitteilungen VDB, Nr. 204, August 1974

Haupt, W.: Gedanken zur Lehrerausbildung (Bayern), in: Mitteilungen VDB, Nr. 218, November 1975

Haupt, W.: Probleme der Lehrerausbildung, in: Mitteilungen VDB, Nr. 230, Januar 1977

Huber, L., Schulmeister, R.: Von den Schwierigkeiten in der Hochschuldidaktik, in: Unihh, Heft 4, Oktober 1977, S. 14f

Kattmann, U.: Bezugspunkt Mensch, Grundlegung einer humanzentrierten Strukturierung des Biologie-Unterrichts, Köln 1977

Kattmann, U., Isensee, W. (Hg.): Strukturen des Biologieunterrichts, Köln 1975

Klämbt, D.: Sekundarstufe: Lehrerausbildung und Unterricht, in: Mitteilungen VDB, Nr. 211, April 1975
Reiss, V.: Die spezifische Problematik der Lehrerbildung in den Naturwissenschaften, in: Unihh reform, Dokumente zur Studien- und Prüfungsreform an der Universität Hamburg, Nr. 5, 1974, S. 61ff
Reiss, V.: Fachspezifische Sozialisation in der Ausbildung von Gymnasiallehrern mit naturwissenschaftlichen Unterrichtsfächern, in: Ewers, 1975, S. 275–291
Reiss, V.: Interdisziplinäre Curricula in den Naturwissenschaften als Sozialisationsmedien, in: Bloch, J., Häussler, P., Jaeckel, K., Reiss, V.: Curriculum Naturwissenschaft, Köln 1976, S. 149ff
Rodi, D. (Bearbeiter): Biologie und curriculare Forschung, Köln 1975, S. 11–59
Rodi, D.: Lehrerausbildung für den Biologieunterricht und den biologisch orientierten Sachunterricht (Vorlage für die Beiratssitzung am 4./5. 3. 1977)
Schaefer, G.: Notwendige Qualifikationen eines Biologielehrers für die Sekundarstufe, in: Mitteilungen VDB, Nr. 193, Juni 1973
Schaefer, G.: Bemerkungen zum Problem der Lehrerausbildung, in: Mitteilungen VDB, Nr. 213, Juni 1975
Schaefer, G.: Muß ein Biologielehrer Biologe sein? Vortrag in Marina-Wendtorf 1977 (Didaktikertagung des VDB)
Würzburger Rahmenplan für das Biologiestudium in der Bundesrepublik Deutschland, Juli 1975

Arbeitsgemeinschaft Schulbuchproduktion

Wie entstehen Schulbücher?

«Das Ziel wirtschaftlicher Betätigung ist die Bereitstellung von Gütern, die den Bedürfnissen und Wünschen einzelner Wirtschaftssubjekte genügen»,

schreibt Karl Häuser in seiner «Volkswirtschaftslehre» (Funkkolleg zum Verständnis der modernen Gesellschaft, Fischer Taschenbuch 1601, S. 34). Auf die Frage, was hat Vorrang in unserem Wirtschaftssystem, der Profit des Unternehmers oder die Versorgung der Bevölkerung mit Gütern gemäß ihren Bedürfnissen und Wünschen, antwortet Häuser allerdings klipp und klar:

«Letztlich wird doch immer wieder der Gewinn das wichtigste Ziel einer Unternehmung sein und den Umfang der Produktion und des Angebotes bestimmen» (a. a. O., S. 185).

Häusers Feststellungen müssen ergänzt werden. Nicht alle Unternehmen erreichen ihre Ziele. Jahr für Jahr müssen Hunderte von Klein- und Mittelbetrieben aufgeben, während sich gleichzeitig die wirtschaftliche und damit auch die politische Macht der großen Konzerne verstärkt. Zweitens wird die Bevölkerung auch mit Gütern «versorgt», die zwar Gewinne abwerfen, von denen aber nicht ernsthaft behauptet werden kann, daß sie – wie Bomben, Panzer und U-Boote – «Bedürfnisse und Wünsche» der Menschen befriedigen. Art und Umfang aller produzierten Güter werden also maßgeblich vom Gewinnstreben der Unternehmer bestimmt, andere Faktoren treten demgegenüber zurück (politische

Einflüsse, Mäzenatentum usw.). Das gilt nicht nur für Rüstungsgüter, sondern genauso für Schnürsenkel, Taschenlampen ... und auch für Schulbücher?

Wie stellen *Unternehmer*, deren Verlage Schulbücher produzieren, diesen Sachverhalt dar? Einer von ihnen, Jürgen Mackensen, Mitbesitzer des Westermann Verlages, behauptet, er sei kein «Vertreter *irgendwelcher* wirtschaftlicher Interessen, sondern der von unserer Gesellschaftsordnung gewollte Partner der Kultusministerien» (Blickpunkt Schulbuch, Juni 1977, S. 18). Damit betont Mackensen einen wichtigen Aspekt des Schulbuchgeschäfts: Schulbücher müssen den staatlichen Richtlinien entsprechen, sie werden von Lehrern bestellt und von den Steuerzahlern, bzw. von den Eltern direkt in den Ländern ohne Lernmittelfreiheit, bezahlt. Der andere Aspekt ist für den Unternehmer allerdings genauso wichtig:

> «Produktion und Vertrieb von Schulbüchern sind keine staatlichen Aufgaben. Privatwirtschaftliche Verlage tun das nach den Regeln unserer Marktwirtschaft. Die Verlage tragen das alleinige Risiko für jede neue Schulbuchentwicklung, und sie nutzen damit die Chancen des Marktes. Durch die Marktmechanismen ist das Angebot immer so breit und vielfältig wie der Bedarf. Hier zeigt sich, daß Marktwirtschaft auch in einem Bereich funktioniert, der in ganz hohem Maße vom Staat beeinflußt wird.» (a. a. O.)

In diesem Beitrag soll einigen Fragen nachgegangen werden, die sich aus dem unternehmerischen Selbstverständnis des zitierten Schulbuchverlegers und einem offensiven Werbeplakat des Verbandes der Schulbuchverlage e. V. mit sieben Thesen zum Schulbuch ableiten lassen:

- Bringt die marktwirtschaftliche Produktion der Schulbücher den Eltern, Kindern und Lehrern auch wirklich Vorteile?
- Tragen Schulbuchverlage ein hohes Risiko?
- Stellen Schulbuchverlage tatsächlich ein breites und vielfältiges Angebot her?

Erste Zweifel melden sich: Daß sich bei Biologieschulbüchern zum Beispiel eine höchst fragwürdige Vielfalt feststellen läßt, belegt der Beitrag von Margarete Maurer in diesem Band. Richtige und fortschrittliche Biologieschulbücher sind nach wie vor Mangelware. Die Zulassungsrichtlinien der Kultusministerien – von den Schulbuchverlagen immer schnell als einschränkende Bedingungen ihrer guten Vorsätze bemüht – verbieten keineswegs qualitätsvolle Schulbücher. Es gibt Beispiele dafür.

Auf die Segnungen der Marktwirtschaft werfen eine Million Arbeitslose einen schweren Schatten. Strukturelle Arbeitslosigkeit ist das Problem einer gesellschaftlichen Ordnung, in der die Interessen der Unternehmer mit den Interessen der «Unternommenen» (ob Arbeiter, Angestellter, Lehrer usw.) ganz sicher nicht deckungsgleich sind.

Die ökonomischen Voraussetzungen, unter denen Schulbücher entstehen und die ebenfalls die Inhalte beeinflussen, werden bisher von der Schulbuchkritik ausgeklammert. Hier sollen einige Angaben dazu gemacht werden.

CDU: Nach Wahlsieg neue Schulbücher
«Vor allem in Deutsch und politischer Bildung»/Tagung in Bad Nauheim
Von unserem Redaktionsmitglied Winfried Rohloff
BAD NAUHEIM. Weitreichende Konsequenzen will die hessische CDU auf Grund eines Forums ziehen, das die Schulbücher in den Fächern Geschichte, Deutsch und Politik untersuchte. Sofern die Christdemokraten nach der Landtagswahl im kommenden Jahr die Regierungsgewalt übernehmen sollten, wollen sie das Schulbuchangebot vor allem in Deutsch und politischer Bildung (Sozialkunde) revidieren. Dies kündigte am Wochenende der kulturpolitische Sprecher dieser Partei, Bernhard Sälzer, in Bad Nauheim an.

Nach Ansicht Sälzers hätten die Referenten der Konferenz nachgewiesen, daß in den genannten Fachbereichen «ursprüngliche Ansätze der Rahmenrichtlinien in Schulbüchern weitergeführt wurden». Als «verhängnisvoll» bezeichnete der CDU-Politiker die «Negativ-Darstellung der Familien» in den Lehrmaterialien.

Einen großen politischen Bogen suchte der Kulturpolitiker der Opposition zu spannen, als er prognostizierte, daß «andere Schulbücher in Zukunft eine stärkere Bindung der jungen Menschen an unsere freiheitliche und soziale Ordnung ermöglichten». Hierin sieht Sälzer einen «wichtigen Beitrag zur Terrorismus-Diskussion».

Gleichzeitig forderte der Christdemokrat den Kultusminister auf, die Zulassungskriterien für Schulbücher offenzulegen, wenngleich dies auch in anderen Bundesländern ebenfalls nicht üblich sei. Bis zum Frühjahr hofft die CDU, eine Dokumentation zur hessischen Schulbuchsituation herausgeben zu können. Ein Arbeitskreis will bis dahin das derzeitige Angebot untersucht und analysiert haben.

Bei der Tagung, an der neben zahlreichen CDU-Mitgliedern der Hessische Elternverein, Vertreter der Kirchen, der Landeselternbeirat, Lehrerverbände, kulturpolitische Sprecher der Kreistagsfraktionen, des Verbandes der Schulbuchverleger, die Gewerkschaft Erziehung und Wissenschaft sowie auch Vertreter anderer Bundesländer teilnahmen, kam noch einem Themenbereich eine wichtige Rolle zu, der Verbesserung des jetzigen Systems der Lehrmittelfreiheit durch organisatorische Veränderung. Hier will die CDU versuchen, unbrauchbar gewordene Lehrbücher («aus hygienischen Gründen») aus dem Verkehr zu ziehen.

Ohnehin soll das Lehrmaterial, sofern dies von bleibendem Wert ist, in das Eigentum des Schülers übergehen. Mehrkosten würden hierfür nicht entstehen, glaubt die hessische CDU. Die Partei will schließlich mit den Verlagen verhandeln, um Bücher, die nur kurz genutzt werden, preiswerter herstellen zu lassen.
(*Frankfurter Rundschau* 12. 12. 77)

Einige Zahlen

Die Auflagenhöhe von Schulbüchern ist Anzeiger der Verbreitung von Schulbüchern; aber gerade diese Angaben versuchen die Verlage vor der Öffentlichkeit zu verbergen, wie zum Beispiel ein vertrauliches Rundschreiben des «Verbandes der Schulbuchverlage» belegt (vgl. unten S. 179). Die Öffentlichkeit erfährt nur durch Zufall, nämlich im Gefolge von Preisverleihungen an die schönsten deutschen Schulbücher (Schulbücher werden also auch ganz geschickt propagiert), die Exemplarzahlen, mit denen Schulbücher aufgelegt werden. Die folgende Liste wurde dem «Börsenblatt für den Deutschen Buchhandel» 71 (1970) entnommen:

Christen: Einführung in die Chemie, Verlag Diesterweg-Salle, Erstauflage 37500, DM 19,60

Gieding: Denk mit, Ernst Klett Verlag, Auflage 33000, DM 15,60

Kösler: Grundfragen der Relationen, Ernst Klett Verlag, Auflage 24000, DM 7,80

Neue Mathematik, Schroedel Verlag, Auflage 33000, DM 8,80

Schröder u. a.: Natur und Technik, Verlag Velhagen und Clasing, Auflage 93000, DM 7,60

Lange/Strauß/Dobers: Biologie 2, Schroedel Verlag, Auflage 22000, DM 14,80

Die 22000 Exemplare von «Biologie 2» waren bereits im Jahr des Erscheinens verkauft, so daß 1971 die 2. unveränderte Auflage notwendig wurde. «Biologie 1» stieg von 1967 bis 1972 in die 3. Auflage, die «Biologie für das 5. und 6. Schuljahr» des Diesterweg Verlags verzeichnete 1972 die 6. Auflage. Die Metzlersche Verlagsbuchhandlung verkauft jährlich von Linder: «Biologie für die Oberklassen der höheren Schulen», 50000–60000, von Linder/Hübler: «Biologie des Menschen» 40000–50000 Stück. Diese Zahlen dürften von anderen Schulbüchern noch um ein gutes Stück übertroffen werden.

Die Schulbuchverlage machen keine Angaben über die Höhe des gesamten Schulbuchgeschäftes. In ihren eigenen Statistiken ziehen sie die Rabatte der Buchhändler ab, die mindestens 25 % vom Ladenpreis betragen. (Auch diese 25 % muß der Käufer natürlich bezahlen.) Wir müssen andere Quellen nutzen: Nach dem «Berliner Extradienst» 27 (1973) vom 4. 4. 1973 gab das Land Nordrhein-Westfalen im Schuljahr 1973/74 über 207 Millionen DM für die Lehrmittelfreiheit aus. Auf die gesamte BRD umgerechnet – unter Berücksichtigung des Preisanstiegs – kommt man für 1977 also auf über eine Milliarde DM, für die natürlich nicht nur Bücher, sondern auch andere Lehrmittel gekauft wurden.

Produktionsbedingungen bei Schulbüchern

Bei oberflächlicher Betrachtung wirkt die Außenhaut der Schulbuchproduktion gefällig und glatt. Dafür sorgt nicht zuletzt die Verbandszeitung «Blickpunkt Schulbuch», in der sich Wissenschaft und Werbung für die heile Welt der Schulbuchproduktion ein Stelldichein geben.

Schulbuchverlage als Wirtschaftsunternehmen scheinen demnach kaum vorzukommen. Daß sie Gewinne auf einem «Markt» erzielen, der den Vorzug eines garantierten, ausrechenbaren Abnehmerkreises mit freundlichen Beziehungen zwischen den Schulbuchverlagen verbindet und das Risiko von Neuentwicklungen durch vielfache Verbindungen zwischen Verlagen und Schul- oder Kultusbehörden mildert, bleibt außerhalb des Gesichtsfeldes.

Im «besten Wirtschaftssystem, das es zur Zeit gibt» (Helmut Schmidt) wiegen wirtschaftliche Einzelinteressen, die sich auf Gewinn richten, schwerer als der Anspruch der Öffentlichkeit auf Rechenschaft darüber, in welcher Weise Teile der gesellschaftlichen Kosten des Ausbildungssystems (und darin der Lehr- und Lernmittel) privatisiert werden.

Zwar muß die Ware Schulbuch bestimmten fachlichen und pädagogischen Ansprüchen genügen. Dafür sorgen qualifizierte Angestellte und Autoren. Die wirtschaftlichen Interessen der Verlage bleiben davon unangetastet, und sie beeinflussen auch die *Beziehungen zwischen Schulbuch-Autoren und Verlagen.* Zum gegenseitigen, nicht immer öffentlichen Wohl. Da Lehrer-Autoren oft in den Richtlinienausschüssen sitzen, sich als «unabhängige» Gutachter betätigen, als Ausbilder Referendare auf ihre Bücher einschwören und als Lehrer Schulbücher bestellen (die sie obendrein nicht aus der eigenen Tasche bezahlen müssen), sind sie in gleicher Weise Rohstofflieferanten, Produktmanager und Public-Relations-Agenten für die Produkte des Verlages.

Noch wirkungsvoller handelt ein Verleger, wenn er Schulaufsichtsbeamte, also Schul- und Oberschulräte, Schulleiter oder gar Kultusminister als «Mitarbeiter» «gewinnt». In der Zeitschrift «päd. extra» 3/4 (1973) wurden einige dieser nützlichen Querverbindungen vorgestellt:

«Der frühere Kultusminister von Baden-Württemberg, Gerhard Storz (CDU), ließ im Klett-Verlag seine ‹Stilfehler im Oberstufenaufsatz – ein stilistisches Praktikum mit Fehlerbeispielen› erscheinen; derjenige des Landes Nordrhein-Westfalen, Holthoff (SPD), gar war zusammen mit dem Dortmunder Stadtschulrat Frommberger Mitherausgeber eines – natürlich unter diesen Voraussetzungen weitverbreiteten – Lesebuches des Bagel-Verlages aus der Landeshauptstadt Düsseldorf.

Der Schroedel-Verlag, Hannover, heuerte den Schulrat Alfred Blumenthal als Herausgeber der Schulbuchreihe ‹Erkunden und Erkennen›, die Oberschulrätin

Jutta Lübkemann als Mitarbeiterin für das biologische Unterrichtswerk Lange/Strauß/Dobers an. Im Mundus-Verlag, Stuttgart, gibt der Oberregierungsrat Gottfried Weimer die Bände des ‹Naturkundlichen Arbeitsbuches›, bei Diesterweg der Präsident des Oberschulamts in Tübingen, Eugen Kaier, die drei Bände (mit vielen Auflagen) der ‹Weltgeschichte im Aufriß›, im Gehlen Verlag, Bad Homburg, der Ministerialrat Weiß das Lehrbuch ‹Gesellschaft, Staat, Politik›, bei Westermann, Braunschweig, der Oberschulrat Gerhard Fischer das mehrere Bände umfassende ‹Lehrbuch zum Diercke Weltatlas› heraus, Stadtschulrat Otto Harde, Schulrat Alfred Blumenthal und Regierungsdirektor Hans Speckhahn geben im Cornelsen-Velhagen-Klasing-Verlag den Atlas «Unsere Welt» heraus usw. usf. Jeder Lehrer kann aus seinen Schulbüchern weiteres Beweismaterial zusammenstellen.»

Die Beziehungen zwischen Autoren und Verlag werden durch Verträge geregelt, in denen das Honorar meistens in Prozenten vom Ladenpreis des Buches festgelegt ist. Damit wird die Höhe des Honorars bestimmt durch Ladenpreis und Absatz des Buches. Hier stellt sich die Frage, wer Anspruch auf ein Honorar hat. Zu denjenigen, denen der Anspruch bestritten werden kann, gehören auf jeden Fall alle Schulbuchschreiber aus dem öffentlichen Dienst, die ihren Dienstauftrag zum Verfassen von Schulbüchern benutzen.

Auf dieses Problem machen auch die Bremer Lehrer Hermann, Koenecke und Preuß in der «Bremer Lehrerzeitung» vom April 1973 aufmerksam, wenn sie feststellen,

«daß die Mehrzahl aller Schulbücher von Fachdidaktikern und Pädagogen (nicht von freien Schriftstellern) in inniger Verbindung mit ihren dienstlichen Obliegenheiten geschrieben werden. Von da erhebt sich die Frage, wer wen eigentlich bestiehlt. Die profitmäßige Ausnutzung dienstlicher Arbeitsergebnisse ist ein dunkles Kapitel, das eine Ausleuchtung gut vertragen könnte.»

Noch eine Tatsache ist wichtig: Die Zulassungsrichtlinien, nach denen jedes Schulbuch mehrere Jahre unverändert zu liefern ist, sind sinnvoll, um zu verhindern, daß jedes Jahr veränderte oder gar neue Schulbücher entstehen, und um zu ermöglichen, für eine Reihe von Jahren die alten Klassenbestände an Schulbüchern aufzufüllen. Für den Verlag ergibt sich der Vorteil, daß er das Schulbuch mehrere Jahre – im Durchschnitt sind es etwa sieben Jahre – wie ein Zeitungsabonnement unverändert liefern kann. Damit kann er auch einmalige Herstellkosten, wie das Anfertigen des Satzes, der Klischees für Abbildungen und Umschläge, auf mehrere Jahre bzw. Auflagen verteilen.

Es gibt durchaus Unternehmer, die die Profitträchtigkeit des Schulbuchgeschäfts ganz ehrlich zugeben. C. A. Schröder, Mitinhaber des Westermann-Verlages, spricht im «Blickpunkt Schulbuch» 14 vom «Akquirieren von öffentlichen Druckaufträgen» und vergleicht somit Schulbuchproduktion mit Zeitungsabonnement und Anzeigeneinholen.

- Wir merken uns: Der Schulbuchautor hat in der Regel wenig materielles Interesse daran (noch Einfluß darauf), daß sein Buch billig gemacht wird, da sich sein Honorar in der Regel als Prozentsatz vom Ladenpreis multipliziert mit der Auflage ergibt. Schulverwaltungen und Lehrer sind an jahrelang unveränderten Büchern interessiert, der Lehrer-Autor ebenfalls, erfordert doch jede gründliche Neubearbeitung sehr viel Arbeit. Der Verleger ist quasi von seinem Auftrag her (nämlich Gewinne zu «schöpfen») an denselben Größen interessiert.

Was Schulbücher kosten

In allen kapitalistischen Staaten haben die Preise die für den Bürger unerfreuliche Eigenschaft zu steigen. Auch Schulbücher machen von dieser Regel keine Ausnahme. So kosteten im Jahr 1969 die zwei wichtigsten marktbeherrschenden Biologieschulbücher für die Oberstufe der Gymnasien je DM 14,80. Es waren der «Linder» der Metzlerschen Verlagsbuchhandlung und der «Schmeil» des Verlages Quelle & Meyer. Als nun der Klett Verlag ein völlig neues Biologiebuch, den «Organismus», zum Preis von 16,80 DM auf den Schulbuchmarkt brachte, zogen die beiden anderen Verlage ein Jahr später nach und erhöhten die Preise für ihre unveränderten Bücher um 2 DM. Alle drei Biologiebücher kosteten zwei Jahre lang 16,80 DM. Bis 1977 kam es zu weiteren Preissteigerungen zwischen 1 und 6 DM. (Der «Linder» kostet 21 DM, der «Organismus» 22,70 DM, der «Schmeil» schied mit 17,80 DM «aus Altersgründen» aus dem Rennen.)

Es gilt festzuhalten, daß das Auftauchen einer Konkurrenz nicht notwendigerweise zu Preissenkungen, sondern im Gegenteil oft zu Preissteigerungen führt. Wie es zu derartigen Preissteigerungen kommt, können wir aus einer *Kalkulation* erschließen, die für den unveränderten Nachdruck eines Werkes angefertigt wurde. Sie geht von einer Auflage von 42000 Stück aus, deren Verkauf auf Grund vergangener Erfahrungen als sicher anzunehmen war. Die Herstellkosten hatten sich schwach erhöht (um 20 Pfennig pro Stück), die damit verglichen starke Steigerung des Ladenpreises um 2 DM begründete sich – so unsere Vermutung – durch das Auftauchen eines Konkurrenzwerkes eines anderen Verlages. Die Kalkulation vermittelt den Eindruck, als ob der auf dem Schulbuchmarkt mögliche Preis für das Werk Anlaß zur Preisanhebung gewesen wäre, nicht die tatsächlich eingetretenen Steigerungen der Kosten durch höhere Autorenhonorare, Steueranteile, allgemeine Verlagskosten oder Buchhändlerrabatte.

Zu drei Punkten sind Anmerkungen nötig:

Die Steuern: Die Mehrwertsteuer betrug bei Schulbüchern 5,5 % vom Ladenpreis, ab 1. 1. 1978 sind es 6 %. Bezogen auf den gesamten Umsatz der Schulbuchbranche von ungefähr einer Milliarde DM 1977 ergeben sich etwa 60 Millionen DM Mehrwertsteuer, die in die öffentlichen Haushalte wandern. Aber aus gerade denselben Kassen werden die Schulbücher bezahlt (in den Bundesländern ohne Lehrmittelfreiheit müssen die Eltern mit den Preisen auch die Mehrwertsteuer bezahlen). Auf keinen Fall geht diese Steuer zu Lasten der Verlage, da sie im Preis mit einkalkuliert ist; die Verlage führen die Steuer ab, bezahlt wird sie aber vom Endverbraucher (bzw. vom Steuerzahler). Sie schmälert also nicht den Bruttogewinn der Verlage. Die Preise von Schulbüchern könnten also um 6 % gesenkt werden, wenn die Mehrwertsteuer für sie abgeschafft wird. Das wäre allerdings nur eine «optische Preissenkung»: In den Ländern mit Lehrmittelfreiheit bezahlt der Staat beim Kauf der Schulbücher die Mehrwertsteuer, die er sozusagen mit der anderen Hand wieder kassiert. Der öffentliche Einfluß auf die Preisgestaltung bei Schulbüchern – und nur so wäre eine echte Preissenkung möglich – ist in unserem Wirtschaftssystem allerdings utopisches Fernziel.

Der Buchhändlerrabatt: In dem uns vorliegenden Beispiel beläuft er sich auf 25 % vom Ladenpreis; bezogen auf den Umsatz der Branche ergibt sich eine Summe von jährlich 250 Millionen DM durch die Einschaltung des Zwischenhandels. Es ist zu fragen, ob ein Rabatt in dieser Höhe angemessen ist, da die meisten Buchhändler kein großes Lager an Schulbüchern unterhalten, selten Schaufenster für Schulbücher gestalten oder für sie werben. Schulbücher werden kaum über den Ladentisch verkauft (von Ländern ohne Lehrmittelfreiheit abgesehen), meistens nimmt der Buchhändler Sammelbestellungen entgegen.

Der Verlagsanteil: In der uns vorliegenden Kalkulation steigt der Verlagsanteil (kalkulatorischer Gewinn) bei einer Preiserhöhung von 2 DM je Exemplar des Schulbuches um 56 Pfennig. Hier handelt es sich allerdings um eine prognostizierte Größe, die nicht mit «Gewinn» oder «Profit» verwechselt werden darf. Ob der Verlag den kalkulatorischen Gewinn erlöst, hängt von einer ganzen Reihe von Faktoren ab – Kalkulationen sind keine Bilanzen.

Immerhin, der Verlagsanteil steigt mit 56 Pfennig mehr als die anderen Positionen: Buchhandelsrabatt um 50 Pfennig, Gemeinkosten (Personal, Werbung, Mieten, Kapitaldienste etc.) um 46 Pfennig, Herstellkosten um 20 Pfennig, Autorenhonorar um 17 Pfennig, Steuern um 11 Pfennig, jeweils auf ein Exemplar des Buches bezogen.

- Wir merken uns: Angebot und Nachfrage regulieren offensichtlich die Preise weniger als die jeweilige Marktlage und das Preisverhalten der Marktführer. Zu zahlen haben die Steuerzahler. Da Preissteigerungen meist nicht nur den Verlagen nützen, sondern auch den Buchhändlern und Autoren, gibt es keinen ernsthaften Widerstand gegen überhöhte Schulbuchpreise. Daß Preise für Schulbücher stabil bleiben, ist eher bei den Schulbüchern der Fall, die weniger gut «gehen», als bei denjenigen, die in Auflagen von 40000 Exemplaren und mehr pro Jahr verkauft werden.

UNTERNEHMER FORDERN MEHR EINFLUSS AUF SCHULBÜCHER

Die Unternehmer der Bundesrepublik wollen die Schulbücher von gesellschafts- und sozialkritischen Inhalten gesäubert wissen. Auf einer Unternehmertagung in Köln wurde eine „Analyse" von 270 Schulbüchern vorgelegt, in der die Schlußfolgerung gezogen wird, im Interesse des „Bestandsschutzes" der gegenwärtigen Wirtschafts- und Gesellschaftsordnung sei es notwendig, allen „emanzipatorischen Schulbuch-Produktionen" entgegenzuwirken. Ein Unternehmerkreis Schule/Wirtschaft soll verstärkte Aktivitäten entwickeln, um die Weckung kritischen Bewußtseins bei Schülern zu verhindern. Insbe-

sondere wollen die Unternehmerverbände gegen Schulbücher vorgehen, in denen nachgewiesen wird, die Gesellschaft sei krank, weil das große Kapital die arbeitende Bevölkerung ausbeutet. Die unter der Jugend weit verbreitete „ungesunde Skepsis" gegenüber der Gesellschaft, die dadurch entstandene „Arbeitsunlust" und die „gesteigerte Aggressivität der Jugend" sollen durch die verstärkte Einflußnahme der Unternehmer auf die Schulbuch-Produktion abgebaut werden.

Die Lobby der Schulbuchverleger

Über Auflagenhöhen, Preisgestaltung, Umsätze und Gewinne bei Schulbuchverlagen ist öffentlich wenig zu erfahren. Dafür werben zwei Einrichtungen für das Ansehen der Verlage und ihrer Produktionen: Es handelt sich einmal um den «Verband der Schulbuchverlage» und zum anderen um das «Institut für Bildungsmedien». Die wissenschaftlich anspruchsvolle Bezeichnung «Institut» wurde offenbar gewählt, um Wirtschaftsunternehmen den Glorienschein interessenungebundener Wissenschaftlichkeit aufzumalen. In Wirklichkeit handelt es sich jedoch bei jenen Einrichtungen um ausschließlich von den Schulbuchverlagen finanzierte Unternehmungen mit der Aufgabe, Öffentlichkeit, Parteien, Gewerkschaften, Massenmedien, Lehrerschaft und vor allem die Kultusbürokratie mit (pseudo)wissenschaftlichen Argumenten für die Interessen der Verlage zu gewinnen. Gleichzeitig sind «Verband» und «Institut» eifrig darauf bedacht, die Schulbuchverlage vor öffentlicher Neugier zu schützen.

Hier einige Beispiele aus dem Wirken beider Einrichtungen. Im «Rundschreiben des Verbandes» Nr. 25 (1971) heißt es:

«Da die Auflagenhöhen ... nicht ohne weiteres ein Zeichen für die Qualität eines Schulbuches sein können wie umgekehrt eine sehr niedrige Auflage nicht ohne weiteres auf ein schlechtes Buch hindeutet, stände eine Veröffentlichung der Auflagenhöhen nicht im Interesse der Schulen.» Das Rundschreiben empfiehlt unumwunden eine «Standardantwort auf Anfragen von wirtschaftlichen Institutionen, Behörden oder Privatpersonen nach der Auflagenhöhe».

Selbst der Vergleich mit der sonst von den Verlegern überhaupt nicht geschätzten DDR muß herhalten, um eine Steigerung des Schulbuchgeschäfts zu begründen: «Die Schulbuchproduktion in der DDR erreichte im Vergleichszeitraum (1970) 31 Mill. Exemplare, so daß jeder Schüler dort doppelt so viele Bücher erhält wie in der BRD», teilt die «Presseinformation» des «Institutes» vom 12. 10. 1971 in der Hoffnung auf die politische Wirkung der Vergleichszahlen mit.

Das saubere Schulbuch

«Verband» und «Institut» leiteten 1968 eine große Werbekampagne ein unter dem Motto: «Mit eigenen Büchern lernt sich's besser!» Sie richtete sich gegen das häufig an unseren Schulen praktizierte Leihsystem, demzufolge mehrere Jahrgänge nacheinander das gleiche Lehrbuch benutzen. Dagegen plädierten die Verleger aus naheliegenden Gründen dafür, daß jeder Schüler ein neues Schulbuch besitzen sollte. Die Verwirklichung dieses Planes würde die Umsätze der Verlage mühelos auf das Vier- bis Fünffache steigern. Aber selbstverständlich stellten «Verband» und «Institut» nicht ihre Unternehmerinteressen zur Diskussion, sondern jonglierten mit den Wünschen der Schüler.

Da die Kampagne offenbar nicht zu dem erwünschten Erfolg führte, stießen «Verband» und «Institut» mit einem weiteren Werbefeldzug gegen das plötzlich entdeckte «unhygienische» Schulbuch nach. Das Ziel war das gleiche: Abschaffung des Leihsystems. Wieder wurde mit wissenschaftlichen Gutachten, deut-

Frau Saubermann und das Schulbuch.

schen Sauberkeitsvorstellungen und anderen den Kern der Sache verhüllenden Argumenten hantiert. Um aber nicht nur Eltern und Schüler vor ihre Eigeninteressen zu spannen, sondern vor allem auch die Lehrer, veranstaltete das «Institut» einen Wettbewerb unter dem Titel «Lernen '75 – Studienwettbewerb über Aspekte moderner Unterrichtsmittel». Und welche Aspekte entwickelte die Lobby der Schulbuchverleger? Natürlich die Vorzüge des Schulbuches gegenüber anderen Lehrmitteln wie etwa Tonbändern, Dias, Videorecordern usw.

«Verband» und «Institut» kümmern sich auch um schön klingende Rechtfertigungsgründe, wenn es wieder einmal darum geht, die Preise zu erhöhen. Gegenüber den Kultusministerien wird mit pädagogischen und psychologischen (Pseudo-)Erkenntnissen aufgewartet, die auch den Zweck haben, Neuerungen in die Schulbücher einzuführen, um dann aufgrund eben dieser Neuerungen Preiserhöhungen durchzusetzen.

Preistreibende Kunstgriffe sind schwerer Kunststoffeinband, schweres und teures Hochglanzpapier, durchgehend vierfarbiger Druck, zum Beispiel auch bei Liederbüchern. Seitenzahl und Format werden vergrößert, die Seiten in mehrere Spalten gegliedert. Zwei Beispiele: «Biologie des Menschen», Metzler, 1971: 182 Seiten, zweispaltig, Format: 24 x 17 cm, Gewicht: 500 g, 10,90 DM; 1977: 252 Seiten, dreispaltig, 26 x 21 cm, 850 g, 16,80 DM. «Menschenkunde», Klett, 1971: 112 Seiten, einspaltig 23 x 16 cm, 270 g, 8,70 DM; «Der Mensch A/B», 1977 (für dieselbe Schülergruppe gedacht): 193 Seiten, zweispaltig, 23 x 20 cm, 560 g, 18,50 DM. Für jedes Fach ein Buch dieser Art macht für ein Kind rund vier Kilogramm im Schulranzen, plus Hefte, Atlas, Schreibmaterial. Zwei der atlasförmigen Bücher sind nicht mehr nebeneinander einzupacken. Das Gewicht der Schulbücher ist gesundheitsschädlich.

Thesen zum richtigen Verständnis der Schulbuchproduktion

Auf dem Poster «7 Tatsachen über Schulbücher» hat das «Institut für Bildungsmedien», Zeppelinallee 33, 6000 Frankfurt 90, seine wichtigsten Argumente für die privatwirtschaftliche Schulbuchproduktion zusammengestellt. Auf Grund unserer Untersuchung kommen wir zu ge-

nau den entgegengesetzten Folgerungen:

1. Es gibt auf jeden Fall *zu viele Schulbücher ohne echte Alternativen*: Elf westdeutsche Verlage erzeugen zum Beispiel 16 Reihen von Biologieschulbüchern. Wie soll ein Lehrer unter 16 Bücherreihen (das sind rund 60 Bücher!) das «beste» Kapitel über Menschenkunde herausfinden? Bei Fibeln und Rechenbüchern für die 1. Grundschulklasse geht es noch toller zu. Die Schulbuchverlage produzieren mindestens 80 von jeder Sorte!
2. *Schulbücher sind zu teuer*: Das «Institut» behauptet DM 9,31 als Durchschnittspreis für Schulbücher. Unsere Berechnung, von sechs preisgekrönten Schulbüchern ausgehend, kommt für 1969 auf DM 14,20. Von 1969 bis heute sind natürlich auch diese Bücher teurer geworden.
3. *Schulbücher sind zu schwer* und
4. *Schulbücher sind aufwendiger als nötig gestaltet.*
5. *Schulbücher werden in der falschen Weise geändert.*
   Die neueste Schulbuchgeneration für das Fach Biologie zum Beispiel liefert eine schwere, bunte, dicke und teuere Hochglanzpapier-Tour durchs Tier- und Pflanzenreich. Folgen: Unsere Kinder müssen mehr schleppen (s. S. 180), bekommen Haltungsfehler. Schulbücher werden schulkinderfeindlich! Oder lernt man durch Hochglanzpapier besser singen? Die Verlage nehmen die «Last der Änderung» offensichtlich gern auf sich: die gute Tat scheint sich zu lohnen.
6. *Schulbücher entstehen immer noch im stillen Studierzimmer.* Am Beispiel Vererbungslehre im Biologiebuch (s. S. 36ff) wurde nachgewiesen, in welch starkem Maße die Autoren sich aufeinander beziehen. «Nicht selten bestehen Tendenzen zum wirklich nicht erstrebenswerten Einheitsschulbuch in der Biologie», müssen selbst die Verleger in ihrer Zeitung «Blickpunkt Schulbuch» vom Juni 1971 (S. 20) zugeben.

Der Schulbuchautor und seine «Konkurrenz».

7. *Für Schulbücher gibt es teilweise Ersatz*: Zum Beispiel Taschenbücher und selbsthergestelltes Unterrichtsmaterial. Schulbücher sind teuer, zu schwer und zu aufwendig, zum Teil ist ihr Inhalt veraltet, unwissenschaftlich und ideologieträchtig. Sie müßten also unter Bedingungen entstehen, wie sie im Beitrag von G. H. Hiller (S. 185ff) vorgeschlagen werden.

Hängen die Trauben zu hoch?

Zum Abschluß dokumentieren wir den noch immer aktuellen Antrag der Jungsozialisten von Rösrath bei Köln für den Bundeskongreß der Jungsozialisten vom 11. – 13. 12. 1970. Er wurde nach eindringlichen Warnungen des Ministers für Wissenschaft und Forschung von Nordrhein-Westfalen, Johannes Rau, auf dem ersten gemeinsamen Landesparteitag der nordrhein-westfälischen SPD abgelehnt (nach: betrifft: erziehung 2 [1972], S. 48f.).

«Vorschläge zur Neuorganisation des Schulbuchwesens»

1. Bei der Diskussion um das Bildungswesen der BRD blieben das Schulbuch und die dafür zuständigen Einrichtungen und Gremien kaum beachtet. Daß das Schulbuch bei dieser Diskussion nicht ausgeschlossen werden darf und welche Bedeutung ihm zukommt, belegt allein schon der Hinweis darauf, daß das Schulbuch das grundlegende Arbeitsmittel der Schule ist und damit einen erheblichen Einfluß auf die Bewußtseinsbildung des Schülers ausübt.

2. Betrachtet man sich die Schulbücher und das Schulbuchwesen genauer, so treten folgende Mängel klar zutage:

- Es gibt nur in den seltensten Fällen hauptamtliche Schulbuchautoren: in der Regel sind die Schulbücher Nebenprodukt wissenschaftlicher oder schulpraktischer Tätigkeit.
- Die Schulbuchautoren sind mehr oder weniger an die Lehrpläne gebunden, die ebenfalls oft der Revision bedürfen.
- Durch das Zulassungsverfahren der Kultusministerien werden die Schulbuchautoren gezwungen, private Vorzensur zu betreiben. Anderseits konnte das Zulassungsverfahren nicht verhindern, daß für Schüler und Gesellschaft schädliche Schulbücher zugelassen wurden; zudem ist mit Sicherheit anzunehmen, daß ausgezeichnete Schulbücher nicht zugelassen wurden und werden.
- Die Schulbuchverlage sind in der Regel nicht in der Lage, sich für jedes Fachgebiet einen Stab von Wissenschaftlern und Praktikern zu halten, der sich ausschließlich mit dem Inhalt der Schulbücher beschäftigt.
- Die Schulbuchverlage sind bestrebt, ein Schulbuch solange wie möglich im Programm zu behalten, um höhere Gewinne zu erzielen.

3. Aus diesen Gründen schlagen wir folgende Neuorganisation des Schulbuchwesens vor:

- Eine Anstalt des öffentlichen Rechts ist verantwortlich für Inhalt, Herstellung und Vertrieb der Schulbücher für allgemeinbildende Schulen und der Schulbücher für allgemeinbildende Fächer der Berufs- und Fachschulen der BRD.
- Die Kultusministerien verzichten auf ein Zulassungsverfahren.
- Die Anstalt gliedert sich in verschiedene Fachbereiche auf.
- Die Fachbereiche sind zuständig für den Inhalt der Schulbücher. Ihnen gehören Pädagogen aus Wissenschaft und Praxis, sowie Psychologen, Soziologen und Fachwissenschaftler an.
- Die Schulbuchanstalt muß dem Lehrer eine Auswahlmöglichkeit aus verschiedenen Schulbüchern je Fach und Schuljahr gewährleisten.
- Die Kosten für Inhalt, Herstellung und Vertrieb der Schulbücher trägt die öffentliche Hand.
- Die Schulbücher werden direkt an die Schulen geliefert, also nicht über den Buchhandel.

4. Eine solche Neuorganisation des Schulbuchwesens hätte folgende Vorteile:

- Es entstehen leistungsfähige Fachbereiche, die eine höhere Qualität aller Schulbücher garantieren.
- Anstelle der Förderung der privaten Unternehmen können den Autoren angemessene Honorare gezahlt werden.
- Es stehen mehr finanzielle Mittel zur Verfügung, um modernste, dem neuesten Stand der Wissenschaft entsprechende Schulbücher zu entwickeln.
- Durch die zentralisierte Arbeitsweise, durch Ausschaltung des Buchhandels und dadurch, daß die Anstalt keine Gewinne abschöpft, stehen mehr Gelder zur Verfügung bzw. können die Kosten gesenkt werden.
- Ohne Schwierigkeiten läßt sich ein reichhaltiges und vielfältiges Schulbuchangebot schaffen (etwa i. S. der verschiedenen Rundfunkprogramme).

- Die direkte Belieferung der Schulen mit den Schulbüchern unter Ausschaltung des Buchhandels hat die Beendigung des Papierkrieges mit den Gutscheinen für Schulbücher zur Folge. Die Wissenschaft hat in den Fachbereichen einen Adressaten für all ihre neuen Erkenntnisse, die für den Inhalt der Schulbücher von Bedeutung sein können.»

Die «Frankfurter Rundschau» berichtete am 11. 9. 1970 über den Antrag. Der Verband der Schulbuchverlage meldete sich am 28. 9. in der Frankfurter Rundschau zu Wort, ein Sprecher der Juso von Rösrath wies die Kritik in der «Frankfurter Rundschau» vom 20. 10. 1970 zurück:

«In der Ausgabe vom 11. 9. 1970 wird über den Vorschlag der Kölner Jusos berichtet, einen neuen Weg bei der Herstellung und Verteilung von Schulbüchern zu beschreiten. Hiernach soll für den Inhalt der Schulbücher in Zukunft ein wissenschaftliches Institut, und zwar offenbar für jedes Land eine Anstalt des öffentlichen Rechts, zuständig sein.

In der Tat eine berauschende Idee, denn wir wissen ja alle, daß es nur ‹eine› pädagogische Lehrermeinung gibt. Man braucht also lediglich die besten Dozenten auszusuchen. Die Wahl wird, wie das in öffentlich-rechtlichen Anstalten so üblich ist, von Vertretern der politischen Parteien durchgeführt, wobei sie jedoch selbstverständlich alle politischen Kriterien außer acht lassen und nur den besten Mann küren. Hat man dann einige dieser besten Männer, so läßt man sie ein Einheitsbuch herstellen. So einfach sind Schulprobleme zu lösen! Kein Lehrer wird mehr die lästige Wahl des geeigneten Geschichtsbuches haben. Es gibt ja nur noch das beste, das zudem durch ein völlig unpolitisches Verfahren zustande gekommen ist. Deshalb kann auch ruhig die staatliche Schulbuchzensur wegfallen. Der Vorschlag ist so einfach und einleuchtend und wird sicherlich manchen älteren Pädagogen an die gute alte Zeit vor 1945 erinnern.
Verband der Schulbuchverlage, Frankfurt a. M.»

«In der Diskussion um das Bildungswesen der BRD blieb das Schulbuch bislang weitgehend unbeachtet, was den Schulbuchverlagen nur recht sein konnte. Durch den Vorschlag der Rösrather Jungsozialisten zur Neuorganisation des Schulbuchwesens nun doch vielleicht ein wenig aufgeschreckt, reagierte der Verband der Schulbuchverlage mit seinem Leserbrief in der Ausgabe vom 28. 9. in einer – nach unserer Meinung – recht polemisch-überheblichen Tonart, die erkennen läßt, daß ihm stichhaltige Argumente gegen die Vorschläge der Jusos fehlen.

In dem Brief ist auch von einem ‹Einheitsbuch› die Rede, das die Jusos angeblich fordern. Tatsächlich heißt es aber in dem Vorschlag: ‹Die Schulbuchanstalt muß dem Lehrer eine Auswahlmöglichkeit aus verschiedenen Schulbüchern je Fach und Klasse gewährleisten.› Verschiedene Schulbücher je Fach und Klasse sind schon allein deshalb erforderlich, weil sehr oft unterschiedliche Methodiken und Didaktiken keine Kompromisse zulassen. – Aber es wäre müßig, dem Verband der Schulbuchverlage den Vorschlag zur Neuorganisation des Schulbuchwesens schmackhaft zu machen, ist es doch seine vornehmste Aufgabe, die Existenz der Schulbuchverlage zu sichern . . .
Georg W. Geist
i. A. der Jungsozialisten Rösraths»

Weitere Literatur
Das «Börsenblatt für den Deutschen Buchhandel» (einsehbar in jeder Buchhandlung) bringt ab und zu Beiträge über Schulbuchfragen.

«Blickpunkt Schulbuch» wird vom Verband der Schulbuchverlage, Zeppelinallee 33, 6000 Frankfurt 90, herausgegeben. Dieses Hochglanzprodukt, Auflage 25000 Stück, zeigt überzeugend die Arbeit einer Unternehmergruppe.

«Kampf der Verdummung», Frankfurt 1971, Verlag Marxistische Blätter, enthält die Materialien einer DKP-Schulbuchkonferenz, darunter Dokumente zur Gutachterpraxis, zum Totalitarismuserlaß, zur Schulbuchanalyse und zur Politik der Schulbuchverleger.

Die Zeitschrift betrifft: erziehung brachte in Heft 12 (1975) mehrere Berichte zum Thema Schulbuch.

In Heft 8 der Reihe «Roter Pauker», (Verlag 2000, Hohe Str. 4, 6050 Offenbach) sind Beiträge über Ideologie und Funktion der Schulbücher, über Produktionsbedingungen der Verlage und über Alternativen zum Schulbuch erschienen.

Gotthilf Gerhard Hiller

Schulbuchproduktion

Warum es schwer ist, ein gutes Schulbuch zu machen[1]

Vorbemerkung: Dieser Beitrag soll zeigen, daß es neben der Phantasielosigkeit von Schulbuchautoren noch eine Reihe weiterer Gründe gibt, die am Zustandekommen mittelmäßiger Schulbücher schuld sind.

Lehrern, die über Schulbücher urteilen, sollte bekannt sein, wer am Zustandekommen solcher Bücher in welcher Funktion «mitwirkt».

Im ersten Teil soll der «Ist-Zustand» des «Umfeldes» gegenwärtiger Schulbuchproduktionsvorgänge dargestellt werden. Informationen aus der einschlägigen Literatur sowie eigene Erfahrungen des Verfassers als Schulbuchautor sind in diese Darstellung eingegangen. Aus verschiedenen Gründen wird auf die Literatur am Schluß pauschal verwiesen. – Im zweiten Teil wird die Fortschreibung eines «Alternativ»-Modells dargestellt, das in seinen Ansätzen von der Reutlinger CIEL-Gruppe im Sommer 1973 entwickelt und diskutiert worden ist.

I. Bemerkungen zum Ist-Zustand der Schulbuchproduktion in der BRD

Wer allein oder mit anderen zusammen – sei es aus Lust oder aus Ärger – beschließt, ein Schulbuchmanuskript zu entwickeln, wird als *Autor* oder als *Autorengruppe* tätig. In einer ersten Phase (nach 1945) waren die Schulbuchautoren in der Regel einzelne, schulpraktisch erfahrene, nebenberuflich tätige Lehrer. In einer zweiten Phase (etwa seit 1960) handelte es sich im allgemeinen um Hobby-Teams aus Lehrern und PH-Dozenten, die in ihrer Freizeit Schulbücher bastelten. Neuerdings (etwa seit 1970) gibt es auch in der BRD Unterrichtswerke, die von hauptamtlich beschäftigten (entweder aus Stiftungsgeldern, öffentlichen

Mitteln oder von den Verlagen selbst finanzierten) Forschungs- und Entwicklungsteams entweder erarbeitet oder adaptiert werden.

Schulbuchmanuskripte werden in der Regel in *Zusammenarbeit mit Verlagen* (d. h. unter regelmäßiger Kontaktnahme zwischen Autor(en) und dem zuständigen Lektorat) entwickelt; es ist selten, daß ein fertiges Manuskript einem (oder mehreren) Verlag(en) zur Veröffentlichung angeboten wird. Die Kooperation mit dem Verlag schon während der Konzeptualisierung und Entwicklung wird im allgemeinen schon deshalb unumgänglich, weil Autoren selten genug über den neuesten Stand der Herstellungstechniken im graphischen Bereich einerseits, noch über die Zulassungsbestimmungen und -praktiken der Kultusbürokratien andererseits informiert sind. Ein solches Wissen ist jedoch für die Realisierung didaktischer Ideen unerläßlich, wenn verhindert werden soll, daß sich die Phantasie der Autoren ausschließlich von dem inspirieren läßt, was sie selber kennen oder sich aber auf Wünsche fixiert, die sich – bar jeder Ahnung von technischer und bürokratischer Realisierbarkeit – nur unter enormen Zusatzkosten verwirklichen ließen. Denn dies müßte zugleich bedeuten, daß das Werk am Markt nicht mehr konkurrenzfähig wäre. Andererseits gibt diese Kooperation von Anfang an dem Verlag die Chance, die Autoren auf frag-würdige «Grundsätze» bezüglich der Konzeption, Ausstattung und Kalkulation etc. frag-los einzupendeln und die Vorstellungen der Autoren – für diese oftmals kaum bewußt – auf das verlegerische Konzept, die Kapazität des jeweiligen Verlags und auf den bildungspolitischen Toleranzbereich «abzustimmen». Das Kooperationsverhältnis zwischen Autor(en) und Verlag(en) regeln sog. Autoren- bzw. Miturheber- bzw. Autorengemeinschafts- oder Miturhebergemeinschaftsverträge.

Der *Verlag* prüft, bevor er ein neues Vorhaben anfängt, ob und gegebenenfalls wie günstig sich die *Neuentwicklung* sowohl im Gefüge der eigenen Verlagsproduktion sowie im Marktgefüge, das heißt in der Relation ausnimmt, die durch die *vergleichbaren Produkte* der *Konkurrenzverlage* gegeben ist. Dabei geht es gemeinhin um die Frage, ob man mit dem neuen Produkt zusätzliche Marktanteile erobern, zumindest jedoch die bestehenden erhalten kann. Daraus ergeben sich sowohl konzeptionelle wie auch kalkulatorische Gesichtspunkte (Ausstattung, Auflage etc.). Ob es zu einer Kooperation zwischen Autor(en) und Verlag kommt, entscheidet sich in drei Systemebenen:

Ebene 1 (Marktanteile). Wie begibt sich der Verlag mit dem geplanten Produkt in Konkurrenz zu anderen Verlagen?

Ebene 2 Wie fügt sich das geplante Produkt in die sonstigen Verlagsprodukte ein, zum Beispiel wie verträgt sich die Neuentwicklung mit den Unterrichtswerken, die der Verlag gleichzeitig für die vorausliegende und die nachfolgende Schulstufe im gleichen Fach bzw. für andere Unterrichtsfächer in der gleichen Stufe oder für das gleiche Fach in einer parallelen Schulart (Sonderschule/Hauptschule/Realschule/ Gymnasium) anbietet?

Ebene 3 Wie fügt sich die Neuentwicklung als «nächste Generation» ein in den Stammbaum der Unterrichtswerke, die der Verlag seither an *der* Stelle angeboten hat, die künftig der Neuentwicklung vorbehalten sein soll? Gibt es eine diesbezügliche Tradition? Soll sie erhalten bleiben oder will der Verlag mit ihr brechen? Wie mächtig (oder wie altersschwach) ist die «Elterngeneration» (das heißt, wie hoch ist deren gegenwärtiger Marktanteil und wie sehen die diesbezüglichen Trendanalysen aus?)

Erst wenn auf allen drei Ebenen der Verlag ein kalkulierbares Risiko eingehen kann, wird er einer konkreten Neuentwicklung zustimmen bzw. eine solche anregen und fördern. In seiner Entscheidungsfindung – auch bezüglich der Kooperation mit noch unbekannten «Jung»-Autoren – kann er sich durch «verlagseigene» Gutachter (Verlagsvertreter/«Repräsentanten», sonstige Verlagsautoren, Informationsdienste, erfahrene Lehrer, Schulverwaltungsfachleute etc.) beraten lassen. Derartige Tätigkeiten werden im branchenüblichen Rahmen vergütet.

Dies bedeutet, daß nicht jedes neue Vorhaben ausschließlich nach seiner «absoluten» Qualität bezüglich didaktischer Standards beurteilt wird und dementsprechend Realisierungschancen bekäme. – Je erfolgreicher ein Verlag mit seinen Produkten am Markt ist, desto enger werden die Spielräume, die er eben durch seine Erfolge (und die daraus sich ergebenden Erwartungshaltungen bei den Abnehmern) für sich und seine künftigen Autoren sowie für sein Publikum setzt.

Im Unterschied zum freien Markt müssen Schulbücher auf einem Markt angeboten werden, auf dem nur solche Produkte zum Vertrieb zugelassen sind, die gewissen Kriterien entsprechen. Die allgemeinsten Kriterien sind im Grundgesetz, in den Schulgesetzen von Bund und Ländern und in den länderspezifischen Richtlinien, Bildungs- und Lehrplänen niedergelegt. Die *Kultusministerien* in jedem Bundesland entwikkeln einerseits diese Richtlinien, Lehrpläne, Arbeitsanweisungen entweder in weisungsgebundenen *Instituten* oder geben sie bei sog. *Lehrplankommissionen* in Auftrag. Andererseits unterhalten die Ministerien in allen Bundesländern je eigene *Zulassungsprüfungsstellen*, bei denen die Verlage ihre Produkte vorlegen müssen, wenn diese «zum Gebrauch in Schulen» des jeweiligen Bundeslandes «zugelassen» werden sollen. Die Zulassungsbehörde bestellt mindestens zwei unabhängige *Gutachter*, deren Aufgabe es ist, über die Verträglichkeit (Konformität) des Vorgelegten mit dem, was nach Ansicht des Gutachters die herrschende (am Bildungsplan mehr oder weniger orientierte) Auffassung vom «richtigen» Unterricht im entsprechenden Fach auf der entsprechenden Schulstufe in der jeweiligen Schulart ist. Auf der Basis solcher absichtlich anonym gehaltenen Gutachten, für die keine Veröffentlichungspflicht (nicht einmal Mitteilungspflicht an Verlag und Autor(en)) besteht, wird die Kauferlaubnis («Imprimatur») den entsprechenden Schularten erteilt oder auch verweigert. Die «Liste zum Gebrauch in Schulen zugelassener Schulbücher» wird in der Regel jährlich von den Kultusministerien der Länder veröffentlicht. Neuerdings regeln Erlasse, daß ausschließlich solche Bücher beschafft und verwendet werden dürfen, die in der jeweiligen Liste aufgeführt sind.

Lehrpläne, Arbeitsanweisungen etc. werden erlassen und auf dem Dienstwege (das heißt über die *Oberschulämter* und *Staatlichen Schulämter* mittels *Multiplikatoren* und *Fach/Hauptseminarleiter* u. a. auch auf Staatlichen *Akademien* und in Seminaren und Übungen an den Pädagogischen Hochschulen analysiert und kritisiert.

Mögliche Konflikte, die sich sachlich aus einer Diskrepanz zwischen Schulbuchkonzepten und Lehrplanforderungen, institutionell zwischen Autoren und Schulbuchverlagen einerseits und Schulverwaltungsbehörden und Schulen andererseits zwangsläufig ergeben, müssen in einem System, in dem eine nach Marktgesetzen der freien Wirtschaft funktionierende Bildungsindustrie für einen Markt produzieren muß, der von der Schulbürokratie kontrolliert und sanktioniert wird, durch eine Vielzahl von absichtlich herbeizuführenden Personalkonstellationen minimiert werden. Diese Tatsache hat zu heftiger Kritik geführt. Im einzelnen wurden und werden Konstellationen und Gepflogenheiten wie die folgenden angeprangert:

– Sog. unabhängige Gutachter entpuppen sich als Autor(en) von entsprechenden Unterrichtswerken bei Konkurrenzverlagen oder sind in irgendeiner vergleichbaren Form tätig, zum Beispiel als «verlagseigene Gutachter» (s. o.).
  Wer Schulbücher qualifiziert begutachten kann, kann auch welche herstellen und umgekehrt. Außerdem: Wie soll sich ein Gutachter als qualifiziert ausweisen gegenüber dem Staat, den Verlagen und den Autoren, wenn nicht durch vergleichbare Aktivitäten?
– Die Verlage legen Wert darauf, daß entweder ein hoher Beamter (zum Beispiel aus dem Staatlichen Schulamt, einer Zulassungsprüfungsstelle, einem weisungsgebundenen Institut oder dem Kultusministerium selbst) oder ein Lehrplankommissions-Mitglied eines marktbestimmenden Bundeslandes dem Autorenteam angehört.
– Sofern Lehrer oder Dozenten mehrheitlich in den Autorengruppen vertreten sind, ist davon auszugehen, daß die Normen des «Feldes» durch die Autoren soweit internalisiert sind, daß ernsthafte Kollisionen vermieden werden können. Je älter die Autoren sind, desto eher ist dafür Gewähr geboten.

Wir betrachten derartige Verknüpfungen und Beziehungen nicht so sehr als moralische Schwächen einzelner Personen, sondern vielmehr als die erzwungenen Resultate eines unzulänglich konstruierten Systems von Kompetenzverteilungen. Jede Personalisierung dieser Zustände ist sinnlos, wenn sie nicht als Taktik in eine Strategie einbezogen wird, die auf die Errichtung eines alternativen Konzepts zielt. Sonst mißlingt sie zur bloßen Diffamierung einzelner.

Um alternative Konzepte entwickeln zu können, muß man eine Reihe weiterer Institutionen in die Überlegungen einbeziehen; vor allem sind die von Schulbüchern direkt und indirekt Betroffenen und deren politische Vertretungen wichtig. Man muß darstellen, wie sie derzeit in der Schulbuchszene vorkommen und was man daran ändern könnte.

Ist ein Schulbuch ausgedruckt (und zugelassen), betreibt der Verlag Werbung. Hauptadressat dieser Werbung ist der *Lehrer* der betreffenden Schulart und des entsprechenden Schulfachs. Der Verlag wirbt in der Regel mit Prospekten aller Art sowie durch die Versendung von Prüfstücken (gelegentlich in Höhe der Erstauflage bis zu 30000) an Einzellehrer. Zunehmend umwerben die Verlage auch die Schulbuchausschüsse der kommunalen Einheiten (Städte, Gemeinden, regionale Verwaltungsverbände etc.). Die *Schüler* und die *Eltern* sind in der Regel nicht die Adressaten solcher Kampagnen: Beim Schulbuchgeschäft läßt man die Spezialisten unter sich; das machen in der ersten Phase (Genehmigung) die Verlage mit den Schulverwaltungen, in der zweiten Phase des Geschäfts (Vertrieb) die Lehrer über die Kommunen mit den Verlagen ab.

Dagegen kann man mit Recht einwenden, ob denn die Entwicklung und Verbreitung von Schulbüchern tatsächlich unter Ausschluß der Öffentlichkeit stattfinden soll und gewissermaßen als ein besonderer Handel zwischen der privaten oder halbstaatlichen Bildungsindustrie (Staatsverlage, Schulfunk und Schulfernsehen) und der Schulverwaltung ablaufen darf. Welche Alternativen zur Aufhebung bestehender Disparitäten lassen sich denken und welche davon sind wünschenswert?

Vermutlich müßte man an mehreren Stellen zugleich ansetzen:

- Wenn es gelänge, die *Lehrergewerkschaften* für die politische Brisanz didaktischer Fragestellungen zu sensibilisieren, und wenn sich diese Gewerkschaften für den Schulbuchmarkt derart interessieren wollten, daß sie als die politisch legitimierte Vertretung der Lehrer ein Mitspracherecht in Fragen der Entwicklung und Verteilung von Unterrichtsmaterialien beanspruchen und entsprechende Spezialisten dafür beschäftigen, eventuell eine entsprechende Clearing-Stelle einrichten und gegebenenfalls ein Lehrmittel-Rezensions-Organ schaffen könnten, wären sowohl die Verlage als auch die Schulverwaltung genötigt, Entwicklungs-, Zulassungs- und Verteilungsverfahren transparenter zu gestalten und entsprechende Ergebnisse zu legitimieren.
- Wenn die Eltern über das Organ der *Elternbeiräte* oder in *Bürgerinitiativen* ihre Forderungen nach Mitbestimmung in Fragen der Schulbücher aktivieren und im Rahmen solcher Aktionsgruppen hinreichende Kompetenzen zur Mitsprache erwerben wollten, müßte ein ähnlicher Effekt zustande kommen. Sowohl die Verlage als auch die Schulverwaltungen müßten sich auf Legitimationsforderungen einer pädagogisch interessierten Öffentlichkeit einstellen.
- Wenn sich schließlich Autoren, Verlage, Lehrer, Eltern oder auch die Schulverwaltung und die Kommunen dazu entschließen könnten, zumindest in strittigen Fällen die Öffentlichkeit (über *Presse, Rundfunk, Fernsehen*) zu informieren, so müßte dort zwangsläufig ein Forum geschaffen werden, auf dem man ernsthaft die anstehenden Probleme sachlich ausdiskutieren könnte, ohne daß es zu den bisher bekannten Formen der Hektik, Emotionalität, Konkurrenzangst, nervösen Empfindlichkeit und politischen Polemik von allen Seiten kommen müßte,

wie man sie zum Beispiel im Streit um die hessischen Rahmenrichtlinien erlebt hat.

Parallel zu solchen Ansätzen zur «Veröffentlichung» eines öffentlichen Problems müßte man Modelle einer Neuorganisation der Schulbuchproduktion durchspielen. Dazu will das folgende Konzept einen Diskussionsbeitrag liefern.

II. Erläuterungen zu einem alternativen Konzept

Ausgegangen wird in diesem Konzept von der Annahme, daß die Errichtung einer nach allen Richtungen unabhängigen, überparteilichen, öffentlichen *Institution* – frei von unmittelbarem staatlichem Einfluß – (im folgenden kurz UUÖI genannt) möglich sein müßte, der Vertrter sowohl der einschlägigen Wissenschaften, der Bildungsindustrie, der Schulverwaltung, der Lehrer, Schüler und Eltern sowie auch der Finanzbürokratie angehören sollten. Diese Institution hätte sich eine Satzung und eine Geschäftsordnung zu geben, die sie instand setzt, sowohl Anträge auf Entwicklung von Unterrichtsmaterialien nach didaktischen Konzepten zu begutachten und über deren Realisierung und Finanzierung in mehreren Stufen zu entscheiden, als auch die hierfür erforderlichen Finanzmittel zu verwalten. An diese Instanz könnten verschiedene *Antragsteller* herantreten; Antragsrecht könnte man sowohl Einzelautoren als auch Gruppen (zum Beispiel Lehrergruppen, Autorenkollektiven, Hochschulgruppen, Instituten, Laborverlagen etc.) gewähren.

Im Falle der Ablehnung eines Antrags müßte der Abgewiesene das Recht haben, die Veröffentlichung seines Antrags zusammen mit dem negativen Bescheid, d. h. unter Nennung der Gründe der Ablehnung von UUÖIs verlangen zu können oder aber dies selbst publizieren zu dürfen.

Im Falle der Zustimmung und Bewilligung hätten die Antragsteller eine *Forschungs- und Entwicklungsgruppe* zu bilden, die in Zusammenarbeit mit einem unabhängigen, *didaktischen Laboratoriums-* und/oder *Experimentierverlag* (einem Laborverlag, u. U. auch einem Verlagslabor) – entweder zugewiesen durch die genannte UUÖI oder nach freier, gegenüber der UUÖI jedoch zu rechtfertigenden Wahl durch die Forschungs- und Entwicklungsgruppe – ein *Entwicklungsprodukt I* erzeugt.

Dieses Produkt wird der UUÖI vorgelegt und von ihr – gegebenenfalls nach Durchführung einer öffentlichen Information und Diskussion – entweder als Entwicklungsergebnis in einer geeigneten, wissenschaftlichen Form publiziert oder aber weiter- bzw. zurückgegeben an eine *zweite Forschungsgruppe* bzw. das ursprüngliche Forschungs- und Entwicklungs-Team, um geeignete Implementations- und Evaluationsversuche anstellen zu lassen. Die Ergebnisse gehen in der Form eines Evaluationsberichts wiederum an UUÖI. Dort wird darüber entschieden, entweder daß auch dieser Bericht lediglich als wissenschaftliche Arbeit publiziert werden soll oder daß das Entwicklungsprodukt I auf Grund des Evaluationsberichtes in der Forschungsgruppe revidiert wer-

Warum wir Schulbücher brauchen . . .

den soll und dann die Versuchsserie mit der Publikation des *revidierten Entwicklungsproduktes II* ihren Abschluß findet, oder aber daß dieses revidierte Produkt II in Massenherstellung geht und allgemein zum Verkauf angeboten werden soll.

Aus den anfallenden Erträgen wären sowohl die Herstellungs- und Vertriebskosten der Massenproduktion als auch die Kosten der Entwicklung einschließlich aller Autorenpauschalhonorare zu decken. Außerdem hätten die beteiligten Unternehmen (Verlage und Vetriebsorganisationen, zum Beispiel der Buchhandel) Gewinnanteile in den *Fonds* zu legen, der zusätzlich außerdem aus Steuereinnahmen der öffentlichen Hand sowie durch Stiftungsgelder aller Art gespeist werden könnte und über den ausschließlich und völlig unabhängig die UUÖI verfügen könnte.

Dieses Modell zielt auf die Begrenzung der Macht der Verlage sowie auf die Schwächung des Einflusses der Schulverwaltung. Sicher wäre die Realisierung dieses Modells mit mehr Kosten verbunden, da das bisherige System in ungleich stärkerem Maße auf direkte Absatzchancen ausgerichtet ist. Wichtig ist die organisatorische Trennung von didaktischen Labor- und Entwicklungsverlagen und Verlagen zur Herstellung von Massenprodukten. Es ist richtig, daß die höheren Kosten, die dieses Modell verursachen würde, nur über höhere Steuern ausgeglichen werden könnten. Dies erscheint jedoch als Forderung möglich und vertretbar, wenn man sich als Gesellschaft dazu entschließen kann, den gemeinsamen Fortschritt nicht allein am stetig wachsenden Privatkonsum messen zu wollen. Wenn es den Beteiligten gelänge, ein unabhängiges Institut mit den Funktionen und der Macht einer UUÖI zu schaffen, so könnte man ein demokratisches System zur Entwicklung von Unterrichtsmaterialien für allgemeinbildende Schulen schaffen. Dieses neue System würde weder die unternehmerische Initiative im Bereich der Bildungsindustrie lähmen, noch die Interessen einer aufgeklärten Mehrheit an eine Minderheit ausliefern, die zufällig über wirtschaftliche oder politisch-bürokratische Machtmittel verfügt.

Anmerkung

1 Dieser Text entstand im Rahmen eines Kompaktseminars «Schulbücher für Lernbehinderte», das im Sommersemester 1974 an der Pädagogischen Hochschule Reutlingen im Fachbereich 6 (Sonderpädagogik) veranstaltet wurde; er stellt das erweiterte Protokoll zweier Seminarsitzungen dar. – Er wird hier ohne die in der Erstveröffentlichung (als hektographiertes Manuskript 1974) beigefügten zwei Schemata abgedruckt.

Literatur

Altmann, Peter: Zum Mechanismus heutiger Schulbuchproduktion, in: Kampf der Verdummung, Frankfurt 1971

v. Bank, Ingrid: Kritische Lehrbuchanalyse mit Hauptschülern, in: Reflektierte Schulpraxis, Villingen 1974, G 27, S. 1–6

Halbfas, Hubertus: Didaktik als Aufklärung, in: Dohmen, G., Maurer, F., Popp, W. (Hg.): Unterrichtsforschung und Didaktische Theorie, München 1970

Henningsen, Jürgen: Art. Schulbuch, in: Horney u. a.: Pädagogisches Lexikon, Bd. 2, Gütersloh 1970, Sp. 840f.

Kozdon, Baldur: Wird das Schulbuch im Unterricht noch gebraucht? Situationsanalyse eines Mediums, Bad Heilbrunn 1974

Patas, Arnold: Schulbuch im Wandel, in: Döring, K. W. (Hg.): Unterricht mit Lehr- und Lernmitteln, Weinheim 1971, S. 235ff (dort weitere Literaturhinweise)

Rumpf, Horst (Hg.): Schulwissen. Probleme der Analyse von Unterrichtsinhalten, Göttingen 1971

Schallenberger (Hg.): Zur Sache Schulbuch. Bd. 1–3, Ratingen 1973

Schröter, Gottfried: Die Beurteilung von Schulbüchern, in: Döring, K. W. (Hg.): Unterricht mit Lehr- und Lernmitteln, Weinheim 1971, S. 231ff

Nach Fertigstellung des Manuskripts ist erschienen:

Halbfas, Hubertus: Prinzipien zur Gestaltung von curriculumbezogenen Schulbüchern, in: K. Frey u. a. (Hg.): Curriculum-Handbuch, Bd. 2, Kap. V, München 1975, S. 149–157

Rudolf Müller, Peter A. W. Figge, Jürgen Henke

Sexualunterricht mit Medien

Das «Medienpaket», das wir vorstellen, besteht aus einer siebenteiligen Filmserie und gedrucktem Begleitmaterial für die sexualpädagogische Arbeit mit Jugendlichen und Eltern. Die Filme (je 30 Minuten) werden unter dem Serientitel «Betrifft: Sexualität» in mehreren III. Fernseh-Programmen ausgestrahlt und können außerdem über die Landesbildstellen ausgeliehen werden.

Das Begleitmaterial besteht aus einer Mappe mit 18 zeitungsähnlich gestalteten Bögen im Format DIN A2 (= 72 Seiten DIN A3); sie enthalten Informationen, Bild- und Textdokumente, Arbeits- und Erkundungsanregungen, Spielanleitungen, Comics und Poster. Zusätzlich gibt es ein Begleitheft für Lehrer und Erzieher mit der Darstellung des sexualpädagogischen Konzepts und Hinweisen zur Verwendung des Medienpakets in Lerngruppen. Beides wird vom Westermann-Verlag (Braunschweig) hergestellt und vertrieben.[1]

Autor des Medienpakets ist eine Hamburger Projektgruppe.[2]

Die Kosten für Entwicklung und Produktion wurden von der Bundeszentrale für gesundheitliche Aufklärung (Köln) und vom Norddeutschen Rundfunk (Hamburg) gemeinsam getragen.[3]

Unser Ausgangspunkt bei der Entwicklung des Medienpakets war die Feststellung, daß die meisten Informations- und Lehrmedien in Sachen Sexualität (Bücher, Filme, Modelle u. ä.)

- im Inhalt zu sehr biologisch-technisch und häufig offen oder versteckt sexualfeindlich orientiert sind,
- in der Form zu langweilig, auf das geschriebene oder gesprochene Wort fixiert, zu hausbacken und ernst, zu sehr auf bloße Rezeption und zu wenig auf aktive Verwendung hin angelegt sind.

Das vorliegende Medienpakt versucht diese Mängel zu vermeiden. Es basiert auf einem sexualpädagogischen und didaktischen Konzept, das wir im folgenden unter sechs Gesichtspunkten umreißen:

- Sexualitätsbegriff,
- Sexualpädagogische Zielsetzung,
- Themenwahl,
- Sexualerziehung in der Schule,
- Lernorganisation,
- Funktion der Medien.

Die Aussagen zu diesen Aspekten ergänzen und interpretieren einander, sie sind nicht Teile eines logischen Ableitungszusammenhanges.

Sexualitätsbegriff

1. Sexualität ist ein Kommunikationsphänomen

Sexuelle Bedürfnisse sind in der Regel auf Partner ausgerichtet und werden in der Kommunikation mit anderen realisiert. Miteinander kommunizieren heißt dabei nicht nur Informationen austauschen, sondern auch «sich verständigen», «sich einigen».

Verständigungsmittel ist sowohl die Sprache als auch Gestik, Mimik, Tonfall usw. Zwischenmenschliche sexuelle Kommunikation wird nicht nur von den sexuellen Wünschen der Sexualpartner bestimmt, sondern auch von ihren sozialen Beziehungen. Was Menschen sexuell miteinander machen, ist immer auch davon beeinflußt, wie sie sonst zueinander stehen. Zum Beispiel: ob ihre Beziehung gesellschaftlich akzeptiert ist, wie weit sie bestimmte Rollenerwartungen erfüllen und welche Abhängigkeiten zwischen ihnen bestehen. Und sexuelle Beziehungen wirken sich umgekehrt meist auch auf die übrigen Aspekte der zwischenmenschlichen Beziehungen aus: Man wird vertrauter miteinander, erkennt grundlegende Verschiedenheiten oder fühlt sich unverstanden oder überrumpelt.

Wir sprechen deshalb von soziosexueller Kommunikation. Sie umfaßt aber mehr als nur die direkte sexuelle Interaktion zwischen Sexualpartnern, mehr als Geschlechtsverkehr und alles, was dazu führt. Denn wir unterscheiden hier – wie bei der menschlichen Kommunikation überhaupt – verschiedene Ebenen soziosexueller Kommunikation.[4] Gespräche über sexuelle Kommunikation, das heißt über Verständigungsprobleme, über Wünsche und Erwartungen, über Lustempfindungen usw. sind als Metakommunikation (= Kommunikation über Kommunikation) aufzufassen. Bei dieser Betrachtungsweise ist dann auch die Auseinandersetzung über Sexualnormen, über die gesellschaftlichen Behinderungen der sexuellen Entwicklung oder über die Probleme der Sexualerziehung eine «höhere» Ebene soziosexueller Kommunikation.

2. Sexuelle Motivation und sexuelles Verhalten sind weitgehend erlernt
Daß die Vorstellungen von Zärtlichkeit, von «normaler» sexueller Aktivität, vom geschlechtsrollengemäßen sexuellen Verhalten je nach Kulturkreis sehr variieren, haben verschiedene völkerkundliche Untersuchungen nachgewiesen. Sie belegen, daß es nur wenige biologische Determinanten für das menschliche Sexualverhalten gibt und daß das unterschiedliche Sexualverhalten in erster Linie Ergebnis unterschiedlicher Sozialisationsprozesse ist. Weniger unumstritten ist die Tatsache, daß auch die sexuelle Motivation weitgehend eine erlernte Motivation ist und daß das Freudsche Modell von einem auf biologischen Prozessen beruhenden Sexualtrieb verschiedenen sexualphysiologischen Forschungsergebnissen widerspricht.[5]

Das bedeutet, daß menschliche Sexualität nicht nur durch Unterdrükkung oder Förderung von Verhaltensweisen gesellschaftlich manipuliert werden kann. Auch die sexuellen Bedürfnisse des Menschen sind davon abhängig, nach welchen Normen und unter welchen gesellschaftlichen Zielen die Sozialisation organisiert ist und welche sexuellen Lernmöglichkeiten gegeben sind. In unserer Gesellschaft wird die sexuelle Sozialisation von zwei gegenläufigen Tendenzen bestimmt:

Einerseits ist noch immer die seit dem Beginn der Industrialisierung bestehende Sexualfeindlichkeit wirksam. Sie ist u. a. gekennzeichnet durch

- eine Einengung soziosexueller Lernmöglichkeiten für Kinder und Jugendliche unter dem Postulat der Sozialschädlichkeit «zu früher» sexueller Erfahrungen,
- einen generell ängstlichen Umgang mit sexuellen Bedürfnissen und Gefühlen,
- sehr eingeengte Ausdrucksmöglichkeiten in der Hochsprache,
- eine verbreitete Diskriminierung sexueller Minderheiten.

Andererseits hat in den letzten Jahren eine sexuelle Liberalisierung eingesetzt. Dies hat für Jugendliche und Erwachsene die Möglichkeit vergrößert, sich zu informieren, Schuldgefühle abzubauen und eine unbefangenere Einstellung zur Sexualität zu entwickeln. Sie hat aber auch zu einer Kommerzialisierung der Sexualität geführt; das heißt u. a., sexuelle Wünsche werden dazu benutzt, Konsumwünsche zu wecken. Sexuelle Befriedigung, Attraktivität und letztlich Zuwendung werden in der Werbung als etwas Kaufbares dargestellt. Zudem ist das sexuelle Verhalten in den Sog unserer ausschließlich an Leistung und Konkurrenz orientierten Wirtschaftsordnung geraten. Potenz- und Orgasmuszwang als Kennzeichen des sexuellen Erfolges machen es für Jugendliche und Erwachsene schwer, mit Geduld und Rücksichtnahme partnerschaftliche sexuelle Beziehungen aufzubauen.

Diese Ambivalenz der sexuellen Liberalisierung in unserer Gesellschaft kann jedoch kein Anlaß sein, zu einer Tabuierung der Sexualität und zu einer restriktiven, fernhaltenden Sexualerziehung zurückzukehren. Wir halten Sexualität für einen wichtigen, das Zusammenleben bereichernden Aspekt des Menschseins. Seine Entfaltung durch Unterdrückung oder durch Entzug von Lernmöglichkeiten zu verhindern, wäre so ähnlich, als wollte man dem Menschen die Sprachlernmöglichkeiten vorenthalten. Beides wäre im physiologischen Sinne nicht gesundheitsschädigend, würde aber die menschlichen Erlebnis- und Ausdrucksmöglichkeiten und damit die Grundlage psychischer Gesundheit entscheidend reduzieren. Sexualerziehung muß aber auch – vor allem durch Aufklärung – einer kommerziellen und politischen Indienstnahme sexueller Bedürfnisse entgegenzuwirken versuchen.

Sexualpädagogische Zielsetzung

Die Zielsetzung, zu deren Realisierung unser Medienpaket beitragen soll, ist unter zwei eng aufeinander bezogenen Aspekten zu beschreiben.

Formal geht es darum, die Jugendlichen bei der Entwicklung ihrer soziosexuellen Kommunikationsfähigkeit zu unterstützen. Inhaltlich müssen einige allgemeine Kenntnisse, Handlungskompetenzen und Einstellungen genannt werden, die nach unserer Auffassung diese Kommunikationsfähigkeit ausmachen.

Wir halten es jedoch für falsch, die Benutzer unseres Medienpakets auf einen Katalog von festumrissenen Lernzielen festzulegen. Die Lernenden müssen aus ihrer Situation heraus bestimmen, was ihre Lernziele sein sollen. Insofern ist das Medienpaket nicht auf bestimmte Ziele hin programmiert, sondern enthält eine Vielzahl von Lernmöglichkeiten.

Soziosexuelle Kommunikationsfähigkeit hat je nach Kommunikationsebene unterschiedliche Bedeutungen.

Wenn Sexualpartner miteinander Sex machen, so kann man das als eine Art «Kommunikationsspiel» oder «Verständigungsspiel» betrachten, wobei die körpersprachliche Verständigung im Vordergrund steht. Was man dazu können muß – zärtlich sein, Gefühle ausdrücken, sich seinen Gefühlen hingeben, entspanntes Verhältnis zum eigenen Körper und zu dem des Partners, Geduld usw. –, ist insgesamt nicht schulisch organisiert zu lernen. Es ist zwar ganz nützlich, einige anatomische Kenntnisse zu haben, aber schon Informationen darüber, was «das Mädchen» oder «der Junge» mag, können einen im Einzelfall sehr in die Irre führen. Hier kann es – abgesehen vielleicht von bestimmten therapeutischen Situationen – nur sinnvoll sein zu lernen, wie man seinem Partner mitteilt, was man mag, wobei man Hemmungen hat, was der Partner «falsch» macht usw. Dazu müssen vor allem die Ängste abgebaut werden, die dem im Wege stehen.

Etwas weitergefaßt bedeutet «soziosexuelle Kommunikationsfähigkeit» auch die Fähigkeit zum Aufbau, zur Gestaltung und letztlich auch zur Beendigung von Partnerbeziehungen. Damit ist ein ganzes Bündel von Kompetenzen bezeichnet, von denen die meisten dem organisierten Lernen entzogen bleiben müssen, wenn man nicht technokratische Elemente in die zwischenmenschlichen Beziehungen einschleusen will. (Oder läßt sich Liebe, Rücksichtnahme, Verantwortungsgefühl trainieren?)

Dennoch gibt es eine Reihe von Umgangs- und Verständigungshilfen (zum Beispiel: Erwartungen klären, sich in die Lage des anderen versetzen, Gefühle äußern, bestimmte Gesprächsregeln beachten), deren Erprobung wir den Jugendlichen anraten.

Auch über die Partnerbeziehung hinaus, im Elternhaus, im Freundeskreis oder in der Schule hat Sexualität einen jeweils spezifischen Stellenwert. Soziosexuelle Kommunikationsfähigkeit heißt hier zum Beispiel: sexuelle Fragen zur Sprache bringen können, Beratung und Information einfordern können, eine situationsangemessene Sprache beherrschen u. ä. Auch hier geht es nicht in erster Linie darum, ein umschriebenes Set von Verhaltensweisen zu erlernen, sondern auf verschiedene Weise die Bereitschaft und Fähigkeit zu entwickeln, soziosexuelle Probleme und Konflikte aktiv anzugehen.

Schließlich gehört es auch zur soziosexuellen Kommunikationsfähigkeit, die Normen und Motive für Verhaltensweisen und Urteile zu hinterfragen, sowohl in bezug auf andere als auch für sich selbst, und gegebenenfalls Normen neu zu vereinbaren und selbst entsprechend umzulernen.

Von den uns bedeutsam erscheinenden *Kenntnissen, Fähigkeiten und Einstellungen* können hier nur die wichtigsten genannt werden.

- Die Jugendlichen sollen versuchen, in einer Partnerbeziehung über alle Fragen, die die Beziehung betreffen, offen zu sprechen und sich zu verständigen, ohne einander unter Druck zu setzen. Die Offenheit wird u. a. ermöglicht durch
  - zunehmende Sensibilität für die Ursachen und Wirkungen des eigenen Verhaltens und der eigenen Einstellungen und der des Partners,
  - Bejahung eigener Gefühle und sexueller Wünsche, aber Distanzierung von Leistungs- und Erfolgszwangen im sexuellen Bereich,
  - Skepsis gegenüber Behauptungen, daß bestimmte sexuelle Verhaltensweisen und Vorlieben schädlich seien,
  - die Erkenntnis, daß viele Probleme in einer Partnerbeziehung nicht durch subjektives Verschulden, sondern durch unsere gesellschaftlichen Lebensbedingungen verursacht werden und daß viele Jugendliche und Erwachsene daher unter den gleichen Problemen leiden.
- Die Jugendlichen sollen zu einer konsequenten Empfängnisverhütung bereit und fähig sein. Dazu gehört u. a.
  - Grundkenntnisse über Wirkungsweise, Sicherheit, Risiken und Beschaffungsmöglichkeiten der verschiedenen Verhütungsmittel zu haben,

– subjektive Schwierigkeiten bei der Beschaffung und Anwendung von Verhütungsmitteln zu überwinden,
– sich dagegen zur Wehr setzen zu können, daß Jugendlichen die Beschaffung von Verhütungsmitteln erschwert wird.

- Die Jugendlichen sollen erkennen, daß eine Veränderung der gegenwärtigen Geschlechtsrollenstereotype in Richtung auf mehr Gleichheit, zur Emanzipation von Männern und Frauen beiträgt. Dazu muß u. a. bewußt gemacht werden,

– daß die Jugendlichen in ihrem eigenen Verhalten und Urteilen weitgehend auf die vorherrschenden Geschlechtsrollen festgelegt sind,
– daß die Frauen zum Vorteil der Männer, angeblich aber zum Nutzen der Gesellschaft – von der sie doch ein wesentlicher Teil sind – in ihren Lebenschancen erheblich benachteiligt werden,
– daß Rollenverhalten gelernt wird, aber auch wieder umgelernt werden kann.

- Die Jugendlichen sollen erkennen, wie verschiedene Sozialisationsinstanzen – insbesondere Familie, Schule und Öffentlichkeit – fördernd, verzerrend oder unterdrückend auf die soziosexuelle Kommunikation wirken, und Möglichkeiten finden, den als schädlich erkannten Einwirkungen gegenzusteuern. Das erfordert u. a., daß die Jugendlichen

– die Indienstnahme sexueller Wünsche und Zuwendungsbedürfnisse durch die Konsumwerbung durchschauen,
– sich mit den Chancen und Risiken verschiedener Formen des Zusammenlebens auseinandersetzen (Ehe, Familie, Zusammenleben ohne Ehe, Wohngemeinschaft),
– die Zwänge der Institution Schule durchschauen, aber auch aktiv die dort gegebenen sozialen und sexuellen Lernmöglichkeiten wahrzunehmen versuchen,
– Schwierigkeiten im Bereich der Sexualität auch als Ausdruck sexualfeindlicher Normen erkennen,
– sich nicht auf eine zu enge Sprachregelung festlegen zu lassen.

Themenwahl

Für unsere Auswahl und Abgrenzung der Themen war vor allem die Leitfrage wichtig: *Welche Rolle spielt Sexualität im Leben der Jugendlichen, die wir ansprechen wollen, welche sexuellen Probleme haben sie zu bewältigen?*

Bei der Antwort auf diese Frage sind wir davon ausgegangen, daß für die Jugendlichen etwa vom Pubertätsalter an zunehmend Fragen der Partnerbeziehung im Mittelpunkt ihrer sexuellen Interessen stehen – auch wenn erst etwa die Hälfte der 16jährigen Jugendlichen längere oder kürzere «feste Freundschaften» eingeht.[6]

Die Lernaufgaben, die die Auseinandersetzungen mit dem Aufbau von Partnerbeziehungen mit sich bringen, beziehen sich auf die Entwicklung der soziosexuellen Kommunikationsfähigkeit in dem zuvor dargestellten weiten Sinne. Sie zielen sowohl auf den Umgang der Partner miteinander als auch auf den Umgang mit den Sozialisationsinstanzen, die die «festen Freundschaften» und die anderen Beziehungsformen wesentlich beeinflussen.

Den Umgang der Partner (auch der potentiellen Partner) miteinander betreffen in erster Linie die Themenbereiche: *Freundschaft und Liebe; Empfängnisregelung; Männlich/Weiblich*

Auf die Sozialisationsinstanzen beziehen sich vorwiegend die Themenbereiche: *Jugendsexualität und Familie; Sexualität in der Schule; Sexualität und Öffentlichkeit; Sexualität und Sprache*, wobei der Themenbereich «Sprache» eigentlich quer zu dieser groben Systematik liegt.

In einer solchen Themenauswahl und -abgrenzung liegen vor allem zwei Gefahren:

1. Der Bezug zu den aktuellen Sexualproblemen der Jugendlichen kann uns dazu verleiten, bei einer subjektivistischen Betrachtungsweise stehenzubleiben und die Aufklärung von Zusammenhängen zu vernachlässigen.
2. Durch die Themenschwerpunkte werden unter Umständen die sexuellen Probleme und Fragen der Jugendlichen nicht nur aufgegriffen und interpretiert, sondern auch über die Köpfe der Betroffenen hinweg definiert.

Um diesen Gefahren zu entgehen, haben wir versucht, uns an *folgende Prinzipen* zu halten:

- Die Themen sind so formuliert, daß sie jeweils eine spezifische Verbindung zwischen den Problemen einer Partnerbeziehung und größeren sozialen Zusammenhängen bezeichnen. *In den Themen sollen der lebenspraktische Bezug und eine übergeordnete Fragestellung jeweils mit einem gewissen Eigengewicht angelegt sein.*

Also zum Beispiel: Viele Jugendliche fühlen sich durch ihre Herkunftsfamilie behindert, wenn sie eigene sexuelle Erfahrungen machen wollen. Das Thema «Jugendsexualität und Familie» verweist auf dieses Problem, aber es umfaßt auch die grundsätzlichere Frage nach der sexuellen Erziehungsfunktion der Familie und nach deren Modellcharakter innerhalb der sexuellen Sozialisation.

Oder zum Beispiel: Das Problem der Beschaffung und Anwendung von Verhütungsmitteln muß in einer sexuellen Partnerbeziehung gelöst werden. Das Thema «Empfängnisregelung» signalisiert für Jugendliche zunächst diese praktische Problematik. Es enthält aber auch die weitergefaßten Fragen nach den Ursachen der subjektiven Probleme im Umgang mit Verhütungsmitteln und nach der gesellschaftlichen Bedeutung der Geburtenregelung.

- Die Themen haben wir im Zusammenhang mit einer intensiven Analyse der empirischen Studien zur Jugendsexualität und auf der Basis ausgedehnter Gespräche mit Jugendlichen ausgewählt. Dies kann jedoch nicht viel mehr sein als die Orientierung an einem imaginären «Durchschnittsjugendlichen». Sicher sind auch Themen dabei, die an der Situation und am Interesse einzelner Jugendlicher vorbeigehen.

Deshalb haben wir versucht, die Abgrenzung der Themen voneinander offenzuhalten und nicht streng systematisch durchzugliedern. *Die Themenbereiche sind sozusagen Bausteine innerhalb der Gesamtfragestel-*

lung, und sie sind ihrerseits wieder bausteinartig untergliedert. Die Jugendlichen haben so die Möglichkeit, ihre Interessen zur Geltung zu bringen, indem sie zwischen den einzelnen Themenbereichen wählen, innerhalb der Themenbereiche eigene Akzente setzen oder ergänzende Fragen einbringen.

Zweifellos weicht unsere Themenauswahl in ganz bestimmter Weise von den Inhaltsverzeichnissen der meisten Aufklärungsbücher für Jugendliche ab: Die biologischen und medizinischen Fragen (Geschlechtsorgane, Hormone, Zeugung, Schwangerschaft, Geburt, Säuglingspflege, Geschlechtskrankheiten) haben wir nicht deshalb weggelassen, weil wir sie für unwichtig halten oder weil die Jugendlichen daran nicht interessiert wären, sondern weil sie in anderen Publikationen hinreichend berücksichtigt werden. Ihre Bearbeitung macht in der Schule am wenigsten Schwierigkeiten.[7]

Wir haben uns dagegen auf psycho-soziale Aspekte sexueller Fragen konzentriert und dabei auch scheinbar randständigen Bereichen wie «Schule», «Öffentlichkeit» und «Sprache» einen hohen Stellenwert eingeräumt.

Die Themenwahl ist also daran orientiert, das vorhandene Angebot zu ergänzen und nicht es zu ersetzen.

Sexualerziehung in der Schule

Seit langem wird beklagt, daß die Schule ihren sexualpädagogischen Auftrag nur mangelhaft erfülle.[8] Für diese sicher realistische Einschätzung gibt es ernstzunehmende Gründe:

Die bildungspolitischen und organisatorischen Grundlagen für die schulische Sexualerziehung sind halbherzig und widersprüchlich. Zwar gibt es aufgrund von KMK-Empfehlungen einschlägige Richtlinien in allen Bundesländern. Aber das Thema Sexualität ist in den Lehrplänen der vorwiegend «zuständigen» Fächer – Sozialkunde und Biologie – kaum hinreichend verankert, so daß die Lehrer vielfach die Stunden für dieses Thema mit schlechtem Gewissen abzweigen müssen. Trotz der Richtlinien ist die Abgrenzung zwischen dem Erziehungsrecht der Schule und dem der Eltern auf dem Gebiet der Sexualerziehung so unklar wie nirgends sonst. Zahlreiche Prozesse und die Sonderbehandlung des Themas hinsichtlich der Elterninformation zeigen dies.[9]

Die Schulbehörden steuern in der Interpretation der Richtlinien einen für den einzelnen Lehrer unklaren Kurs zwischen Rücksichtnahme auf Elternproteste und Bestehen auf formulierten Positionen. Kein Lehrer weiß genau, ob er der Rückendeckung durch seinen Dienstherrn sicher sein kann.

Die Richtlinien wiederum enthalten zahlreiche Leerformeln, wo inhaltliche Aussagen zur Sexualität und zu den Zielen und Aufgaben der schulischen Sexualerziehung gemacht werden, so daß man sich bei Kontroversen nur schwer auf den Wortlaut der Richtlinien berufen kann.

Darüber hinaus ist das «Klima» an einer durchschnittlichen bundesdeutschen Schule nicht gerade sexualfreundlich.[10] Der Widerspruch zwischen Fördern und Auslesen in der beruflichen Funktion des Lehrers und in der Organisation der Schule macht die Bearbeitung von Lebensproblemen auf einer persönlichen, ich-nahen Ebene weitgehend unmöglich. Ein Thema wie Sexualität, aus dem sich nur mit Mühe schulische Leistungen präparieren lassen, bringt daher die Schule und den Lehrer leicht «aus dem Konzept». Schüler und Lehrer haben dafür durchaus ein Gespür: Für die Schüler sind sexuelle Anspielungen (Zeichnungen, Sprüche, Fragen) in der Schule häufig ein Instrument der Provokation und der Aggression gegen Lehrer und Mitschüler. Gleichwohl signalisieren solche Äußerungen immer auch einen Problemdruck. Andererseits berichten Lehrer oft, daß besonders ältere Schüler ihre Erwartungen bezüglich einer ernsthaften und für sie praktisch hilfreichen Behandlung sexueller Fragen resigniert aufgegeben haben. Die Lehrer ihrerseits fühlen sich oft verunsichert in der Einschätzung der Schülerwünsche: «Ist dies eine ernste Frage oder eine hämische Herausforderung oder nur eine Ablenkung vom geplanten Unterricht?» Schüler und Lehrer müssen erst einige Erfahrungen miteinander machen, bevor sie wissen, woran sie sind.

Zweifellos spielen auch persönliche Hemmungen bei Lehrern eine wichtige Rolle. Viele haben Angst, sich als Mensch mit eigenen sexuellen Erfahrungen und Problemen «bloßzustellen». Sie fürchten, sich dadurch dem Spott und der Flachserei der Schüler auszusetzen. Hinter diesen Ängsten steckt zu einem guten Teil eine subjektive Abwertung der menschlichen Sexualität. Man hält die eigenen sexuellen Erfahrungen und Wünsche selbst nicht für hinreichend «sauber». Aber diese Probleme werden als Ursache für die sexualpädagogische Misere möglicherweise überbewertet.

Schließlich sind auch die sexualpädagogischen Lernmöglichkeiten für Lehrer noch immer zu gering, obwohl bereits in den KMK-Empfehlungen 1968 die Kultusminister aufgefordert waren, ein entsprechendes Ausbildungsangebot bereitzustellen. Wo immerhin in Hochschulseminaren ein Problembewußtsein zustande kommt, wird in der schulpraktischen Phase der Ausbildung zu selten daran angeknüpft.

Diese kurze Lageburteilung deutet an, daß eine mangelhafte Sexualerziehung an unseren Schulen nicht so einfach auf Drückebergerei der Lehrer zurückgeführt werden kann. Auch gutwillige Lehrer können in dieser Situation leicht entmutigt werden und dem Thema Sexualität ausweichen oder sich auf die Fortpflanzungsbiologie zurückziehen.

Es bleibt aber der insgesamt unumstrittene sexualpädagogische Auftrag der Schule und des einzelnen Lehrers. Es bleiben auch – trotz aller Resignation – Erwartungen und Hoffnungen der Schüler und der meisten Eltern.

Auch wenn wir die sexualpädagogischen Möglichkeiten in einem von Leistungsdruck und Auslesezwang bestimmten Schulklima vorsichtig einschätzen, wollen wir nicht Pessimismus verbreiten. *In der gegenwärtigen Schule bieten sich auch im Bereich der Sexualität positive Lernchancen.*

- Vor allem sollte die Tatsache nicht unterschätzt werden, daß in der Schule *Jungen und Mädchen täglich zusammen* sind und hier – sozusagen gezwungenermaßen – sehr vielfältige Erfahrungen miteinander machen. Für sehr viele Jugendliche ist die Schule sogar die einzige gesellschaftlich akzeptierte Möglichkeit, mit Gleichaltrigen des anderen Geschlechts zusammenzukommen. Diese Erfahrungen sind ein wichtiges «Lernmaterial», an sie kann in Diskussionen und Spielen unmittelbar angeknüpft werden.

- Unterricht kann ein sehr wichtiges *Diskussionsforum* sein, weil in einer Klasse in der Regel Schüler mir sehr verschiedener Erziehung und unterschiedlichem Erfahrungshorizont zusammenkommen. Hinsichtlich der Bewertung von Sexualität, von Geschlechtsrollen oder von Sexualerziehung gibt es in jeder Klasse ein Spektrum unterschiedlicher «Selbstverständlichkeiten». Hier besteht für die Schüler die Chance einer Auseinandersetzung mit eigenen und fremden Normen. Es muß allerdings gelingen, die Selbstverständlichkeiten, die die Schüler mit sich herumtragen, zu aktualisieren, ins Gespräch zu bringen.
- Schließlich darf nicht vergessen werden, daß Lehrer im allgemeinen eher als Eltern oder die Schüler selbst über *Informationsquellen* verfügen (oder sich doch eher einen Überblick verschaffen können). Lehrer können auch eher qua Amt Verbindungen zu anderen kompetenten Personen und zu wichtigen Institutionen (zum Beispiel Beratungsstellen) herstellen und diese für die Schüler ein Stück vertrauter und verfügbarer machen.

Allerdings können diese Chancen für die Sexualerziehung in der gegenwärtigen Schule nach unserer Auffassung nur genutzt werden, wenn Sexualkunde nicht in der Alltagsroutine des Unterrichts aufgeht. Das Thema Sexualität und alles, was Schüler in seinem Umkreis erarbeiten, sollte außerhalb von Leistungsbewertung und üblichen Disziplinierungsmaßnahmen stehen. Auch der Lehrer sollte sich nicht durch Richtlinien zum Erteilen von Sexualerziehung zwingen lassen, wenn persönliche Widerstände ihm eine freiwillige Übernahme der Aufgabe unmöglich machen. Andererseits kann die Bereitschaft des Lehrers, auch auf sexuelle Fragen in aller Offenheit einzugehen, das Vertrauensverhältnis zwischen Lehrer und Schülern erheblich stärken. Zudem werden möglicherweise im Sexualunterricht die sozialen und emotionalen Lernmöglichkeiten sichtbar, die sonst verschüttet bleiben.[11]

Dazu ist es aber erforderlich, daß Sexualerziehung als schulpädagogische Notwendigkeit auch in der einzelnen Schule in der Diskussion bleibt. Unser Medienpaket kann dies unterstützen sowohl als Grundlage und Ausgangspunkt für Fachkonferenzen und Lehrerfortbildungsveranstaltungen als auch als Diskussionsimpuls auf Elternabenden und in den Gremien der Eltern- und Schülermitbestimmung.

Unterrichtsorganisation

Die folgenden allgemeinen Empfehlungen zur Unterrichtsorganisation sollen dazu beitragen, daß der Unterricht in der Spur der zuvor erläuterten sexualpädagogischen Zielsetzung bleibt. Denn Sexualunterricht ist – wie jeder Unterricht – eine Kommunikationssituation, und seine Organisation kann daher die Entwicklung soziosexueller Kommunikationsfähigkeit bei den Schülern fördern oder behindern. Die Empfehlungen sind zwar mit Blick auf den Schulunterricht formuliert, lassen sich aber durchaus auch auf außerschulische Lernveranstaltungen der Jugend- und Erwachsenenbildung übertragen.

1. Bezug zur Bedürfnislage der Schüler

Wir können zwar davon ausgehen, daß das Thema Sexualität jeden Schüler, jeden Jugendlichen interessiert. Ungewiß ist aber, wie weit Schüler das Thema im Schulunterricht behandelt sehen wollen. Zum Teil wirkt sich die Angst der Schüler aus, sich unfreiwillig bloßzustellen und Zielscheibe von Hänseleien zu werden; zum Teil wird das Interesse am Sexualunterricht aber auch durch Zweifel an der Kompetenz des Lehrers gebremst. («Da wird ja doch nur moralisiert» oder «Der Lehrer erzählt bloß was über die Zellen»). Beide Vorbehalte muß der Lehrer ernst nehmen.

Es genügt nicht, auf die Interessen der Schüler eingehen zu wollen, die Schüler müssen das auch merken. Hilfreich ist dazu eine klasseninterne Befragung oder Fragensammlung, deren Ergebnis dann auch wirklich Leitlinie für den Unterricht sein sollte. Eine derartige Rückfrage muß öfter wiederholt werden, denn die Interessen ändern sich manchmal sehr schnell. Man sollte dabei versuchen, auch die zahlenmäßig untergeordneten Wünsche im Auge zu behalten, sie lassen sich oft in andere Themen eingliedern.

Eine fehlende Offenheit bei den Schülern sollte der Lehrer nicht durch eine besondere Offenheit seinerseits auszugleichen versuchen. Man sollte ruhig mit ich-ferneren Themen oder Fragestellungen anfangen. Also zu Beginn eher ein Thema wie «Verhütungsmittel» und nicht «Schuldgefühle beim Onanieren». Der Lehrer sollte es unbedingt akzeptieren, wenn einige Schüler auch dann noch sehr zurückhaltend sind. (Also: keine Zensuren für mündliche Beteiligung!). Eine offensive Unterrichtsführung («Na los, Susi, du hast doch schon 'n festen Freund!») verschreckt im allgemeinen die Jugendlichen eher, als sie zu ermutigen. Auf einer Klassenfahrt oder beim Klassenausflug geht es oft etwas persönlicher zu als im Schulalltag. Deshalb bieten sich dabei Möglichkeiten, die Erwartungen mit den Schülern unverstellter abzuklären. Unter Umständen besteht auch die Chance, mit den Schülern ein Wochenendseminar zum Thema Sexualität zu planen.

2. Selbsttätigkeit

Es liegt nahe, sich in Monologe zu flüchten, wenn man selbst unsicher ist und bei den Schülern zunächst wenig Resonanz erfährt. Dies fördert aber mit Sicherheit nicht die Kommunikationsfähigkeit. Man muß sich deshalb immer wieder die Frage beantworten: «Was außer zuhören können die Schüler in dieser Stunde tun?» Das ist eigentlich eine Selbstverständlichkeit, aber es ist kein Wunder, wenn beim Thema Sexualität solche Selbstverständlichkeiten aus Unsicherheit vergessen werden. Die Medien geben für die Selbsttätigkeit der Schüler die unterschiedlichsten Anregungen. Im Vordergrund sollte jedoch der Versuch stehen, die Schüler in kleinen Gruppen miteinander ins Gespräch zu bringen, auch wenn dabei nicht immer ein regelrecht organisierter Gruppenunterricht angestrebt wird.

3. Erfahrungsorientierung
Wie immer diese Unterrichtsgespräche zustande kommen und organisiert sind – sie beruhen zu einem wesentlichen Teil auf Erfahrungen der Schüler. Gerade der Bezug zu diesen Erfahrungen macht das Betroffensein aus. Unterricht zu organisieren heißt dann, Erfahrungsmöglichkeiten für die Schüler bereitzustellen und ihnen zu helfen, gemachte Erfahrungen zu aktualisieren.

Wenn es um Sexualität geht, werden Erfahrungen allerdings nicht so leicht unmittelbar eingebracht – auch wenn es sich nicht um persönliche sexuelle Erlebnisse im engeren Sinne handelt. Deshalb ist es hier oft besser, wenn die Schüler Erfahrungen «stellvertretend» artikulieren können, indem sie zum Beispiel eine Geschichte weitererzählen, einen Konfliktfall zu lösen versuchen, einen fiktiven Altersgenossen beraten oder einen «Fall» aus vorgegebenen Comicbildern rekonstruieren. «Erfahrungsmöglichkeiten bereitstellen» heißt nicht, den Schülern die Möglichkeit zu geben, sich in ein Sex-Zimmer zurückziehen zu können. Wir meinen damit, daß es für die Schüler möglich sein sollte, eigenes und fremdes Verhalten und Urteilen auf vielfältige Weise zu erkunden: durch Beobachten, Befragen, Gesprächeführen, Selbstbeobachtung, aber auch vermittelt durch Texte, Bilder und Filme, in denen Verhalten beschrieben und Standpunkte dargestellt werden. Dabei sollten die Schüler versuchen, sich immer auch über die eigenen Empfindungen in einer Situation klarzuwerden und diese auch zu beschreiben. Natürlich ist auch der Unterricht selbst eine Situation, in der die Schüler Erfahrungen über den Umgang miteinander sammeln.

4. Unterrichtskritik
Daß die Erfahrungen die Basis sein sollen für Diskussionen, für das Herstellen von Zusammenhängen und für die Urteilsbildung, braucht nicht besonders hervorgehoben zu werden. Diskussion und Reflexion sollten sich aber auch auf die Erfahrungen mit dem Unterricht selbst beziehen. Gerade beim Sexualunterricht, der mit dem Bezug zu den Interessen der Schüler steht und fällt, empfiehlt es sich, alle 2–3 Stunden eine kurze «Manöverkritik» einzuschieben. Ein kleiner Unterrichtsbeurteilungsbogen kann am Anfang diese «Metadiskussion» sehr erleichtern.

Aus der Verarbeitung von soziosexuellen Erfahrungen im Unterricht ergeben sich natürlich auch Konsequenzen für die Einstellungen und Verhaltensweisen der einzelnen Schüler. Sie stellen sozusagen den Lernerfolg dar. Er ist aber nur selten direkt zu beobachten. Wissenstests sagen nicht viel über den Lernerfolg aus, wenn es nicht nur um biologisch-technisches Wissen geht. (Dort kann ein Test durchaus angebracht sein.)

Eine Rückmeldemöglichkeit wäre die Beurteilung von «Fällen» und konkreten Problemsituationen. Vermutlich werden die Schüler ihre Einstellung aufgrund einer Unterrichtssequenz nicht wesentlich ändern. Als Unterrichtserfolg kann man eher eine differenziertere, begründetere Beurteilung erwarten.

Die wichtigste Rückmeldung ist aber das Verhalten der Schüler untereinander. Grundlegende Änderungen sind in der Regel nicht zu erwarten. Aber Sexualunterricht trägt sicher ein wenig dazu bei, daß die Schüler offener und rücksichtsvoller miteinander umgehen, wenn sie sich mit ihren Problemen und Fragen ernst genommen fühlen.

5. Sexualerziehung als Unterrichtsprinzip
In den Richtlinien zur Sexualerziehung in der Schule wird Sexualerziehung generell als Unterrichtsprinzip deklariert. Das heißt, es gehört zu den Aufgaben des Lehrers, im Kontext des jeweiligen Faches auch auf sexuelle Fragen einzugehen. Darin kommt zum Ausdruck, daß das Thema Sexualität als ein fächerübergreifender Lernbereich anzusehen ist.

Diese Absichtserklärung in den Richtlinien sollte man unbedingt beim Wort nehmen und die Sexualerziehung nicht allein dem Biologieunterricht zuordnen. Unter der von uns vorgenommenen Akzentuierung ist das Thema Sexualität in erster Linie im Sozialkundeunterricht anzusiedeln und bezieht daneben die Fächer Deutsch, Kunst/visuelle Kommunikation und Biologie ein. Unser Medienpaket ist auf eine solche fächerübergreifende Verwendung hin angelegt.

Funktion der Medien

Von Unterrichtsmedien wird in der Regel erwartet, daß sie bestimmte Informationen über den Unterrichtsgegenstand vermitteln, indem sie zum Beispiel den Gegenstand abbilden oder beschreiben, Zusammenhänge erklären oder anschaulich machen, Lösungswege oder Begriffe erläutern.

Unterrichtsmedien sind in diesem Verständnis der verlängerte Arm des Lehrers. Was sie an einer bestimmten Stelle eines Lehrgangs übermitteln, soll als Erkenntnis, Wissen oder Fähigkeit bei den Schülern hängenbleiben. Äußerstenfalls – im programmierten Unterricht zum Beispiel – sollten die Medien sogar die vollständige Steuerung des Lernprozesses übernehmen.

Uns scheint dies ein zu einseitig technologisches Verständnis von Unterrichtsmedien zu sein, denn drei wichtige Aspekte bleiben dabei außer acht:

1. Ihre endgültige Funktion erhalten Medien immer erst in der konkreten Verwendungssituation, auch wenn sie vom Hersteller für eine bestimmte didaktische Funktion konzipiert wurden. Das heißt zum Beispiel: Ein Film, der verschiedene Verhütungsmittel vorstellt, kann zur zusammenfassenden Information, zum kritischen Vergleich mit anderen themengleichen Filmen oder als Grundlage für eine Analyse des Filmkommentars dienen. Mit anderen Worten: Lehrer und Schüler haben es

Tips für Streitfälle

Was hinter Partnerproblemen stecken kann, haben wir an einigen Beispielen erläutert: Angst vor sexuellen Gefühlen und Wünschen; Schwierigkeiten, Gefühle auszudrücken; verschiedene Erwartungen und Wünsche. Oft sieht es aus, als ob diese Probleme gar nicht spürbar seien. Sie bleiben im Untergrund oder werden überspielt. Aber auch im offenen Streit mit Vorwürfen und Beleidigungen kommen die Probleme, um die es eigentlich geht, meist nicht richtig zur Sprache.
Daß man sich in diesen Streitfällen und Zankereien die Chance verbaut, miteinander weiterzukommen und Probleme zu bewältigen, liegt an der Art, wie gestritten wird.
Wir beschreiben hier einige Fehler, die mit ziemlicher Sicherheit eine sinnvolle Auseinandersetzung erschweren. Sicher kannst du diese Fehler bei dir selbst oder bei anderen beobachten.
Probiere aber auch mal aus, ob es ohne diese Fehler besser geht.

Vorwürfe

Streit fängt meist mit Vorwürfen an. Der angegriffene Partner fühlt sich in seinem Selbstwertgefühl verletzt. Er denkt, er allein soll die Schuld bekommen. Deshalb wird er versuchen, die Vorwürfe zu entkräften oder Gegenvorwürfe zu machen. Daß du dich über bestimmte Verhaltensweisen ärgerst, wird dann gar nicht mehr besprochen.
Statt dessen: Sage, welches Verhalten du dir anders wünschst, und wie du dazu beitragen willst.

Verallgemeinerungen

Oft werden Vorwürfe oder Gegenvorwürfe auch noch verallgemeinert: „Du bist immer . . .", „Nie hast du . . .", „Du kannst überhaupt nicht . . .". Das verstärkt beim Partner den Zwang, sich zu verteidigen; denn immer etwas falsch zu machen, wer will das schon auf sich sitzen lassen. Der angegriffene Partner wird nach Beispielen suchen, wo er sich anders verhalten hat, als du ihm vorwirfst.
Statt dessen: Sage, welches Verhalten dich im einzelnen ärgert.

Alte Hüte

Frühere Vorfälle werden häufig zum Beweis für Vorwürfe herangezogen. Der Streit verschiebt sich dann sehr schnell auf diesen „alten Hut“. Jeder hat etwas anderes in Erinnerung. Und jeder versucht zu beweisen, daß der andere Unrecht hat. Aber mit der Klärung des Ärgers, um den es eigentlich geht, kommt man nicht weiter.
Statt dessen: Sprich darüber, was dich jetzt ärgert und warum.

Unpersönliches

Oft werden persönliche Gefühle so ausgedrückt, als ob sie für alle gelten: „Da muß man sich ja ärgern . . .“, „Man hat doch Hemmungen . . .“. Dadurch hat der Partner kaum eine Chance, auf die persönlichen Gefühle einzugehen.
Statt dessen: Sprich von dir, von deinen Gefühlen, von deiner Enttäuschung, von deinen Wünschen. Sage „ich“ und nicht „man“. Und versuche zuzuhören, wenn dein Freund oder deine Freundin von sich spricht.

Und noch etwas Wichtiges. Wenn du deinen Partner nur runterputzt, nur mit Vorwürfen eindeckst, nur von deinem Ärger sprichst, dann sieht das so aus, als ob du überhaupt nichts Gutes mehr an ihm findest. Er wird dann kaum Lust haben, irgendeine einzelne Verhaltensweise bei sich zu ändern.
Versuche also auch bei Streitigkeiten mal zu sagen, was du an deinem Freund oder deiner Freundin noch magst.

Text-Bild-Seite zum Thema Kommunikationsprobleme (im Original DIN A3). Aus: Betrifft: Sexualität, hg. vom Norddeutschen Rundfunk, Braunschweig 1977, Westermann.

Der menschliche Körper ist empfindlich für zärtliche Berührungen

Zärtlichkeit kann jedesmal anders sein; mal besonders schön, mal weniger aufregend.
Wie man miteinander zärtlich sein kann – auch das kann man lernen. Wir haben einige Spiel-Regeln zusammengetragen, die wir auch für uns wichtig finden.

Spiel-**Regel Eins**
Laßt euch keine Spielregeln aufdrängen. Ihr selbst sollt ausprobieren, was euch Spaß macht, was ihr schön findet. Um das allerdings herauszufinden, ist es wichtig, daß ihr miteinander sprecht. Auch mal während ihr euch streichelt. Und manchmal danach oder davor. Sprecht darüber, wenn ihr mit jemandem zärtlich sein wollt. Wie ihr euch dabei fühlt und was ihr euch von eurem Partner wünscht: Ihr selbst bestimmt eure Spielregeln.

Spiel-**Regel Zwei**
Miteinander schlafen ist nur eine Möglichkeit, zärtlich zu sein, und vor allem nicht die wichtigste. Für manche Menschen ist Geschlechtsverkehr aber die einzige Art, einander näherzukommen. Nämlich für die, die nicht gelernt haben,

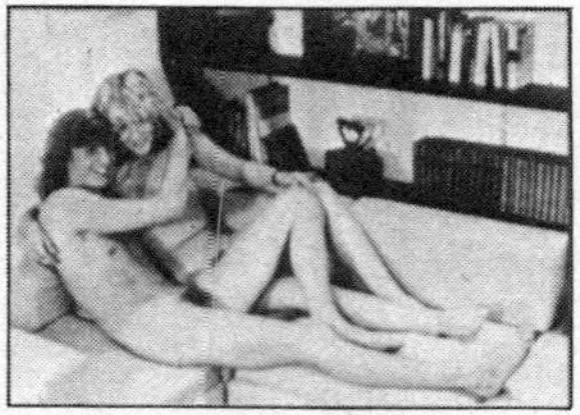

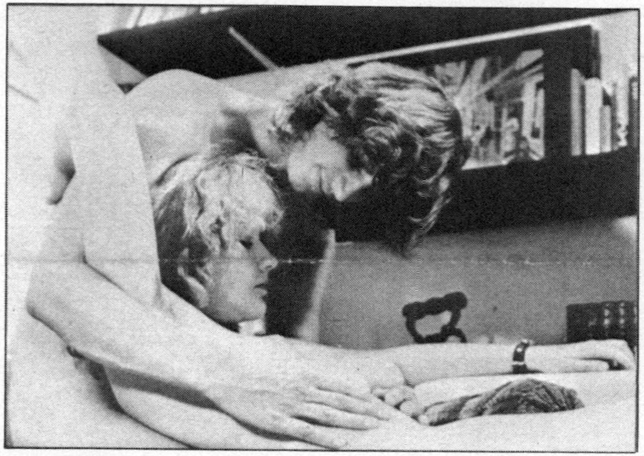

Spiel-**Regel Drei**
Zärtlichkeit ist kein Leistungssport und miteinander schlafen keine Rekordjagd. Sich beieinander – nach euren Wünschen – wohlzufühlen und miteinander euren eigenen Spaß zu haben ist wichtiger als jede Stellungsakrobatik und jedes Strichlistenführen. Ihr braucht keine Zeitungs-Supermänner und Superfrauen als Vorbilder.

Spiel-**Regel Vier**
Jeder Mensch bestimmt selbst, wann er mit einem anderen Menschen zärtlich sein möchte. So gibt es auch keinen Zeitpunkt, an dem „man“ schon mit einem Partner geschlafen haben muß. Es gehört Mut dazu zu sagen: Ich möchte mit dir kuscheln, schlafen, dich kitzeln, kneifen, festhalten, streicheln, berühren, knuddeln,. . . . .
. . . .
. . . .
. . . .

Gleichzeitig muß man aber auch verstehen, daß der andere manchmal dazu keine Lust hat.

miteinander zärtlich zu sein, oder dies vielleicht auch gar nicht wollen. Zärtlichkeit endet nicht immer damit, daß man miteinander schläft. Vielleicht mögt ihr viel lieber kuscheln, euch kitzeln, kneifen, festhalten, streicheln, berühren, knuddeln,

. . . .

. . . .

. . . .

und auch mal miteinander schlafen.

Übrigens . . .
Manchmal kann es hilfreich sein, auch über Biologisches von Mann und Frau Bescheid zu wissen. Deshalb haben wir euch einige Bücher empfohlen, in denen ihr nachlesen könnt, was euch davon interessiert. (siehe Seite 13).

Diese Text-Bild-Seite aus dem Medienpaket «Betrifft: Sexualität» (im Original DIN A3) erscheint im Kapitel «Empfängnisregelung». Diese Plazierung soll dazu beitragen, daß auch bei einer sonst eher technisch ausgerichteten Thematik der Lust-Aspekt nicht vergessen wird. Inhaltlich wendet sich die Seite gegen eine apersonale, leistungsorientierte Auffassung von Sexualität. Aus: Betrifft: Sexualität, hg. vom Norddeutschen Rundfunk, Braunschweig 1977, Westermann.

weitgehend in der Hand, die didaktische Funktion der Medien zu bestimmen.

2. Unterrichtsmedien müssen nicht nur als Transportmittel für Mitteilungen von einem Autor oder einem Sender an Schüler und Lehrer aufgefaßt werden. Man kann sie auch als Verständigungsmittel zwischen Lehrer und Schüler und für die Schüler untereinander betrachten. Wenn Schüler zum Beispiel bestimmte Textstellen durch Unterstreichen hervorheben, Bilder beschriften oder einer Bildgeschichte zuordnen oder einen Stummfilm kommentieren, so werden die Medien gewissermaßen als vorstrukturierte Ausdrucksmittel benutzt. Im Extremfall ist eine derartige aktive Medienverwendung dann gegeben, wenn als «Medium» nur das technische Arrangement gilt, wenn Schüler also selbst filmen, fotografieren oder eine Zeitung machen.

3. Es sollte nicht vergessen werden, daß Medien nicht nur Inhalts-, sondern auch Verfahrensinformationen vermitteln können. Sie können Spiele, Erkundungen und Beobachtungen vorschlagen und Anregungen für die Organisation von Informationen, Diskussionen und Unterrichtsprojekten geben.

Wir haben versucht, in unseren Materialien dieses vielfältige Kommunikationspotential von Medien zu nutzen (vgl. Abb. 30–32):

• *Die Medien sollen die Aufmerksamkeit besonders des jugendlichen Lesers wecken und erhalten. Deshalb:*
- verständliche, überschaubare Texte, kurze Sätze, Vermeidung der Lehrbuchsprache;
- zeitungsähnliche Aufmachung;
- großformatige Abbildungen und Poster;
- vielfältige Verwendung von Comics;
- witzige und überraschende Texte, Zeichnungen und Collagen.

• *Die Medien sollen dem Leser Identifikationsmöglichkeiten bieten und es ihm erleichtern, den Bezug zu den eigenen Problemen herzustellen. Deshalb:*
- jugendliche Darsteller in den Filmen;
- zahlreiche Erlebnis- und Erfahrungsberichte;
- Darstellung verschiedener typischer Kommunikations- und Konfliktsituationen.

• *Die Medien sollen nicht in erster Linie vorgefertigte Erkenntnisse abstrahlen, sondern Gespräche und Diskussionen anregen. Deshalb:*
- Texte, die Stellungnahmen provozieren;
- Spiele und Tests, die zu zweit oder in der Gruppe durchgeführt werden können;
- Filmszenen, die ohne Lösung des dargestellten Konflikts enden.

• *Die Medien sollen selbst als Verständigungs- und Ausdrucksmittel dienen. Deshalb:*
- Comics und Fotos mit offenen Sprechblasen;
- Poster, Collagen und Bildgeschichten, die zum Verändern auffordern;
- Anregungen zur Selbstherstellung von Medien.

• *Die Medien sollen offen sein für eine Verwendung entsprechend der*

aktuellen Interessen der Jugendlichen. Deshalb:
- kein durchgehender Rahmentext oder vorprogrammierter Kurs;
- Anregungen zur aktiven Informationsbeschaffung über den Rahmen der Medien hinaus;
- Vorschläge für Befragungen, Beobachtungen und Gruppenarbeit;
- Tests und Fragebögen zur Selbsterfahrung.

Sexualerziehung in der Jugendarbeit

Wenn in der vorangegangenen Beschreibung des Materials in erster Linie auf die schulische Situation eingegangen worden ist, so mag das daran liegen, daß die Autoren des Medienpaketes Lehrer sind. Wir meinen jedoch, daß sich diese Materialien auch sehr gut in der Jugendarbeit einsetzen lassen.

Der Sozialpädagoge/-arbeiter oder Jugendgruppenleiter befindet sich vielleicht sogar in einer günstigeren Situation als der Lehrer: Er ist in seiner pädagogischen Arbeit nicht so stark institutionellen Zwängen ausgesetzt. So braucht er zum Beispiel keine Rücksicht auf Lehrpläne und Richtlinien zu nehmen und benötigt keine Rückversicherung bei der Schulleitung und in der Regel auch nicht bei den Eltern. Hinzu kommt, daß die Jugendlichen freiwillig an der Gruppenarbeit teilnehmen und somit größeres Interesse mitbringen.

Ohne großen Arbeitsaufwand lassen sich die schulisch akzentuierten Kapitel des Medienpakets – wie etwa das Thema «Sexualität und Schule» – auch auf Probleme der Jugendarbeit übertragen. Vielleicht ist es sogar leichter, über schulische Probleme zu diesem Komplex außerhalb der Schule zu sprechen. Hier bietet sich auch eine Zusammenarbeit zwischen Schule und Jugendarbeit an, die ja oft zu kurz kommt.

Anmerkungen

1 Betrifft: Sexualität, herausgegeben vom Norddeutschen Rundfunk mit Unterstützung der Bundeszentrale für gesundheitliche Aufklärung, Braunschweig 1977, Westermann (Mappe 9,80 DM, Lehrerheft 4,80 DM).

2 Mitglieder der Projektgruppe sind – neben den Autoren dieses Beitrags – Klaus Goede, Norbert Gottwald, Ingrid Henke, Jan P. Schniebel.

3 Nähere Informationen über den Inhalt der Filme und des Begleitmaterials sind zu erhalten über: Bundeszentrale für gesundheitliche Aufklärung, Postfach 930103, 5000 Köln 91.

4 R. Müller: Sexualität – Kommunikation – Gesellschaft. Arbeitsansatz zur Entwicklung eines sexualpädagogischen Teilcurriculums, in: W. Fischer/J. Ruhloff/H. Scarbath/H. Thiersch (Hg.): Inhaltsprobleme in der Sexualpädagogik. Sexualpädagogik 2, Heidelberg 1973, Quelle & Meyer.

5 T. Brocher: Psychosexuelle Grundlagen der Entwicklung. Informationen für Lehrer und Eltern, Opladen 1971, Leske; G. Schmidt: Sexuelle Motivation und Kontrolle, in: W. Fischer/J. Ruhloff/H. Scarbath/H. Thiersch (Hg.), a. a. O., (s. Anm. 4).

6 V. Sigusch, G. Schmidt: Jugendsexualität. Dokumentation einer Untersuchung, Stuttgart 1973, Enke.
7 Siehe dazu die Literaturhinweise in der Mappe «Betrifft: Sexualität» auf S. 68.
8 Vgl. z. B.: W. Fischer: Erste Erfahrungen mit der «Sexualerziehung» in der BRD; H. Thiersch: Schwierigkeiten im Sexualkundeunterricht. – Beide in: W. Fischer/J. Ruhloff/H. Scarbath/H. Thiersch (Hg.): Normenprobleme in der Sexualpädagogik. Sexualpädagogik 1, Heidelberg 1971, Quelle & Meyer; H. Kentler: Sexualerziehung, Reinbek 1970, rororo sexologie 8034/35.
9 Neuerdings hat ein Urteil des Bundesverfassungsgerichts hier einige Klarheit geschaffen, vgl. «Sexualpädagogik» 1/78.
10 P. Fürstenau: Zur Psychoanalyse der Rolle des Lehrers im Sexualunterricht in: R. Hann (Hg.): Geschlechtserziehung heute, München 1971, Kösel.
11 H. Thiersch: Schwierigkeiten im Sexualkundeunterricht, a. a. O. (s. Anm. 8).

Peter Wurmbach, Regina Görgen

Schulbiologie – Naturwissenschaftlicher Unterricht, orientiert an gesellschaftlicher Arbeit

Konzept und Unterrichtseinheit der Gruppe PINC

1. Das Grundkonzept

1.1. Zur Lage

Einem gescheiten Biologen erscheint die Arbeit des Biologielehrers als schwierig und schön, sozusagen als die Krönung seiner Bemühungen um Details und ihre Zusammenhänge. Wer diese Arbeit nur gut macht, die wichtigsten Ideen im richtigen Zusammenhang sieht und plausibel vermittelt, wer das dann noch anschaulich darstellt, der hat auch seine Hörer, der kann dann auch Schülern etwas von der Faszination dieser Wissenschaft in die Schulstube zaubern.

Den Studenten, der mit dieser Perspektive das studiert, was gestern oder heute an den Universitäten unter «Biologie» angeboten wurde und wird, erwartet eine Berufslaufbahn voller Enttäuschungen. Er kommt – zumindest wenn er in der Bundesrepublik Deutschland und gegen Ende der siebziger Jahre mit Problemen der mittleren Schulstufe konfrontiert ist, auf die sich diese Betrachtungen und die Curriculumkonstruktionen der Gruppe PINC[1] beschränken – in eine Schule im Umbruch, in eine Welt voller Unruhe und Orientierungslosigkeit. Er trifft auf Schüler, die in ihrer überwiegenden Mehrzahl inhaltlich nicht zu interessieren sind und die zum Teil sogar seine aus der Wissenschaft stammenden Ideen und Argumentationsweisen schroff ablehnen. Er trifft auf eine Pädagogik, die unter einer ganzen Reihe verschiedener Etiketten vom Konzept einer intrinsischen Motivierbarkeit ausgeht, unter dem alle Bemühungen dahin gehen, den Schüler die jeweilige Unterrichtssache um ihrer selbst willen tun zu machen. Er sieht sich einer Verwaltung untergeordnet, die nach einer Periode des Experimentierens und des curricularen Laisserfaire zu wissen vorgibt, was zu unterrichten sei und modernisierte und zunehmend detaillierte verbindliche Pläne zur Dienstvorschrift macht. Er sieht sich von einer Wissenschaft im Stich gelassen, die nach einer Periode der Umwertung aller Werte und der großen Entwürfe sich vom Geschäft der Curriculumkonstruktion mehr und mehr zurückzieht. Er ist einer Öffentlichkeit konfrontiert, die für die Not der Jugendlichen, für Schulstress und Schulversagen den Umfang der Lehrpläne als Hauptursache ansieht, und da soll er die Inhalte der Biologie als Inhalte von allgemeiner Wichtigkeit vertreten? Ausgerechnet Biologie, ein Fach, das als nicht technisch, nicht schwierig, nicht mit dem modernen Leben verbunden, nicht ernsthaft, eher dem Freizeitbereich zugeordnet erlebt und bewertet wird? Vielleicht sollte man die Biologie im Lehrplan der allgemeinbildenden Schule abschaffen oder reduzieren oder durch Möglichkeiten der Abwahl oder der Integration in gesellschaftskundliche oder naturwissenschaftliche Projektbereiche modifizieren?

Wir meinen dazu: *Es sollte ein Schulfach Biologie geben*: Biologie sollte in der mittleren Schulstufe[2] durchgehend zweistündig unterrichtet werden, und zwar im Pflichtbereich. Eine so weitgehende Forderung kann natürlich nur aufstellen, wer die Inhalte als gesellschaftlich allgemein wichtig ausweist. Die Frage ist also, wie dieser Unterricht begründet und woran er orientiert werden soll.

1.2. Unterricht als Qualifikation der Arbeitskraft

Zunächst: Sicherlich mag die Gesellschaft bei der Veranstaltung von allgemeinbildendem Schulunterricht als juristisch fixierter Pflichtübung für alle ihre heranwachsenden Mitglieder über viele Jahre deren Lebens hinweg von einem ganzen Bündel von Motiven geleitet sein, sicherlich werden diese Motive für die verschiedenen Bevölkerungsgruppen und ihre Schultypäquivalente verschieden ausfallen und verschieden vorgetragen werden, sicherlich werden Motive und die Argumentationsketten ihrer Rechtfertigung historischem Wandel unterliegen, ein Motiv jedoch ist und war unbestreitbar primär dabei: Schule wird veranstaltet zur Qualifizierung der Arbeitskraft. Eigentümlicherweise ist dieser Sachverhalt Schülern, Eltern und Außenstehenden – als Selbstverständlichkeit – geläufiger als den professionellen Vertretern des Erziehungswesens, die hundert andere kluge Ziele und Zwecke sehen und formulieren, nur diesen nicht.

Versteht man nun weiter Schule, so wie die Gewerkschaften sie sehen (vgl. die bildungspolitischen Forderungen des DGB), als Stätte gleicher Qualifikation für alle, das heißt mit gleichen Chancen für alle Schüler, so hat das, neben vielfältigen Konsequenzen für die Organisation von Schule, für die Qualifikation der Lehrer, für Fördermaßnahmen usw. zumindest die Konsequenz für die Unterrichtsinhalte, daß *für alle Schüler ein gleichermaßen hohes Niveau gesellschafts- und naturwissenschaftlicher Kenntnisse* angestrebt werden muß.

Die Gruppe PINC hat ihre Planung immer gesehen im Hinblick auf eine Gesamtschule, und zwar eine Gesamtschule für alle, nicht Gesamtschule als neuer Name für die alte Hauptschule.

Unterrichtsinhalte sollen zur Qualifikation der Arbeitskraft beitragen, und wenn nicht von vornherein für niedrig qualifizierte Tätigkeiten einerseits und für Führungspositionen andererseits unterschiedlich ausgebildet werden soll, bedeutet dies hohe Qualifikation für alle. Hiermit impliziert ist die Zielstellung: Inhalte müssen helfen, die eigenen Interessen zu erkennen und durchzusetzen. Dies bedeutet, daß *jedes* Schulfach seine Inhalte an ihrer Bedeutung für die Gesellschaft legitimieren muß. L'art pour l'art führt nicht zur Qualifikation in diesem Sinne. Ebensowenig vertretbar erscheinen uns die Vorstellungen von der Beliebigkeit der Inhalte, vom «Lernen des Lernens» als Hauptziel von Schule.

Kurz gesagt:

Die Gruppe PINC hat in ihrem Konzept von Unterricht die Zielstellung, den Schülern Wissen zu vermitteln, das sie als spätere Lohnabhängige befähigt, naturwissenschaftlich-technische, gesellschaftliche und ökonomische Zusammenhänge zu durchschauen. Dies soll ihnen helfen, die Bestimmungsfaktoren ihrer Arbeitsbedingungen zu erkennen und sie im Rahmen gesellschaftlicher Mitbestimmung entsprechend ihren Bedürfnissen und Interessen zu verändern.

1.3. Biologieunterricht und gesellschaftliche Arbeit

Dies sind große Worte – zu allgemein, um sie ohne weiteres in Unterricht umsetzen zu können. Für den Biologieunterricht haben wir sie folgendermaßen konkretisiert:

Der Unterricht in Biologie – selbstverständlich als zugeordneter Teil des Gesamtcurriculums, insbesondere aber als Naturwissenschaft, bezogen auf seine Nachbardisziplinen Physik und Chemie – *hat sich in Auswahl und Begründung seiner Inhalte an den Bereichen gesellschaftlicher Arbeit zu orientieren, die sich in Methoden und Erkenntnissen auf die Biowissenschaften stützen.* Diese Bereiche gesellschaftlicher Arbeit sind – jeweils im weitesten Sinne – die Produktion und Verteilung von Lebensmitteln und das Gesundheitswesen. Die korrespondierenden Wissenschaften reichen weit über das hinaus, was gemeinhin «Biologie» genannt wird, und umschließen diese sowie Human- und Tiermedizin, Biochemie und -physik, Agrikultur, Tier- und Pflanzenzüchtung – daher der umfassendere Terminus «Biowissenschaften». Jedoch – nicht an den Wissenschaften soll sich der Schulunterricht orientieren, wie er das zumindest im gymnasialen Bereich immer noch und nach einem Jahrzehnt der Curriculumforschung in Deutschland erst recht tut, sondern an der

Organisation und den Problemen der gesellschaftlichen Arbeit, deren Teilbereich die Wissenschaften allerdings sind: Bereich zur Sammlung, Systematisierung und Weiterentwicklung gesellschaftlicher Erfahrung.

1.4. Biologieunterricht – wissenschaftlich und experimentell

Die Wissenschaften geben also nicht die Orientierung, wohl aber die Struktur des Stoffes, die Formulierung von hohem Allgemeinheitsgrad und weitreichender Anwendbarkeit: *Der Unterricht soll wissenschaftlich sein.* Das heißt, wir wenden uns gegen jede Form von «Kunde», Naturkunde, Pflanzenkunde usw., die in der Schulbiologie leider weithin noch als Biologie angeboten wird. Man könnte aus den Wissenschaften Gründe entnehmen, den Biologiestoff hierarchisch-logisch zu ordnen, eine «Struktur» zu finden, bei der die Argumente aufeinander aufbauen, wo von einfachen Strukturen zu Ebenen höherer Komplexität fortgeschritten wird «vom Molekül zur Biosphäre». Man könnte allerdings auch in den gleichen Wissenschaften gleich gute Gründe finden, die Themen in konzeptuellem Nebeneinander zu ordnen, locker oder gar nicht verbundene «Projekte» sich um die wichtigsten Fragen entfalten zu lassen; dies besonders, wenn man den Begriff der Wissenschaft so weit faßt, wie für die Biowissenschaften oben ausgeführt. Wir tun beides, indem wir komplexe Themen mit Projektcharakter so ordnen, daß eins auf dem anderen aufbaut. Darüber hinaus, und das ist ein entscheidendes Merkmal des PINC-Curriculums, werden die biologischen Themenkreise optimal mit den beiden parallel angeordneten Säulen Physik und Chemie quervernetzt. Das gleiche zum Bereich der sozialwissenschaftlichen Fächer zu tun, war uns nicht nur aus organisatorischen Gründen leider nicht möglich.

Des weiteren fordern wir *experimentellen Unterricht* in Biologie. Biologie ist heute keineswegs mehr die riesige Mottenkiste voll gesicherter Fakten, als die sie durch die enzyklopädische Praxis der Lehrbuchschreiber der Vergangenheit erschienen war. Biologie ist als Naturwissenschaft Prozessen schnellen Wandels unterworfen, und ihre zentralen Aussagen stützen sich auf experimentelle Praxis. Eine Erkenntnis aber, von der man nicht weiß, wie sie zustande gekommen ist, ist keine, ist nur Kenntnis, die man auch im Lexikon nachschlagen kann. Erst durch Kenntnis der Methode werden Ergebnisse hinterfragbar. Im Grunde aber ist die experimentelle Praxis im Schulunterricht ein Bindeglied zur Praxis der gesellschaftlichen Arbeit und bedeutender Bestandteil allgemeiner Qualifikation.

1.5. Biologieunterricht als Beitrag zu einem wissenschaftlichen Welt- und Menschenbild

Der Biologie kommt eine besondere Schlüsselrolle zu durch ihre Stellung zwischen den «exakten Naturwissenschaften», die die Materialität der Welt zum Gegenstand haben, und den humanwissenschaftlichen Fächern, die die Materialität des Menschen durchaus noch nicht immer akzeptieren: *Biologieunterricht hat Beiträge zu einem wissenschaftlichen Welt- und Menschenbild zu leisten.*

Sie kann das an zwei Schwerpunkten tun: Einmal belegt die moderne Biologie glänzend die Materialität nicht nur der Baustoffe, sondern gerade der Lebensprozesse: Keine vis vitae muß zur Erklärung des Lebens mehr angenommen werden. Zweitens zeigt die moderne Evolutionsforschung, wie sich der Mensch aus dem Tierreich erhob: Keine seriöse Richtung verkennt heute den Anteil der Arbeit und die Gesellschaftlichkeit an diesem Prozeß, mit der sich der Mensch seine Umwelt selber schuf und sich aus dem Evolutionsgeschehen selber herausnahm. Nur so können aber der biologische und der gesellschaftliche Mensch konsistent und einheitlich interpretiert werden.

Die Tragweite dieser unserer grundlegenden Konzepte kann sich nur in detaillierten Curriculumvorschlägen[3] entfalten, hier ist nicht der Raum dazu. Nur exemplarisch überlege man jedoch einmal, wie die große Ökologiedebatte, die weitreichende gesellschaftliche Auseinandersetzungen in den nächsten Jahrzehnten hervorbringen wird, ohne die Konzepte «Arbeit im Biobereich» (das heißt Produktion von Nahrung, Gesundheit und ihre Erhaltung und Wiederherstellung), «Materialität» (zum Beispiel Stoffkreisläufe in der Biosphäre, Immissionen und ihr Verbleib) und schließlich «biologischer *und* gesellschaftlicher Mensch» (Verhaftetsein dem Substrat Erde und gemeinsame planvolle Veränderung mit der Perspektive des Überlebens) geführt werden soll. (Vgl. Beitrag «Alternativen zur Biologielehrerausbildung».)

1.6. Fassen wir zusammen:

Biologie soll Schulfach der Gesamtschule sein, zweistündig und Pflicht. Der Unterricht soll sich orientieren an den Bereichen gesellschaftlicher Arbeit, die als biologisch gekennzeichnet werden können. Er soll wissenschaftlich und grundsätzlich experimentell sein. Er soll Beiträge zu einem wissenschaftlichen Welt- und Menschenbild liefern.

1.7. Fragen und Einwände

Derartig harte und sehr allgemein formulierte Forderungen aufzustellen, wirft in der heutigen Situation der Curriculumdiskussion eine Reihe von Fragen auf, die, soweit wie möglich, vorwegzunehmen und zu beantworten sind. Das soll hier in Kürze geschehen.

Welche Konsequenzen ergeben sich für die Schulpraxis? Wird der teure experimentelle Unterricht Realisierungschancen haben?

Konsequenzen für die Praxis ergeben sich auf allen Ebenen: Die Lehrerbildung wäre partiell zu überdenken, traditionelle Biologie zu reduzieren, Molekularbiologie, medizinische, landwirtschaftliche und lebensmitteltechnische Grundlagen zu integrieren. An vielen Universitäten sind Veränderungen im Gange (z. B. Einrichtung von Humanbiologie). – Schulbau und -ausstattung müssen sich gravierend vom Hergebrachten unterscheiden. Ideal ist das mit einem Schulraum kombinierte Labor für alle drei Naturwissenschaften in einem naturwissenschaftlichen Trakt. Biologische Experimente sind teurer als alles, was aus Physik und

Chemie bekannt ist. Mikrobiologie, Tier- und Pflanzenhaltung sowie der übliche Langzeitversuch erfordern eine Laborhilfskraft. Schwer zu beurteilen ist die Realisierungschance. In Berlin ist der geschilderte Standard in allen neugebauten Gesamtschulen und Mittelstufenzentren verwirklicht, die Bereitschaft, sehr viel Geld auszugeben, war zumindest temporär vorhanden. Immerhin, wir leben in einer Periode gesellschaftlichen Reichtums. – Die Organisationsstruktur muß für experimentellen Unterricht geeignet sein, das heißt: kleine Gruppen, Doppelstunden, Teamarbeit der Lehrer, freier Zugang der Schüler zumindest zur naturwissenschaftlichen Abteilung.

– PINC setzt Inhalte und Methoden. Wo bleibt die Mitbestimmung der Betroffenen? Wo bleibt der allgemeine Diskurs, der einem Konsens vorausgehen muß, ohne den Unterricht undemokratisch und unerträglich ist?

Wir halten das Konzept der freien diskursiven Mitbestimmung für gescheitert, zumindest in der Form, in der es oft in der Praxis auftrat, nämlich ohne konkrete inhaltliche Vorstellungen. Vielleicht war es überhaupt nur der Ausdruck inhaltlicher Unsicherheit. In unsere Planung ist dagegen die *breite Diskussion über die Inhalte* sozusagen eingebaut, da kein Inhalt ohne seine Begründung und seine gesellschaftliche Komponente unterrichtet werden kann: Die permanente Rechtfertigung der Inhalte ist selbst Inhalt. Orientierung der Inhalte an der Arbeit aber heißt nichts anderes als: Orientierung an den Interessen der Arbeitenden.

– Gibt es Überlegungen zur Motivation?

Werden nicht Schüler, die an den herkömmlichen Inhalten nicht zu interessieren sind, gerade auf ein «rigides» Curriculum negativ reagieren? Wird nicht der Bezug zur Arbeit gerade vor einer Kulisse von Jugendarbeitslosigkeit eher abgelehnt werden?

Unsere geringen Erfahrungen bestätigen diese Befürchtungen nicht. Es wäre aber zuviel erwartet, wenn man glaubte, mit diesem Konzept kurzfristig, etwa für eine Schulstunde, motivieren zu können. Wenn es dagegen gelingt, die Relevanz von Inhalten für die persönliche Zukunft eines Schülers, ihre Verfügung als immateriellen Besitz, etwa durch Rückkopplung mit den Eltern, glaubhaft zu machen, wenn es gelingt, Inhalte als im Interesse arbeitender Menschen wichtiges Rüstzeug für geistige und politische Auseinandersetzung zu erweisen, kann man langfristige Motivierung bei einem Teil der Adressaten erwarten.

– Spricht nicht ein Curriculum, das sich auf die verbindliche Festlegung und Begründung von Inhalten stützt und Anmerkungen zur Methode eher marginal behandelt, aller pädagogischen Erkenntnis hohn? Wird nicht doch ganz anderes nach einem «geheimen Lehrplan» gelernt? Wo sind die Unterrichtsziele, formuliert in Kategorien des Verhaltens? Wo ist das Verhältnis von Wissen, Können und Handeln reflektiert? Ist «soziales Lernen» nicht wichtiger als alle Inhalte, sind diese nicht gleichgültig und austauschbar?

Wir haben die Inhalte in den Vordergrund gerückt. Das heißt nicht, daß wir nicht alle die gestellten Fragen ausführlicher behandeln müßten, als wir es tun. In diesem Sinn hat das Curriculum der Gruppe PINC durchaus Desiderate. Nur: die pädagogische Diskussion der letzten zehn Jahre hat diese und andere Themen breit behandelt. Die Öffentlichkeit der Lehrer kennt die Dimension der Fragen. Die fachbezogene Curriculumkonstruktion kann nicht alle Probleme der Schulstube lösen, der Lehrer muß seine ganze Berufskompetenz mitbringen! Insbesondere erschien uns auch in der Curriculumdebatte ein Übergewicht bei der Konzeption von Verhaltensänderungen und sehr allgemein formulierten Verhaltenszielen zu bestehen. Gar nicht zu reden von den fatalen in behavioristischer Manier formulierten kognitiven Detailzielen vieler Entwürfe. In unserem Entwurf sind die Inhalte nicht gleichgültig und nicht austauschbar, sie sind wichtig und ihre Wichtigkeit wird begründet. Natürlich soll sich an ihnen soziales Lernen abspielen und natürlich sollen Schüler innerhalb des durch die inhaltlichen Vorgaben gesetzten Rahmens möglichst vielfältige Aktivitäten entfalten können.

Anhand eines Beispiels der ersten Unterrichtseinheit für die Sekundarstufe I soll nun das Konzept weiter konkretisiert werden.

2. Konkretisierung des Konzepts am Beispiel der Einheit «Wie aus Affen Menschen wurden»

2.1. Warum haben wir dieses Thema an den Anfang gestellt?

Im Biologieunterricht hat zweifellos der Mensch eine besondere Bedeutung – dies schon traditionell in der «Menschenkunde» und heute weiter gefaßt als «Humanbiologie». Auch nach unserem Verständnis steht der Mensch im Mittelpunkt des Biologieunterrichts. Entsprechend unserer Grundkonzeption – Biologie und gesellschaftliche Arbeit – können wir uns nicht auf ein «biologisches Menschenbild», auf den «Menschen als Säugetier» beschränken. Vielmehr gilt es, die Sonderstellung des Menschen im System der Natur zu verstehen, seine gesellschaftliche Natur zu begreifen, von der die biologische nur einen, wenn auch essentiellen, Teil ausmacht.

Wir beginnen den Unterricht mit der Unterrichtseinheit «Wie aus Affen Menschen wurden», die es sich zur Hauptaufgabe macht, anhand der Entwicklungsgeschichte des Menschen seine Sonderstellung zu erklären. Der Mensch ist nicht Tier (auch nicht manchmal), aber er entstammt dem Tierreich, und das Verstehen des Prozesses, durch den er sich aus dem Tierreich erhob, macht deutlich, wie er zum aktiven Gestalter seiner Umwelt und seiner selbst werden konnte.

Diese erste Unterrichtseinheit hat eine doppelte Funktion: Sie soll den Grundstein für ein im weiteren Biologieunterricht zu entwickelndes Menschenbild legen, indem sie die Rolle der Arbeit im Prozeß der Menschwerdung verdeutlicht, und sie soll zum anderen ein Augenmerk auf die Produktion und ihre grundlegende Bedeutung für die menschliche Gesellschaft richten. Beide Aspekte, Menschenbild und Weltbild einerseits und gesellschaftliche Produktion andererseits, sind die Hauptkriterien für Auswahl und Gewichtung der Inhalte in den weiteren Unterrichtseinheiten.

2.2. Kurze Darstellung der Einheit[4]

1. *Einstieg*

Eine lockere Reihung von Karikaturen (Bildgeschichte) zur Frage: Wie ist der Mensch entstanden? soll helfen, das Vorwissen der Schüler zu aktivieren und das Problem der Einheit herauszuarbeiten.[5] Was bedeutet: Der Mensch stammt vom Affen ab (nicht vom heutigen)? Hauptaufgabe dieser Einstiegsphase ist das Herausarbeiten der bewußten Werkzeugproduktion als Kriterium und das Klarstellen des Arbeitsbegriffs: Arbeit als zweckgerichtete und geplante Veränderung der Natur durch die gesellschaftliche Tätigkeit des Menschen. Informations- und

Arbeitsbögen, Dias und ein Film über Menschenaffen sind die Hilfsmittel in dieser Unterrichtsphase.[6]

2. *Unterschied Mensch – Tiere*
Biologische Voraussetzungen der Menschwerdung
In einer zweiten, weitaus umfassenderen Phase, werden die Fragen: Wie kommt es zu den Unterschieden zwischen dem Menschen und den Tieren? Welche biologischen Voraussetzungen waren notwendig? bearbeitet. Der aufrechte Gang und der Bau der Wirbelsäule werden in ihrer Entwicklung untersucht.

Hier, wie in allen weiteren Teilen der Einheit, darf der Unterricht nicht in historischen bzw. vorhistorischen Dimensionen verbleiben. Immer wieder wird der Bezug zu aktuellen Problemen hergestellt, das heißt, an dieser Stelle werden biologisch-medizinische Probleme als Konsequenzen des aufrechten Gangs, Probleme durch einseitige Überbelastung, beispielsweise durch den Arbeitsplatz, thematisiert.

Der *aufrechte Gang* ermöglichte das Freiwerden der Hand und schuf damit eine wichtige Voraussetzung für die Entwicklung der Hand als Sinnes- und Tätigkeitsorgan. Schülerexperimente zu den Sinnesleistungen der Hand unterstreichen diese Überlegungen.

Die *Bedeutung der Augen* für das Erkennen und Verändern der gegenständlichen Welt bilden den nächsten Themenkomplex. Experimentell werden die Leistungen des menschlichen Auges bestimmt und mit den Sehleistungen verschiedener Säugetiere verglichen. Das Zusammenspiel von Auge und Hand vermittelt das Gehirn.

Erst jetzt wird die *Entwicklung des menschlichen Gehirns* thematisiert. Es ist eben nicht das Denken an sich, das die Sonderstellung des Menschen ausmacht. Im Übergang vom Werkzeuggebrauch zur bewußten gesellschaftlichen Werkzeugproduktion entwickelten sich die Organe durch die Arbeit, und die Arbeit entwickelte sich durch die verbesserten Organe, Basis für das Denken und die Sprache. Nur so wird die Gehirnentwicklung verständlich. Entsprechend den Möglichkeiten der 7. Jahrgangsstufe wird das Gehirn als Organ der Steuerung angesprochen. Die Beschäftigung mit den Hirnregionen und ihre Zuordnung zu Körperfunktionen unterstreicht die Wichtigkeit der bisher erarbeiteten körperlichen Merkmale des Menschen. Informations- und Arbeitsbogen, Schülerexperimente und ein Demonstrationsexperiment sind die Hilfsmittel zur Erarbeitung der aufgeführten Themen.

3. *Die Entwicklungsgeschichte des Menschen als biologische und gesellschaftliche Entwicklung.*

Bisher wurden der heutige Mensch und die Menschenaffen als nächste tierische Verwandte als Ergebnis einer Entwicklung genommen und einander vergleichend gegenübergestellt. Der dritte Teil lenkt das Augenmerk auf den Gang und die Mechanismen der Entwicklung. Unter dem Thema: «Funde und ihre Deutung – Probleme der Rekonstruktion», wird erarbeitet, woher unsere Kenntnisse über die menschlichen Vorfahren stammen, was wir über ihre Lebensweisen wissen. Ein zentrales Schaubild «Entstehungsgeschichte des Menschen» begleitet den ganzen dritten Teil. Spuren von Werkzeugproduktion werden als Beurteilungskriterium für das schon Menschsein herangezogen. Wenn möglich,

Vor 300 Jahren:

Als mutige Forscher behaupteten, die Menschen müßten von den Affen abstammen und es müsse schon Menschen vor Adam und Eva gegeben haben, wurden sie von Doktoren und Kirchenfürsten angegriffen und als Ketzer verfolgt. Einer von diesen Forschern wurde sogar hingerichtet.
Überlege: Warum schockierten die Gedanken dieser Forscher die Autorität der Kirche und der Fürsten?

Vor 100 Jahren stellte der englische Forscher DARWIN die erste wissenschaftliche Theorie über die Entwicklung aller Lebewesen auf.
Da damals viele Professoren, Staats- und Kirchenmänner fürchteten, DARWINS Entdeckung zeige, daß die Menschen direkt von den Affen abstammten, machten sie sich über den großen Forscher lustig. Die Vertreter des Darwinismus wehrten sich lange vergeblich gegen dieses Mißverständnis. Auch heute glauben noch viele, die ersten Menschen seien sozusagen von Affen geboren worden.

Wie aus Affen Menschen wurden 1B

Menschen stellen Werkzeug her

B1 B2 B3

Beschreibe die Arbeit des Altmenschen und was er dabei denkt:

Zu B1:	Zu B2:	Zu B3:

Wie aus Affen Menschen wurden 2

Arbeit unterscheidet Mensch und Tier

Die Arbeit des Menschen hat einen **ZWECK**.

Für welchen Zweck strengt sich der Altmensch an?

Für welchen Zweck arbeiten die Menschen?

Bei der Arbeit macht sich der Mensch einen **PLAN**.

Woran denkt der Altmensch beim Herstellen einer Lanze?

Welchen Vorteil hat der Mensch, wenn er seine Arbeit plant?

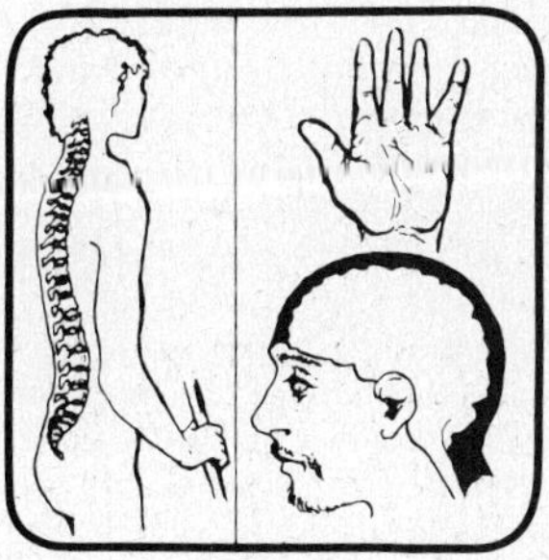

Zum Arbeiten braucht der Mensch **BESONDERE ORGANE**.

Welches sind wichtige Organe für die Arbeit?

Wozu dienen diese Organe bei der Arbeit?

besonders beim Auftreten von Schülerfragen zu den Mechanismen biologischer Veränderungen (wie kann ein größeres Gehirn entstehen?) sollte ein Exkurs zur biologischen Entwicklung eingeschaltet werden. Die Mechanismen der biologischen Evolution können und sollen an dieser Stelle nicht erarbeitet werden. Aber es ist durchaus möglich, exemplarisch an einem Homologiebeispiel (Vorderextremität) und einem Auslesebeispiel (Industriemelanismus) ein vorläufiges Verständnis für die biologische Evolution herzustellen. Die letzte Phase dieser Einheit stellt ein Bindeglied zum gesellschaftswissenschaftlichen Unterricht her. Der Mensch ist sowohl Gegenstand des Biologieunterrichts als auch der gesellschaftswissenschaftlichen Unterrichtsfächer. Zur Vermittlung zwischen dem bisher Erarbeiteten und den in diesen Fächern behandelten Problemen werden die Faktoren der gesellschaftlichen Entwicklung und Fragen der kulturellen Evolution angesprochen. Zudem wird die Grundlage gelegt für gesellschaftsbezogene Themen im folgenden Biologieunterricht. Konkret geht es um folgende Inhalte:

- Entwicklung der Sprache, anatomische Voraussetzungen der Sprechfähigkeit,
- Notwendigkeit der Arbeitsteilung,
- Bedeutung der langen Kinder- und Jugendzeit für die kulturelle Evolution. (Die wesentlichen Kennzeichen des Menschen, wie aufrechter Gang, Arbeit und Sprache, müssen erlernt werden! Sie werden kulturell, nicht biologisch, weitergegeben.)

2.3. Fragen und Einwände

Nun gibt es gegen eine derartige Unterrichtseinheit sicher eine Reihe von Einwänden – einige sind uns auch schon genannt worden. Zur Vermeidung unnötiger Mißverständnisse sei vorweggenommen:

– Zugestanden, der Mensch soll zu einem Mittelpunkt des Biologieunterrichts gemacht werden. Zugestanden, er ist immer zugleich biologisches und gesellschaftliches Wesen. Muß sich nicht dennoch der Biologielehrer aufgrund seiner Kompetenz auf den biologischen Aspekt beschränken?

Nein, er darf nicht, denn – um es einmal ganz hart zu formulieren: Wer glaubt, Gesellschaftsbezug im Biologieunterricht verwirklichen zu können, und zugleich die gesellschaftliche Natur des Menschen als außerhalb seiner Kompetenz liegend betrachtet, wird feststellen, daß sich gleichsam durch die Hintertür ein Bild von der Sonderstellung des Menschen einschleicht, das keineswegs durch biologische und noch weniger durch andere wissenschaftliche Ergebnisse abgesichert ist. Solange der Mensch primär als biologische Art gesehen wird, gelingt es nicht, die als Ergebnis der gesellschaftlichen Entwicklung entstandenen Unterschiede zwischen den Menschen zu erkennen. Solange es zum Beispiel um Bau und Funktion der Niere geht, mag das unproblematisch sein. Kritisch wird es, wenn historisch konkrete Probleme, wie zum Beispiel Fragen des Umweltschutzes, des Bevölkerungswachstums, des menschlichen Verhaltens u. a. angesprochen werden. Die Bevölkerungsexplosion als biologisches Problem (zu große Vermehrungsrate) zu interpretieren oder den Protest unterdrückter Bevölkerungsgruppen als aggressives Verhalten gegen artfremde Gruppen zu charakterisieren, verstellt den Blick für das Wesentliche einer Sache, eines Problems. Es ist «an sich» nicht falsch, aber es wird falsch, weil das Wesentliche – nämlich die gesellschaftlichen Ursachen –

verschwiegen wird. Immer wieder – leider ist hier nicht der Raum, dies an Beispielen nachzuweisen – führt die Negierung der gesellschaftlichen Natur des Menschen zu einer falschen Darstellung der Probleme und verhindert eine Analyse der wirklichen Ursachen, die Voraussetzung jeder Problemlösung ist.

– Zugestanden, das Thema ist wichtig, auch die Art, wie die Probleme gesehen werden. Aber geht denn das in der 7. Jahrgangsstufe?

Es muß gehen. Gemeint ist: Die Schüler kommen nicht als unbeschriebene Blätter in die Schule, die nur darauf warten, Stück für Stück mit Inhalt versehen zu werden. Sie bringen eine Vielzahl von Kenntnissen mit, Meinungen, Vorurteile. Zu warten, bis aus der Sicht des Faches Biologie bessere Voraussetzungen zur Behandlung dieses Themas gegeben sind, hieße, andere Vorstellungen zur Natur des Menschen zu konservieren, unangetastet zu lassen oder im negativen Sinne zu festigen. Der weitere Unterricht braucht ein Verständnis von gesellschaftlicher Arbeit, also muß er es früh schaffen.

– In der grundsätzlichen Konzeption von PINC wird experimenteller wissenschaftlicher Unterricht gefordert. Entspricht diese Unterrichtseinheit den selbst gestellten Anforderungen? Ja und nein. Naturwissenschaften als Teil gesellschaftlicher Arbeit zu vermitteln ist unser Hauptziel. Hierzu bedarf es zumindest eines vorläufigen Verständnisses von der Bedeutung der Produktion und von dem, was den Menschen materiell bestimmt. Sicherlich ist diese Unterrichtseinheit sowohl im experimentellen als auch im theoretischen Anspruch ein Kompromiß. Sie ist in der ersten Klasse der mittleren Schulstufe von propädeutischem Wert. Im Experimentellen wird das «Denkenlernen in Methoden» vorbereitet und die theoretischen Grundkonzepte werden angelegt, um im weiteren Unterricht entwickelt und vervollkommnet zu werden.

3. Skizzen zum Grobplan des Biologieunterrichts in der Sekundarstufe I

Zum Abschluß sollten noch einige Andeutungen zu dem weiteren Unterricht nach unserem Konzept stehen.

Für die Sekundarstufe I (7.–10. Jahrgangsstufe) sind acht Unterrichtseinheiten geplant. Zur Orientierung seien die Titel aufgeführt:

- Wie aus Affen Menschen wurden
- Die Zelle
- Landwirtschaftliche Produktion und menschliche Ernährung
- Welternährung
- Ökologie und Umweltschutz
- Nerv – Sinne – Verhalten
- Genetik
- Evolution

Wie anfangs ausgeführt, verfolgen wir zwei Hauptstränge: ein wissenschaftliches Welt- und Menschenbild und Produktion als Gegenstand des Biologieunterrichts.

Zum *wissenschaftlichen Welt- und Menschenbild* im Biologieunterricht gehört nach unserem Konzept ein Verständnis für

- die Materialität und prinzipielle Erkennbarkeit aller biologischen Strukturen und Prozesse,

Übersichtsplan

UE Wie aus Affen Menschen wurden — Biologie 7. Jahrgang (1. Halbjahr) — 12 Blockstunden — PINC

1. Unterschied Mensch – Tier Biologische Voraussetzungen zur Menschwerdung					2. Die Entwicklungsgeschichte des Menschen als biologische und gesellschaftliche Entwicklung		
1. Arbeit als Kennzeichen des Menschen	2. aufrechter Gang und 3. Wirbelsäule	4. Hand und Fuß	5. Das Auge	6. Das Gehirn	7. 8. Funde und ihre Deutung, Probleme der Rekonstruktion	9. Exkurs zur biolog. Entwicklung	10. Faktoren der gesell-schaftl. Ent-wicklung
2 Blockst.	1 Blockst.	2 Blockst.	2 Blockst.	1 Blockst.	2 Blockst.	1 Blockst.	1 Blockst.
Bildgeschich-te: Wie ist der Mensch entstanden? IB 1 Was Menschen von Menschen-affen unter-scheidet AB 1a, 1b ⊡ Menschen-affen III Schimpansen (Goodall, Köhler)	zur Wdhlg. AB 2 IB 2 Der aufrechte Gang IB 3 Die Wirbelsäule AB 3 DE Bau und Funktion der Wirbelsäule T1 Bericht von Verkäuferinnen . . .	IB 4 Hand und Fuß beim Menschen-affen und Menschen AB 4a, 4b, 4c SE Tastsinn SE Tempera-tursinn	IB 5 Augen, die die Welt erkennen SE Gesichts-feld Farbfelder Blickfeld sterisches Sehen	IB 6 Das Gehirn – Organ der Steuerung	IB 7 Noch Tier oder schon Mensch? IB 8 Die Enstehungs-geschichte des Menschen Fragen zum Schaubild Ab 8 F 1, 2, 3, 4, 5 ⊡ Vorfahren des Menschen Typen, Funde, Rekonstruk-tionen, Jagdtechniken T 2 Elefantenjagd	IB 9 Was Arm und Flügel gemeinsam haben AB 9a, 9b	F 6, 7 Material zu: Sprache Entwicklung des Kindes
					zentrales Schaubild: Die Entstehungsgeschichte des Menschen		

Medien:

IB = Informationsbogen
AB = Arbeitsbogen
SE = Schülerexperiment
DE = Demonstrationsexperiment

⊡ = Diaserie
F = Folie
III = Film
T = Tonbandaufzeichnung

– die Sonderstellung des Menschen im System der Natur.

In der ersten Einheit «Wie aus Affen Menschen wurden» wird der Mensch als Lebewesen charakterisiert, für das die gleichen natürlichen Gesetzmäßigkeiten gelten wie für alle anderen Lebewesen. In der folgenden Einheit «Die Zelle» wird diese natürliche Gemeinsamkeit aller Lebewesen auf die Zelle als Elementareinheit zurückgeführt, und ein Verständnis für die materielle Einheit aller Lebewesen durch Erarbeitung der Kriterien des Lebens geschaffen. Die Beschäftigung mit dem Grundkonzept der Zelle und ihren Differenzierungen führt schließlich zu einer Vorstellung vom Wechselverhältnis von Einheit und Vielfalt in der belebten Natur. In allen folgenden Unterrichtseinheiten wird auf den verschiedenen Systemebenen die materielle Basis der untersuchten Erscheinungen verdeutlicht. Nur einige Beispiele seien herausgegriffen: In der Einheit «Nerv–Sinne–Verhalten» wird die zweifache materielle Grundlage des Denkens erarbeitet, einmal in der materiellen Struktur des Denkapparates, zum anderen als menschliche Praxis, das heißt Auseinandersetzung mit der Natur als Voraussetzung der Entwicklung des Denkens. Die hierdurch geschaffene Basis ermöglicht eine materialistische Betrachtung tierischen und menschlichen Verhaltens. Dies erschien uns gerade in Anbetracht des populärwissenschaftlichen Mißbrauchs, der mit den Ergebnissen der vergleichenden Verhaltensforschung betrieben wird, von besonderer Bedeutung. In der anschließenden Einheit «Genetik» wird – hier schon fast selbstverständlich – von der DNS als materieller Grundlage der Vererbung ausgegangen[7], um bei der Analyse des Einflusses von Erbe und Umwelt in der Entwicklung des Menschen eine kritische Auseinandersetzung mit den kontroversen Standpunkten möglich zu machen. Den Abschluß der Biologie in Sekundarstufe I bildet eine Einheit «Evolution». Soweit wie möglich sollte sich durch den ganzen Biologieunterricht immanent die Tatsache der Evolution ziehen. Hier wird nun die Evolution, deren Verständnis für ein wissenschaftliches Welt- und Menschenbild von so großer Bedeutung ist, bis hin zur Frage nach dem Ursprung des Lebens thematisiert. Der zweite Strang – *Biologie und Produktion* – läuft keineswegs isoliert parallel in anderen Unterrichtseinheiten. Alle Unterrichtsinhalte müssen sich in ihrer Relevanz für die Produktion (und Reproduktion) legitimieren. So wird in der Einheit «Die Zelle» nicht irgendeine Zelle – die Zelle an sich – zum Gegenstand des Unterrichts. Es geht um die Bedeutung des Zellkonzeptes in der Medizin (Beispiel: Blutzellen) und die Bedeutung der spezialisierten Zelle für die Produktion (Beispiel: Nahrungsmittel und Rohstoffe).

Die anschließende Unterrichtseinheit «Landwirtschaftliche Produktion und menschliche Ernährung» versucht die umwälzende Wirkung der Anwendung der Kenntnisse von pflanzlichem Stoffwechsel in der landwirtschaftlichen Produktion herauszuarbeiten. Die Rolle des Lichts, des Wassers und des Bodens werden unter dem Aspekt möglicher Anwendungen in der Agrikultur gesehen.[7]

Menschliche Ernährung wird unter medizinischem Aspekt, aber auch in bezug zur konkret-historischen Form der Produktion von Nahrungsmitteln untersucht. Dies wird fortgeführt in der folgenden Einheit «Welternährung».

In der Unterrichtseinheit «Ökologie und Umweltschutz» werden – selbstverständlich ausgehend von der Materialität der Strukturen und Prozesse (den Stoffkreisläufen in der Biosphäre, Immissionen und ihrem Verbleib usw.) die aktuelle Form der Produktion und ihre Auswirkungen auf das ökologische Gleichgewicht untersucht. Dieses – eines der komplexesten Probleme des Biologieunterrichts – erfordert biologische, produktionsbezogene, politische, ökonomische Betrachtungsweisen. Auch die Einheit Genetik hat unter den Themen «Resistenzausbildung – ein Problem für Medizin und Landwirtschaft» und «Züchtung – das wichtigste Anwendungsgebiet der Kreuzungsgenetik» einen wichtigen produktionsbezogenen Anteil. In allen hier angesprochenen Einheiten kommt das experimentelle Konzept – das heißt als notwendiges zur Erarbeitung der wesentlichen Erkenntnisse – weit besser zum Tragen als in der ersten Unterrichtseinheit.

Anmerkungen

1 PINC: Projektgruppe Integriertes Naturwissenschaftliches Curriculum, 1972 bis 1976 beim Senator für Wissenschaft und Kunst, Berlin (West).
2 Unter der mittleren Schulstufe verstehen wir hier gemäß den Berliner Verhältnissen die Klassenstufe 7–10, meinen also die sog. Orientierungsstufe nicht mit. Darüber hinaus vermeiden wir die Festlegung auf einen Schulzweig, da wir als Adressaten alle Jugendlichen eines Jahrganges ansehen, also Gesamtschulen oder gesamtschulähnliche Konstruktionen voraussetzen.
3 Herbst 1978 werden im Beltz-Verlag das Konzept, der Grobplan für die drei Naturwissenschaften und Beispiele aus verschiedenen Unterrichtseinheiten als Buch erscheinen.
4 Der Übersichtsplan im Bildanhang erleichtert die Orientierung und gibt einen Überblick über die erstellten Materialien.
5 S. Abbildungen S. 219, Idee und Ausführung von Horst Rudolph, Berlin.
6 S. Abbildungen S. 219, Idee und Ausführung Bernhard Mensch, Berlin.
7 Mit dem Fach Chemie sind partiell weitergehende Integrationen geplant unter den Themen:
Genetik – Biochemie,
Landwirtschaftliche Produktion – Düngemittel.

(Karl Haug: Der Mensch und seine Umwelt, Stuttgart 1974, S. 129, für 15- und 16jährige Schüler)

Marianne Papke

Biologie des Arbeitsplatzes

1. Was hat die Biologie mit dem Arbeitsplatz zu tun?

Die Thematik Mensch und Arbeit ist im wesentlichen Gegenstand gesellschaftswissenschaftlicher Forschung (zum Beispiel Industriesoziologie, Ökonomie, Arbeitspsychologie). Doch in den letzten Jahren wird sie zunehmend auch zum Gegenstand naturwissenschaftlicher Forschung, da die Naturwissenschaften im Produktionsprozeß angewandt werden, nicht nur, um Produktionsmittel und -gegenstände zu verbessern und zu erneuern, sondern auch um den «Produktionsfaktor Mensch» effektiver in den Produktionsprozeß einzugliedern.

«Vornehmlich die Effektivierung der Arbeitsorganisation, aber auch die sensomotorische Belastbarkeit, die arbeitsphysiologischen Verhältnisse im Betrieb, die sozialen Beziehungen der Beschäftigten im Produktionsprozeß und nicht zuletzt die in den sozialen und psychischen Bedürfnissen der Arbeiter ruhenden Produktivitätsreserven wurden zu Gegenständen der wissenschaftlichen Forschung.» [1]

In dem Rahmen von Kritik an und Alternativen zum Biologieunterricht stellt sich daher das Problem, den arbeitenden Menschen sowohl in das Zentrum der Wissenschaft Biologie als auch ihrer didaktischen Vermittlung zu stellen.

Für die Wissenschaft Biologie ergeben sich, bezogen auf die Arbeit, mindestens drei wichtige Problembereiche:

1. Die Fragestellung, ob Ergebnisse biologischer Forschung Einfluß auf die Gestaltung von Maschinerie und Werkstoffen im Arbeitsprozeß haben (zum Beispiel der menschlichen physischen Struktur entsprechende Maschinen, Reduzierung giftiger Werkstoffe etc.).
2. Die Fragestellung, ob Resultate des Produktionsprozesses aufgrund ihrer Qualität und Quantität die Umwelt der Menschen beeinflussen bzw. verschlechtern. Hiermit sind Waren gemeint, die in den Kreislauf der Natur eingehen, das ökologische Gleichgewicht stören und sogar langfristig klimatische Veränderungen hervorrufen können. Industrielle Abfälle und Abgase, aber auch Produkte selbst, wie zum Beispiel Plastik, Chemikalien oder Radioaktivität, können diese Auswirkungen haben.
3. Die Fragestellung, inwieweit die Arbeitsvorgänge selbst unter ihren heutigen gesellschaftlichen Bedingungen die arbeitenden Menschen beeinflussen, verändern, sowohl physisch als auch psychisch. Hier hat die moderne Biologie die Aufgabe, sich abzugrenzen von einer Humanbiologie, die den Menschen als isoliertes Naturwesen beschreibt, das heißt einzig und allein als Resultat der Evolution, und ihn somit nicht in seinen jeweiligen Formen sozialer und wirtschaftlicher Lebensorganisation, das heißt als Arbeitenden einbezieht.

Bis auf die zweite Frage tauchen diese drei Problembereiche in der biologischen Fachliteratur kaum auf, noch weniger demnach in fachdidaktischer Literatur und Lehrplänen für den Schulunterricht.

In diesem Beitrag soll nur über den dritten Problembereich gesprochen werden; er stellt einen Versuch dar, über die Sachanalyse des Gegenstandes «Biologie des Arbeitsplatzes» zu inhaltlichen Forderungen zu kommen, die sich auf die Verbesserungen und Veränderungen des Arbeitsplatzes beziehen und somit Ziele ergeben für einen Biologieunterricht, der sich konkret auf die Lebensbedingungen der heutigen Menschen bezieht.

2. Arbeit als allgemeine körperliche Betätigung mit den Aspekten «Leistungsfähigkeit» und «Ermüdung»

Unabhängig von den spezifischen gesellschaftlichen Bedingungen, unter denen ein Mensch arbeitet, ist Arbeit immer eine Betätigung verschiedener Eigenschaften des Menschen. Die Wissenschaft «Ergonomie» beschäftigt sich im wesentlichen nur mit den körperlichen Eigenschaften der Menschen, mit deren Auswirkungen auf die Arbeit, und mit dem Problem, die Maschinen dem Menschen optimal anzupassen.[2]

Es ist an dieser Stelle nicht möglich, all die hier relevanten physiologischen Aspekte aufzuführen, wie die Muskelarbeit, die Entstehung der Körperwärme, die Energie und die Nahrung, das Sehen und Licht, Schall, Lärm und Schwingungen sowie das Aufnehmen von Informationen[3], doch kann dies Aufgabe eines Aspekts des Biologieunterrichts sein, wie nun diese biologischen Tatbestände in Zusammenhang stehen mit allgemeinen und besonderen Arbeitsplatzbedingungen.

2.1. Leistungsfähigkeit

Auf die Leistungsfähigkeit und die Ermüdung, beides Faktoren, die Grundlage jeder Betätigung bilden, will ich näher eingehen. Jede allgemeine Betätigung am Arbeitsplatz ist körperliche Anstrengung und hat damit Folgen für die körperliche Situation der Menschen, sie verdient daher auch das Interesse von Biologen.

Die Leistungsfähigkeit einer Person wird in der Ergonomie gewöhnlich als *psychophysische Einheit* angesehen und wird nach dem Standardwerk «Arbeitsphysiologie» von Graf (1960) in Relation zu den Umweltanforderungen gesetzt und folgendermaßen untergliedert: «Automatisierte Leistungen» werden bei niedrigen Ansprüchen der Umwelt eingesetzt, «physiologische Leistungsbereitschaft» ist die Ebene der normalen beruflichen Leistungen, «gewöhnliche Einsatzreserven» können durch besondere Willensanspannung mobilisiert werden (dies ist schon gekoppelt mit stärkerer Ermüdung), und die «autonom geschützten Reserven» bezeichnen die dem Willen nicht mehr zugänglichen Einsatzreserven (sie sind durch Pharmaka, zum Beispiel Pervitin, mobilisierbar).[4] Ein weiterer Aspekt der Gliederungsmöglichkeit ist die Grenze zwischen aerober und anaerober Leistungsfähigkeit, die durch das Auftreten von Zeichen anaeroben Stoffwechsels definiert werden kann.[5]

Da es jedoch schwierig ist, Leistungsfähigkeit allgemein unabhängig von konkreter Arbeit zu bestimmen, versucht die Ergonomie hier zu differenzieren, indem sie folgende Bereiche genauer untersucht: Motorische Leistungsfähigkeit (Koordinationsfähigkeit, Handgeschicklichkeit, Bewegungsgeschwindigkeit und Körperbeherrschung), Muskelkraft (die willentlich maximal mobilisierte Kraft in Abhängigkeit von Alter, Geschlecht, Körperdimension) – wichtig für Tragen und Heben von Lasten, kardiopulmonale Leistungsfähigkeit (0_2 – Transport-Kapazität des kardiorespiratorischen Systems) und Belastung (Änderungen von Grundfunktionen des Organismus einschließlich des Energiestoffwechsels während körperlicher Arbeit). Graf untersucht in diesem Zusammenhang noch genauer die Abhängigkeit der Leistungsfähigkeit von der biologischen Rhythmik[6] und macht Ausführungen über arbeitsphysiologische Meßmethoden (Messung des Energieumsatzes mit der Respirations-Gasuhr, Elektronischer Pulszähler, Fahrradergometer, Arbeitsstudiengerät).

2.2. Ermüdung

Man unterscheidet heute zwischen physischer und psychischer Ermüdung, und auf dieser Grundlage kann man sie folgendermaßen beschreiben:

«Ermüdung tritt als Folgeerscheinung einer vorhergehenden Beanspruchung auf. Sie bewirkt eine reversible Leistungs- und Funktionsminderung; sie beeinflußt die Organisation des Zusammenspiels von Funktionen negativ. Sie geht mit abnehmender Arbeitsfreudigkeit sowie einem gesteigerten Anstrengungsgefühl einher, und sie kann schließlich zu einer Störung des Funktionsgefüges der Persönlichkeit führen.»[7]

Da es heute noch keine brauchbare Methode zur Ermüdungsmessung gibt, ist vorgeschlagen worden, Symptome der Ermüdung zusammenzustellen: Störungen der Wahrnehmung, Störungen der Bewegungskoordination, Störungen der Aufmerksamkeit und Konzentration, Störungen des Denkens sowie Störungen des Aktivitätsniveaus.[8] – Bei gleicher Belastung hängt das Ausmaß der Ermüdung von der Leistungsfähigkeit des einzelnen ab. Es kann durch den Prozeß der Erholung verringert oder beseitigt werden. Hier ist ein Hinweis auf unsere speziellen gesellschaftlichen Arbeitsbedingungen angebracht: Im heutigen Arbeitsprozeß werden unter Erholung die Pausen verstanden, die bei uns zwar arbeitsrechtlich vorgeschrieben, aber nur kurz sind, und daher nur einen geringen Erholungswert haben. Sie dienen praktisch sowieso im wesentlichen der Nahrungsaufnahme, sind also keine richtige Erholung. Untersuchungen stellen fest, daß kurze Pausen nach kurzen Arbeitsabschnitten zur geringsten Ermüdung führen.

In diesen Untersuchungen zur «lohnenden Pause» wird ermittelt, wann der Produktionsausfall während der Pause durch eine Produktionserhöhung infolge der Pause weitgehend ausgeglichen wird. Hier ist das Maximum der Mehrleistung das Kriterium der «lohnendsten» Pause. Neben organisierten und nichtorganisierten Pausen und taktgebundenen Arbeitsformen (arbeitsablaufbedingte Wartezeiten) versucht die Ergonomie heute, den Pausenbedarf zum Beispiel eines

Arbeiters zu ermitteln. Es werden dabei berücksichtigt: energetische, statische, besondere geistige Belastung, einseitige Tätigkeiten, Aufmerksamkeit, Monotonie, Hitze, Lärm sowie Lichtmangel.[9] Es soll so versucht werden, den notwendigen Pausenanteil in Abhängigkeit von der Länge der einzelnen Arbeitsperioden zu ermitteln.

3. Arbeit unter heutigen gesellschaftlichen Bedingungen und ihre körperlichen Auswirkungen

Die allgemeinen Eigenschaften körperlicher Betätigung, wie zum Beispiel Leistungsfähigkeit und Ermüdung, unterliegen bei uns in einem kapitalistischen Produktionssystem besonderen Bedingungen: Die Bestrebungen der Unternehmen, Gewinne machen zu müssen, zwingen sie dazu, zu versuchen, ständig die Produktionskosten zu senken. Das bedeutet für die dort arbeitenden Menschen:

- *Lohnsenkung* oder zumindest keine adäquate Erhöhung (dies führt bei der faktischen Steigerung der Lebenshaltungskosten zu einer Verschlechterung der Lage der Arbeitenden);
- *Verlängerung des Arbeitstages*: trotz 40-Stunden-Woche machen viele Arbeiter Überstunden, um die Lohndefizite auszugleichen. Diese Überstunden werden besser bezahlt, und deshalb können viele – und wollen viele – nicht darauf verzichten.
- Erhöhung der Geschwindigkeit der Arbeitsvorgänge, die sogenannte *«Intensivierung»:* Durch Steigerung der Arbeitsbelastung bei gleichbleibender Arbeitsorganisation soll ein größerer Ausstoß von Produkten erreicht werden. Die höhere Arbeitsbelastung hat zur Folge steigende Kosten für die Ernährung und die Gesunderhaltung, das bedeutet steigende Reproduktionskosten für die Arbeitenden. Bei gleichbleibendem Lohn müssen sie das Defizit an Geld durch Überstunden ausgleichen, was faktisch ebenfalls zur Verlängerung des Arbeitstages führt.
- *Veränderung der Arbeitsorganisation* und der technischen Gestaltung der Arbeitsmittel: Produktivitätssteigerungen durch technisch-organisatorische Mittel, wie zum Beispiel die Reduzierung von Arbeitsvorgängen auf kleinste Teileinheiten, Veränderung der Berufe durch Veränderung der Maschinen, Veränderung des Zusammenhangs der Teilarbeiten.

Alle kostensteigernden Maßnahmen, wie beispielsweise Sicherheitseinrichtungen, Arbeitszeitverkürzung, Lohnerhöhung und menschlichere Arbeitsbedingungen verringern die Konkurrenzfähigkeit der Unternehmen und werden von daher nicht eingeführt oder wiederum nur so weit, wie die Kosten für kranke Arbeiter die Kosten dieser Maßnahmen übersteigen. Resultat dieser besonderen Bedingungen menschlicher Arbeit sind besondere Belastungs- und Krankheitssymptome, die im folgenden in Abhängigkeit von ihrer Entstehungsursache aufgeführt werden. Es sind: Berufskrankheiten, Unfälle, Akkord-, Fließband- und

Wechselschichtarbeit, Entfremdung und Angst und weitere verschiedene Belastungsfaktoren.

3.1. Berufskrankheiten

Schon lange gab es Berufe, in denen Produktionsmittel (das heißt Maschinen und Werkstoffe) selber eine schädigende Wirkung auf den Produzenten ausübten. Erst als dieser Zusammenhang zwischen spezifischem Beruf und daraus resultierender Krankheit erkannt wurde, faßte man diese Krankheiten zusammen unter dem Stichwort «Berufskrankheiten». Alle Arbeitenden, die nach § 5 der 7. Berufskrankheiten-Verordnung vom 20. Juni 1968 an auf diese Weise festgestellten und damit gesetzlich relevanten Berufskrankheiten leiden, sollen entschädigt werden.[10]

Verzeichnis der anerkannten Berufskrankheiten:

A. Durch chemische Stoffe verursachte Krankheiten

1 Schleimhautveränderungen, Krebs oder andere Neubildungen der Harnwege durch aromatische Amine
2 Erkrankungen durch Arsen oder seine Verbindungen
3 Hornhautschädigungen des Auges durch Benzochinon
4 Erkrankungen durch Benzol oder seine Homologen
5 Erkrankungen durch Nitro- oder Amidoverbindungen des Benzols oder seiner Homologen oder deren Abkömmlinge
6 Erkrankungen durch Blei oder seine Verbindungen
7 Erkrankungen durch Chrom oder seine Verbindungen
8 Erkrankungen durch Fluor oder seine Verbindungen
9 Erkrankungen durch Halogenkohlenwasserstoffe oder halogenierte Alkyl-, Aryl- oder Alkylaryloxyde oder -sulfide
10 Erkrankungen durch Kadmium oder seine Verbindungen
11 Erkrankungen durch Kohlenoxyd
12 Erkrankungen durch Mangan oder seine Verbindungen
13 Erkrankungen durch Methanol (Methylalkohol)
14 Erkrankungen durch Phosphor oder seine Verbindungen
15 Erkrankungen durch Quecksilber oder seine Verbindungen
16 Erkrankungen durch Salpetersäureester
17 Erkrankungen der Zähne durch Säuren
18 Erkrankungen durch Schwefelkohlenstoff
19 Erkrankungen durch Schwefelwasserstoff
20 Erkrankungen durch Thallium oder seine Verbindungen
21 Erkrankungen durch Vanadium oder seine Verbindungen

B. Durch physikalische Einwirkungen verursachte Krankheiten

22 Chronische Erkrankung der Schleimbeutel durch ständigen Druck
23 Drucklähmungen der Nerven
24 Erkrankungen durch Arbeit in Druckluft
25 Erkrankungen durch Erschütterung bei Arbeit mit Preßluftwerkzeugen oder gleichartig wirkenden Werkzeugen oder Maschinen sowie bei der Arbeit an Anklopfmaschinen
26 Lärmschwerhörigkeit und Lärmtaubheit

27 Erkrankungen durch Röntgenstrahlen, durch die Strahlen radioaktiver Stoffe oder durch andere ionisierende Strahlen
28 Grauer Star durch Wärmestrahlung

C. Durch gemischte (chemisch-physikalische) Einwirkungen verursachte Krankheiten
29 Erkrankungen der tieferen Luftwege und der Lungen durch Aluminium oder seine Verbindungen
30 Asbeststaublungenerkrankung (Asbestose)
31 Asbeststaublungenerkrankung (Asbestose) in Verbindung mit Lungenkrebs
32 Erkrankungen durch Beryllium oder seine Verbindungen
33 Erkrankungen an Lungenfibrose durch Metallstäube bei der Herstellung oder Verarbeitung von Hartmetallen
34 Quarzstaublungenerkrankung (Silikose)
35 Quarzstaublungenerkrankung in Verbindung mit aktiver Lungentuberkulose (Siliko-Tuberkulose)
36 Erkrankungen der tieferen Luftwege und der Lunge durch Thomasmehl (Thomasphosphat)

D. Durch Infektionserreger oder Parasiten verursachte Krankheiten
37 Infektionskrankheiten
38 Von Tieren auf Menschen übertragbare Krankheiten
39 Wurmkrankheit der Bergleute, verursacht durch Ankylostoma duodenalis oder Anguillula intestinalis

E. Durch nicht einheitliche Einwirkungen verursachte Krankheiten
40 Augenzittern der Bergleute
41 Bronchialasthma, das zur Aufgabe der beruflichen Beschäftigung oder jeder Erwerbsarbeit gezwungen hat
42 Meniskusschäden nach mindestens dreijähriger regelmäßiger Tätigkeit unter Tage
43 Erkrankungen der Sehnenscheiden oder des Sehnengleitgewebes sowie der Sehnen- und Muskelansätze, die zur Aufgabe der beruflichen Beschäftigung oder jeder Erwerbsarbeit gezwungen haben
44 Tropenkrankheiten, Fleckfieber, Skorbut
45 Abrißbrüche oder Wirbelfortsätze

F. Hauterkrankungen
46 Schwere oder wiederholt rückfällige Hauterkrankungen, die zur Aufgabe der beruflichen Beschäftigung oder jeder Erwerbsarbeit gezwungen haben
47 Hautkrebs oder zur Krebsbildung neigende Hautveränderungen durch Ruß, Rohparaffin, Teer, Anthrazen, Pech oder ähnliche Stoffe

In die demnächst zu erlassende 8. Berufskrankheitenverordnung sollen außerdem die folgenden Krankheitsbilder aufgenommen werden: die Weißfingerkrankheit (als Folge von Motorsägenvibration), die Farmer- und Drescherlunge, die Byssinose (verursacht durch Baumwollstaub) und das Mesotheliom (ein asbestbedingter Brustfellkrebs).»[11]

Die Bezeichnung «anerkannte» oder «gesetzliche» Berufskrankheit bedeutet nicht, daß tatsächlich jeder Erkrankte eine Entschädigung erhält.

Es besteht außerdem nach der Reichsverordnung keine Verpflichtung, jede Krankheit, bedingt durch spezifische Faktoren am Arbeitsplatz, auch als Berufs-

Berufskrankheiten nach § 551 RVO und sonstige Anzeigen

	Angezeigte Berufskrankheiten			Erstmals entschädigte Fälle			Tödliche Berufskrankheiten		
	1974	1973	1972	1974	1973	1972	1974	1973	1972
Gewerbliche Berufsgenossenschaften	32762	20765	27422	5296	4788	4744	176	147	177
Eigenunfallversicherung	3052	2611	2373	716	694	644	–	11	3
Landwirtsch. Berufsgenossenschaften	359	421	478	70	98	100	–	21	15

(Quelle: Unfallverhütungsbericht 1974, S. 47, in Verbindung mit vorläufigen Zahlen für den Unfallverhütungsbericht 1975)

krankheit anzuerkennen.[13] Die tatsächliche Zahl der berufsbedingten Erkrankungsfälle beträgt deshalb aus diesen Gründen sicherlich ein Vielfaches der ca. 36000 Anzeigen zum Beispiel im Jahr 1974.

3.2. Arbeitsunfälle

Nicht nur die Berufskrankheiten verändern die körperliche Organisation der Arbeitenden, sondern ebenfalls die an den Arbeitsvorgang gebundene Möglichkeit des Unfalls.

Der Verlauf der Kurve in dieser Tabelle, das heißt das Absinken der Unfallhäufigkeit seit 1961, läßt nicht den Schluß zu, daß die Arbeitsvorgänge selbst grundsätzlich für den Arbeitenden sicherer geworden sind, sondern erklärt sich folgendermaßen:

- durch eine Verschiebung des Anteils der Erwerbstätigen von gefahrvollen zu weniger gefahrvollen Wirtschaftsbereichen,
- durch zunehmende Mechanisierung und Automatisierung, die den Anteil der lebendigen menschlichen Arbeit am Produktionsprozeß verringert,
- durch Rentabilitätsüberlegungen der Unternehmer, denen im Rahmen der Rationalisierung die durch Arbeitsunfälle verursachten Kosten relativ zu hoch werden,
- durch die Abnahme der Unfallmeldungen in Krisenzeiten.[15]

Oft wird behauptet, Arbeitsunfälle seien durch «menschliches Versagen» oder auch durch «technische Mängel» entstanden. Diese Aussage

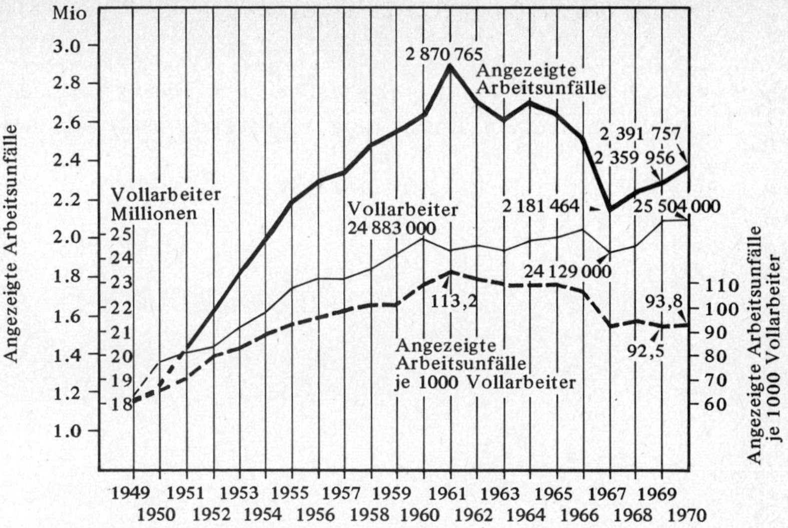

Entwicklung der angezeigten Arbeitsunfälle und Häufigkeit der angezeigten Arbeitsunfälle je 1000 Vollarbeiter seit 1949.[16]

ist aber zu hinterfragen. So weisen Deppe und Kasiske übereinstimmend darauf hin, daß «menschliches Versagen» und «technische Mängel» letztlich nur «verschiedene Aspekte ein und derselben Sache, nämlich der organisierten menschlichen Arbeit»[17] sind.

Im Produktionsprozeß werden die Menschen genauso wie Maschinen als Kostenfaktoren behandelt. Die Konkurrenz der Unternehmer erzwingt die Senkung dieser Kosten, die dann für die arbeitenden Menschen negative Auswirkungen hat, zum Beispiel Termin- und Pensumsdruck.

«Das Bereitstellen fehlerhafter Teile, die mangelhafte Kontrolle des Zustandes von Hilfsmitteln, Werkzeugen und Sicherheitsvorkehrungen, technische Störungen, die einen improvisierten Arbeitsvorgang notwendig machen»[18], sind weitere Zwänge, die auf den Arbeitenden einwirken. Der von diesen Zwängen abhängige Mensch hat einen Unfall – ist das wirklich «menschliches Versagen»?

3.3. Akkordarbeit, Fließbandarbeit, Wechselschichtarbeit einschließlich Nachtarbeit, Überwachungstätigkeit und ihre körperlichen und seelischen Folgen

Die *Akkordarbeit* als Ausdruck eines Lohnsystems, das entweder eine bestimmte Zahl erzeugter oder bearbeiteter Einheiten auf einen Geldpreis bezieht (Stückgeldakkord) oder das die Arbeitsleistung, bezogen auf eine bestimmte Zeit (Vorgabezeit), bemißt (Zeitakkord), zwingt die Arbeiter, schneller und unter Weglassung der Erholungspausen zu arbei-

ten. Es ist Ziel eines Unternehmens, die Produktion zu steigern durch das Mittel der Akkordarbeit. Oft sind schon die Vorgabezeiten und die Erholungszeit zu kurz und führen deshalb zur Überanstrengung. Für den sozial und finanziell schlecht gestellten Arbeiter heißt dies, sich völlig zu verausgaben, um die eigene Lage und die seiner Familie zu verbessern.

Die *Fließbandarbeit* orientiert sich nicht an dem Erreichen bestimmter Produktenmengen, sondern primär am vorgegebenen Takt für das einzelne Werkstück. Da die Fertigung eines Produkts hier in eine Summe von Einzelarbeitsgängen zerlegt ist, besteht ständig das Problem, inter- und intraindividuelle Unterschiede im Leistungsverhalten der Arbeiter abzustimmen.

Häufig ist das vom Band geforderte Arbeitstempo zu schnell und führt bei einer Reihe von Arbeitern zur vorzeitigen Ermüdung, Einschränkung der Aufmerksamkeit (von daher Erhöhung der Unfallgefahr!), aber konkret auch zur erhöhten Ausschüttung von Nebennierenhormonen (Adrenalin und Noradrenalin), die sich blutdrucksteigernd auf das Kreislaufsystem auswirken; ebenfalls ist die Katecholaminausscheidung deutlich höher.[19] Als zusätzlich belastend wirkt sich der Tatbestand aus, daß sich die Bandgeschwindigkeit oft nicht an den Tagesschwankungen der Leistungsbereitschaft orientiert.[20] Hier wird deutlich, daß die in der Ergonomie aufgestellte Behauptung, die Maschine werde dem Menschen angepaßt, falsch ist. Vielmehr wird der Arbeiter Objekt, «er wird Ersatzmaschine, die durch einen chemischen Verbrennungsvorgang funktioniert, den man in Kilokalorien berechnen kann, und dessen Gliedmaßen nach den Gesetzen der Mechanik im Produktionsprozeß eingesetzt werden können, verbunden mit dem großen Vorteil der Beweglichkeit»[21]

Wechselschichtarbeit einschließlich *Nachtarbeit* ist eine Arbeitsform, bei der die Arbeitszeit des Arbeiters einem bestimmten Wechsel unterliegt. Aufgrund von 8-Stunden-Perioden unterscheidet man zwischen Früh-, Mittag- und Nachtschicht.

«Bei Wechselschichtarbeit treten generell folgende Beschwerden auf: Appetitlosigkeit, Schlafmangel, Störungen im Bereich des sozialen Lebens sowie ein Gefühl verminderter Leistungsfähigkeit während der Nachtschichtperioden. Diese Beschwerden können fließend in Störungen übergehen.»[22]

Bei Wechselschichtarbeitern liegt eine besondere Anfälligkeit für Verdauungsstörungen vor, der Prozentsatz für Ulcuskrankheiten liegt höher, bei 60–90% treten Schlafstörungen auf, sie fühlen sich sozial isoliert und sind nachts nicht so leistungsfähig.

Die Ursachen dieser Störungen vermutet man in der Unmöglichkeit, die tagesperiodische Gliederung physiologischer Funktionen völlig umzukehren. Beim Menschen existiert eine angeborene Spontanfrequenz tagesperiodischer Veränderungen; sie ist größer als 24 Stunden und wird von sogenannten «Zeitgebern» mit der Ortszeit jeweils synchronisiert. Es wird angenommen, daß die wesentlichsten Zeitgeber das Zeitbewußtsein und der soziale Kontakt sind, was bedeutet, daß außer der rein physischen, der Körperrhythmik unangemessenen Belastung, noch das Bewußtsein der «eigentlichen» Zeit und «normalen» Betätigung existiert als auch das Bewußtsein der sozialen Isolierung. Letzteres führt natürlich auch faktisch zu familiären Schwierigkeiten und zu Kontaktarmut mit der primären sozialen Umgebung.

«Hier zeigt sich, wie das Emsemble der gesellschaftlichen Verhältnisse wiederum auf die Arbeit zurückwirkt und in welchem Ausmaß die Sphäre der Produktion mit der der Reproduktion, jener Ebene der familiären und konsumtiven Beziehungen, wechselseitig verzahnt ist.»[23]

Aus der fortschreitenden Automatisierung ergeben sich außerdem Arbeitsplätze mit teil- oder vollautomatisierter Produktionsregelung, bei denen nur noch ständige *Überwachungstätigkeiten* notwendig sind. Intensive Dauerbeanspruchung der Aufmerksamkeit, hohe Verantwortung für Betrieb und Mitarbeiter führen dabei zu Dauerstress und seinen körperlichen Folgen als auch zu Angstreaktionen und Schlaflosigkeit.

3.4. Entfremdung, Angst und Folgen

Aber nicht nur Vorgänge der Arbeit selbst oder solche, die abhängig von spezifischen Arbeitsformen sind, beeinflussen die körperliche Organisation des Menschen, sondern auch Bedingungen der Arbeit allgemein und das *Verhältnis des Arbeitenden zu seiner Arbeit.* Arbeit heute bedeutet für die Menschen, daß sie

«nicht mehr Herr sind über die gesellschaftlichen Verhältnisse, die sie selbst geschaffen haben, sondern daß sie nun selbst von diesen Verhältnissen beherrscht werden. Ihre eigenen gesellschaftlichen Verhältnisse treten ihnen als fremde Mächte mit scheinbar eigener Sachgesetzlichkeit gegenüber. Die Menschen treten nicht mehr auf als freie Subjekte, sondern als Ausübende von Sachgesetzlichkeiten, als Vollzugsorgane fremder dinghafter Gewalten.»[24]

Es kann an dieser Stelle nicht Aufgabe sein, das Phänomen der Entfremdung genauer zu analysieren. Wesentlich erscheint mir nur, daß ein entfremdetes Verhältnis der Arbeitenden zu ihrer Arbeit (und damit zu den Produkten ihrer Arbeit, zu ihren Kollegen und zu sich selbst) und zu den gesamten gesellschaftlichen Umständen, in denen sie arbeiten, sich individuell – in jedem einzelnen – negativ auswirkt. Es ist heute noch nicht möglich, diesen individuellen Vorgang empirisch zu untersuchen, doch ohne Zweifel liegt hier eine der Quellen individueller Angst, die sich zum Beispiel als Angst vor Leistung oder Angst vor Konkurrenz äußern kann.[25] Ängste dieser Art können ihrerseits wiederum die Voraussetzung für Neurosen und andere seelische Störungen und Krankheiten sein; sie lösen gleichzeitig spezifische körperliche Reaktionen aus, die teilweise schon aus der psychosomatischen Medizin bekannt sind.

3.5. Lohn, Arbeitszeit, Arbeitslosigkeit, Geschlecht, Lebensalter, Nationalität – mögliche Belastungsfaktoren

Es gibt weitere Faktoren, die zwar nicht direkt an den Arbeitsvorgang selbst gebunden sind, die aber in ihren Auswirkungen, besonders wenn sie sich *durch Kombination gegenseitig verstärken,* weitere erhebliche Belastungen für die Arbeitenden darstellen. Sie beeinflussen zum Teil den Arbeitsvorgang selbst, zumindest aber das Verhältnis der Arbeitenden zu ihrer Arbeit. Diese Faktoren sind: Lohnniveau, Arbeitszeit, Arbeitslosigkeit, Geschlecht, Lebensalter, Nationalität.[26]

Ein hypothetisches Beispiel: Die Situation einer ausländischen *Nationalität* (Situation der «Gastarbeiter» in der BRD!) Arbeiterin (Geschlecht: schlechtere Bezahlung!), die nach langer Arbeitslosigkeit (soziale Lage am Existenzminimum, Resignation und Erschöpfung) bei nun geringem Lohn einen 10-Stunden-Tag (zwei Überstunden, Überanstrengung) verbringt, zeigt eine Kombination belastender Faktoren; sie beeinflussen ihr Arbeitsverhalten und ihre Leistungsfähigkeit. Nach ein paar Jahren sind hier mit Sicherheit körperliche und eventuell auch seelische Schädigungen festzustellen.[27]

3.6. Der Unterschied von natürlicher und produzierter Umwelt bei der Betrachtung der Gesundheitsentwicklung unserer Bevölkerung

Alle hier betrachteten Krankheiten sind Resultat der Einwirkungen der Bedingungen des Produktionsprozesses auf die Menschen. Da man meistens diese Zusammenhänge unter dem Aspekt ihrer materiellen Gestalt faßt, nennt man die wissenschaftliche Fassung dieser Einwirkungen «Naturwissenschaft». Dieser Begriff verdeckt jedoch einen wesentlichen Unterschied: Die Bedingungen der Produktion sind von Menschen geschaffen, die Natur hingegen ist die Form der Materie, wie sie den Menschen vorausgesetzt ist, zunächst unabhängig von ihnen und unberührt von ihrem Eingriff. Diese den Menschen vorausgesetzte Natur wurde in eine produzierte Umwelt umgewandelt in einem geschichtlichen Prozeß, bei dem die Überwindung der durch die Natur selbst gesetzten Schranken der Entwicklung der Menschen gleichzeitig die Entfaltung der Möglichkeiten menschlicher Produktion ist.

In diesem Prozeß verschiebt sich fortlaufend die Grenze von Natur und produzierter Umwelt, und damit verändern sich auch fortlaufend die Bedingungen dieser Verschiebung, sowohl auf der Seite der Natur, wie auf der Seite der Bedingungen der Produktion.

Diese Veränderungen sind der Biologie nicht bewußt. Sie nimmt alle Veränderungen als natürliche, nicht als produzierte, denn sie definiert sich ja als Naturwissenschaft; und sie nimmt diese «natürlichen Bedingungen» (hier die beschriebenen Arbeitsbedingungen) als die überhaupt möglichen, nicht als einen Zustand historischer Entwicklung.

Die Folgen dieser vom Menschen produzierten Umwelt lassen sich zusammengefaßt verallgemeinern und auch statistisch aufführen:

Eine «wachsende Verbreitung vegetativer Fehlsteuerungen und psychoneurotischer Verhaltensweisen»[28] läßt sich feststellen. Die Verantwortung des einzelnen im Produktionsprozeß steigt, die Angst vor Fehlhandlungen wächst, die Kooperation und die Kommunikation werden schwieriger, Einförmigkeit und Reizarmut erzeugen Müdigkeits- und Unlustgefühle, und die Aktivität sowie die Reaktionsfähigkeit werden vermindert.[29] Nach Mitscherlich[30] geht man in den letzten Jahren davon aus, daß 30–50 % der Kranken, welche ärztliche Hilfe in Anspruch nehmen, sogenannte «funktionelle Leiden» haben, die sich in Symptomen wie Müdigkeit, Schwindel, Verdauungsstörungen, Übelkeit, Schweißausbrüche und Schlaflosigkeit ausdrücken. 1973 wurde eine Umfrage vom Statistischen Bundesamt unternommen, aus der hervorging, daß 19 % der Bevölkerung krank bzw. unfallverletzt waren.[31] Die häufigsten Erkrankungen betrafen die Atmungsorgane, das Kreislaufsystem und die Verdauungsorgane. 9 % der Bevölkerung waren chronisch krank. Die Lebenserwartung der Männer sinkt seit 1950 kontinuierlich – in den letzten 15 Jahren um drei Jahre; das durchschnittliche Berentungsalter ist in den letzten Jahren von 58 auf 54 Jahre zurückgegangen,[32] seit 1950 stieg der Krankenstand aller Versicherten in der BRD von 4 % auf mehr als 6,5 % an.[33] (Auf die Gründe der Erniedrigung des Krankenstandes in wirtschaftlichen Krisenzeiten soll an dieser Stelle nicht eingegangen werden.[34])

Zum Schluß bliebe dann nur noch die Frage offen, ob denn alle arbeitenden Menschen, die noch keine feststellbaren Störungen haben, gesund sind.

Gesundheit wird von der WHO folgendermaßen definiert:

Sie ist . . . «ein Zustand des vollkommenen körperlichen, seelischen und sozialen Wohlbefindens, nicht allein Abwesenheit von Krankheit und Gebrechen»[35].

Ist nun seelisches und soziales Wohlbefinden heute schon meßbar, feststellbar? Fühlen sich die Menschen ohne körperliche Krankheiten und Gebrechen alle seelisch und sozial wohl? Was bedeutet eigentlich seelisches und soziales Wohlbefinden, wer kann es definieren und gibt es eine gültige Definition?

Seelisches Wohlbefinden ist sicherlich nicht meßbar, vielleicht nicht einmal empirisch faßbar, die Definition wird daher veränderlich bleiben. Solange die Menschen sich verändern, wird sich auch die Wissenschaft, die sich mit dem Menschen befaßt, verändern, und da sich ebenfalls die Bedingungen der Forschung ständig ändern, können die Kategorien «Gesundheit» oder «Wohlbefinden» nur historische und damit veränderliche sein. Krankheit und Gesundheit müssen also als Bedingungen menschlichen Lebens immer wieder auf ihre objektiven und subjektiven Hintergründe befragt werden, das heißt für heute schon, daß Krankheit mehr ist als nur Meßbares und Körperliches.

Aufgabe jeder Wissenschaft muß es also sein, sich selbst historisch zu verstehen und damit ebenfalls ihren Forschungsgegenstand. «Seelisches und soziales Wohlbefinden» bedeutet also historisch immer etwas Verschiedenes, gleichwohl eine Loslösung von allein naturhaften Phänomenen. Mit diesen Kategorien werden die Wissenschaften, die sich mit dem Menschen befassen, aufgefordert, Ursachen und Folgen «nicht körperlicher» Krankheiten zu untersuchen.

4. Biologie des Arbeitsplatzes als Thema in den Unterricht!

• Es seien noch einmal alle die Faktoren genannt, die sich auf den arbeitenden Menschen physisch und psychisch auswirken und sein «Wohlbefinden» beeinflussen, nämlich:

- körperliche Anstrengung und Leistung allgemein,
- Berufskrankheiten,
- Arbeitsunfälle,
- Akkordarbeit, Fließbandarbeit, Wechselschichtarbeit einschließlich Nachtarbeit und Überwachungstätigkeit (vgl. in diesem Band S. 317ff),
- Entfremdung,
- Lohn, Arbeitszeit, Arbeitslosigkeit, Geschlecht, Lebensalter und Nationalität.

Hier liegen die Ursachen für die obengenannten statistischen Daten, die eine Zunahme des Krankenstandes der Bevölkerung der BRD belegen. Hier liegen die konkreten Bedingungen menschlicher Existenz und menschlichen Bewußtseins. Hier wird der Mensch «gemacht» und hier verändert er sich. Eine konsequente Auseinandersetzung mit diesen Faktoren und ihren Auswirkungen auf den Menschen – konkret bezogen auf seine physische und psychische Organisation – führt notwendigerweise zu der Forderung nach Veränderung der Arbeit.

• Für die Gewerkschaften – die Interessenvertretung und Selbstorganisation der Arbeitenden – müssen die Schwerpunkte ihrer Gesundheitspolitik

«auf der Beseitigung der krankmachenden Faktoren liegen. Die Arbeitsplätze müssen so gestaltet werden, daß sie unsere Gesundheit nicht beeinträchtigen. Rationalisierungsmaßnahmen dürfen nicht zur Verschärfung der Ausbeutung der menschlichen Arbeitskraft beitragen, sondern müssen zur Erleichterung dieser Situation führen.»[36]

• Es ist notwenig, daß sich auch die Wissenschaft Biologie dieses Thema zu eigen macht. Aussagen über den Menschen heute müssen über das Stadium der unwissenschaftlichen Analogieschlüsse von tierischen und menschlichen Verhaltensweisen hinauskommen, sie dürfen den Menschen nicht nur als Resultat der Evolution im Tierreich begreifen, sondern ebenso und mehr noch als Resultat *selbst*geschaffener Verhältnisse. Erst eine Anerkennung dieser Thematik in der *Biologie selbst* macht es möglich, sie auch in die didaktische Diskussion einzuführen.

Aber das ist sicherlich nicht der einzige Grund. In der schulischen Ausbildung stellt sich die Frage nach der späteren Berufsperspektive von Schülern und, zum Beispiel in den Berufsschulen, die nach der konkreten Arbeitsplatzsituation. Hier, bei den Lebensbedingungen und Interessen der Schüler, ist der zentrale Ansatz, von dem Didaktik ausgehen muß, von dem sie die Relevanz dieses Themas ableitet.

Dies betrifft nicht nur die Perspektive der *Hauptschüler und Berufsschüler*, sondern auch die der *Gymnasiasten.* Denn viele von ihnen werden als Lohnabhängige (das sind sie auch als Angestellte!) ebenfalls in industrieller Arbeit vergleichbare Arbeitsprozesse integriert werden. Ihre Zahl wird noch zunehmen, da, durch die ökonomische Krise bedingt, auch Besserausgebildete unterbezahlte, auch handwerkliche Tätigkeiten ausüben werden müssen. Einige werden in privilegierten Stellungen Kontrollfunktionen über Arbeitsvorgänge wahrnehmen.

• Hauptschüler, Berufsschüler, aber auch Gymnasiasten haben zumindest ein objektives, von ihrer Situation her gegebenes Interesse an Information und Auseinandersetzung über diesen Gegenstand. Weiterhin scheint es notwendig zu werden, sich an zukünftigen Planungen zu orientieren, die sich auf die Integration beruflicher und studienbezogener Ausbildungsgänge beziehen. Gerade hier müssen Themen angeboten werden, die der Realität beider Schülergruppen gerecht werden – und gibt es da einen Schüler, der später nicht mit der Problematik «Arbeit» konfrontiert wird?

• Aus der Sachanalyse ergibt sich die Bedeutung des Themas «Biologie des Arbeitsplatzes» für die Schule, gleichzeitig leiten sich aus ihm Forderungen ab nach notwendigen Verbesserungen der Arbeitsplatzbedingungen im Hinblick auf die Gesundheit der Menschen. Diese Forderungen und die momentane als auch perspektivische Realität der Schüler bilden die Grundlage für die didaktische Entscheidung eines Biologielehrers, dieses Thema als Alternative zum bisherigen Unterricht zu vermitteln.

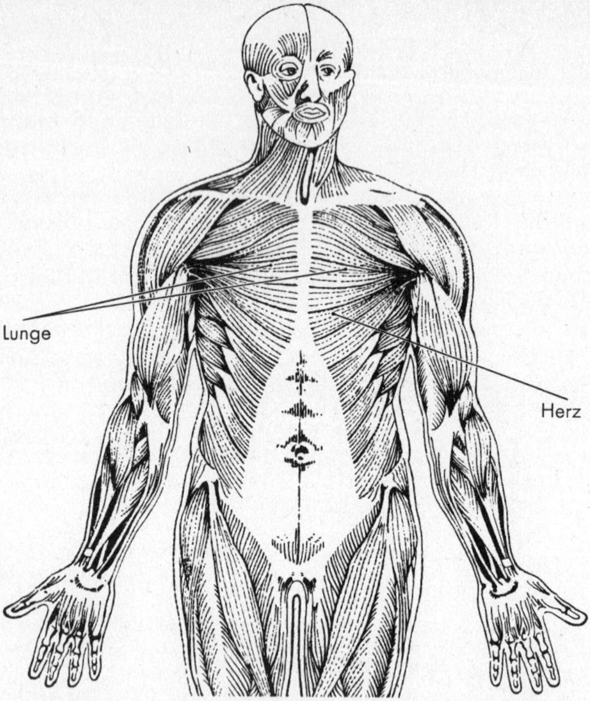

Abb. 40
Ein Vorschlag für ein Unterrichtsgespräch
Da keine ganze Unterrichtseinheit zum Thema «Biologie des Arbeitsplatzes» geboten werden kann, hier wenigstens eine mögliche Einzelstunde für den Biologie- oder Deutschunterricht:
Aufgabenstellung: Im Gruppengespräch können die Schüler ziemlich schnell die folgenden Fragen beantworten:

Was fehlt dem Bild des Arbeiters?
(u. a. das Gehirn, die Genitalien, die Nerven)
Warum fehlen diese?

Wichtig ist die Erklärung der Bezeichnung: «Modifikation des Menschen» und daß der Arbeiter für den Unternehmer ein wichtiger Produktionsfaktor ist.

Aus welchen Gründen ist die ‹Produktivität› des Arbeiters nach wie vor ein wichtiger Faktor für die kapitalistische Produktion?

Mögliches Ergebnis: Die Arbeitskraft des Arbeiters ist für den Unternehmer eine Ware, die eine bestimmte Geldsumme pro Zeiteinheit kostet und eine bestimmte höhere Geldsumme einzubringen hat.»
(Aus: Wendula Dahle: Deutschunterricht und Arbeitswelt, Reinbek [4]1976, S. 105) rororo sachbuch 6785

Anmerkungen

1 P. Hinrichs, L. Peter: Industrieller Friede? Arbeitswissenschaft und Rationalisierung in der Weimarer Republik, Köln 1976, S. 27, Pahl-Rugenstein Verlag.
2 Siehe hierzu: O. G. Edholm: Probleme der Arbeitswissenschaft, München 1967, S. 21, Kindlers Universitätsbibliothek. Ich beschäftige mich hier nicht mit dem Aspekt der Veränderung der Arbeitsmittel. Er ist schon in der Einleitung als Punkt 1 ausgeklammert worden. Edholm beschreibt dies in Kapitel 10.
3 O. G. Edholm, a. a. O., S. 5, Gliederung.
4 H. Valentin u. a.: Arbeitsmedizin, Stuttgart 1971, S. 17ff, Thieme Verlag.
5 H. Valentin, a. a. O., S. 19.
6 O. Graf, Arbeitsphysiologie, Wiesbaden 1960, S. 14, Betriebswirtschaftlicher Verlag Dr. Th. Gabler.
7 H. Valentin, a. a. O., S. 52.
8 H. Valentin, a. a. O., S. 53.
Genauere Ausführungen dazu auch:
O. G. Edholm, a. a. O., S. 187ff: Unregelmäßige Ausführung der Arbeit, Aussetzen der Aufmerksamkeit, sprunghafte Verschlechterung der Leistung, Beeinträchtigung zentraler Prozesse, Ermüdung durch zu geringe Belastung (Langeweile) und durch zu langen Schlafentzug.
9 H. Valentin, a. a. O., S. 62.
10 H. Valentin, a. a. O., S. 450ff.
11 R. Kasiske: Gesundheit am Arbeitsplatz, Reinbek 1976, S. 70–72, rororo 1876.
12 R. Kasiske, a. a. O., S. 74.
13 R. Kasiske, a. a. O., S. 79ff.
14 H.-U. Deppe: Industriearbeit und Medizin, Frankfurt 1973, S. 92, Athenäum-Fischer.
15 H.-U. Deppe, a. a. O., S. 92ff.
16 H. Valentin, a. a. O., S. 379.
17 H.-U. Deppe, a. a. O., S. 114.
18 R. Kasiske, a. a. O., S. 67f.
19 Vgl. H.-U. Deppe, a. a. O., S. 125f. Deppe geht hier besonders auf die biochemisch meßbare Reaktion der Arbeitenden auf das Arbeitstempo ein.
20 H. Valentin, a. a. O., S. 73.
21 R. Kasiske, a. a. O., S. 44.
22 H. Valentin, a. a. O., S. 74.
23 H.-U. Deppe, a. a. O., S. 128.
24 D. Duhm: Angst im Kapitalismus, Hagen 1972, S. 43, Verlag Kübler KG.
25 D. Duhm, a. a. O., S. 46ff.
26 Vgl. R. Kasiske, a. a. O., S. 37, S. 50, S. 40.
27 Nicht eingegangen werden kann auf
– die Problematik der werksärztlichen Betreuung,
– die Situation der Angestellten, die nach Einführung von Refa-Methoden ebenfalls veränderten Belastungen ausgesetzt sind.
28 H.-U. Deppe, a. a. O., S. 124. Vgl. H. Valentin, a. a. O., S. 9; R. Kasiske, a. a. O., S. 15f.
29 H.-U. Deppe, a. a. O., S. 125.
30 A. Mitscherlich: Krankheit als Konflikt, Frankfurt 1966, S. 13, Suhrkamp Verlag.

31 Wirtschaft und Statistik 1 (1974).
32 Mitteilungen der LVA Württemberg, 1–2 (1972).
33 H. Schäfer, M. Blohmke: Sozialmedizin, Stuttgart 1972, S. 346ff, Thieme Verlag.
34 Auf wesentliche andere Untersuchungen kann hier nur verwiesen werden: K. Böker: Entwicklung und Ursachen des Krankenstandes der westdeutschen Arbeiter, in: Das Argument 69, Karlsruhe 1971, S. 901ff; H.-H. Abholz: Gesundheitsstand und soziale Lage, Daten aus Westberlin, in: Das Argument AS 4, Berlin 1974, S. 206ff.
35 Definition der Weltgesundheitsorganisation (WHO) in: F. C. Redlich: Der Gesundheitsbegriff in der Psychiatrie, in: A. Mitscherlich u. a.: Der Kranke in der modernen Gesellschaft, Köln–Berlin 1970, S. 88, Kiepenheuer & Witsch.
36 Autorenkollektiv: Gewerkschaft und Medizin, Berlin 1974, S. 141, USA.
Vgl. weiterhin:
H. Buckup: Die arbeitsmedizinischen Aspekte der Gesundheitserziehung, in: Gesundheit am Arbeitsplatz, DGB-Landesbezirk Nordrhein-Westfalen, Düsseldorf, Arbeitstagung 7. 12. 1966, S. 53ff.

Arbeitsgruppe Biologie Sekundarstufe I/2
(Bad Hersfeld)

Emanzipatorischer Biologieunterricht

Versuch eines Umrisses didaktischer Kategorien

Die Arbeitsgruppe «Biologie Sekundarstufe I/2, Bad Hersfeld» stellte die Unterrichtseinheit «Prozesse der Kommunikation» zusammen, die – interdisziplinär vorgehend – Sinnesphysiologie, Verhaltenslehre, Verhaltenspsychologie, Vergleich der Kommunikation von Tier und Mensch einbezieht. Dabei entstanden didaktische Kategorien, die über die UE Aufschluß geben. (Kontaktanschrift s. S. 335f) Ernst Busche

Der Mangel an didaktischer Grundlegung bereitet einiges Unwohlsein am Biologieunterricht. Nun haben wir nicht versucht, auf dem hergebrachten deduktiven Weg diese Lücke zu schließen – dieses Vorgehen endet zumeist mit Mißerfolg und Frustration –, sondern wir haben didaktische Prinzipien induktiv entwickelt: die konkreten Planungsergebnisse wurden ständig kritisiert und verändert. Gleichzeitig schälten sich dabei immer stärker didaktische Beurteilungskriterien heraus, die unsere Zielvorstellungen konkretisieren, die aber sofort zurückschlugen auf die Planung. Im Wechselspiel gegenseitiger Beeinflussung wurden sowohl Theorie wie Praxis fortentwickelt. Dieses dialektische Vorgehen ist geeignet, theoretische Fragen auch dort zu erörtern, wo Kollegen eigentlich nur an «praktischer Arbeit» interessiert sind. In der Diskussion wird ihnen oft nicht bewußt, daß sie gerade «theoretisieren». Schwierig und kaum lösbar ist allerdings die Darstellung des vielfach verflochtenen Arbeitsprozesses, in dem ein Gedanke – kaum gedacht – durch seine praktische Realisierung schon wieder überholt und überarbeitungsbedürftig ist. Erst am Ende des Reflexionsprozesses wurde oft bewußt, was man alles gedacht, welche Lösungsversuche man unternommen, was man verworfen hat und was letztlich akzeptabel erscheint. Aber auch das scheinbare Ende ist ja nur eine Zwischenstufe des Denkprozesses. Und so sollen die folgenden Thesen auch nur mehr stichwortartig Gedanken festhalten, die gründlich weitergedacht werden müssen und deshalb einer strengen Kritik nicht standhalten können.

Bildung hat den Auftrag, den Schüler zu befähigen, Probleme seiner Welt zu bewältigen. Dem Unterricht fällt die Aufgabe zu, Individuum und Welt zu vermitteln, wobei klar ist, daß sowohl die Welt von Individuen beeinflußt wird, und umgekehrt, daß die Welt die Individuen entscheidend prägt.

Für diese Vermittlungsaufgabe muß eine Theorie des Unterrichts Beurteilungskriterien und Arbeitsmethoden bereitstellen. Die folgenden 8 Thesen wollen den Beitrag von Biologieunterricht in diesem Vermittlungsprozeß umreißen, wobei die Kategorien, wenn man vom reinen Fachbezug abstrahiert, auch auf andere Fächer übertragen werden können. Gleichzeitig soll gesagt werden, daß möglicherweise nicht bei jeder Planung alle Aspekte berücksichtigt werden können und daß die Aufzählung sicher unvollständig ist.

Die in diesen Thesen angesprochenen Forderungen überschneiden sich teilweise, teilweise greifen sie nur einen anderen Aspekt desselben Problems auf. Die Thesen 1 und 4 betreffen die Seite «Welt» im dialektischen Bildungsmodell, die Thesen 2 und 3 die Seite «Individuum» und die Thesen 5 bis 8 den Unterricht unter fachbezogenem und didaktischem Blickpunkt.

1. Gesellschaftsbezug des Unterrichts

Die Welt tritt dem Individuum als Gesellschaft und Natur entgegen. Eine Beschreibung der biologisch relevanten Grundzüge unserer Gesellschaft liefern die Rahmenrichtlinien (RR); danach ist sie charakterisiert durch Massierung, Technisierung, Verwissenschaftlichung und Pluralismus der Interessen. Aber auch die Natur existiert nicht an sich, sondern wird von der menschlichen Gesellschaft verändert. Andererseits ist die Gesellschaft von den Energiequellen der Natur und ihren regenerierenden Prozessen abhängig (vgl. RR). Unterricht, der Individuum und Welt vermitteln will, muß also gesellschaftlich bezogen sein, denn Welt ist in jedem Falle – als Gesellschaft selbst oder als von der Gesellschaft veränderte Natur – gesellschaftlich bedingt.

Zudem ist auch kein Individuum ohne Gesellschaft denkbar.

Als Themen von Unterricht kommen also nur Inhalte in Frage, die direkt gesellschaftlich relevant oder Grundlage zur Bearbeitung gesellschaftlicher Probleme sind. Solche Themen sind aus den Situationsfeldern der RR (Umweltplanung, Rückwirkungen der Technik, Zivilisation und Entwicklung der Menschheit, zwischenmenschliche Beziehungen, Sexualität, körperlich-seelische Gesundheit) ableitbar.

Die beiden Einheiten zur Verhaltensanalyse knüpfen direkt beim gesellschaftlichen Problem der Beeinflussung des Menschen an. Zudem zeigen der Anwendungsbereich der Verhaltenslehreeinheit, Sexualität in unserer Gesellschaft und die Anwendung der Analyse der Struktur menschlicher Kommunikation am Thema Sprachbarrieren die Gesellschaftsorientierung der Inhalte.

2. Anthropologischer Aspekt

Die Seite «Individuum» des Bildungsprozesses beleuchtet der anthropologische Aspekt. Der Mensch hat eine bestimmte physiologische und morphologische Ausstattung sowie die Muster für bestimmte Verhaltensweisen ererbt, durch sie wird er in gewisser Weise festgelegt. Daneben hat er durch seine Verhaltensplastizität und seinen Intellekt die Möglichkeit, seine Grenzen zu überschreiten und sich aktiv in die Umwelt einzupassen (vgl. RR). Relevant für den Biologieunterricht sind Inhalte, die Fakten, Strukturen, allgemeine Prinzipien erhellen, die den Menschen als biologisches Wesen betreffen oder für sein Leben bedeutsam sind und es beeinflussen. Unter anthropologischem Aspekt geht es wesentlich um das Selbstverständnis des Menschen.

Lernbereich 1: «Sinnesphysiologie» zeigt die Voraussetzungen und Möglichkeiten der Erkenntnisgewinnung. Im Lernbereich 4 «Vergleich der Kommunikationssysteme von Tier und Mensch» wird die Leistungsfähigkeit menschlicher Sprache analysiert. Beide Lernbereiche tragen – ebenso wie die Einsichten über die dem menschlichen Verhalten zugrundeliegenden Mechanismen – zum Selbstverständnis wesentlich bei.

3. Emanzipatorischer Aspekt

Die Fähigkeiten der Selbst- und Mitbestimmung gelten als oberste Lernziele für das Individuum in seiner demokratischen Gesellschaft. Inhalte und Methoden des Unterrichts müssen dazu beitragen, daß sich der Schüler aus seiner Objektrolle lösen kann, daß er fremdbestimmtes Verhalten überwindet und verantwortlich rational bestimmbares Verhalten praktiziert. Damit muß auch der Biologieunterricht Kategorien, Fakten und Prinzipien erarbeiten, die den Schüler zur Analyse der eigenen und gesellschaftlichen Lage unter dem Gesichtspunkt von Selbst- und Mitbestimmung befähigen und die eine qualitative Veränderung gesellschaftlicher Verhältnisse bewirken könnten.

Beispielhaft versuchen die Verhaltenseinheiten den Schüler zur rationalen Verhaltenssteuerung zu führen. Aber auch die Anwendung der Analyse der menschlichen Sprache am Problem schichtenspezifischen Sprachverhaltens weist eine Möglichkeit qualitativer Veränderungen – im Sinne von Verbesserung – unserer Gesellschaft auf.

4. Praxis- und Handlungsorientierung der Inhalte

Praxisorientierter Unterricht reflektiert den Entstehungs- und den Verwendungszusammenhang der durch die Inhalte repräsentierten Sachverhalte, das heißt, er fragt nach den besonderen Entstehungsbedingungen bestimmter Tatbestände (in der Biologie zum Beispiel Verhaltensweisen, physiologische Ausstattung, ökologische Interdependenzen) und bezieht sie auf ihre praktische Realisierung in unserer Gellschaft. Die konkrete Situation muß also daraufhin befragt werden, inwieweit bestimmte biologische Prinzipien sinnvoll realisiert werden. Hier stellen sich praktische Fragen im Hinblick auf die Aufnahme oder Ablehnung von Handlungsnormen, deren Geltungsausspruch wir mit Gründen stützen oder bestreiten können.

Die reflektierte, rational bestimmte Handlungsweise ist das Ziel des praxisorientierten Biologieunterrichts, wobei unter Praxis nicht die unmittelbare (und oft recht vordergründige) pragmatische Anwendungsmöglichkeit verstanden wird. Handeln kann bedeuten, daß der Schüler Normen und gängige Verhaltensweisen auf ihren Sinn befragt, sich möglicherweise davon löst und alternative Verhaltensmuster entwickelt. Das wird nicht immer möglich sein. Oft genug werden gesellschaftliche Zwänge und Konventionen alternative Handlungsmodelle verhindern. Als Handeln kann dann aber schon die Analyse der theoretischen Zusammenhänge und ihrer realen Verwirklichung aufgefaßt werden.

Ziel des praxis- und handlungsorientierten Unterrichts ist die Initiierung eines Aufklärungsprozesses im praktischen Diskurs mit den Betroffenen, der durch eine Verknüpfung von Wissenschaft und gesellschaftlichem (politischem) Handeln auf den Aufbau eines rational bestimmten politischen Bewußtseins angelegt ist.

Die Forderung nach Praxis- und Handlungsorientierung der Inhalte ist u. E. in allen vier Lernbereichen gegeben. Sehr deutlich ausgeprägt ist dieser Bezug bei den beiden Verhaltenseinheiten, wo die Entstehungsbedingungen von Verhaltensweisen und ihre praktische Verwendung hinterfragt werden, zum Beispiel biologische Funktion von Sexualverhalten im Evolutionsprozeß, Analyse sexueller Verhaltensnormen in unserer Gesellschaft. An diesem Beispiel wird klar, daß der Schüler nur bis zu einem bestimmten Grade (im Verhalten gegenüber seinem Partner) sein Verhalten ändern kann und daß gesellschaftliche Normen eine weitere Verhaltensänderung verhindern werden.

5. Wissenschaftsorientierung des Unterrichts

Jede Wissenschaft ist durch ihre Forschungsgegenstände und ihre Forschungsmethoden gekennzeichnet. Nun wenden sich aber verschiedene Wissenschaften demselben Gegenstand zu (der Sexualität, zum Beispiel die Biologie, die Soziologie und die Theologie). Als charakteristisches Unterscheidungsmerkmal bleibt also das methodische Vorgehen. Die Biologie hat eine Reihe spezifischer Methoden entwickelt: das Vergleichen zum Beispiel in der Morphologie, der Systematik, der Ökologie und der Verhaltenslehre, das Experimentieren zum Beispiel in der Physiologie und der Ethologie, das Quantifizieren in allen Teilbereichen. Jede dieser genannten Methoden wurde verfeinert, so daß sie auf viele verschiedene Detailprobleme anwendbar sind. Typisch für die Naturwissenschaft Biologie ist zudem das induktive Verfahren der Erkenntnisgewinnung: ausgehend von einer Arbeitshypothese wurden Sachverhalte beobachtet. Die gewonnenen Protokollaussagen verifizieren oder falsifizieren die Hypothese. Eine Reihe von verifizierten Hypothesen werden zu Gesetzen erklärt und mehrere Gesetze zu einer Theorie verknüpft. Die Kenntnis der spezifischen Forschungs- und Denkmethode der Biologie ist eine unabdingbare Voraussetzung für die Transparenz und Überprüfbarkeit biologischer Fakten.

Doch damit nicht genug. So schlüssig dieses System erscheint, so ist doch seine Aussagekraft wegen der Begrenztheit des methodischen Repertoires eingeschränkt. Aussagen haben daher immer nur relative Gültigkeit, wobei der Rahmen der Geltung um so weiter ist, je besser die Theorie als Grundlage der Deutung durch Gesetze abgesichert ist. Die Begrenztheit der Aussagekraft muß ein emanzipatorischer Biologieunterricht verdeutlichen, wenn nicht unreflektierte Wissenschaftsgläubigkeit das Ergebnis naturwissenschaftlichen Unterrichts sein soll.

Neben dem Transparentmachen der Methoden und dem Aufzeigen ihrer Grenzen muß der Unterricht aber auch die Anwendung der Methoden aufzeigen und kritisch untersuchen. Es ist eben nicht gleichgültig, unter welchen Interessen Erkenntnisse gewonnen und angewendet werden. Es besteht ein qualitativer Unterschied darin, ob Erkenntnisse der Verhaltenspsychologie in der Werbung zur Manipulation des Konsumenten oder in der Schule zur Erziehung kritikfähiger Schüler eingesetzt werden.

In allen vier Lernbereichen werden spezifische biologische Methoden vorgestellt und auf ihre Aussagekraft überprüft. Am deutlichsten wird das in der Sinnesphysiologie, wo der Sinnesapparat als «die Grundlage der Erkenntnis selbst» untersucht und seine begrenzte Leistungskraft aufgezeigt wird. In den Lernbereichen Verhaltenslehre und Verhaltenspsychologie werden zwei verschiedene Modelle zur Verhaltensanalyse dargestellt. Daraus allein geht schon hervor, daß ihre Aussagen nicht deckungsgleich und ihre Anwendungsmöglichkeiten verschieden sind.

6. Fächerübergreifender Aspekt

In der Schule sollen Probleme unserer Gesellschaft möglichst gründlich untersucht werden. Verschiedene Fächer können und sollten sich daher mit ihren spezifischen Methoden um eine Problemerhellung bemühen. Da jedes Fach dies nur für einen begrenzten Ausschnitt tun kann, ist eine Kooperation zwischen den verschiedenen Unterrichtsfächern zu fordern. Das läuft am Ende auf die Erarbeitung echter Unterrichtsprojekte hinaus. Uns ist jedoch bewußt, daß solche Projekte im Augenblick, beim jetzigen Ausbildungsstand der Lehrer und bei den heutigen schulischen Gegebenheiten, unmöglich sind. Realisierbar erscheint jedoch die Zusammenarbeit verschiedener Fächer bei der Analyse eines Problembereichs.

Bei drei Einheiten wurde auf mögliche Themen anderer Fächer verwiesen, die auf die Erkenntnisse der vorliegenden Materialien aufbauen könnten.

7. Funktionalität des Unterrichts

Der hier skizzierte Unterricht ist problemorientiert. Daraus muß aber die Forderung abgeleitet werden, daß auch dem Schüler das Problem von vornherein bewußt gemacht wird, so daß er weiß, warum dieser oder jener Inhalt gelernt werden soll. Das deckt sich übrigens mit der Forderung nach induktivem Vorgehen, denn nur der kann induktiv arbeiten, der die Arbeitshypothese kennt, die es zu überprüfen gilt. Alle Lernschritte, Problemsituationen, Operationalisierungen, Versuche dienen somit der Erhellung der Problemsituation; sie sind funktional auf die Ausgangsfragestellung bezogen. Das bedeutet konkret, daß Begriffe, Strukturen u. a., die zur Problemlösung notwendig sind, auch im Problemzusammenhang erarbeitet werden und nicht an völlig anderen Fragestellungen. Es ist uns bewußt, daß die Verwirklichung dieser Forderung bei sehr komplexen Situationen schwer sein wird. Hier ist es aber sicher möglich, das Gesamtproblem in Teilbereiche zu gliedern und in der Überschau die Funktion der Teilerkenntnisse zu verdeutlichen.

Deutlich wird die Gliederung in Teilprobleme am Beispiel der Einheiten zur Verhaltenslehre und Verhaltenspsychologie. In beiden Fällen werden Begriffe, die der Analyse der Gesamtproblematik dienen, an Strukturelementen erarbeitet: Der Erarbeitung des Sexualschemas der Frau geht die Analyse des Kindchenschemas voraus. Ausgangspunkt in den Teilbereichen ist ein psychologischer Test, der Probleme aufwirft. Zur Klärung der Testergebnisse werden dann induktiv Begriffe erarbeitet.

8. Das exemplarische Prinzip

Es mag erstaunen, daß die vertraute Forderung nach exemplarischem Lernen hier noch einmal aufgegriffen wird. Doch scheint die Auswirkung der Lernzieltheorie dazu Anlaß zu geben. In ihrem Gefolge ist bei der Unterrichtsplanung wieder verstärkt ein Hang nach Vollständigkeit zu beobachten, der nur aus dem deduktiven Ableitungsverfahren der Lernziele erklärbar erscheint. Gründlichkeit bei der Erarbeitung muß absoluten Vorrang vor Stoffülle genießen. An exemplarischen Fällen müssen Kategorien, Prinzipien, Strukturen und Arbeitstechniken erarbeitet werden, die beispielhaft – eben exemplarisch – sind. Dieses Verfahren kann nur unter der Erwartung der Transferierbarkeit der Erkenntnisse angewendet werden. Falls die ausgewählten Beispiele aber wirklich exemplarisch sind, dann muß man die dort aufgezeigten Strukturen nicht noch an vielen anderen Beispielen aufzeigen.

Die Einheit der Sinnesphysiologie beschreibt am Beispiel des Auges Leistungsfähigkeit und -begrenzung der Sinnesorgane. Das Sexualschema der Frau steht als Beispiel für die Auslösung eines angeborenen Verhaltens beim Menschen, das Zeichensystem der Bienen für eine «Tiersprache».

Thomas Büttner

Schmutz als Lehrfach oder Ein toter Goldfisch und die Folgen

«Die Vereinigung umweltschützender Schüler», im Juli 1972 im Frankfurter Lessing-Gymnasium gegründet, startete eine Reihe von Aktivitäten. Mit Flugblättern gingen wir gegen schmutzige Luft, giftiges Wasser und gegen Lärm vor. Wir klärten an der Frankfurter Hauptwache über Autovergaser auf, riefen die Autofahrer dazu auf, auf öffentliche Verkehrsmittel umzusteigen. Im Sommer 1973 erhielten wir vom Forstamt Traktor und Anhänger, um den Stadtwald von Abfällen zu säubern. Wir schrieben 15, vor allem chemische, Großbetriebe an und baten um Auskünfte über Art und Umfang der Emissionen und Maßnahmen dagegen. Nur eine Raffinerie antwortete mit einem ausführlichen Schreiben. Eine Firma aus Oberursel schickte einen verärgerten Brief, in dem sie fragte, was das Ganze eigentlich solle. Durch solche Arroganz ließen wir uns allerdings nicht entmutigen.

Das Experiment mit dem Goldfisch Jakob – und die Reaktion in den Medien – machte die Vereinigung in der ganzen Bundesrepublik bekannt. Beobachtungen und Aktionen hielt Hans-Wolfgang Bilger in einem Tagebuch fest: in drei gleich große, gleich warme, gleich ernährte und gleich belüftete Aquarien wurde verschiedenes Wasser gegeben:

Leitungswasser (zu Kontrollzwecken), Mainwasser vor und Mainwasser nach dem Abwasserkanal der Firma Höchst. Goldfisch Jakob im dritten Aquarium starb nach 10 Tagen, während die Fische in den beiden anderen Aquarien munter weiterlebten. Nun wollten wir es genau wissen. Das botanische Institut führte eine Wasseranalyse durch: der pH-Wert, gemessen wiederum vom Leitungswasser, vom Mainwasser vor und nach Höchst, stieg von 7,3 über 7,4 auf 7,5 an: ein Beweis dafür, daß Säure in den Main gelassen wird (nach Frankfurter Rundschau 9. 4. 1974, S. 10). Dieselbe Tendenz zeigten bestimmte Elemente im Wasser (wieder an denselben Stellen entnommen): Natrium stieg von 31 Milligramm pro Liter über 56 auf 86 Milligramm, Kalium von drei über 10 auf 11 Milligramm, Kalzium von 68 über 71 auf 75 Milligramm pro Liter. Und das gleiche Bild zeigte der Schwefelgehalt: vor Höchst 2430 ppm (= Teile auf 1000 Teile Wasser), nach Höchst 3830 ppm. Wir erfuhren auch eine Erklärung dieser Tatsache: zwischen den Farbwerken und der Stadt Frankfurt besteht die stillschweigende Übereinkunft, daß die Behörden dem Unternehmen bis 1979 nicht zu sehr «auf den Füßen stehen» (FR, 9. 4. 1974, S. 10). Dafür haben sich die Farbwerke verpflichtet, bis zu diesem Zeitpunkt die Klärung der Abwässer auf ein Höchstmaß zu bringen.

Über unsere Versuche hatte die «Frankfurter Rundschau» ausführlich berichtet. Aber nicht nur durch sie wurden wir bekannt, sondern auch durch Tierschützer, die uns wegen Verstoßes gegen das Tierschutzgesetz anzeigten (beim Schulleiter). In den Paragraphen 7 und 8 heißt es dort:

«Wer zu Versuchszwecken Wirbeltiere für Eingriffe oder Behandlungen verwenden will, die mit Schmerzen, Leiden oder Schaden verbunden sein können, bedarf der Genehmigung durch die zuständige Behörde. Die Genehmigung darf nur an Hochschulen sowie andere Einrichtungen und Personen, die Forschung betreiben, erteilt werden. In der Genehmigung sind die Leiter des Versuchsvorhabens und sein Stellvertreter zu benennen.»

Mit Hilfe dieses Gesetzes wurden das staatliche Veterinäramt und die Ordnungsbehörde nun nicht gegen die Farbwerke Höchst aktiv, sondern gegen uns. Das machte Schlagzeilen: «Stern», «Spiegel» und eine DGB-Zeitung berichteten über unsere Arbeit. Der WDR brachte ein Feature im «Tagesmagazin», der SFB produzierte einen Spielfilm, in dem Schüler unserer Schule mitwirkten und die einzelnen Ereignisse nachspielten. Am Tag der Umwelt, am 5. Juni 1975, schließlich erhielt unsere Gruppe die Umweltschutzmedaille verliehen.

Kommentar

Die Umweltschutz-Szenerie ist um eine Groteske reicher. Weil eine aktive, ernstzunehmende Schülergruppe des Frankfurter Lessing-Gymnasiums testen wollte, ob die Behauptung von Vertretern der Hoechster Farbwerke stimmt, daß trotz ihrer Abwässer Fische imstande seien, im Main zu leben, droht den Schülern eine Anzeige. Weil sie, laut Tierschutzgesetz, das «Experiment» behördlich nicht genehmigen ließen, starb der Fisch völlig unamtlich. Und das ist strafbar.

Die Schüler fühlen sich ungerecht behandelt. Sie meinen, wenn dieser Versuch gegen Gesetze verstößt und sie bestraft werden sollen, so steht das in keinem Verhältnis zu den unbefriedigenden Aktivitäten von Behörden gegen die Mainverschmutzer, die «Großen» also, die ungeschoren davonkommen, während man die «Kleinen» wieder mal hängt.

In der Tat geraten Behörden und Tierschützer in die Näher einer doppelten Moral. Wo bleibt ihr Protest, wenn lebende Tiere in Zoos verfüttert werden? Wer duldet Importe von exotischen Tieren, die während der Reise auf fürchterliche Weise umkommen? Wer stört sich an Hähnchenmast und Hühnerfarmen?

Was das Gesetz will, ist klar: Sinnlose Experimente, unnötig an Tieren von Laien vollführt, sollen verhindert werden. So beschäftigt sich an einer Frankfurter Schule ein Lehrer, wie von der Polizei- und Ordnungsbehörde zu erfahren war, an der Herztransplantation von Ratten.

Das ist jedoch nicht vergleichbar mit dem Test der Schülergruppe. Hier wurden für die Goldfische Umweltbedingungen geschaffen, wie sie bereits im Main existieren. Konsequenterweise

Doppelte Moral

müßten die Behörden den Test-Ausgang zum Anlaß nehmen, gegen die Verursacher zu ermitteln. Das geschieht nicht. Ist das zu peinlich? Oder nimmt man die Bemühungen von Schülern um den Umweltschutz nicht ernst?

Solange im Umweltschutz Paragraphen Vorrang haben vor Moral und Vernunft, kann es passieren, daß unter den Augen von Behörden Giftmüllskandale vorkommen – und der Tod eines Goldfisches bestraft wird.

Hermann Lammert

(Aus: Frankfurter Rundschau, 15. 4. 1974)

Beispiel: **Wasser**

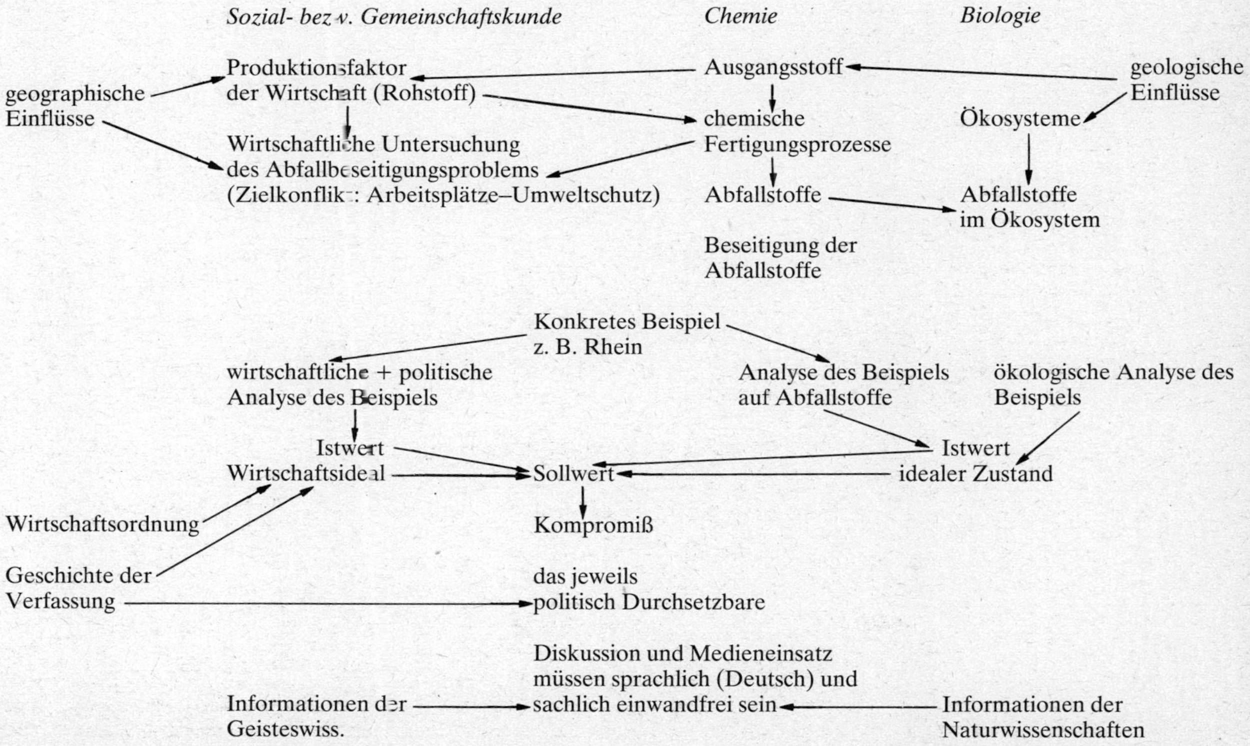

Erfahrungen mit Lehrern

Angeregt von einer Tagung der Evangelischen Akademie Hofgeismar im Jahr 1974 über Fragen des Umweltschutzes im Unterricht, begannen wir mit der Ausarbeitung eines Vorschlages für ein *fächerübergreifendes* Umweltschutzunterrichtsmodell.

Der fächerübergreifende Aspekt war für uns sehr wichtig, da nur so dieser komplexe Problembereich behandelt werden kann.

Unseren Entwurf stellten wir dem Kollegium des Lessing-Gymnasiums vor.

Die Reaktion war im großen und ganzen ablehnend. Nur zwei Lehrer waren bereit, sich mit unseren Vorschlägen auseinanderzusetzen und sie in die Praxis umzusetzen. Dieser Versuch verlief aber schon nach kurzer Zeit im Sande.

Die ablehnende Haltung des Kollegiums beruht sicher auch auf Mängeln unseres Entwurfes, da aber die Reaktion Desinteresse war und nicht Kritik, konnten wir aus unseren Fehlern nicht lernen.

Nach der Verleihung der Umweltschutzmedaille wurde uns Unterstützung des Stadtschulamtes zugesagt.

Der zuständige Stadtrat war sehr an unseren Plänen interessiert und begeistert davon, daß die Initiative von Schülern ausgegangen war. Er versprach uns, einen Lehrauftrag an die Schule zu vergeben.

Im Rahmen dieses Lehrauftrages sollte eine von uns in Zusammenarbeit mit den Lehrern entwickelte Unterrichtseinheit durchgeführt werden.

Aus zwei Gründen wurde dieses Projekt nicht durchgeführt:

- Desinteresse auf seiten der Schulleitung, das heißt, uns wurde keinerlei Unterstützung zuteil.
- Unser Abitur stand vor der Tür (1975), wir mußten darauf unser Hauptaugenmerk richten.

Ffm., den 15. Okt. 1974
W. Oswalt, H. W. Bilger, Th. Büttner (VUS)

An das Kollegium des Lessing-Gymnasiums

Umweltschutz als fächerübergreifender Unterricht
Wir glauben, daß Umweltschutz im Unterricht notwendig ist, da das Problem des Umweltschutzes eines der schwerwiegendsten Probleme unserer Zeit ist.

Das Interesse daran ist sehr groß; die Informationsflut aber verwirrt mehr als sie hilft, weil die Zusammenhänge nicht erkannt werden.

«Vor allem fehlen tiefere Einsichten in naturwissenschaftliche, politische und ethische Hintergründe fast völlig. Dieses geringe Wissen führt leicht zu Ratlosigkeit, Fatalismus und Desinteresse, wenn man mit Schülern über notwendige Maßnahmen diskutiert.» (K. A. Noack, B. Ruland, Umweltschmutz – Umweltschutz, Colloquium Verlag, Berlin 1974, S. 17).

Der Umweltschutz reicht in jedes natur- und geisteswissenschaftliche (Problem-)Fach hinein, deshalb sollte der Umweltschutz in fächerübergreifendem Unterricht erfolgen.

Wir stellen uns vor, daß während eines bestimmten Zeitraumes von mindestens einem naturwissenschaftlichen und einem geisteswissenschaftlichen Fachlehrer dieses Problem gemeinsam behandelt werden sollte. Dabei sollte unbedingt eine Absprache erfolgen. Als Thema z. B. die Verschmutzung des Rheins:

Biologie	Ökologisches Gleichgewicht, Sauerstoffgehalt, Algenwachstum, Thermische Verseuchung . . .
Chemie	Fertigungsprozesse, Abfallstoffe und ihre Wirkung . . .
Geographie	Geologie und Geographie des Rheins, Anrainerstaaten, Urbanisierung . . .
Sozialk., Geschichte	Kommunale Probleme, Steuerfragen, Finanzierung, Rechtsfragen . . .
Religion	Fragen des Bewußtseins, der Ethik, (a. a. O., S. 103)

Um Ihre Ansichten kennenzulernen und unsere näher darzulegen, würden wir uns freuen, wenn Sie im Rahmen einer Fachkonferenz bereit wären, sich mit uns zu unterhalten.

Die Reaktionen auf die Initiativen waren für uns enttäuschend.

Von 16 zweimal verteilten Fragebögen kamen nur sechs zurück; der Versuch, die Meinung unserer Mitschüler kennenzulernen, scheiterte an Lethargie, so daß der Entwurf nicht mehr überarbeitet werden konnte.

Frankfurt, den 25. 9. 1975

Sehr geehrte Damen und Herren,
das Stadtschulamt hat der Arbeitsgemeinschaft Umweltschutz anläßlich der Verleihung der Umweltschutzmedaille seine Unterstützung zugesagt.

Durch einen Lehrauftrag sollte eine Fachkraft des Lessing-Gymnasiums für eine gewisse Zeit beauftragt werden, in Zusammenarbeit mit ihren Kollegen und uns die Vorbereitung und Erprobung einer von uns initiierten Unterrichtseinheit über Umweltschutz zu beraten und zu koordinieren.

Der Vorbereitung dieser Arbeit soll eine Fragebogenaktion dienen, an deren Gelingen mitzuhelfen wir die freundliche Bitte an Sie richten.

Nach der Auswertung der Fragebögen würden wir uns auf ein Gespräch mit Ihnen freuen.

Hochachtungsvoll

Thomas Büttner

Frage

1. Kann man das Problem Umweltschutz/Umweltverschmutzung im Unterricht behandeln?
2. Welche besonderen Themen würden Sie für Ihr Fach (Biologie, Chemie, Physik, Gemeinschaftskunde, Erdkunde, Geschichte, Sozialkunde) für wichtig halten?
3. Glauben Sie, daß besondere Themen in fächerübergreifendem Unterricht behandelt werden können?
4. Welche Themen halten Sie dabei für besonders wichtig und in welcher Kombination könnte eine umfassende Behandlung erfolgen?
5. Welche Möglichkeiten sehen Sie, die von Ihnen vorgeschlagenen Themen in der gewünschten Kombination in den Unterricht einzubauen?

Im Kultusministerium war der Briefvorgang nicht einmal mehr aufzufinden. Dort verwies man auf den Erlaß «Umweltschutz in der Schule», in dem zugesagt wird, daß Unterrichtsvorhaben einzelner Schüler gefördert würden. Darin wird dann auch noch behauptet, «eine Vielzahl von entsprechenden Aktivitäten sei in Bewegung gekommen» (FR, 21. 2. 1977, S. 14).

Die «Frankfurter Rundschau» berichtet weiter:

«Rektor Schaffner vom Lessinggymnasium verweist auf die vorübergehende Umwelt-Initiative einer Chemielehrerin. Im übrigen sei Grund zur Besorgnis, den herkömmlichen Unterricht mit dem Lehrpersonal überhaupt durchziehen zu können ...

Eine Umfrage bei Frankfurter Gymnasien ergab, daß einige Schulleiter nur unzureichend darüber informiert waren, ‹was einzelne Kollegen ergänzend zum Biologie-, Chemie- oder Sozialkundeunterricht über Umweltschutz den Schülern vermitteln.› – Auch beim Institut für Geophysik und Meteorologie verzeichnet man geringes Interesse an der Meßtechnik von Kohlenmonoxid oder Schwefeldioxid: alle ein bis zwei Monate meldet sich eine Schulklasse zur Besichtigung an. Nur Oberstudiendirektorin Ruth Rahmel (Elisabethenschule) berichtete über direkte Umweltaktivitäten: Die Vorgänge um das Atomkraftwerk Whyl und das Problem von Mülldeponien wurden ausgiebig diskutiert; die Atomdebatte zwischen Forschungsminister Matthöfer, Innenminister Maihöfer und Ministerpräsident Stoltenberg wurde per Video-Recorder aufgezeichnet und behandelt. Der Kultusministererlaß war vielen Schulleitern nicht bekannt, noch wurden Förderungen in Anspruch genommen.»

Anmerkung der Herausgeber: Der Bericht der Schülergruppe und des Redakteurs H. Lammert von der «Frankfurter Rundschau» schildern die Schulwirklichkeit und dokumentieren das, was der engagierte Lehrer und Umweltschützer Peter Jacobi in seinem Beitrag nur kurz analysieren kann. Für diesen kleinen Bereich aus dem Schulalltag haben wir nachgewiesen, wie die materielle Misere auch inhaltliche Reformen erschlägt.

Peter Jacobi

Bedrohte Umwelt

Peter Jacobi ist einer der Übersetzer und Bearbeiter des schwedischen Schulbuches «Vår hotade livsmiljö», das im Beltz-Verlag unter dem Titel «Bedrohte Umwelt» in deutscher Sprache erschienen ist. Mit seinem persönlich und engagiert geschriebenen Bericht wollen wir dazu beitragen, daß das außerordentlich informative und anregende Schulbuch seinen gebührenden Platz im BU erhält.

E. B.

Zur Geschichte

Hans Palmstierna, der schwedische Autor, war während des Zweiten Weltkrieges Widerstandskämpfer in den Niederlanden gegen die Besatzer des faschistischen Deutschland – zwei aus seiner Dreiergruppe wurden gefaßt und erschossen, er selbst überlebte als einziger und ging nach dem Krieg zurück nach Schweden, wurde einer der führenden schwedischen Chemiker und begann Anfang der siebziger Jahre mit Hilfe der schwedischen Sozialdemokraten und des Gewerkschaftsverbandes eine intensive, bislang in keinem Staat der Erde wieder erreichte Umweltschutzkampagne.

Ich lernte ihn während der UNO-Umweltschutztagung in Stockholm kennen. Wir mochten uns vom ersten Augenblick an, und innerhalb von Stunden war in großen Zügen der Plan festgelegt, für den deutschen Sprachraum eine Zusammenfassung, Übersetzung und Bearbeitung der schwedischen Materialien herauszugeben. Hans hatte gemeinsam mit seiner Frau Lena die Umweltschutzkampagne vorbereitet, beide ließen mir als Übersetzer und dem Mitautor, dem Hamburger Lehrer Lutz Maier, vollkommen freie Hand, was wir weidlich auszunutzen gedachten. Uns beiden, Lutz und mir, war das schwedische Ausgangsmaterial zu zurückhaltend, zu bescheiden – eigentlich einer gut informierten schwedischen Öffentlichkeit angemessen, bei der die Autoren schon Mitte der sechziger Jahre von einem Umweltschutz-Bewußtsein ausgehen konnten, das heute den meisten Bundesbürgern noch immer abgeht.

Der Beltz-Verlag war bereit, die zahlreichen Bestandteile der Originalvorlage in zwei Bänden, einem Informations- und einem Arbeitsteil, herauszugeben; wir machten uns in anderthalbjähriger Arbeit daran, die ersten für die Schulen in der BRD und Westberlin geeigneten Umweltschutzmaterialien herauszugeben. Es gab zu der Zeit, als Beltz auf den Markt kam, praktisch nichts für Schulen Geeignetes, außer ein paar Heftchen, «Schnellschüsse» von Klett und anderen Verlagen, um den Zug nicht zu verpassen – oberflächlich im Konzept und in der Aufmachung.

Ein wesentliches Thema fehlte im schwedischen Original: Atomenergie. Im Sinne der Vorlage schrieben wir ein vollkommen neues Kapitel, ließen es von den schwedischen Autoren Hans und Lena gutheißen und fügten es ein: Jahre vor Brokdorf und Grohnde eine vernichtende Darstellung des Reaktorunwesens, der Endlagerung von Reaktorabfällen etc.

Zur heutigen Situation

Gemessen an der Bedeutung, den Umweltschutz für den Bestand von Leben überhaupt hat – insbesondere dem von höheren Organismen wie dem Menschen –, ist das Interesse an den Schulen und Universitäten in der BRD und Westberlin noch immer fast gleich Null. Gradmesser des Interesses ist für Verlage der Absatz eines Buches. Palmstiernas, unsere Bände, neben denen es heute nur wenige vergleichbare gibt, werden von Schulen nicht gekauft! Der Markt ist uninteressant. Warum sollten andere Verlage dieselbe Pleite versuchen?

Die Ursachen sind vielfältig, und ich kann hier nur einige nennen:

1. Umweltschutzfragen konfrontieren die Menschen mit sich selbst. Weniger Energieverbrauch (Auto, Heizung, Licht, Nahrungsmittel), Veränderung der Lebensgewohnheiten (keine Reisen mehr, Hand- statt Maschinenarbeit, längere Arbeitszeiten, Eingriff in unsere biologische Reproduktion) erzeugen soviel Angst, daß das gesamte Thema außerhalb der Diskussion bleibt, ja, in politischen Forderungen sogar einfach auf den Kopf gestellt wird (kürzere Arbeitszeiten, Wachstumssteigerung usw.).
2. Wesentliche *Informationsquellen*, wie Zeitung, Radio, Fernsehen, beschäftigen sich – von Ausnahmen abgesehen – mit dem Überlebensthema «Umweltschutz» nur aus kosmetischen Gründen. Waschmittel, Schlagerparaden, F. J. Strauß nehmen – gemessen an ihrer Bedeutung – einen überproportionalen Raum ein und vermitteln den Eindruck, als ob wir uns mit Wichtigerem nicht zu beschäftigen brauchten.
   Bild-Zeitung und Fernsehen, führende Informanten, schweigen die drohenden Folgen unserer Politik gegenüber der Natur und die bereits eingetretenen Katastrophen praktisch tot – sie dienen anderen Interessen.
3. *Politiker*, in ihrer Mehrzahl naturwissenschaftliche Laien, die hauptsächlich daran interessiert sind, wiedergewählt zu werden, sind nicht einmal in der Opposition (im Augenblick natürlich nur zu verständlich) bereit, unbequeme Alternativ-Programme zur Gesundung der Natur und zur Schonung natürlicher und unersetzbarer Rohstoffquellen zu erarbeiten, geschweige denn als Regierungspartei zu beschließen.
   So hatte, laut Palmstierna, Willy Brandt dem damaligen schwedischen Ministerpräsidenten Olaf Palme gegenüber geäußert, falls die deutsche Sozialdemokratie dem Bürger reinen Wein hinsichtlich Umweltschutz einschenken würde, verlöre sie mit Sicherheit die kommende Wahl.
4. Uns interessieren hier *Schulen*: Sie sind nichts weiter als ein Spiegel der Gesellschaft, in der Lehrer Kinder unterrichten sollen.
   Lehrer haben wie alle anderen Menschen Angst, Fragen des Umweltschutzes zu Ende zu denken. Also «vergessen» sie es als Unterrichtsthema.
   Lehrer sind uninformiert wie Politiker. Besonders an Haupt-, Berufs- und Realschulen fehlen Biologen, Chemiker oder Physiker, und die naturwissenschaftlichen Fächer sind Mangelware. Also entfällt Umweltschutz als Unterrichtsfach.
   Auf Mitglieder von Kultusministerien, die Lehrpläne beschließen, treffen die eben genannten Merkmale in vollem Umfange zu. Von ihnen ist bezüglich Umweltschutz als Unterrichtsfach noch weniger zu erwarten.
   Wer als Lehrer konsequent Umweltschutzunterricht betreibt, muß – gemessen an der gegenwärtigen Logik von Eignungsmaßstäben – mit Berufsverbot rechnen.
   Eltern, die daran interessiert sind, daß ihr Kind die Schule mit der

gehörigen Punktzahl verläßt (siehe NC usw.), werden sich hüten, Umweltschutz als Unterrichtsthema zu fordern, denn er bringt ihrem Kind keine Punkte.

Schüler dürften im Augenblick die letzten sein, die auf konsequenter Behandlung von Umweltschutzthemen bestehen – ihr Schulabgang wäre vorprogrammiert. (Vgl. den Beitrag von Thomas Büttner)

Es gibt weitere Gründe, die genannten scheinen mir die wichtigsten.

Das Fazit ist Resignation gegenüber den herkömmlichen Formen der Vermittlung von Bewußtsein – hier Umweltschutzbewußtsein. Unser Enthusiasmus hat in den letzten Jahren hinsichtlich der Arbeit in Schulen einen unübersehbaren Dämpfer erhalten – und Auftrieb an den Lagerzäunen von Brokdorf und Grohnde. Von uns nicht vorhergesehene Formen der Arbeit vor Ort haben in Stunden ein Bewußtsein gefestigt, zu dem die Schule Jahrzehnte benötigt hätte.

Zur Arbeit in der Schule

Teile des Informations- und Arbeitsbuches sind fächerübergreifend vom 5. Schuljahr an aufwärts bis in die letzten Klassen zu verwenden. Einzelne Zeitungsmeldungen fordern ein hohes intellektuelles Niveau, andere können mit zwölfjährigen Schülern gelesen werden.

Ergänzend zur schwedischen Vorlage wollten wir weit verstreute Informationen zusätzlich anbieten, um Lehrern die zeitraubende Suche in einer Presselandschaft zu ersparen, die Nachrichten über Umweltschutz nur tropfenweise durchsickern läßt. Schüler sollten Gelegenheit erhalten, anhand von Karikaturen, Texten und Graphiken Feuer zu fangen am Thema Umweltschutz. Hier nutzten wir die Möglichkeit, durch die Auswahl bestimmter Artikel und Graphiken über Militarisierung usw. Material anzubieten, das normalerweise durch keine Schulbuchzensur geschlüpft wäre. Dies mag auch ein Grund sein, warum Lehrer das Thema meiden, da sie an den wirklichen Ursachen von Umweltzerstörung, Befreiungskriegen oder Arbeitslosigkeit gar nicht interessiert sind. Es gibt keinen logischen Aufbau beim Thema Umweltschutz. Deshalb bleibt es dem Lehrer überlassen, ob er im Unterricht seine Schüler zuerst mit dem Bereich Luft, Müll oder Wasser konfrontiert. Die Abschnitte im Arbeitsbuch richten sich jeweils nach den Themen, die im Lesebuch behandelt wurden.

Das Literaturverzeichnis am Schluß ist von uns ausschließlich unter dem Gesichtspunkt zusammengestellt worden, dem Lehrer wenige, aber wichtige Bücher zur Auswahl anzubieten, damit er in dem einen oder anderen Bereich sich wirklich zu Hause fühlt. Es müßte heute um einige neue Bücher erweitert werden.

Wie giftig sind die Deutschen?

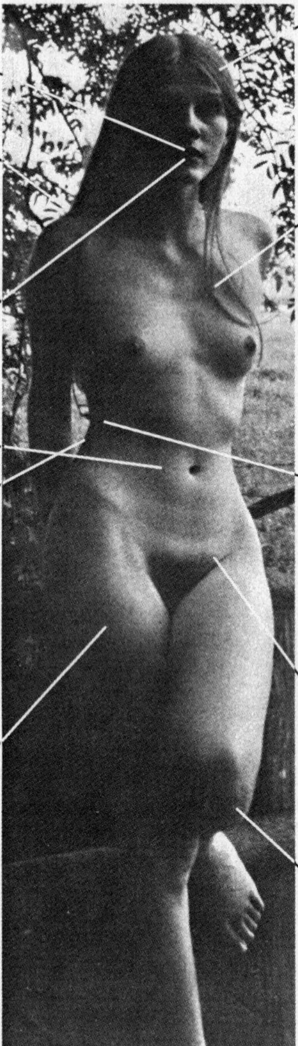

Zähne und Zahnfleisch
Blei/Quecksilber

Nervensystem
DDT (Insektenvertilgungsmittel) und andere chlorierte Kohlenwasserstoffe (wie z.B. das PCB, das in der Kunststoffindustrie verwendet wird)
E 605 Insektenvertilgungsmittel) und andere organische Phosphorverbindungen
Blei/Quecksilber/Radioaktive Substanzen

Atmungsorgane
Staub und Abgase

Verdauungsorgane (Magen, Darm)
E 605 (Insektenvertilgungsmittel) und andere organische Phosphorverbindungen
Blei

Nieren
DDT (Insektenvertilgungsmittel) und andere chlorierte Kohlenwasserstoffe (wie z.B. das PCB, das in der Kunststoffindustrie verwendet wird)
Quecksilber
Radioaktive Substanzen

Fettgewebe
DDT (Insektenvertilgungsmittel) und andere chlorierte Kohlenwasserstoffe (wie z.B. das PCB, das in der Kunststoffindustrie verwendet wird)
Radioaktive Substanzen

Gehirn
DDT (Insektenvertilgungsmittel) und andere chlorierte Kohlenwasserstoffe (wie z.B. das PCB, das in der Kunststoffindustrie verwendet wird)
Blei/Quecksilber/Radioaktive Substanzen

Herz und Kreislauf
DDT (Insektenvertilgungsmittel) und andere chlorierte Kohlenwasserstoffe (wie z.B. das PCB, das in der Kunststoffindustrie verwendet wird)
E 605 (Insektenvertilgungsmittel) und andere organische Phosphorverbindungen
Blei/Staub und Abgase

Leber
DDT (Insektenvertilgungsmittel) und andere chlorierte Kohlenwasserstoffe (wie z.B. das PCB, das in der Kunststoffindustrie verwendet wird)
Quecksilber
Radioaktive Substanzen

Keimdrüsen
DDT (Insektenvertilgungsmittel) und andere chlorierte Kohlenwasserstoffe (wie z.B. das PCB, das in der Kunststoffindustrie verwendet wird)
Radioaktive Substanzen

Knochen und Gelenke
Blei
Radioaktive Substanzen

Perspektiven

Unsere negativen Darstellungen hinsichtlich der Rolle der Industrie, das heißt des Systems, in dem sich diese Industrie entfaltet, bei der Zerstörung der Umwelt scheint – gemessen an den (erzwungenen) Bemühungen der Industrie und ihrer Selbstdarstellung – überzogen. Aber die Daten der Gesamttendenz, die von Zeit zu Zeit veröffentlicht werden, beweisen lückenlos die zunehmende und unaufhaltsame Unbewohnbarmachung unseres Planeten. Ich nenne nur: Ausbreitung von Wüstenzonen, Zerstörung der Gesamtwaldfläche, Zerstörung von Ackerboden, aussterbende Tierarten (Wale, Fische, Landsäugetiere, Vögel, Insekten), radioaktive Verseuchung, Sauerstoffminderung der Gesamtatmosphäre, Militarisierung, Überbevölkerung, Hunger usw. Sämtliche Faktoren werden in den beiden Bänden benannt und belegt, haben an Aktualität ständig gewonnen und brauchten nur hier und da ergänzt zu werden. Für uns, für mich, ist die Diskrepanz zwischen vorhandenen und zum Greifen nahen Katastrophen und der Ignoranz, mit der sie in Schulen und in der Gesellschaft behandelt werden, letztlich nur aus der Angst vor dem Unausweichlichen, vor dem Tod, zu erklären.

1974 starb Hans Palmstierna. Der Sturm brachte sein Segelboot vor der schwedischen Küste zum Kentern. Sein Tod, der in Schweden große Betroffenheit auslöste, war für uns schmerzlich und kam so unerwartet.

Wenn es richtig ist, daß Zerstörung von Natur durch die Industrie und Technik ein nur in anderer Gestalt wirksamer Faschismus gegenüber unserem Planeten ist, war die Fortsetzung seines Kampfes gegen den Faschismus in Form eines Sich-Wehrens gegen Umweltzerstörung nur logisch und konsequent.

Ulrich Kattmann

Biosphäre und Mensch

Plädoyer für einen humanzentrierten Biologieunterricht

1. Gedanken beim Anblick der Erde

Der Blick vom Mond erfaßt die Erde als blauen Planeten, umgeben vom Schwarz des Weltraums. Anschaulicher als jede Berechnung über Umfang von Energiequellen und Stoffreserven zeigt dies Bild die Begrenztheit des Lebensraumes Erde. Anschaulich wird auch die Rede von der Biosphäre als dem Gesamtgefüge aus Lebewesen und Lebensräumen, das als ein globales Ökosystem die Erde umfaßt.

«Nur eine Erde»
war das Motto der ersten Umweltkonferenz der UNESCO in Stockholm. Mit der gegenwärtig sich abzeichnenden Ökokrise wird stärker als früher

bewußt, daß der Mensch aufhören muß, die Biosphäre zu verunstalten und auszubeuten, damit Menschen in ihr weiterleben können. So sieht der Mensch, der in den Weltraum vordringt, zugleich seinen Lebensraum auf der Erde gefährdet. Denn obwohl er scheinbar den Weltraum erobert, bleibt der Mensch doch unablässig von der Biosphäre abhängig. Auch bei seinem Ausflug in den Weltraum muß er Teile der Biosphäre (einfache Ökosysteme) im Raumschiff und Raumanzug mit auf die Reise nehmen, um zu überleben.

«Nur eine Menschheit»

Die über dem Mond aufgehende Erde zeigt damit auch, daß die Geschichte der Erde und des Menschen nur als die eine Geschichte der einen Menschheit fortgeschrieben wird. Die gesamte Menschheit sitzt tatsächlich in dem einen Raumschiff «Erde». Vorräte und Raum der Erde sind begrenzt. Viele Rohstoffe der Erde sind unersetzbar. Allein die Tatsache, daß 5,6 % der Erdbevölkerung (das sind die Bewohner der USA) 40 % der gesamten Produktion von Rohstoffen für sich verbraucht, zeigt, wie gefährlich ungerecht und ungleich die Güter der Erde verteilt sind. Von den größten Nutznießern der Biosphäre geht zugleich deren größte Gefährdung aus. Die Menschheit kann nur überleben, wenn sie haushält, Vorräte und Produktionen der Erde gerechter verteilt, anstatt diese durch eine Minderheit ungehemmt auszubeuten.

«Vielfalt in der Einheit»

Die Überlebenskrise ist heute erdumfassend, aber die Probleme des Lebens und Überlebens stellen sich nicht überall auf der Erde auf die gleiche Weise. Die Biosphäre ist ein einziges erdumfassendes «lebendes System» (Biosystem), aber sie ist nicht einförmig, sondern in vielfältig verschiedene Ökosysteme untergliedert.

Die Menschheit ist eine einzige erdumfassende Art-Population, aber sie ist zugleich in vielfältig verschiedene Populationen und Gruppen gegliedert. Die Variabilität (Individualität und Vielfalt) von Biosphäre und Mensch gehört wie die Einheit von beiden zu deren Lebensbedingungen. Sie schafft in verschiedenen Regionen und Gesellschaften der Erde unterschiedliche Voraussetzungen, deren Mißachtung schwerwiegende Folgen für die gesamte Biosphäre und die gesamte Menschheit haben können.

Was können die drei Gedanken «Nur eine Erde», «Nur eine Menschheit», «Vielfalt in der Einheit» für die Biologie bedeuten? Zunächst geht es nicht um Biologie. Nicht die Biologie ist gefährdet und muß gewahrt und verteidigt werden, sondern die Biosphäre und mit ihr der Mensch. Diese Situation muß aber Biologen, vornehmlich diejenigen, die Biologie lehren, herausfordern, über Biologie neu nachzudenken. Welche Beiträge hat diejenige Wissenschaft, die sich mit Biosphäre und Mensch befaßt, zur Lösung der Probleme heute anzubieten? Welche Aufgaben sind dieser Wissenschaft zu stellen, damit diese zur Problemlösung künftig beitragen kann? Welche Zusammenhänge muß Biologie vermitteln, damit Einsichten über Geschichte und Zukunft der Biosphäre und die Rolle des Menschen in ihr gewonnen werden?

Wir stellen damit die Frage nach der *Fach*wissenschaft «Biologie». Gefragt ist ein Verständnis dieses Wissenschaftsbereiches, in dem die Überlebensfragen von Mensch und Biosphäre mit enthalten sind. Eine solche Fachwissenschaft wird sich in Forschung und Unterricht sozialen und individualen Problemen öffnen müssen, jenen Fragen also, die in der neueren Curriculumdiskussion als «gesellschaftsrelevant» bezeichnet werden. Die Frage nach dem Fach ist dann nicht durch gesellschaftsorientierte Fragen zu ersetzen. Sie erledigt sich auch nicht dadurch, daß das Fach selbst als eine gesellschaftliche Größe angesehen wird. Vielmehr soll ein Verständnis der Wissenschaft Biologie entwickelt werden, das die emanzipatorischen Potenzen dieser Wissenschaft aufdeckt. Für den Biologieunterricht wäre eine derartige Biologie etwas Neues. Diese Wissenschaft wäre dann von sich aus daran interessiert, in Lebenszusammenhänge eingefügt zu werden, von denen im Wissenschaftsbetrieb bisher (und wohl auch weiterhin) zunächst notgedrungen abstrahiert wird. Entscheidend dafür wird es sein, wie die Wissenschaft «Biologie» ihre Gegenstände, Biosphäre und Mensch, begreift. Im folgenden Abschnitt wird daher versucht, die Biologie als Wissenschaft von der Biosphäre zu beschreiben, um im nächsten nach der biologischen Eigenart des Menschen und deren Bedeutung für die Biosphäre zu fragen.

Die beiden anschließenden Abschnitte enthalten dann die Konsequenzen aus dem gewonnenen Biologieverständnis für eine Strukturierung des Biologieunterrichts.

2. Schritte zum Verständnis der Biologie – oder: Was heißt «Leben»?

Biologen haben seit längerer Zeit den Namen ihrer Wissenschaft, Lehre vom Leben, nicht mehr ganz für voll genommen. «Leben» erscheint ihnen als Gegenstand wissenschaftlicher Erkenntnis zweifelhaft, da es als eine metaphysische Größe erscheint, deren Deutung Philosophie und Theologie überlassen bleiben soll. Infolgedessen soll Biologie sich darauf beschränken, die Eigenschaften lebender Systeme, die «Lebensprozesse» und die «Bausteine» zu beschreiben. Analysierbare Teilsysteme treten als das «Lebendige» an die Stelle der als empirisch nicht mehr faßbar erscheinenden Ganzheit «Leben». So werden die Lebewesen als komplizierte Naturkörper betrachtet, die die Phänomene des Lebendigen zeigen. Teilgebiete, die sich mit kleineren Bausteinen der Lebewesen befassen, die Zellenlehre und schließlich die Molekularbiologie, werden zu Leitdisziplinen innerhalb der Biologie.

Eine andere Sichtweite wird möglich, wenn sich herausstellt, daß alle die «lebenden» Systeme (Biosysteme), die die Biologie untersucht, ein einziges großes System bilden, so daß alles Lebendige auf der Erde schon von sich aus zu einer Einheit zusammengefügt ist. Dann nämlich kann ohne weltanschauliche Vorbehalte zum Begriff «Leben» zurückgekehrt werden: Leben bezeichnet dann den Zustand und die Prozesse des Gesamtsystems. Dieses eine umfassende «lebende System» auf der Erde aber ist die Biosphäre.

Erster Schritt zum Verständnis der Biologie: Träger des Lebens ist die Biosphäre, nicht das einzelne Lebewesen.

Die Biosphäre ist das erdumfassende Gesamt-Ökosystem, das heißt der Lebensraum des Planeten «Erde» mit allen Lebewesen. Die Lebewesen können auf der Erde nur existieren, indem sie am Gesamtprozeß «Leben» der Biosphäre teilhaben. Getrennt von ihrer Umwelt sind sie tot. «Die Lebewesen ‹leben› nicht im eigentlichen Sinne – sie haben Teil am ‹Leben› als eines Zustandes des Gesamtsystems» (von Wahlert).

Die Einsicht, daß «Leben» nicht als eine Eigenschaft der Lebewesen sondern der Biosphäre zu beschreiben ist, fällt um so leichter, je weniger Kenntnis vom Gesamtsystem wir bei unseren Definitionen voraussetzen. Dazu ein Gedankenexperiment: Wir können uns vorstellen, daß Weltraumfahrer auf dem Mond einem intelligenten Wesen begegnen, dem das Leben auf der Erde unbekannt ist. Sollte dann nicht ein solches Mondwesen an einem mitgebrachten Lebewesen, zum Beispiel einer Spinne, alle Kennzeichen des Lebendigen erkennen können? Kann dann nicht doch «Leben» am einzelnen Lebewesen ohne Kenntnis der Zusammenhänge in der Biosphäre definiert werden? Das intelligente Wesen aus dem Weltraum mag eine Spinne wohl als «Lebewesen» erkennen, aber sein Bild von dem, was «Leben» auf der Erde ausmacht, bleibt in jedem Falle unvollständig, weil dieses auf Morphologie und Physiologie beschränkt wäre. Das Wesen erführe nichts über die Geschichte dieser einen Spinne und die Evolution dieser Spinnenart. Und sollte die Spinne während der Schwerelosigkeit des Raumfluges ein Netz gebaut haben, so wüßte das fremde Wesen auch nichts über dessen Funktionen und die Beziehungen der Spinne zu den Beutetieren ihrer Umwelt. Das all dieses unbedingt zum vollgültigen Lebensbild dazu gehört, zeigt sich drastisch darin, daß die Russen und die Amerikaner bei ihrem gemeinsamen Weltraummanöver unserem angenommenen Weltraumwesen nur eine tote Spinne hätten vorweisen können: Die Spinnen, die die Amerikaner mitnahmen, verhungerten. Fliegende Insekten fehlten im Raumschiff, und die Spinnen verweigerten die angebotenen Fleischstücke, da sie nur lebende Tiere fressen. Ganz wie bei einem Fossil oder einem Skelett können an dem isolierten Lebewesen also nur Teile von Kennzeichen des Lebens erkannt werden. Rückschlüsse von der Morphologie und Physiologie, zum Beispiel auf Lebensweise und Ökologie, sind uns nur möglich, weil wir bereits etwas über das Leben der gesamten Biosphäre wissen und bei unseren Schlüssen voraussetzen.

Die Biosphäre selbst ist in zahlreiche Teilsysteme untergliedert. Derartige räumlich und funktional abgrenzbare Biosysteme sind zum Beispiel die Ökosysteme (zum Beispiel ein Wald, ein See) und die Lebewesen selbst, die einzelnen Organismen. Die Organismen sind jedoch zu einem weiteren Biosystem, das die einzelnen Individuen übergreift, zusammengefügt: den Populationen.

Zweiter Schritt zum Verständnis der Biologie: Evolution vollzieht sich an Populationen, nicht an Individuen.

Populationen sind Gruppen von Organismen einer Art, die gegeneinander teilweise oder vollständig isoliert sind und bevorzugt in sich eine

Fortpflanzungsgemeinschaft bilden. Obwohl die Populationen aus Individuen ein und derselben Art bestehen, sind diese dennoch nicht völlig gleichartig. Variabilität in und zwischen Populationen ermöglicht Evolution. Das Genom eines Organismus ändert sich während dessen Leben nicht wesentlich, wohl aber kann sich die Zusammensetzung der Population und damit deren Genbestand im Laufe der Zeit durch Mutation, Selektion und Genfluß verändern. Jede evolutionäre Änderung bei einer Organismenart oder in einem Ökosystem der Biosphäre beruht daher auf Änderungen im Genbestand einer Population oder des Genflusses zwischen Populationen. Die Population ist daher die grundlegende *evolutionäre* Einheit.

Im Biologieunterricht wird dieser Zusammenhang häufig vernachlässigt. Dies zeigt zum Beispiel die folgende Schülerfrage: Wenn der Mensch von affenartigen Vorfahren abstammt, dann muß doch irgendwann ein Affenpaar ein Menschenbaby bekommen haben. Diese Frage wird nicht etwa nur scherzhaft gestellt, sondern drückt echtes Unverständnis aus. Sie zeigt, in welche gedankliche Sackgasse es führt, wenn Evolution am Einzelwesen oder auch als Folge von Organisationstypen vorgestellt wird, statt an in sich variablen Populationen. Das Denken in Populationen kann hier sofort klären, daß innerhalb einer einzigen Population verschiedene Individuen dem heutigen Menschen unterschiedlich ähnlich sein konnten. Durch Selektion, die die Variabilität innerhalb der Population mindert, und Mutationen, die die Variabilität in der Folgegeneration wieder erhöht, konnten sich die Populationen der Vorfahren des Menschen ohne plötzlichen Sprung zu den heutigen Populationen des Menschen entwickeln.

Dritter Schritt zum Verständnis der Biologie: Selbstorganisation und Selbsterhaltung der Lebewesen sind Leistungen des ganzen Organismus, nicht der Moleküle.

«Ein lebender Organismus ist ein Stufenbau offener Systeme, der sich auf Grund seiner Systembedingungen im Wechsel der Bestandteile erhält» (von Bertalanffy).

Physiologen und Molekularbiologen versuchen zuweilen, die gesamte Biologie durch die bei allen Organismen gleichartigen Teilprozesse und Bausteine zu erfassen. So äußerte der Genetiker Lederberg auf einem Symposium optimistisch gestimmt: «Jetzt können wir den Menschen definieren. Genotypisch besteht er jedenfalls aus einer 180 cm langen bestimmten molekularen Folge von Kohlenstoff-, Wasserstoff-, Sauerstoff-, Stickstoff- und Phosphoratomen – das ist die Länge der DNS.» Dieser Versuch, Biosysteme durch chemisch-physikalische Teile zu definieren, muß scheitern, da sich das System anders verhält als die Summe der Teile und Teilreaktionen. Im System verhalten sich auch die Elemente anders, als sie es getrennt vom System tun.

Schon die DNS ist für sich allein nicht fähig, sich zu verdoppeln (es gibt also keine Selbstreduplikation der DNS, wie viele Schulbücher behaupten). Vielmehr ist die DNS-Verdoppelung die Leistung von DNS und Zytoplasma, also des Systems der Zelle. Auch der Organismus ist ein Biosystem, das nicht einfach aufgrund des Verhaltens seiner Bausteine beschrieben oder erklärt werden kann. Die Ontogenese des Organismus erfolgt nicht allein aufgrund der genetischen Information in den DNS-Ketten, sondern aufgrund des Zusammenwirkens der Teile im Gesamtorganismus.

Der Organismus ist die *ontogenetische* und *morphologisch-physiologische* Grundeinheit.

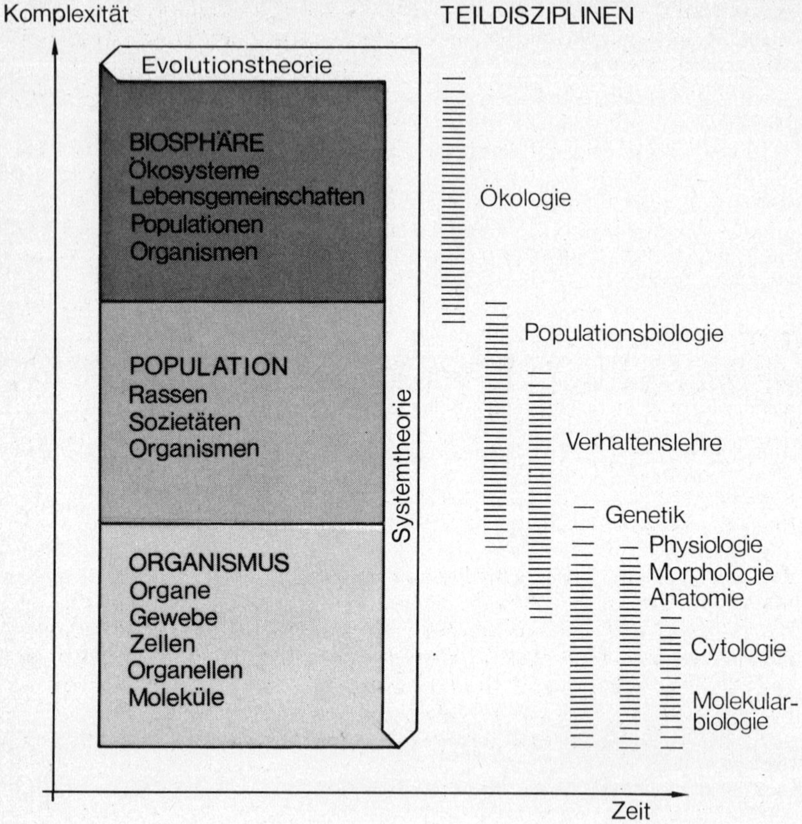

Die drei Systemebenen biologischer Organisation «Biosphäre», «Population» und «Organismus» sind mit ihren weiteren Untergliederungen in das Schema zur Struktur der Biologie als Wissenschaft von der Biosphäre eingezeichnet (Abb. S. 42 a). Das Diagramm ist in ein Achsenkreuz von «Zeit» und «Komplexität» hineingestellt, da die Wissenschaft Biologie nur in Abhängigkeit von diesen beiden Größen betrieben und verstanden werden kann. Dies führt zu zwei weiteren Schritten.

Vierter Schritt zum Verständnis der Biologie: Biosysteme sind offene Systeme im Fließgleichgewicht.

Viele Eigenschaften von Biosystemen können heute aufgrund allgemeiner Kennzeichen von offenen Systemen erklärt werden. Die systemtheoretisch-ganzheitliche Betrachtung durchzieht daher die gesamte Biologie. Da die Systemtheorie vom Verhalten der ganzen Systeme ausgeht und nicht versucht, das Verhalten der Systeme von den einfachen Bausteinen her vollständig zu erklären, zeigt der Pfeil «System*theorie*» im Schema entgegengesetzt zum Pfeil «Komplexität».

Fünfter Schritt zum Verständnis der Biologie: Biosysteme haben eine Geschichte.

Die Biosphäre hat eine Geschichte von etwa drei Milliarden Jahren. Mit der Evolution der Biosphäre sind alle Lebensprozesse, Lebenserscheinungen sowie deren Vielfalt bis hin zur molekularen Ebene umgriffen. «Alle einzelnen Lebensformen und deren Leistungen sind als Bestandteile und Leistungen des umfassenden Prozesses Leben (definiert als Prozeß der Biosphäre) entstanden, so zu beschreiben und so zu erklären ... Sie erscheinen dabei unter doppeltem Aspekt: einmal als Ergebnisse der Evolution und zweitens mit ihrer Bedeutung für die Evolution anderer Formen und Erscheinungen und damit der gesamten Biosphäre» (von Wahlert). *Biologie als Lehre vom Leben wird damit Wissenschaft von der Geschichte der Biosphäre.* Die Evolutionstheorie ist damit grundlegende und basale Theorie für die gesamte Biologie. Da die Evolution von den Biologen nur gegen die Zeit rekonstruiert werden kann, nicht aber exakt vorhersagbar ist, verläuft der Pfeil «Evolutions*theorie*» im Schema entgegengesetzt zum Pfeil «Zeit».

Zwischenergebnis für den Biologieunterricht

Mit der Definition der Biologie als Wissenschaft von der Geschichte der Biosphäre wird ein übergreifendes und verschiedene Anschauungen vereinigendes Verständnis der Biologie erreicht. Die traditionellen Teilgebiete der Biologie können dem Strukturschema zugeordnet werden (s. Abb. S. 42a, Markierungen rechts).

Anhand des entwickelten Strukturschemas der Biologie lassen sich bisherige Schwerpunkte und Leitlinien korrigieren, nach denen Biologie in Schule und Hochschule vermittelt wird.

Sogenannte «*wissenschaftsorientierte*» Ansätze richten den Biologieunterricht vielfach zunächst an «Lebenserscheinungen des Organismus» und dann an den entsprechenden biologischen Teildisziplinen aus. Dabei liegt das Hauptgewicht auf der Ebene des Organismus. Sogar ökologische Beziehungen werden häufig vorwiegend oder ausschließlich vom Einzelorganismus her gesehen (Individuum-Umwelt-Beziehungen). Dies erweist sich jetzt als unzureichend. Im gesamten Biologieunterricht müßte ein viel stärkeres Gewicht auf die Ebenen der Population und der Biosphäre gelegt werden. Ohne die Ebene der Population sind weder die Evolutionsprozesse noch die ökologischen Beziehungen in Lebensgemeinschaften zu verstehen.

Auch eine ausschließlich «*gesellschaftsorientierte*» Leitlinie, wie das Ausrichten des Unterrichts auf das Phänomen der «gesellschaftlichen Arbeitsteilung» beim Menschen, erweist sich als zu eng. Ein solcher Ansatz erfaßt nämlich nur die Ebene der Gesellschaften voll (Sozietäten in Abb. S. 42a). Die gesamte Ebene der Population und die der Biosphäre berührt er nur sehr indirekt. Um nicht mißverstanden zu werden:

Die Ebene der Gesellschaften darf beim Menschen nicht minderbewertet werden. Sie darf allerdings nicht die einzige sein, auf der sich die Probleme im Biologieunterricht bewegen. Gerade viele Probleme, die sich bei der Umwelterziehung, der Friedenserziehung, der Gesundheitserziehung für den Biologieunterricht aus gesellschaftlichen Gründen stellen, können ohne die Ebenen der Biosphäre und der Population gar nicht angemessen behandelt werden. So werden die erdumfassenden Krisen (wie Ökokrise, Rassismus) nicht mehr allein durch das Verhalten innerhalb einer Gesellschaft durch den Gegensatz verschiedener gesellschaftlicher Gruppen bestimmt, sondern zunehmend durch das Verhalten von Gesellschaften untereinander und das Verhalten von Gesellschaften zur Umwelt. Damit werden die Probleme aber zunehmend von der gesellschaftlichen Ebene auf die erdumfassende Ebene der Gesamtpopulation gehoben. So verliert der in marxistischen Ansätzen als grundlegend gewertete Gegensatz von Kapital und Arbeit, der auf der gesellschaftlichen Ebene sein unübersehbares Gewicht hat, in globaler Sicht an Bedeutung. Das große Ungleichgewicht zwischen Nord und Süd auf unserer Erde ist aus diesem Gegensatz heraus allein nicht zu erklären noch zu ändern, da die Lohnabhängigen in den industrialisierten Ländern am wirtschaftlichen Vorteil gegenüber den sogenannten Entwicklungsländern beteiligt sind. Gegenüber den Lohnabhängigen oder Arbeitslosen in den Entwicklungsländern verhalten sich die Lohnabhängigen der industrialisierten Staaten als Nutznießer und Ausbeuter. Eine Solidarität im Interessenkonflikt wird auch in der Politik der Gewerkschaften kaum sichtbar. Auch die einseitig gesellschaftlichen und gesellschaftspolitischen Ansätze zum Biologieunterricht halten wir also für nicht ausreichend, da die biologischen Zusammenhänge in ihnen nicht hinreichend durchdacht sind.

3. Biologische Notizen über den Menschen

Wie bei der Beschreibung von dem, was «Leben» ist, so teilt sich die Biologie auch den Gegenstand «Mensch» mit anderen Wissenschaften. Keine empirische Wissenschaft, ob Psychologie, Soziologie oder die Biologie selbst, kann den «ganzen» Menschen erfassen. Auch Biologie maßt sich daher nicht an, etwa das Wesen des Menschen deuten zu können; sie redet in bestimmter Weise von dem Menschen und stößt dabei auf Widerspruch bei anderen Humanwissenschaften.

Gibt es «den» Menschen?
Oder: Über die Bedeutung von Singular und Plural

Biologen reden meist von *dem* Menschen (im Singular). Dieses bringt ihnen den Vorwurf von Sozialwissenschaftlern ein, daß sie auf diese Weise die sozialen Unterschiede zwischen den Menschen verschweigen oder verschleiern. Das Handeln von sozial herrschenden Klassen werde als Verhalten des Menschen verallgemeinert (zum Beispiel bei der Beschreibung der Ökokrise). Den Menschen gebe es als solchen gar nicht, sondern immer nur als Individuum, das als Angehöriger einer Gruppe handele. Der Einwand trifft tatsächlich auf diejenigen Fälle zu, in denen das Verhalten von Menschen und Menschengruppen vereinfacht und verallgemeinernd beschrieben wird; prinzipiell führt er jedoch in die Irre. «*Den*» Menschen gibt es sehr wohl nicht nur als Individuum, sondern auch als erdumfassende Population der einen biologischen Art «Mensch». «Der» Mensch ist also kein Konstrukt, mit dem typologisch verallgemeinert wird, sondern die real und konkret vorhandene Art-Population. Dieses biologische Verständnis vom Menschen ist freilich nur dann angemessen, wenn der Biologe die Variabilität in Populationen in die Vorstellung einbezieht. Indem er so in Populationen denkt und redet, werden dabei gerade sowohl soziale wie auch genetische Unterschiede von Gruppen und Individuen mit eingeschlossen. Indem sich der Biologe aber weigert, nur noch von Menschen (im Plural) zu reden, betont er zugleich die erdumfassende Einheit der einen Menschheit, die auch durch soziale Gegensätze und Unterschiede nicht aufgehoben wird. Das biologische Reden von «dem» Menschen wahrt also das humane Motiv, das verwehrt, den Gegner, den Ausländer, den Klassenfeind als nur einen «Auch-Menschen» oder «Un-Menschen» zu diskriminieren.

Während es auf der Ebene der Population eine reale Einheit gibt, fehlt diese auf der Ebene der Gesellschaften. «Die» menschliche Gesellschaft gibt es (bisher) nicht. «Die» Gesellschaft ist ein soziologisches Konstrukt. Der Biologe wird daher besser stets im Plural von Gesellschaften des Menschen sprechen. Aber was hat er überhaupt auf dieser Ebene auszurichten?

Abgrenzungen – Kompetenzstreit zwischen Biologen und Soziologen bei Aussagen über den Menschen

Der Mensch sei nicht biologisch, sondern gesellschaftlich zu erklären, so lautet ein Glaubenssatz in vorwiegend sozialwissenschaftlich bestimmten Zirkeln. Bei manchen Psychologen ist nachzulesen, der Säugling entwickle sich von einem biologischen Wesen im ersten Lebensjahr zu einem sozialen. Von einigen Soziologen hört man, mit der gesellschaftlichen Arbeitsteilung sei der Mensch aus der biologischen Evolution ausgeschieden, die kulturelle sei an die Stelle getreten. Dabei handelt es sich lediglich um einen im Grenzstreit zwischen Biologen und Soziologen ausgehobenen Graben. Denn der Mensch ist schon bei der Geburt ein soziales Wesen, und er hört nie auf, ein biologisches zu sein, solange er lebt. Die kulturelle Entwicklung des Menschen beginnt stammesgeschichtlich spätestens mit Lebewesen der Gattung «Homo», deren gesellschaftliche Arbeitsteilung nicht über das Niveau bei anderen Primaten hinausgeht. Die biologische Evolution des Menschen dauert an, solange Menschen auf der Erde leben werden und damit Populationen dieser biologischen Art an der Evolution der Biosphäre teilhaben.

In Wahrheit sind «gesellschaftlich» und «biologisch» keine Gegensätze. Der Mensch ist biologisch ein soziales Wesen, und er hat mit der

Entwicklung der Gesellschaften nicht aufgehört, ein Lebewesen, also ein biologisches Wesen, zu sein. Sozialwissenschaftler haben sich angewöhnt, den Menschen fast ausschließlich unter soziokulturellen Aspekten zu beschreiben. Biologen haben sich vielfach zu sehr von zoologischen Leitbildern verführen lassen, die Eigenart der Gesellschaften des Menschen zu vernachlässigen. Dies brachte ihnen zu Recht den Vorwurf des Biologismus ein. Beide Sichtweisen müssen ernsthaft durch eine soziobiologische ergänzt werden. Dazu müßten Soziologen und Biologen den ideologischen Grabenkrieg aufgeben und ins Gespräch kommen. Die Voraussetzung dafür ist weithin nicht gegeben, denn der nächste Zwischenruf lautet: «Der Mensch ist doch kein Tier.» Ist er es wirklich nicht?

Sonderstellung des Menschen – lebensgefährliche Täuschung

Die prinzipielle Abhebung des Menschen von Tieren («das» Tier als Gegenüber des Menschen gibt es nicht), mag dessen besondere Eigenschaften betonen wollen. Dies wäre ein Vorgehen, das auf jede biologische Art angewendet werden kann. Wir fragen dann nach den spezifischen Eigenschaften des Lebewesens, also nach dessen Eigenart.

Die Rede von der «Sonderstellung» des Menschen soll mehr aussagen. Mit ihr soll der Mensch grundsätzlich und wesenhaft von allen anderen Lebensformen unterschieden werden. Worauf auch immer die Sonderstellung gegründet wird, auf den menschlichen Geist, auf sein Selbstbewußtsein, auf seine Verantwortlichkeit, auf die Sprache, auf die gesellschaftliche Arbeitsteilung, immer tendieren die Aussagen dahin, den Menschen aus den natürlichen Zusammenhängen herauszuheben. Zwar wird meist nicht bestritten, daß der Mensch sich aus tierischen Vorfahren entwickelt hat, aber im Herausheben des Menschen aus der Natur wird verkannt, daß er mit allen Lebewesen eine gemeinsame Geschichte teilt und fortsetzt. Aus dem Blick gerät allzuleicht, daß der Mensch (als Population, Gesellschaft und Individuum) als Teil der Biosphäre von seinen natürlichen Existenzbedingungen abhängig bleibt. Statt dessen verleitet die Annahme der Sonderstellung, den Menschen weitgehend unabhängig von natürlichen Systemen zu denken, zumal der Mensch sich durch Technik und Gesellschaften eine Kulturumwelt, eine «Mittelwelt» schafft, die ihn zunehmend von seiner ursprünglichen Umwelt ablöst. Die «natürliche» Umwelt versteht er vorwiegend als Objekt der Weltbewältigung. Sie wird im Sinne von tatsächlichen oder vermeintlichen Bedürfnissen ausgebeutet, umgestaltet oder zerstört. Spätestens seit der Ökokrise ist diese Sonder- und Abseitsstellung des Menschen als gefährliche Illusion entlarvt. Der Mensch bleibt stets an die biologischen Bedingungen seiner Existenz gebunden. Aus diesen Bedingungen kann er sich nicht hinausmogeln.

Rückwirkungen: die Doppelstellung des Menschen in der Biosphäre

Holen wir den Menschen in die Natur zurück, so bedeutet das nicht ein Zurück in schwärmerische Naturverbundenheit, sondern einfach das

Anerkennen der realen Zusammenhänge. Fragen wir so neu nach der Eigenart des Menschen, so erkennen wir die Doppelstellung des Menschen, in der er einerseits Teil der Biosphäre ist und sich ihr andererseits als Subjekt und Veränderer gegenüberstellt. Der Mensch verändert die Biosphäre, deren Teil er doch ist, und sein Tun wirkt so auf ihn selbst als einen der Betroffenen zurück. Damit wird ein neues Verhältnis von Mensch und Natur deutlich, denn die Sorge um das Wohl des Menschen und die Sorge um das Wohl der Biosphäre fallen deckungsgleich zusammen.

In der Umweltdiskussion werden jedoch immer wieder Stimmen laut, es gehe jetzt um Erhaltung der nichtmenschlichen Natur, nicht um den Menschen. Für diese Konsequenz scheint zunächst zu sprechen, daß der Mensch (als Teil der Biosphäre) zwar in jedem Falle das Schicksal der Biosphäre teilt, die Biosphäre jedoch den Menschen überleben und die Überlebenskrise des Menschen überstehen kann. Ist also die Aussage, daß die Sorgen um Mensch und Biosphäre deckungsgleich seien, immer noch anthropozentrisch gedacht? Unbestreitbar kann der Bestand der Biosphäre – solange es denkende Lebewesen auf der Erde gibt – auch ohne die Existenz des Menschen fortgedacht werden. Aber ebenso zweifellos führt das Absehen vom Menschen dazu, daß die Zukunft der Biosphäre, das heißt die Überlebenskrise selbst, für das Handeln des Menschen gleichgültig wird. In welchem Zustand nämlich der Mensch die Biosphäre zurückläßt und welche Organismen dadurch günstige Lebensbedingungen erhalten (zum Beispiel einige Mikrobenstämme), ist ethisch wertfrei. In Wahrheit führt also das Absehen vom Menschen gleichzeitig zur Sorglosigkeit und Gleichgültigkeit gegenüber der Biosphäre. Wir müssen also folgern: Weil es um die Biosphäre in ihrer heutigen Gestalt mit dem Eigenwert ihrer Lebensformen geht, ist eben auch der Mensch inbegriffen. Und weil es so auch um den Menschen geht, ist mit ihm die gesamte Biosphäre als gegenwärtiger und zukünftiger Lebensraum betroffen. Unsere Folgerungen stammen wesentlich aus der Einsicht, daß der Mensch als Teil der Biosphäre mit deren Schädigung und Ausbeutung tatsächlich gegen sich selbst handelt. «Liebe Deinen Nächsten wie Dich selbst» kann so bezogen auf den außermenschlichen Bereich eine ökologische Interpretation erfahren. Das «wie Dich selbst» drückt eine Gleichheit aus, die eigentlich keinen Unterschied kennt. Der «Nächste» und das «Selbst» werden in einem zusammen gesehen, in der Umweltethik müssen entsprechend «Mensch» und «Biosphäre» zusammen gedacht werden.

Anders ausgedrückt: Wie der Mensch sich gegenüber der Biosphäre verhält, so verhält er sich gleichzeitig auch gegen sich selbst. Und weiter gilt: in der Weise, wie der Mensch am Leben der Biosphäre teilhat und sich in deren Prozesse einläßt, in derselben Weise beeinflußt er auch seinerseits die Biosphäre. Mit dieser Wechselwirkung aber sind Geschichte (als Handeln des Menschen) und Natur real und unlösbar miteinander verbunden. Das Verhalten gegenüber der Natur bekommt auf diese Weise (und nur so) dieselbe ethische Dimension wie das Verhalten gegenüber dem Mitmenschen.

Die Manipulation des Menschen durch Menschen richtet sich ebenso wie die Manipulation seiner Umwelt letztlich gegen ihn selbst. Der Satz: «Wie der Mensch sich zur Natur verhält, so verhält er sich auch gegen sich selbst» gilt auch für die Ausbeutung von Menschen durch Menschen, für das Verhalten von Menschengruppen gegen andere und das Verhalten des Menschen gegenüber sich selbst. Das Verhältnis von Mensch zur Natur und von Mensch zu Mensch muß sich gleichermaßen vom manipulierend Ausbeutenden zum partnerschaftlich Gestaltenden wandeln.

Zwischenergebnis für den Biologieunterricht
Die Notizen über den Menschen in diesem Abschnitt sollen zeigen, was es für die Biologie bedeutet, daß sie den Menschen zu ihren Gegenständen rechnet. Beziehen wir das Schema von den Strukturen der Biologie (Abb. S. 267) auf das Thema «Mensch», so stellt sich auch hier heraus, daß in alten und in neueren Schulbüchern die Fragen nach den *biologischen Existenzbedingungen* des Menschen fast ausschließlich auf der Ebene des Organismus behandelt werden. Die Ebene der Biosphäre wird wenigstens durch sog. Umweltschutzkapitel einbezogen, während die Ebene der Population allenfalls mit einigen Aspekten des Verhaltens und der Vererbung nur flüchtig berührt wird. Gerade beim Thema «Mensch» müßten also die Ebenen der Population und der Biosphäre stärker beachtet werden.

Das Konzept der *Variabilität* des Menschen bewahrt auf der Populationsebene davor, Unterschiede zwischen Menschen und Menschengruppen sowie deren soziale Bedeutung zu übersehen oder durch verallgemeinernde Beschreibung zu vernachlässigen.

Die Frage nach der *Eigenart* stellt die Art-Population «Mensch» in den natürlichen Zusammenhang und zielt dabei gleichzeitig auf deren Rolle in der Biosphäre (Doppelstellung des Menschen).

Je ernster Biologen nehmen, daß der Mensch zu den Gegenständen ihrer Wissenschaft zählt, um so mehr kann dies den Charakter der Biologie verändern, denn auf diese Weise führt das Thema «Mensch» die Biologie aus selbstgewählter fachlicher Begrenzung heraus und bringt sie in Tuchfühlung mit *sozialwissenschaftlich bestimmten Problemen und Aussagen.* Das Thema «Mensch» kann so individuale und soziale Fragen mit biologischen verknüpfen und diesen damit in der Biologie und im Biologieunterricht einen festen Platz geben.

Im Biologieunterricht steht der Gegenstand «Mensch» (besonders im Gymnasium) von den übrigen biologischen Themen isoliert als gesonderte «Menschenkunde». Das Thema Mensch kann mit seinen verknüpfenden Funktionen erst in dem Augenblick voll für den Biologieunterricht genutzt werden, in dem die gesonderte Menschenkunde aufgegeben, und so das Thema in den *gesamten* Biologieunterricht eingeführt wird. Am «Bezugspunkt Mensch» können dann durchgehend die Unterrichtsinhalte aufeinander bezogen, biologische und sozialwissenschaftlich bestimmte Probleme miteinander verbunden sowie schließlich größere Unterrichtseinheiten themenübergreifend strukturiert und orientiert werden.

4. Humanzentrierte Fragen als Strukturierungsprinzip

Die Forderung, den Menschen in den Mittelpunkt des Biologieunterrichts zu stellen, ist nicht neu. Häufig meinte man, ihr allerdings schon dadurch entsprechen zu können, indem man menschenkundliche Themen im Unterricht erweiterte. Neuartig ist es, den Bezug zum Menschen für Lehrer und Schüler im gesamten Biologieunterricht deutlich auszuweisen und diesem dadurch eine unverwechselbare Struktur zu geben. Ein solcher Versuch liegt im humanzentrierten Strukturierungsansatz für den Biologieunterricht vor.

Drei Fragen sollen den Biologieunterricht strukturieren
Die drei leitenden Fragen des humanzentrierten Ansatzes lauten:

1. Welchen biologischen Grundlagen und Bedingungen verdankt der Mensch seine Existenz?
2. Worin besteht die Eigenart des Menschen, und was bedeutet sie für die Biosphäre?
3. Welche Bedeutung hat die Variabilität des Menschen?

Die drei Fragen beleuchten zwar jeweils die gesamte Biologie, jedoch gleichsam scheinwerferähnlich zentriert bestimmte Bereiche. Gemeint sind die «Biosphäre», die «Art Mensch» und die «Variabilität des Menschen». Immer sind alle drei Bereiche mit jeder Frage getroffen, der Schwerpunkt ist jedoch verschieden (siehe Abb. S. 42b). Indem die Fragen so ineinandergeschachtelt sind, können sie verschiedene Themen und Inhalte verbinden.

Konzepte stellen Beziehungsnetze zwischen verschiedenen Gegenständen und Themen des Unterrichts her
Aus den drei Fragen können drei Kataloge von Konzepten gewonnen werden, wie sie in der folgenden Tabelle zusammengestellt sind. Derartige Konzepte werden englisch «unifying ideas» genannt, sie werden wiederholt an verschiedenen Stellen im Unterricht angesprochen und verknüpfen auf diese Weise Themen und Gegenstände des Unterrichts

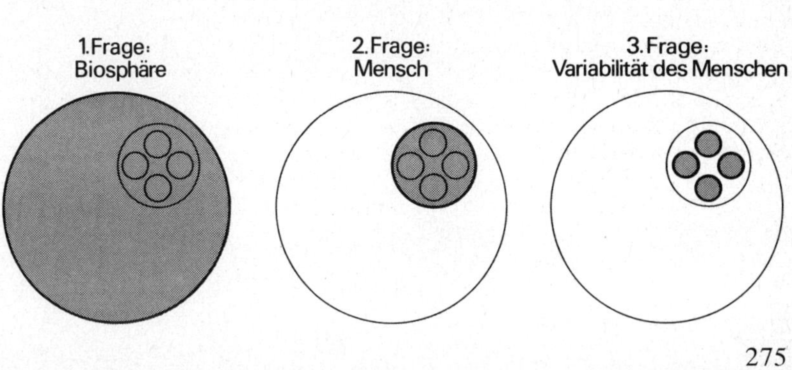

Tabelle: Aus den drei Fragen gewonnene Kataloge von Konzepten

	Frage 1: Welchen biologischen Grundlagen und Bedingungen verdankt der Mensch seine Existenz?	Frage 2: Worin besteht die Eigenart des Menschen und welche Bedeutung hat sie für die Biosphäre?	Frage 3: Welche Bedeutung hat die Variabilität des Menschen?
BIOSPHÄRE	1.1. *Evolution* (Geschichte der Biosphäre: Stammesgeschichte, Populationsgeschichte, «Systematik») 1.2. *Ökosysteme* (Gliederung der Biosphäre: Systeme von Fließgleichgewichten bei Ökosystemen und Populationen, Organismus-Umwelt-Beziehungen; Umwelthygiene)	2.1. Die *Doppelstellung* des Menschen als Teil und als Gegenüber der Biosphäre) 2.2. Die menschliche *Umwelt* (Umgestaltung der gegebenen Umwelt nach menschlichen Bedürfnissen, menschorganisierte Ökosysteme, Gefährdung der Biosphäre und einzelner Lebensräume, Diskrepanzen zwischen technisierter Umwelt und stammesgeschichtlichen Anpassungen, Gebundensein an artspezifische soziale Lernprozesse und Kulturumwelt, globale und lokale Umweltplanung)	3.1. *Zukünftige Evolution* des Menschen (Optimierung biologischer und sozialer Bedingungen, Erhaltung der Variabilität (Vielfalt und Individualität) in Populationen und Kulturen, Familienplanung, genetische Familienberatung
	1.3. *Verhalten* (u. a. Zusammenleben in Sozietäten, Kommunikation und Aggression, angeborene und erlernte Anteile, physiologische und psychologische Aspekte; Psychohygiene) 1.4. *Variabilität* und *Vererbung* (u. a. Populationsgenetik, Normalverteilung	2.3. Die menschlichen *Gesellschaften* (Formen des Zusammenlebens beim Menschen; Vergleiche zwischen ursprünglichen Gesellschaften (Jäger und Sammler) und weiterentwickelten, Früh- und Fossilgeschichte, Arbeit und Arbeitsteilung, gesellschaftliche Rollen)	3.2. Biologische Unterschiede zwischen *Rassen* (Rassenunterschiede und Variabilität innerhalb der Rassen, populationsgenetischer Rassenbegriff; psychische Rassenunterschiede, Rasse und Kulturentwicklung, biologische und soziokulturelle Bedingungen) 3.3 Biologische Unterschiede zwischen

	Frage 1: Welchen biologischen *Grundlagen und Bedingungen* verdankt der Mensch seine Existenz?	*Frage 2:* Worin besteht die *Eigenart* des Menschen und welche Bedeutung hat sie für die Biosphäre?	*Frage 3:* Welche Bedeutung hat die *Variabilität* des Menschen?
POPULATION	von Merkmalen, Modifikation, Mutation, Anlage-Umwelt-Beziehungen; Erbkrankheiten) 1.5. *Sexualität* (u. a. genetische Rekombination, polare Beziehungen, Partnerwahl und Partnerbindung)	2.4. Die menschliche *Lebensspanne* und das *soziale Lernen* (Dauer der Jugendzeit, Notwendigkeit des sozialen Lernens, Beziehungen zwischen Eltern und Kindern; Verhaltensstörungen; Neugierverhalten; Weitergabe von Erfahrung und Traditionen durch Alte, Rolle der Alten, Lebensverlängerung, menschlicher Tod) 2.5. Die *Symbolsprache* und die *nichtsprachliche Verständigung* (vom Objekt unabhängige Kommunikation und Tradition als soziale Leistungen, s. 2.2. und 2.7.; soziale Bedeutung von Körpersprache und Gestik, s. 2.8.) 2.6. Die menschliche *Sexualität* (gegenüber höheren Affen stärkere soziale Funktionen bei Partnerwahl und Partnerbindung; von der Fortpflanzung abgelöstes sexuelles Verhalten bis ins hohe Alter)	*sozialen Gruppen* (Sozialtypen, Siebung, Selektion unter gesellschaftlichen Bedingungen) 3.4. Biologische Unterschiede zwischen den *Geschlechtsgruppen* (Geschlechtsunterschiede und deren Variabilität, Geschlechtsrollen und deren Abhängigkeit von soziokulturellen Faktoren)

	Frage 1: Welchen biologischen *Grundlagen und Bedingungen* verdankt der Mensch seine Existenz?	*Frage 2:* Worin besteht die *Eigenart* des Menschen und welche Bedeutung hat sie für die Biosphäre?	*Frage 3:* Welche Bedeutung hat die *Variabilität* des Menschen?
ORGANISMUS	1.6. *Organismische Systeme* (Gliederung des Organismus: Systeme von Fließgleichgewichten bei Organen, Geweben, Zellen, Organellen, Molekülen)	2.7. Das differenzierte *Gehirn* und die generalisierte *Hand* (Kulturorgan «Hand», intelligenter Werkzeuggebrauch, Geräteherstellung, Feuergebrauch, Schaffen der Kulturumwelt, s. 2.2. und 2.3.)	3.5. Biologische Unterschiede zwischen *Individuen* (Variabilität in körperlichen und psychisch-geistigen Merkmalen)
	1.7. *Reizbarkeit, Transinformation, Regulation* (u. a. Sinnesorgane, Nervensystem, Hormonsystem, Immunreaktion, Biorhythmik, Enzyme; Krankheiten des Nervensystems, Psychohygiene)	2.8. Das menschliche *Gesicht* (das Gesicht hat auch bei Affen Signalfunktion, beim Menschen bekommt es durch die Aufrechthaltung exponierte Stellung; spezifisch menschliche Form: haarlose Stirn, Augenbrauen, vorstehende Nase, Kinn; Bedeutung für nichtsprachliche Kommunikation, z. B. Augengruß; dieser ist bei Menschen verschiedener Rassen und Kulturen ähnlich)	
	1.8. *Fortpflanzung, Wachstum* und *Entwicklung* (Lebenszyklus: u. a. Keimesentwicklung, Geschlechtsreife, Fortpflanzungsphysiologie, Altern, Tod)		
	1.9. *Stoff-* und *Energiewechsel* (Ernährung, Atmung, Zellstoffwechsel; Überernährung, Kreislaufkrankheiten, Hunger, Medikation)	2.9. Der ständige bipede *Aufrechtgang* (Verlust des Greiffußes, Freiwerden der Hände von der Aufgabe der Fortbewegung)	
	1.10. *Aktive Bewegung* (u. a. Muskel- und Skelettsystem; Haltungsschäden, Bewegungsmangel, Sport)		

miteinander. Durch die Konzepte soll also ein inneres Beziehungsnetz zwischen den verschiedenen Stoffgebieten des Unterrichts hergestellt werden (innere Stoffverbindungen). Im humanzentrierten Ansatz werden nun die Konzepte noch einmal selber zusammengehalten durch die drei leitenden Fragen, die ja die eigentlich übergreifenden Zusammenhänge jederzeit sichtbar stiften. Die vollständigen Konzepte müssen daher stets zusammen mit der zugehörigen Frage gelesen werden.

Dem entwickelten Biologieverständnis entspricht es, daß die Konzepte den drei biologischen Ebenen «Biosphäre», «Population», «Organismus» zugeordnet sind. Die stärker übergreifenden Konzepte stehen so an der Spitze der Tabelle (Evolution, Doppelstellung des Menschen, zukünftige Evolution des Menschen). Die drei biologischen Ebenen werden so im humanzentrierten Ansatz nicht nur durch das Ineinander der drei strukturierenden Fragen, sondern auch innerhalb jeder Frage durch die Folge der Konzepte widergespiegelt.

Themenskizzen geben Hinweise für einen Lehrplanentwurf Biologie in der Sekundarstufe I

Der humanzentrierte Ansatz ist bis hin zu Themenskizzen ausgearbeitet worden. An dieser Stelle können nur die Überschriften aufgelistet werden. Klassenstufen 5/6: Der Mensch und die Lebewesen als Teil der Biosphäre: Der Mensch und die Tiere. Der Lebensraum «Erde» und die Kennzeichen des Lebendigen. Sexualität des Menschen. Entwicklung und Lernen bei Tieren und beim Menschen. Fortbewegung. Aufnahme eines Lebensraums. Abhängigkeit von Pflanzen und Tieren.

Klassenstufen 7/8: Der Mensch und seine Umwelt als Teil der Biosphäre: Die Bedeutung der grünen Pflanzen für die Biosphäre. Verschmutzung des Wassers (der Luft). Wahrnehmung der Umwelt. Der Mensch ist ein Gemeinschaftswesen. Gesundheitsrisiken. Drogengebrauch. Stadtplanung. Lebewesen haben eine Geschichte.

Klassenstufen 9/10: Der Mensch und seine Gesellschaften als Teil der Biosphäre: Die Buschmanngesellschaft. Altern und Tod. Formen und Fragen menschlicher Sexualität. Wie sich Arten (Pflanzen, Tiere und der Mensch) verändern. Rassen-Bilder vom Menschen. Entwicklung der Erdbevölkerung. Um zu prüfen, was der humanzentrierte Ansatz im Unterricht wirklich leistet, müßte er bei der Entwicklung von Unterrichtseinheiten, von Lehrplänen oder bei der unmittelbaren Unterrichtsplanung von Lehrern verwendet werden. Wie die humanzentrierten Fragen den Unterricht strukturieren können, soll anhand einer erprobten Unterrichtseinheit gezeigt werden.

5. «Der Mensch und die Tiere» – eine humanzentrierte Unterrichtseinheit

Die IPN-Unterrichtseinheit «Der Mensch und die Tiere» ist noch kein vollgültiges Beispiel für einen humanzentrierten Biologieunterricht.

Diese Bilder zeigen Dir, wie Mensch und Schimpanse auf zwei Beinen stehen.
Schreibe in die Tabelle unten die Kennzeichen des Menschen und des Schimpansen beim Stehen:

Mensch	Schimpanse
aufrechter Oberkörper	vorgebeugter Oberkörper
gestreckte Knie	gebeugte Knie
Spielbein und Standbein	

Eigenart
Stundenthemen
Wirbeltiere
Der Mensch gehört zu den Säugern
Affen und Menschen haben Greifhände
Aufrechtgang
Wirbelsäulen von Mensch und Schimpanse
Händegeben
Einsichtshandlungen bei Mensch und Schimpanse
Instinkthandlungen
Beobachtungen beim Goldhamster

Das Händegeben hat bei Mensch und Schimpanse ähnliche Bedeutung

Arbeitsbogen und Diapositive der Unterrichtseinheit DER Mensch und DIE Tiere

Variabilität
Stundenthemen
Die Menschheit besteht aus vielen Rassen
Gliederung der Menschheit in Großrassen
Rassenkonflikte
Gemeinsamkeiten und Zusammenleben der Menschenrassen

Die wesentlichen Merkmale sind bei allen Menschen gleich:

Nenne Beispiele:

Lachen
Weinen
Lernen

Merksatz:

Wichtiger als die Unterschiede im Aussehen sind die Gemeinsamkeiten aller Menschen.

Gemeinsames Lernen von Menschen verschiedener Rassen

Vielmehr hat die Entwicklung dieser Unterrichtseinheit selbst den Anstoß gegeben, den humanzentrierten Ansatz auszuarbeiten. An der Unterrichtseinheit lassen sich trotzdem die wichtigen Merkmale und Wirkungen humanzentrierter Strukturierung ablesen.

Die Unterrichtseinheit soll den Schülern des 5. Schuljahres eine erste angemessene Vorstellung von dem biologischen Begriff «Mensch» vermitteln. Dazu wird die Unterrichtseinheit durch die beiden leitenden Fragen nach der Eigenart und der Variabilität des Menschen strukturiert.

Der Mensch wird mit mehreren Tierarten und Tiergruppen verglichen und dann dem menschenähnlichsten Tier, dem Schimpansen, gegenübergestellt. Gemeinsamkeiten mit den Tieren und Unterschiede zu ihnen füllen den Begriff «Mensch» nur zur Hälfte. Neben den artspezifischen Eigenschaften soll die Gliederung des Menschen in Rassen besprochen werden, damit der Begriff «Mensch» so gebildet wird, daß er die Vielfalt der Menschenrassen mit einschließt.

Die Unterrichtseinheit gliedert sich also in zwei Stundenblöcke:

1. Die Stellung der biologischen Art «Mensch» gegenüber der Vielfalt von Tieren,

2. Die Gliederung der biologischen Art «Mensch» in Rassen.

Indem diese beiden Themenbereiche gemeinsam und aufeinander bezogen in ein und derselben Unterrichtseinheit behandelt werden, fügen sich deren Aussagen zu einem biologisch angemessenen Begriff «Mensch» (die biologische Art «Mensch») zusammen. Die durch dieses Vorgehen gestifteten Zusammenhänge werden besonders deutlich, wenn einzelne Teile der Einheit doch wieder gesondert voneinander unterrichtet werden:

- Wer sich am herkömmlichen *Menschenkundeunterricht* orientiert, kann diejenigen Teile der Unterrichtseinheit, die sich mit dem Bauplan des Menschen befassen, lediglich als Beispiele der Organsysteme von Wirbeltieren oder Säugetieren verwenden. So aber käme die Eigenart des Menschen gar nicht in den Blick. Das Skelettsystem könnte dann ohne Schaden ebensogut an einem beliebigen anderen Säugetier erarbeitet werden. In der Tat macht es hinsichtlich des zu lernenden Stoffes kaum einen Unterschied, ob das Skelett in dem einen Schulbuch nun am Haushund und in einem anderen am Menschen erarbeitet wird. Die Verknüpfung von humanbiologischen und zoologischen Teilen in der Einheit wäre aufgegeben.
- Wer sich an der *Verhaltenslehre* als einer biologischen Teildisziplin orientiert, kann entsprechende Teile der Unterrichtseinheit abtrennen und als Einführung in ethologische Begriffe benutzen. Dabei ginge wiederum das vergleichende Beurteilen des Verhaltens des Menschen und der Tiere ebenso verloren wie die Verknüpfung von morphologischen und ethologischen Aspekten.
- Wer schließlich seinen Unterricht an einem *engen Fachdenken* ausrichten will, wird diejenigen Themen, die sich mit ethisch-sozialen Erörterungen beschäftigen, aus dem Biologieunterricht in sozialwis-

senschaftlich bestimmten Unterricht (Politikunterricht, Gemeinschaftskunde, Weltkunde, Religion) verweisen wollen. Damit aber ginge die Verknüpfung von Fachwissen (biologische Rassengliederung) mit Wertfragen (Rassendiskriminierung) verloren. Die beiden Bereiche blieben dann für den Schüler unvermittelt, und sie würden in die Schubfächer getrennter Schuldisziplinen dissoziieren.

Durch die humanzentrierten Fragen nach der Eigenart der Variabilität des Menschen sind also in der Unterrichtseinheit «Der Mensch und die Tiere» sowohl biologische Teilbereiche miteinander verknüpft als auch biologische Fragen mit sozialen und individualen Problemen verbunden. Diese Strukturierung geht bei einem Steinbruchverfahren, wie es eben geschildert wurde, verloren.

6. Wie soll es weitergehen?

Die Unterrichtseinheit «Der Mensch und die Tiere» zeigt beispielhaft, daß es lohnt, den Biologieunterricht an humanzentrierten Fragen zu orientieren. Die Kataloge von Konzepten (siehe Tabelle S. 276–278) geben dazu Hinweise und Hilfen. Auch wenn weitere ausgearbeitete Unterrichtseinheiten den Themenskizzen folgen werden, bleibt es für den unterrichtenden Lehrer fruchtbarer, selbst zu versuchen, seinen Unterricht mit Hilfe übergreifender Fragen zu planen, vorzubereiten und konkret zu gestalten. Dazu soll dieser Beitrag anregen.

Literatur

Bertalanffy, L. von: Das biologische Weltbild, Band 1, Bern 1949, Francke

Bertalanffy, L. von, Beier, W., Laue, R.: Biophysik des Fließgleichgewichts, Braunschweig 1977, Vieweg

Kattmann, U.: Bezugspunkt Mensch, Grundlegung einer humanzentrierten Strukturierung des Biologieunterrichts, Köln 1977, Aulis

Kattmann, U., Stange-Stich, S.: Der Mensch und die Tiere. IPN Einheitenbank Curriculum Biologie, Köln 1974, Aulis

Wahlert, G. von: Die Geschichtlichkeit des Lebendigen als Aussage der Biologie, in: Kattmann, U., Isensee, W. (Hg.): Strukturen des Biologieunterrichts, Bericht über das 6. IPN-Symposion, Köln 1975, Aulis

Wahlert, G. und H. von: Was Darwin noch nicht wissen konnte, die Naturgeschichte der Biosphäre, Stuttgart 1977, dva

Günter Eulefeld

Probleme der Wasserverschmutzung*

Biologie, Geographie, Gemeinschaftskunde als Träger Interdisziplinärer Umwelterziehung

1. Umwelterziehung – was ist das? Umwelterziehung – wozu?

Erziehung ist Handeln, das den einzelnen Menschen mit den Gegebenheiten, Normen und Vorgängen in seiner natürlichen, technischen und sozialen Umwelt vertraut machen will. Sie soll ihn für ein Leben in dieser Umwelt qualifizieren, ihn zur Lebensbewältigung fähig machen.

So verstanden ist jede Erziehung Umwelterziehung – Qualifizierung zur Bewältigung individuellen Lebens in den jeweiligen Umwelten. Der Begriff wird jedoch nicht in diesem, sondern in einem deutlich eingeengten Sinn verwendet. Die seit wenigen Jahren intensiv diskutierten Gefahren, die durch die technischen Möglichkeiten der Menschen für ihre eigene Erhaltung heraufbeschworen wurden, sind dafür verantwortlich.

Umwelterziehung soll die Menschen in einem lebenslangen Lernprozeß «umweltbewußt» machen, ihnen ihre Verantwortung für die Erhaltung einer Welt vor Augen halten, in der sie leben mögen.

Die UNESCO hat sich nach der Stockholmer Konferenz über die Umwelt des Menschen 1972 in drei Konferenzen mit der Umwelterziehung beschäftigt (vgl. Eulefeld, 1977). Anläßlich der Arbeitstagung 1975 in Belgrad wurden Ziele entwickelt, die von Schneider (1977, S. 253) so zusammengefaßt wurden (vgl. CONNECT 1975, S. 2):

«1. Bewußtwerden der Probleme der eigenen Umgebung und ihrer Übertragbarkeit auf größere Regionen.
2. Erwerb von Grundkenntnissen der Zusammenhänge (vor allem im Bereich des Ursachen-Wirkungsgefüges).
3. Entwicklung eines Gefühls für Verantwortung und Betroffensein als Motivation für eine Haltungsänderung.
4. Fähigkeit zur richtigen Einschätzung von erforderlichen Maßnahmen und deren Wirksamkeit und möglichen Folgen.
5. Erwerb von Fertigkeiten zum wirksamen Angreifen von Umweltproblemen.
6. Bereitschaft zum aktiven Mitwirken an möglichen Lösungen.

Die entscheidenden Veränderungen gehen also das Bewußtsein an. Es soll zu einem echten Betroffensein kommen, das heißt die Einstellung zu diesen Fragen soll eine so nachhaltige Veränderung erfahren, daß der Betroffene von da ab gar nicht mehr in der Lage ist, anders als unter Berücksichtigung seiner neugewonnenen Einsichten zu handeln.» (Schneider, 1977, S. 253).

Dies hießt jedoch nicht, die Entscheidung über die Erhaltung der erwünschten Umweltqualitäten an den einzelnen abzugeben. Es ist von

* Dieser Aufsatz fußt im wesentlichen auf der Entwicklungsarbeit einer IPN-Projektgruppe an einer Unterrichtseinheit zum Thema «Probleme der Wasserverschmutzung». Die Mitglieder der Projektgruppe sind: Dietmar Bolscho, Wolfgang Bürger, Günter Eulefeld, Karl-Heinz Horn.

geringer Bedeutung, wenn sich einzelne Personen von sich aus umweltfreundlich verhalten. Wichtig hingegen sind Entscheidungen auf der gesellschaftlichen Ebene, die Verhaltensweisen der einzelnen Konsumenten und Produzenten so steuern, daß sich die Summe der Einzelentscheidungen «umweltfreundlich» oder zerstörerisch auswirkt.

Hierzu gehören Anreize zu bedenkenlosem Konsum ebenso wie die Kritik daran, die Diskussion gesetzgeberischer Umweltschutzmaßnahmen ebenso wie diejenige über Ursachen, Erscheinungen, Messung, Auswirkungen und Vermeidung von Umweltbelastungen und nicht zuletzt auch über die wirtschaftlichen Zusammenhänge.

Umweltbewußtsein der vielen einzelnen ist eine der Voraussetzungen für die politische Durchsetzung notwendiger Entscheidungen in einer Demokratie. Die Entwicklung des Bewußtseins über diese Probleme ist die wichtigste Aufgabe der Umwelterziehung.

Umwelterziehung ist eine Erziehung in der Auseinandersetzung mit der natürlichen, sozialen und gebauten Umwelt, die eine Verbesserung der ökologischen Handlungskompetenz anstrebt.

2. Interdisziplinäre Umwelterziehung – Theorie und Praxis

Umwelterziehung versteht sich also nicht im üblichen Sinne als Schulfach mit der einzigen Aufgabe der Wissensvermittlung an Schüler. Vielmehr denkt man im Sinne einer «lifelong education» an eine Veränderung von Bewußtsein und Handlungskompetenz der ganzen Bevölkerung.

Die Schule muß sich fragen lassen, welchen Beitrag sie zu einer solchen Konzeption leisten kann.

Seit etwa 1970 sind Umweltthemen in die Lehrpläne verschiedener Fächer der verschiedenen Schularten in allen Bundesländern und Berlin aufgenommen worden. Dies gilt in besonderem Maß für Biologie und Geographie. Allgemein stimmt man überein, kein eigenes Unterrichtsfach für Umwelterziehung einzurichten. Dies ist nicht zuletzt dadurch begründet, daß Lehrer für einen derartigen fächerübergreifenden, naturwissenschaftliche wie gesellschaftspolitische Inhalte und Methoden verbindenden Unterricht nicht ausgebildet sind.

Es ist aber auch nicht günstig, wenn Umweltfragen nur in verschiedenen Fächern in verschiedenen Zusammenhängen und zu verschiedener Zeit bearbeitet werden. Dies wird zu vereinfachenden Vorstellungen führen, die der Mehrdimensionalität von Umweltproblemen und der zu ihrer Lösung notwendigen Handlungen nicht angemessen sind.

Aus diesem Grund wird in nationalen wie in internationalen Gremien die Forderung gestellt, Umwelterziehung interdisziplinär durchzuführen (vgl. Umweltschutz, 1972; Eulefeld, 1977). Diesem Anspruch wird die Schule aber nur gerecht, wenn sie neben dem üblichen multidisziplinären Unterricht (unabhängige Behandlung von Umweltfragen in verschiedenen Fächern) auch die *problemorientierte Bearbeitung konkreter Fälle* unter gleichzeitiger und gleichgewichtiger Anwendung von Methoden aus verschiedenen Wissenschaften und unter Einbeziehung der außerschulischen Umwelt in Betracht zieht.

In unserer heutigen Schulwirklichkeit scheint es nicht leicht zu sein, ein solches Projekt zu realisieren. Dennoch hat sich herausgestellt, daß die organisatorischen Voraussetzungen durchaus geschaffen werden können: Eine Koordination der Fächer Biologie und Geographie in einer Klasse, die Einrichtung zweier Doppelstunden pro Woche und ein zur Verfügung stehender Zeitraum von 2–3 Monaten im Sommerhalbjahr (zwischen April und Oktober) machen es möglich, Naturwissenschaften und Gemeinschaftskunde im Bereich Umwelterziehung zu integrieren und die Schüler über das Lernen von Fakten und Zusammenhängen hinaus an der Prozeßplanung und der Datenerhebung außerhalb der Schule zu beteiligen sowie gleichzeitig ihre Selbständigkeit und Fähigkeit zur erfreulichen und produktiven Arbeit im Team zu fördern.

3. Konzeption einer Unterrichtseinheit «Probleme der Wasserverschmutzung»

Am IPN (Institut für die Pädagogik der Naturwissenschaften an der Universität Kiel) arbeitet eine interdisziplinäre Projektgruppe an der Realisierung einer fachlich fundierten, fächerübergreifenden Umwelterziehung innerhalb unserer heutigen Schulwirklichkeit (Eulefeld/Bolscho/Bürger/Horn, 1977). Gleichzeitig sollen die soziale Kompetenz der Schüler und ihre Selbständigkeit gefördert sowie die Begegnung mit ihrer außerschulischen Umwelt angestrebt werden. Hier wurden die folgenden Festlegungen getroffen.

- Kooperation eines naturwissenschaftlichen und eines gemeinschaftskundlichen Faches,
- Organisation des Unterrichts in Doppelstunden,
- Zusammenarbeit der Schüler über längere Zeit in Kleingruppen,
- schriftliche Anleitungen zu selbständigem Arbeiten der Schüler,
- Verbindung schulischer Arbeiten mit außerschulischen Erkundungen,
- Problemorientierung der Arbeiten,
- angemessene theoretische Durchdringung des Problembereichs.

Für ein überregionales Institut ist es wichtig, Modelle zu entwickeln, die nicht nur in einer einzigen Situation eingesetzt werden können. Die Projektgruppe hat sich deshalb für das Problem der Belastung von Fließgewässern entschieden, da

- Probleme der Wasserverschmutzung überall existieren (Abwasserentsorgung der Gemeinden, Nachweis der Belastung mit naturwissenschaftlichen Methoden, Kontrollmöglichkeiten bei Verursachern,
  Durchsetzung gesetzlicher Auflagen, Finanzierungsschwierigkeiten, technische Entsorgungsfragen, Interessenkonflikte, Prioritätensetzung, Öffentlichkeitsarbeit),
- diese Probleme prinzipiell überall gleich sind,

- Fließgewässer – zumindest als Vorfluter für die Abwässer – in den meisten Klein- und Großgemeinden auffindbar sind,
- die selbständige Datensammlung in der eigenen Gemeinde bei den Schülern das Interesse an einer Beschäftigung mit Umweltproblemen fördert,
- die Komplexität der Problematik die Kooperation verschiedener Fächer mit naturwissenschaftlich-technischen und gesellschaftskundlichen Inhalten erfordert,
- für die Untersuchung der Belastung von Fließgewässern einfache Methoden vorliegen, die in der Sekundarstufe I anwendbar sind (vgl. Besch/Eitel/Backhaus, 1972; Eulefeld u. a., 1977; Merck, o. J.).

Um die Probleme der Wasserverschmutzung in einer Gemeinde zu verstehen, sind naturwissenschaftliche, technische und gemeinschaftskundliche (politische, ökonomische, soziologische, psychologische, institutionenkundliche) Kenntnisse notwendig.

Häufig wird vorgeschlagen, im sozialkundlichen Unterricht Befragungen in der Gemeinde durchzuführen, um die Schüler mit diesen vielfältigen Aspekten unmittelbar zu befassen. In der Praxis führt dieses Vorgehen aber zu Schwierigkeiten, weil dabei technische und naturwissenschaftliche Begriffe gebraucht werden, deren systematische Entwicklung anderen Unterrichtsfächern (Biologie, Chemie, Physik) überlassen wird. In diesen Fächern beschäftigen sich Lehrer und Schüler allerdings meist nicht zur gleichen Zeit und auch nicht im gleichen Problemzusammenhang mit solchen Fragen. Die Folge ist, daß die Schüler mit Behörden und Verursachern sprechen müssen, oft ohne ausreichende naturwissenschaftliche Grundkenntnisse zu besitzen. Vor allem aber können sie die Aussagen ihrer Gesprächspartner ohne naturwissenschaftliche Untersuchungen in der Gemeinde weder beurteilen noch überprüfen.

Es ist deshalb notwendig, daß die Schüler die wichtigsten Schlüsselbegriffe für das Verständnis der Probleme der Wasserverschmutzung entwickeln. Weiterhin sollten sie Verfahrensweisen kennenlernen, einüben und in ihrer Gemeinde anwenden, die ihnen ermöglichen, in den außerschulischen Gesprächen mit mehr Sachverstand und mit konkreten Daten auftreten zu können. Dies spielt für die Lernmotivation und die Einstellung der Schüler zu Umweltproblemen eine erhebliche Rolle.

Im Unterricht unseres dreigliedrigen Schulsystems wird heute noch weitgehend ein relativ geringes Maß an Eigenaktivität der Schüler gefordert. Es ist zudem stärker darauf ausgerichtet, Wissen zu vermitteln, als darauf, den Schülern die eigene Einsicht in den Sinn schulischen Lernens zu erleichtern. Ferner werden kaum Methoden individuellen und sozialen Lernens gelehrt sowie Fähigkeiten und Handlungsorientierungen für das Leben außerhalb der Schulklasse vermittelt.

Es wäre allerdings ein Mißverständnis, den gesamten Unterricht in dieser Weise umzugestalten. Ich meine vielmehr, daß diese bisher vernachlässigte Komponente aufzunehmen ist und in regelmäßigen Abständen während der gesamten Schulzeit eingebracht werden sollte. Unterrichtsmethoden, die hierfür zu sehen wären, lassen sich mit «Fallstudie»,

«Projekt», «Kleingruppenunterricht» kennzeichnen (vgl. z. B. Garlichs u. a., 1974; Otto, 1974; betrifft: erziehung, 1975; Bürger, 1976; Bürger, 1977; Bürger, im Druck; Schoof 1977).

In der Unterrichtserprobung hat sich herausgestellt, daß es bei einem stärker durch die Schüler mitgestalteten oder gar selbständig durchgeführten Kleingruppenunterricht nicht ausreicht, wenn lediglich 45-Minuten-Stunden zur Verfügung stehen. Doppelstunden sind notwendig, da die Schüler für die Vorbereitung und Durchführung selbständiger Arbeiten einen ausreichenden Zeitraum benötigen. Dies läßt sich dadurch rechtfertigen, daß das Erlernen von Selbständigkeit, ergebnisorientiertem Handeln und kooperativem Verhalten in der Gruppe als wichtige Lernziele anerkannt sind (vgl. z. B. Deutscher Bildungsrat, 1970, S. 50) und zu ihrer Einübung ein angemessener zeitlicher Rahmen zur Verfügung stehen muß. Dies gilt auch über die Einzelstunde hinaus für längere Projekte, in denen größere Vorhaben gemeinsam zu bewältigen sind.

3.1. Zur Organisation des Unterrichts

Solange nur ein Lehrer für sein Unterrichtsfach die Entscheidungen allein oder auch mit den Schülern gemeinsam fällt, gibt es wenig Schwierigkeiten, die Forderungen des Lehrplans mit den eigenen Vorstellungen und der gegebenen schulischen und außerschulischen Situation zu verbinden. Allerdings wird dies in zunehmendem Maß zum Problem, wenn in einzelnen Ländern Art, Anordnung und zeitliche Abfolge der Inhalte bis in Einzelheiten festgelegt werden.

Wo dies nicht der Fall ist, ist die Organisation am einfachsten, wenn ein Lehrer in einer Klasse sowohl Biologie als auch Erdkunde bzw. Gemeinschaftskunde unterrichtet.

Wenn ein Lehrer in einem solchen Fall ein Projekt über «Probleme der Wasserverschmutzung» plant, muß er rechtzeitig in seiner Schule darauf hinwirken, daß die Unterrichtsstunden der beiden Fächer so gelegt werden, daß möglichst zwei randständige Doppelstundenblöcke zur Verfügung stehen, wodurch zum Beispiel kurze zeitliche Überziehungen oder aber auch Exkursionen erleichtert werden.

Wenn ein Biologielehrer das Projekt durchführen möchte, sollte er im Winter mit der Planung beginnen und unter seinen Kollegen einen Partner für die Kooperation suchen.

3.2. Unterrichtseinheit «Probleme der Wasserverschmutzung»

Der Grundgedanke der Unterrichtseinheit ist, die Schüler anzuleiten, Fragestellungen und Methoden kennenzulernen, mit denen sie die Probleme der Wasserverschmutzung in ihrer eigenen Gemeinde untersuchen und sich gemeinsam ein Bild davon erarbeiten können. Um diese komplexe Aufgabe lösen zu können und auch eine angemessene Vertiefung in den Teilbereichen zu ermöglichen, bietet sich ein arbeitsteiliges Vorgehen an. Dazu werden den Schülern verschiedene Themen aus den Naturwissenschaften und den gemeinschaftskundlichen Bereichen angeboten, unter denen sie eines auswählen können, das sie während der ganzen Zeit vertiefend bearbeiten. Gleichzeitig sind sie bei den anderen Themen besonders in den Plenumsphasen an der Diskussion beteiligt und lernen deren Schlüsselbegriffe, Methoden und Ergebnisse als notwendige Ergänzung ihrer eigenen Arbeiten zur angezielten Problemlösung kennen.

Um dies für Schüler und Lehrer praktikabel zu machen, ergaben sich für die Projektgruppe folgende Bedingungen für die Curriculumentwicklung:

a) daß die Schüler über die Themen ausreichend Vorinformation besitzen müssen, um sich sachorientiert nach ihrer eigenen Neigung entscheiden zu können;
b) daß den Schülern Hilfen für die Kooperation in der Kleingruppe gegeben werden, so daß sie ihre Arbeit erfreulich und produktiv gestalten können;
c) daß Lehrermaterial notwendig ist mit Informationen über Hilfen für die Kleingruppenarbeit und die Plenumsphasen mit der Organisation der Schülerdiskussion und der Integration der tendenziell auseinanderstrebenden Gruppenthemen;
d) daß Schülerselbstlernmaterial entwickelt wird. Dies muß Vorschläge für die möglichen oder notwendigen Lernprozesse und Handlungen enthalten sowie die inhaltlichen Angaben, die für die Durchführung der Untersuchungen unumgänglich sind;
e) daß schließlich dafür gesorgt wird, daß alle Schüler zum Schluß alle wichtigen Informationen haben können, die sie für das Verständnis der komplexen Problematik benötigen.

Zu a): Zur Vorinformation der Schüler wurde in Zusammenarbeit mit dem FWU[1] ein Farbtonfilm «Belastetes Wasser» gedreht,[2] der den Kreislauf des Wassers, seine Nutzung und Belastung mit deren möglichen Auswirkungen demonstriert.

Dieser Film wird zu Beginn der Unterrichtseinheit gezeigt und soll eine Diskussion mit Vermutungen über die Situation in der eigenen Gemeinde auslösen. Solche Vermutungen können als erste «Alltagshypothesen» dienen, die später erweitert und überprüft werden.

Im Anschluß daran lesen und besprechen die Schüler Vorinformationen zur Gruppenwahl mit Angaben über Ziele, Fragestellungen, Arbeitsweisen und Schwierigkeiten der vier angebotenen Themen.

Beispiel aus dem Heft «Vorinformation zur Gruppenwahl»:

Übersicht über die Gruppenthemen

A. Die Gewässeruntersuchung in unserer Gemeinde
1. Thema: Leitorganismen für die Untersuchung der Belastung der Fließgewässer in unserer Gemeinde.
2. Thema: Versuche zum Sauerstoffhaushalt von Gewässern und zur Untersuchung ihrer organischen Belastung.
B. Das Abwasserproblem in unserer Gemeinde
3. Thema: Was leistet unsere Gemeinde für die Sauberhaltung der Gewässer?

4. Thema: Verursacher und Betroffene.
Oder: Wie sehen Leute in unserer Gemeinde die Gewässersituation?

Überblick zum Thema 3:
Was leistet unsere Gemeinde für die Sauberhaltung der Gewässer?
1. Ziele:
Wir können unseren Mitschülern nach Besichtigung des Klärwerks und Gesprächen mit Fachleuten unserer Gemeinde erklären,
- wie Klärwerk und Kanalisation funktionieren,
- was unsere Gemeinde bisher für die Ortsentwässerung getan hat und was sie für die Zukunft plant,
- ob die getroffenen und geplanten Maßnahmen noch verbessert werden könnten,
- was die Verwirklichung der Planung kostet und wie sie bezahlt wird,
- welche Kontrollmöglichkeiten, Straf- und Bußgeldbestimmungen eine unzumutbare Verschmutzung des Wassers verhindern sollen.
2. Fragestellungen und Probleme des Themas:
- Wie kann man eine außerschulische Erkundung durchführen?

- Was kann man tun, um eine Befragung von Fachleuten so vorzubereiten, daß man möglichst viel Informationen bekommt?
- Ist die bisherige Arbeit in Eurer Gemeinde auf dem Gebiet des Gewässerschutzes zu loben oder zu bemängeln?
- Welche Maßnahmen müssen in den nächsten Jahren durchgeführt werden?

3. Arbeitsweisen:
- Auswertung von Texten, die Euch gegeben werden
- Erkundung außerhalb der Schule: Klärwerksbesichtigung, Befragung von Fachleuten in Eurer Gemeinde
- Auswertung Eurer Ergebnisse
- Zusammenarbeit mit den anderen Gruppen in Eurer Klasse.

4. Mögliche Lernschwierigkeiten:
- Ihr braucht Geduld,
  weil Ihr ohne das Lesen von einigen Texten nicht auskommen werdet, weil Ihr vor der außerschulischen Erkundung doch noch einige Zeit in Eurem Klassenraum festgehalten werdet.
- Ihr braucht auch etwas Mut, um Euch nach einer gründlichen Vorbereitung (dadurch wird's leichter) in der außerschulischen Erkundung an die Fachleute heranzumachen.
- Eine erfolgreiche, sachgerechte und erfreuliche Zusammenarbeit mit den anderen Mitschülern muß man häufig erst lernen.

Zu b): Da die Schüler in dieser Unterrichtseinheit über längere Zeit in Kleingruppen zusammenarbeiten, ist es sehr wichtig, daß diese Kooperation fruchtbar und befriedigend ist.

Die Normalsituation in der Schule fördert eher die Konkurrenz zwischen den einzelnen Schülern. Für jede Teamarbeit ist es hingegen sehr wichtig, ein ausgeglichenes Klima in der Gruppe herzustellen und Anreize zu geben, die Kooperation im Hinblick auf die gemeinsame Erarbeitung von Ergebnissen und Kenntnissen effektiv zu gestalten.

Hierzu sollen ein Kooperationsspiel als Teil der Unterrichtseinheit und «Anleitungen zur Gruppenarbeit» (Bürger, 1975) als Ergänzungsmaterial dienen. Das Kooperationsspiel soll ermöglichen, daß mit den Schülern über die Auswirkungen verschiedener Verhaltensweisen in der Gruppe diskutiert werden kann. Es ist bis zu einem gewissen Grade geeignet, nachzuweisen, daß gute Zusammenarbeit im allgemeinen auch zu guten Ergebnissen führt.

Die «Anleitung zur Gruppenarbeit» ist als zusätzliche Hilfe für die Bewältigung von Problemen bei der Gruppenarbeit vorgesehen und soll situationsspezifisch eingesetzt werden.

Zu d): Nach Bildung der Kleingruppen zu den vier Themen beginnen diese mit der Arbeit an ihren *Gruppenleitprogrammen.* Dabei handelt es sich um den Versuch, die folgenden, zum Teil widersprüchlichen Bedingungen und Anforderungen für Unterricht miteinander so gut wie möglich zu verbinden.

- Die geringe Zeit und die umfangreichen Stoffpläne für jedes Schulfach treiben zur Eile und verhindern ein sachangemessenes Studium.
- Aufgrund des Zeitdrucks wird im Unterricht die Vermittlung von

Inhalten durch den Lehrer an die Schüler bevorzugt. Selbststudium der Schüler ist nicht so leicht zu planen und zu steuern.
- Fähigkeiten wie Selbständigkeit im Denken und Handeln sowie Lernmotivation sind erwünscht, aber schwer erreichbar.
- Schüler sind an selbständiges Lernen nicht gewöhnt. Sie haben Schwierigkeiten, ergebnisorientiert zu planen und den Plan mit der notwendigen Ausdauer durchzuführen.
- Selbständiges Arbeiten muß stufenweise gelernt werden.
- Zum selbständigen Lernen gehört auch die sachangemessene Verwendung von schriftlichen Informationen.

Die Gruppenleitprogramme sind nach folgendem gemeinsamen Schema aufgebaut:
- *Arbeitsschritte*: enthalten Angaben über mögliche oder erforderliche Arbeiten oder Planungen.
- *Texte*: enthalten die erforderlichen Sachinformationen.
- *Arbeitsrückblicke*: geben den Schülern Hilfen für die Überprüfung ihrer Lernfortschritte und für die Vorbereitung der Protokolle und der Plenumssitzungen mit der Bearbeitung der Schlüsselbegriffe.

Zur Veranschaulichung zitieren wir hier je ein Beispiel aus den Leitprogrammen 1, 2 und 4 (alle Eulefeld u. a., 1977)

Arbeitsschritt 6 (AS 6)
Einerlei, ob Ihr schon die Texte über die Leitorganismen gelesen habt oder nicht: wenn man die Lebewesen finden will, wenn man die Gewässergüte richtig bestimmen will, dann muß man wissen, was man braucht und wie man vorgehen kann. Dies erfahrt Ihr in den Texten 18 und 19.
Bitte gründlich an jeder Stelle untersuchen! Denkt daran:
Alles genau aufschreiben!

Arbeitsrückblick 4 (AR 4)
1. Ihr könnt z. B. im Text 9 folgende Stellen unterstrichen haben: Zeile 8: biochemisch; Zeile 9: Sauerstoff notwendig; Zeile 17: biochemischer Sauerstoffbedarf; Zeile 23: biochemischer Sauerstoffbedarf des Wassers; Zeile 26: BSB_5.
2. Schreibt nun wieder ein Protokoll. Vielleicht helfen Euch dabei die Protokollfragen:
- Was bedeutet BSB?
- Wozu mißt man den BSB_5?
- Was versteht man unter Einwohnergleichwert?

Für das Plenum:
Schlüsselbegriffe: Biochemischer Sauerstoffbedarf, BSB_5, Einwohnerwert, Einwohnergleichwert, Organische Belastung.

Text 10
Verursacher – gibt's die auch bei uns?
Der folgende Text soll Euch als Vorbereitung zu einem Gespräch mit einem Betrieb dienen.
(I) Landwirtschaftliche Betriebe
Ein Problem großer landwirtschaftlicher Betriebe ist der hohe Verbrauch an Kunstdünger. Wird zuviel davon verwendet, sickert es in das Grundwasser ein

und gefährdet damit die Trinkwasserversorgung. Im Text 8 könnt Ihr darüber noch einmal etwas nachlesen.
Man kann also fragen:
Was wird angebaut? Werden dazu große Mengen an Kunstdünger gebraucht? Wieviel pro Jahr? Ist in der Nähe der gedüngten Felder und Wiesen ein Bach oder Fluß?
Wie sieht der Landwirt das Problem? Welche Gründe nennt er hauptsächlich für den hohen Verbrauch an Kunstdünger?
- Vielleicht kann der Landwirt Euch die Zeitung des Bauernverbandes geben, in der etwas über diese Probleme steht.

Ein weiteres Problem, vor allem von Betrieben mit Massentierhaltung (Geflügel- und Schweinefarmen), ist die Frage: Wohin werden die von Tieren verursachten Abwässer geleitet? Direkt in einen Bach oder Fluß? Als Jauche auf die Felder? Wie sieht der Landwirt das Problem?

In *Thema 1* können die Schüler lernen, wie sie mit Hilfe von Eisensulfidablagerungen sowie aufgrund der Abwesenheit bzw. der Häufigkeit bestimmter Pflanzen und Tiere («Leitorganismen») Aussagen über die organische Belastung und die langfristige Sauerstoffversorgung der Fließgewässer machen können. Sie suchen die Fließgewässer außerhalb der Schule auf und vergleichen die Organismen mit Zeichnungen, Dias und Filmaufnahmen. Dann klassifizieren sie die Gewässerbelastung in der Gemeinde und überprüfen ihre eigenen Vermutungen («Alltagshypothesen»).

In *Thema 2* lernen die Schüler zuerst eine einfache Bestimmungsmethode des in Wasser gelösten Sauerstoffs. Sie wenden diese Methode an, um den biochemischen Sauerstoffbedarf von Wasser aus Fließgewässern der Gemeinde zu bestimmen. Daraus ergibt sich deren organische Belastung. An Modellversuchen erfahren die Schüler, wodurch Gewässer «umkippen» und wie sich Sauerstoffmangel im Wasser auswirkt.

In *Thema 3* erkunden die Schüler, welche Schritte die eigene Gemeinde zum Schutz der Gewässer unternimmt. Dazu machen sie Befragungen im Klärwerk und in Behörden und vergleichen die Maßnahmen mit den Forderungen aus dem Wasserhaushaltsgesetz.

In *Thema 4* geht es zunächst um die Erkundung der öffentlichen Meinung in der Gemeinde zu Fragen der Wasserversorgung. Die Schüler lernen einige Ursachen und Wirkungen von Belastungen kennen und befragen dann einen möglichen Verursacher von Gewässerverschmutzungen (Industrie- oder Landwirtschaftsbetrieb). Ziel ist dabei nicht die «Überführung» von «Übeltätern», sondern die Möglichkeit, die Probleme der Wasserreinhaltung aus der Sicht der Betriebe kennenzulernen, um sie danach im Hinblick auf die Gesamtsituation diskutieren zu können.

Zu e): Jeder arbeitsteilige Unterricht birgt die Gefahr, daß sich die Schüler nur um ihren eigenen Teilbereich bemühen, aber das Gesamtthema aus den Augen verlieren. Deshalb müssen mehrere Plenumsphasen mit konsequenter Bearbeitung aller Aspekte der komplexen Pro-

blemstellung eingeschaltet werden. Hilfen hierfür sind die «Alltagshypothesen», die gemeinsam zu überprüfen sind, sowie Protokolle und Berichte, die die Schüler gemeinsam diskutieren, die Bearbeitung von Schlüsselbegriffen aus allen Bereichen und ein Heft mit den Kerninhalten aus allen vier Themen.

4. Unterrichtserfahrungen

Die Unterrichtseinheit wurde bei der ersten Erprobung 1976 in 23 vorwiegend neunten und zehnten Klassen in Haupt-, Realschulen, Gymnasien und Gesamtschulen, bei der Haupterprobung 1977 in 9 neunten und zehnten Klassen in 8 Haupt-, Realschulen und Gymnasien durchgeführt. Natürlich hat es dabei eine Fülle von divergierenden Beobachtungen gegeben, und der Reiz des Neuen wurde teilweise schon bald von Verärgerung über notwendige Arbeiten und ungewohnte Schwierigkeiten überlagert.

Zur Wahl des Rahmenthemas äußerten sich die Schüler nach dem Unterricht vorwiegend positiv:

- «Gut, daß man lernt, die Probleme der Wasserverschmutzung erst einmal richtig zu sehen.» (9 b)

Auch die Möglichkeit zur Wahl des Arbeitsschwerpunktes wurde von den Schülern gut aufgenommen:

- «Gut, daß wir die Gruppenthemen selbst wählen konnten und nicht irgendwo hingestellt wurden.» (9 i)

Einheitlich positiv waren die Äußerungen dazu, selbständig und in Kleingruppen arbeiten zu können. Die Schüler waren zunächst hoch motiviert, daß sie Untersuchungen außerhalb der Schule machen sollten. Aber viele von ihnen zeigten sich enttäuscht, daß deren Vor- und Nachbereitung so viel Mühe und Initiative erforderte. Die bei der Mehrzahl der Schüler sehr erwünschte eigenständige Arbeit in der Kleingruppe ist gekoppelt mit nicht immer erwünschter erhöhter Mitverantwortung jedes einzelnen für den Ablauf der Untersuchungen und die Sicherung der Ergebnisse. Dies bedingte bei unterschiedlichen Klassen durchaus unterschiedliche Reaktionen. Je mehr die Schüler daran gewöhnt sind, in regelmäßigen Abständen kleinere Aufgaben eigenverantwortlich durchzuführen, um so eher sind sie in der Lage, auch über längere Zeit hinweg selbständig mit Material zu arbeiten und mit gruppeninternen und außerschulischen Problemsituationen fertig zu werden.

- «Gefällt, daß wir ohne Lehrer und in Gruppen arbeiten können.» (9 a)
- «Man lernt, in der Gruppenarbeit selbständig zu arbeiten.» (10 la)
- «Gut, daß man sich während des Unterrichts auch einmal praktisch betätigen konnte.» (10 la)
- «Wir wollten nicht so lange theoretische Arbeiten machen, mehr praktische Arbeit.» (10 a)
- «Wir haben das Leitprogramm erst nicht gemacht, wir konnten es kaum erwarten, rauszukommen.» (9 d)
- «Bei uns hat das immer viel Terror mit dem Schreiben gegeben; bis wir einen Protokollführer hatten, ging das immer heiß her.» (9 g)
- «Man muß zuviel selber machen, denn die Lehrer schalten sich nicht ein. Zuviel Selbständigkeit ist aber ungewohnt.» (10 la)

Ein nicht zu unterschätzendes Problem ist der Zeitfaktor. Wenn Verfahrensweisen Lerngegenstand sind (Verhalten in der Gruppe, sachorientierte Entscheidungsfindung, außerschulische Erkundungen, selbständiges Experimentieren, Informationsbeschaffung und -vermittlung, ergebnisorientierte Plenumsdiskussion etc.), kann nicht nur die Menge des gelernten abfragbaren Wissens im Mittelpunkt stehen. Das Erlernen solcher grundlegend wichtigen Fähigkeiten läßt sich aber nicht in kurzer Zeit nachweisen. Deshalb wird – vor allem unter Prüfungsdruck (so zum Beispiel in 10. Klassen der Realschulen) – Kritik geübt, wenn der Unterricht zuviel Zeit in Anspruch nimmt.

- «Richtig lernen tut man nur das, was man in der eigenen Gruppe macht, denn von den anderen Gruppen erfährt man höchstens die Hälfte ihres Stoffes und kapiert davon nur wieder die Hälfte.» (10 la)
- «Im normalen Unterricht hätte man das Thema schneller durchbekommen.» (10 la).

Kaum lösbar ist der Widerspruch zwischen der Förderung sozialer Lernziele durch arbeitsteiligen Kleingruppenunterricht und der individuellen Leistungsbewertung durch den Lehrer. Dies ist besonders bei inhaltsorientierten Kenntnistests deutlich:

- «Die Zensuren können nicht gerecht verteilt werden, denn wer am besten auswendig lernt, steht am besten da, obwohl er in der Gruppe vielleicht überhaupt nichts geleistet hat.» (10 la).

Dies Problem ist prinzipiell nur so zu lösen, daß bei Gruppenarbeit auch die Bewertung der Leistung der Gruppe und in der Gruppe im Vordergrund steht und nicht der individuelle Leistungstest (vgl. auch Bürger, 1977).

In mehreren Klassen entstand aufgrund der Arbeiten der Eindruck, daß auch Schüler mit ihrer Arbeit einen sinnvollen Beitrag in der Gemeinde leisten können:

- «Gefiel mir, daß Schüler mit ihren Ergebnissen der Gemeinde und späteren Generationen dadurch, daß sie jetzt die Wasserverschmutzung erkannt haben und jetzt vielleicht noch etwas daran ändern können, helfen können.» (9 i)

So läßt sich insgesamt zusammenfassen, daß im heutigen Schulsystem fächerübergreifende Umwelterziehung mit relativ selbständiger, langfristiger, arbeitsteiliger Kleingruppenarbeit zwar nicht ohne Schwierigkeiten, aber mit für die Schüler wichtigen Erfahrungen und Ergebnissen verbunden durchführbar ist. Das – selbstverständlich notwendige – isolierte Lernen wird ergänzt durch Lernprozesse im sozialen Feld und durch die Verbindung von Schule und außerschulischen Lebensbereichen. Biologieunterricht sollte nicht nur als «liebhaberische Betrachtung der belebten Natur» oder als theoretisierende Naturwissenschaft betrieben werden, sondern auch wichtige Hilfsfunktion für die Bewältigung konkreter Probleme bieten und darüber hinaus ihren Anteil an der allgemeinen Aufgabe der Schule bei der Erziehung von Kindern und Jugendlichen zu mündigen Staatsbürgern übernehmen. Und zur Mündigkeit gehört heute auch ein handlungsorientiertes Umweltbewußtsein.

Anmerkungen

1 FWU = Institut für Film und Bild in Wissenschaft und Unterricht, München.
2 Drehbuch: June Bloch, Kiel.
3 Graphiken: Ulrike Mucks, Kiel.

So wie hier im Schullabor wurden alle entnommenen Wasserproben untersucht und analysiert. Hier sind Andrea Fischer und Holger Grezinger bei der Arbeit. Rechts Klassenlehrer Karl-Heinz Weber, der sich während der ganzen Arbeit im Hintergrund hielt und nur aufmerksamer Beobachter war. (Foto: Niemeier)

Büchener Gewässer: „Wer möchte hier noch Fisch sein?"

Die R 10 untersuchte Gräben, Flüsse: Erschreckendes Ergebnis

Büchen (wn). Mit dem brisanten Thema der Gewässerverschmutzung in Büchen haben sich die Jungen und Mädchen der Klasse R 10 der Büchener Realschule beschäftigt. Rund zehn Wochen haben ihre Untersuchungen, Analysen und Umfragen gedauert, ehe sie zu einem Ergebnis kamen, das sie schriftlich zusammengefaßt und mit der Überschrift „Wer möchte hier noch Fisch sein?" versehen haben.

Um es vorweg zu sagen: Keiner der in Büchen untersuchten Gräben und Gewässer erhielt die Note „geringe organische Belastung", alle Untersuchungen ergaben mindestens mittlere, drei sogar starke organische Belastungen.

„Probleme der Wasserverschmutzung" hieß die Aufgabe, die den Mädchen und Jungen im Rahmen des Biologieunterrichts und nach den Anregungen des Instituts für Pädagogische Naturwissenschaften (IPN) gegeben worden war. Gearbeitet wurde in Gruppen je Woche mit zwei Doppelstunden und nach einem Leitprogramm.

An insgesamt elf Stellen der Büchener Gewässer und Gräben wurden Untersuchungen und Analysen vorgenommen: am Elbe-Lübeck-Kanal, an drei Stellen des Stichkanals, an der Stecknitz, an fünf Stellen der Steinau und beim Graben an der Theodor-Körner-Straße.

So wurden vor allem die Leitorganismen geprüft, an Hand von Steinen der Verschmutzungsgrad festgestellt und an Ort und Stelle im Schullabor mit Chemikalien der Sauerstoffgehalt ermittelt und notiert. Diese Untersuchungen wurden in Abständen von zwei bis fünf Tagen wiederholt. Eine andere Gruppe informierte sich bei der Gemeindeverwaltung darüber, was sie gegen Gewässerverschmutzungen unternimmt und ebenso über die geplante und bereits beschlossene Kanalisation einschließlich des Klärwerks. Außerdem wurden eine Reihe von Büchener Bürger befragt, wie weit sie über die Situation der Gewässer unterrichtet sind.

Die Ergebnisse waren teilweise erschreckend. Im Graben an der Theodor-Körner-Straße ist überhaupt kein organisches Leben mehr vorhanden. Starke organische Belastungen weisen der Stichkanal sowie die Steinau im Bereich am Grünen Weg und beim Steinaublick auf. Alle übrigen untersuchten Gräben und Gewässer haben mittlere organische Belastungen.

Abschließend gab es eine gemeinsame Diskussion darüber, was zu tun sei und ob sich Maßnahmen noch lohnen. Dabei wurde vor allem die erfreuliche Feststellung getroffen, daß in Büchen nun endlich eine Kläranlage und die Kanalisation gebaut würden. Einig war man sich, daß die vorhandenen Gesetze durchweg ausreichen, eine weitere Gewässerverschmutzung zu verhindern, daß die Einhaltung dieser Gesetze aber nicht streng genug verfolgt werde.

Die Mädchen und Jungen der Klasse R 10 der Realschule haben das Ergebnis ihrer Arbeit in diesen Tagen auch Bürgermeister Erich Drewes übergeben und hoffen, daß das Gewässerproblem in einer der nächsten Gemeindevertretersitzungen zur Sprache kommen wird. Damit wollen sie eine verstärkte Öffentlichkeitsarbeit und Aufklärung der Bevölkerung erreichen. Vorweg aber stellten sie bereits die Forderung auf, daß gegen Verstöße aller Art energisch eingegriffen werde.

Literatur

Besch, W., Eitel, W., Backhaus, D.: Praktische Behandlung des Umweltschutzes im Unterricht, in: Aula 2 (1972), S. 240–246
betrifft: erziehung 8 (1975), Heft 1/2: Projektunterricht
Bürger, W.: Sachmotiviertes Lernen im Gruppenunterricht, in: Bildung und Erziehung 29 (1976), S. 140–151
Bürger, W.: Kleingruppenarbeit im naturwissenschaftlichen Unterricht, Kiel 1977, IPN (Polykopie)
Bürger, W.: Teamfähigkeit im Gruppenunterricht, Weinheim und Basel, Beltz (im Druck)
Bürger, W.: Anleitungen zur Gruppenarbeit – Schülermaterial, IPN-Curriculum Physik für das 9. und 10. Schuljahr, Stuttgart 1975, Klett
CONNECT: UNESCO-UNEP Environmental Education Newsletter, Paris Vol. 1, No. 1, Jan. 1976, UNESCO
Eulefeld, G., Bolscho, D., Bürger, W., Horn, K. H., in Zusammenarbeit mit Lind, G.: Probleme der Wasserverschmutzung, Unterrichtseinheit für die 8.–10. Klassenstufe. Haupterprobungsfassung, Kiel 1977, IPN
Eulefeld, G.: Das internationale Programm für Umwelterziehung, in: Praxis der Naturwiss. Biol. 26 (1977), S. 332–335
Garlichs, A., Heipcke, K., Messner, R., Rumpf, H.: Didaktik offener Curricula. Acht Vorträge von Lehrern, Weinheim und Basel 1974, Beltz
Merck: Die Untersuchung von Wasser, Darmstadt o. J., 9. Aufl.
Otto, G.: Das Projekt – Merkmale und Realisationsschwierigkeiten einer Lehr-Lern-Form, in: Frey, K., Blänsdorf, K.: Integriertes Curriculum Naturwissenschaften der Sekundarstufe I: Projekte und Innovationsstrategien. Bericht über das 5. IPN-Symposion. Weinheim 1974, Beltz
Schneider, P.: Praktische Ansätze einer Erziehung zum Umweltschutz, in: Geographie im Unterricht 2 (1977), S. 252–256
Umweltschutz: Das Umweltprogramm der Bundesregierung. Mit einer Einführung von H. D. Genscher. Stuttgart, Berlin, Köln, Mainz 1972, Kohlhammer

Jürgen Lehmann

Der Schüler als Drossel oder Simulationsspiele im Biologieunterricht

Angestrengt denken die Schüler nach. Vor ihnen liegt eine Landkarte von den Galapagosinseln. Eine Million Jahre sind gerade vergangen, und über die Inseln hat sich ein Wald von Hartlaubgewächsen gezogen. Vom Festland waren Finken mit kurzen und starken Schnäbeln herübergekommen. In welcher Richtung haben sich hier die Schnäbel verändert? Ja, in welcher?

«Was finden die denn jetzt hier zu fressen», fragt einer. Es wird nachgeschaut. Von Käfern ist da die Rede, die in der rissigen Baumrinde leben. Das könnte bedeuten, daß lange dünne Schnäbel geeigneter wären. Die Gruppe wählt nach langer Diskussion aus einem Schnabelkatalog eine entsprechende Form aus. Nun wird in einer Broschüre nachgeschaut. Die Lösung ist halb richtig, denn zwar war der wirkliche Schnabel lang, aber nicht schlank, sondern stark, da der Vogel die Rinde mit dem Schnabel abbrechen mußte.

Nach einer weiteren Million Jahre hat sich der Galapagoswald verändert. Kieferartige Bäume haben den Laubwald durchsetzt. Andere Insekten haben sich angesiedelt. Die Schülergruppe tritt zur nächsten Schnabelprognoserunde an . . .

Diese Gruppe führt gerade eine gegenständliche Simulation oder ein Simulationsspiel im Biologieunterricht durch.[1] Simuliert bzw. gespielt werden Evolutionsforscher, die sich mit der Finkenentwicklung auf den Galapagosinseln beschäftigen. Nicht in jedem Simulationsspiel werden jedoch menschliche Rollen (in diesem Fall Forscher) simuliert. Auch andere Möglichkeiten sollen in diesem Beitrag aufgezeigt werden. Zunächst müssen Sie jedoch wissen, was gegenständliche Simulationen bzw. Simulationsspiele sind. Und ich sollte sagen, welche Verheißungen seine Verfechter mit ihnen verbinden.

Wozu Simulationsspiele?

Die Verfechter des Simulationsspiels greifen traditionellen Unterricht hauptsächlich deswegen an, weil in ihm nicht Handeln, sondern nur Erkennen oder bestenfalls Denken über Handeln gelernt wird.

Unter Handeln verstehe ich dabei eine Aktivität, bei der eine Person nicht nur über Gegenstände redet oder schreibt, sondern auch von den Gegenständen selber Rückmeldungen erhält. Das setzt irgendeine Art von Kontakt zu den Gegenständen bzw. Versuche, sie zu verändern, voraus. Schreiben oder Reden über Gegenstände läßt die Gegenstände hingegen unverändert. In großen Teilen des Unterrichts wird dagegen nicht gehandelt, sondern nur Sprach- oder Schreibhandeln vollzogen. Die Gegenstände, über die gesprochen oder geschrieben wird, sind überwiegend auch im naturwissenschaftlichen Unterricht abwesend. Natur in der Schule?

Warum genügt es nun aber nicht, über Gegenstände nur zu reden oder zu schreiben? Warum ist es wichtig, sie im Unterricht vor sich zu haben, auf sie einzuwirken und an ihnen erkenntnisgeleitetes Einwirken und Handeln zu lernen. Einige Antworten in lerntheoretischer, erkenntnispsychologischer und wissenschaftstheoretischer Perspektive sollen hier kurz gegeben werden.

– Erkannt werden Sachverhalte eher, wenn ihre Entstehung und Funktionsweise in einem aktiven Prozeß vom einzelnen rekonstruiert wurde.

  Da Gegenstände Ausgangspunkt jedes Erkenntnisprozesses sind, sind die Lernenden im symbolischen Unterricht auf *Vorstellungen* über die Gegenstände im Lernprozeß angewiesen. Diese Vorstellungen bilden aber häufig die Gegenstände völlig unzutreffend ab.

– Das sinnliche Umgehen mit Gegenständen vermittelt dem Lernenden direkte Rückmeldungen über ihre Reaktionen. Im symbolischen Unterricht tritt der Lehrer als Vermittler und Deuter an ihre Stelle.
– Reden über Gegenstände bei ihrer gleichzeitigen Abwesenheit hat die Tendenz, den besprochenen Aspekt zur Eigenschaft des Gegenstandes schlechthin werden zu lassen. So führt beispielsweise die kybernetische Behandlung eines Wachstumsprozesses dazu, den Prozeß immer mehr als kybernetisch an sich zu betrachten. *Instrumentelle* Betrachtungsweisen werden zu Eigenschaften des Untersuchungsobjektes. Dieser Tendenz unterliegen Schüler beim Umgang mit dem Untersuchungsphänomen weniger, da ihnen das Phänomen ständig auch seine anderen Aspekte aufdrängt.

Dieses Plädoyer für aktives Erkennen durch Handeln an sinnlich wahrnehmbaren Gegenständen hat zur Konsequenz, die Schüler an die natürlichen Gegenstände aus der Schule heraus heranzuführen – Schule in der Natur – oder Gegenstände in die Schule hereinzuholen: Natur in der Schule.

Beide Varianten sind in der Geschichte pädagogischen Denkens verfolgt worden.[3] Beide besitzen noch Nachklänge in den biologisch orientierten Wandertagen einerseits und dem Bohnenkeimversuch oder dem Schulaquarium etc. andererseits. Ich halte diese Reste von Naturerkenntnis, die von Sinnlich-Wahrnehmbarem ausgehen, für sinnvoll. Sie werden im Unterricht aber niemals eine größere Rolle als gegenwärtig spielen können, weil die in der Schule vermittelte Naturerkenntnis fortschreitend Gegenstände und Systeme vorsieht, die sich sinnlicher Wahrnehmung entziehen.

Diese Systeme sind zu klein oder zu groß oder zu gefährlich oder verändern sich viel zu schnell oder viel zu langsam, als daß unsere Sinne im Klassenzimmer mit ihnen in Kontakt treten könnten. Wie könnte beispielsweise schon wirkliche Selektion oder Fossilierung oder geographische Isolation oder Umweltvergiftung im Klassenzimmer ablaufen?

Bleibt uns also nur symbolischer Unterricht übrig?

Genau hier setzt die Simulationsidee ein und antwortet «nein».

Denn wir besitzen ein lange bekanntes Mittel, um diese Prozesse ungefährlich, groß oder klein genug werden und in den menschlichen Sinnen angemessener Zeit ablaufen zu lassen: Wir simulieren sie. Das heißt, wir konstruieren uns gegenständliche dynamische Abbildungen, die den menschlichen Sinnen angepaßt sind. Diese Abbildungen ähneln möglichst in vielen Zügen dem ursprünglichen System, aber in anderem überhaupt nicht, nämlich in Größe, Zeitablauf oder Gefährlichkeit. Dies macht deswegen nichts, weil den Lernenden diese Veränderungen sehr klargemacht werden. Wichtig ist es meistens nur, bestimmte Relationen und Proportionen möglichst beizubehalten. Daß die Simulation im Vergleich zum Umgang mit «wirklichen» Gegenständen nur so gut sein kann, wie die Abbildung realitätsgerecht ist, scheint klar.

Gegenständliche Simulationen sind sicherlich bekannt. Im Planetarium haben Sie sicherlich schon kreisende Planetensysteme gesehen. Militärische Manöver sind zwar Simulationen, aber so wirklichkeitsnah, daß man sie – glücklicherweise bis auf den Gegner und die unscharfe Munition – für Wirklichkeit halten kann. Jedes (historische) Theaterstück ist eine Simulation. Diese Simulationen unterscheiden sich mindestens in folgender Hinsicht voneinander:

- in der Anzahl der Elemente, die den Elementen des wirklichen Systems gleichen,
- im Maßstab, in dem Größe, Zeitverlauf und Gefährlichkeit des simulierten Systems dem ursprünglichen gleichen,
- in der Rolle des Menschen: Sind Menschen nur Ersteller und Durchführer der Simulation (wie im Beispiel Planetensystem oben) oder haben sie eine Teilnehmerrolle?

Der letzten Frage will ich bei der Behandlung biologischer Simulationen im Unterricht besonders nachgehen.

Die Rolle des Menschen im biologischen Simulationsspiel

In gegenständlichen Simulationen im Physikunterricht (zum Beispiel Atommodell, Planetensystem) spielen Menschen direkt keine Rolle. Daß Menschen das Atommodell aufgestellt haben und Menschen (Lehrer, Schüler im Unterricht) die Simulation vorbereitet haben und durchführen, ist unbestritten, aber sie spielen keine sichtbare Rolle im simulierten System. Sie sind nicht Teil des Atommodells.

In einer Fließbandsimulation, in der Schüler die technischen Vorrichtungen gebaut haben und jetzt als «Arbeiter» eine Fließfertigung simulieren, ist das anders.[4] Das System besteht aus Maschinen und Menschen. Menschen (Lehrer, Schüler) sind nicht nur Erzeuger der Simulation, sondern auch Element der Simulation (Arbeiter). Die Lernenden spielen eine Rolle in dem simulierten System. Die Rolle kann im allgemeinen nur die Rolle anderer Menschen sein.

Das Hauptmerkmal der Simulationen, die für den Biologieunterricht in Frage kommen, ist, daß die Rolle des Lernenden in gegenständlichen Simulationen differenzierter als in physikalischen Simulationen ist. Wir unterscheiden folgende Rollen, die der Schüler spielen kann:

1. Nur Vorbereiter der Simulation – keine Rolle in der Simulation,
2. der Schüler als Schicksal, Fatum,
3. der Schüler als Forscher,
4. der Schüler als Macher,
5. der Schüler als Tier,
6. der Schüler als Mensch.

Wir wollen diese Rollen im einzelnen durchgehen und zu jedem Typ ein oder mehrere vorliegende Simulationsbeispiele geben. Es geht mir nicht unbedingt darum, Lehrern die Beispiele als Unterrichtsbeispiele aufzudrängen. Ich meine im Gegenteil, daß dieser Beitrag Anregungen geben könnte, ohne unzumutbare Vorbereitung eigene Simulationen im Unterricht durchzuführen.

1. Der Schüler als Vorbereiter der Simulation

Hier handelt es sich um eine Simulation, für die Schüler und Lehrer die Vorbedingungen schaffen, und die dann im einzelnen «von selbst» abläuft. Ein sehr vorzügliches und wohl auch als Typ in weiten Kreisen bekanntes Beispiel stammt von Dylla[5]. Demonstriert werden sollten Selektionsvorgänge. Es wurden von der Schulklasse Köder verschiedener Farbe auf dem Rasenplatz vor dem Klassenraum deponiert und mehrere Tage lang das Freßverhalten von Meisen und Amseln protokolliert. Unabhängige Variable war dabei die Köderfarbe, die abhängige Größe, die Anzahl der pro Farbe gefressenen Köder. Das Ergebnis der Simulation bietet ein vorzügliches Rohmaterial für die abschließende Auswertung und Diskussion.

2. Der Schüler als Schicksal, Fatum

Hier handelt es sich darum, daß der Schüler Entscheidungen fällt oder herbeiführt, die in irgendeiner Weise biologisch analysierbare Entwicklungen steuern. Interessante Beispiele stellen die von Eigen/Winkler[6] zitierten und beschriebenen Kugelspiele dar, welche folgende biologisch grundlegenden Vorgänge als statistische Entwicklungen unter bestimmten Randbedingungen demonstrieren: Selektion, Mutation, Gleichgewicht, Wachstum, Leben.

«Tu den Kindern doch den Gefallen und laß den unauffälligen Köder liegen!»

Die Ausgangsbedingungen sind für alle diese Begriffe gleich: Zwei Spieler sitzen an einem Kugelbrett mit maximal acht mal acht = 64 Kugelfeldern. Betrachten wir das Beispiel Selektion: In diesem Spiel gibt es 64 Kugeln verschiedener Farbe. Jede Farbe stellt eine biologische Art und jede Kugel ein Individuum dar. Es gibt zwei Oktaederwürfel mit den Augen 1–8. Jeder Spieler würfelt mit beiden Würfeln. Das Würfelergebnis identifiziert ein Feld (zum Beispiel Feld 2–5, 7–1 etc.), auf dem eine Kugel liegt. Diese erwürfelte Kugel wird (in Version 1) abwechselnd entfernt und verdoppelt. Die Partie ist beendet, wenn eine Kugelfarbe das gesamte Spielfeld erobert hat.[7] In einer Mutationsvariante kann bei einem bestimmten Würfelereignis die Kugel einer neuen Farbe ins Feld kommen, welche der Tendenz zur eindeutigen Selektion entgegenwirkt.

3. Der Schüler als «Forscher»

Bei diesem Typ von Simulationen ist der Schüler zum erstenmal nicht nur Vorbereiter oder Außenstehender, sondern er steht in engerer Beziehung zum simulierten System. In den statistischen Kugelspielen ist der Spieler Katalysator des jeweiligen Evolutionsprozesses; im Spiel Galapagos (siehe oben) hingegen tritt er in eine aktive Rolle hinein. Er ist aktiv tätig, das Verhalten des Systems (in diesem Fall: die Veränderung der Finkenschnäbel) vorherzusagen.

4. Der Schüler als Macher

Es gibt Simulationen für den Biologieunterricht, in denen Schüler Rollen von Politikern, Unternehmern oder Technikern spielen. Diese Rollen unterscheiden sich von der Forscherrolle dadurch, daß sie weniger auf Erkenntnis und mehr auf Veränderungen der natürlichen Umwelt zugeschnitten sind. Ein Beispiel hierfür ist das bekannte Umweltschutzspiel.[11] In ihm besitzt jeder Spieler ein paar öffentliche oder private Unternehmen, welche mehr oder minder die Umwelt belasten. Da Entlastungsmaßnahmen Geld kosten, versucht der Spieler eine Strategie zu finden, die den eigenen Gewinn mehrt, ohne die beiden Umweltanzeiger (Luft, Wasser) in den kritischen Bereich gelangen zu lassen.

5. Der Schüler als Tier

Da in vielen Lebensvorgängen Menschen und Tiere den gleichen oder ähnlichen Gesetzmäßigkeiten unterliegen, kann es didaktisch sinnvoll sein, tierische Verhaltensweisen von Menschen simulieren zu lassen, um zu einem Verständnis des tierischen Verhaltens zu gelangen. Zwei Beispiele sollen geschildert werden.

Das eine stammt von Schilke[8]. Es geht um eine Simulation von vier Evolutionsfaktoren: Selektion, Mutation, geographische Isolation und Gendrift. Zwei von ihnen sollen kurz beschrieben werden. Bei der Selektionsvariante müssen Schüler – als Singvögel – versuchen, Spielmarken möglichst schnell von einer Tapetenbahn (mit Blumenmuster) zu sammeln. Die Spielmarken sind aus einer Tapete gleichen Musters herausgestanzt worden und werden auf der Tapetenbahn zufällig verteilt. Nach einer bestimmten gesammelten Zahl werden die nicht gesammelten Marken verdreifacht (1. Kindergeneration), und die nächste Runde beginnt.

Grundlage der Mutationsvariante sind diese relativ angepaßten Spielmarken der ersten Kindergeneration: Bei Verdreifachung der dritten Generation treten nun einige Mutationen auf, das heißt Ergänzungsspielmarken, die sich farblich von den «älteren» unterscheiden. Ergebnis ist, daß die meisten «Mutationen» aussterben, die farblich angepaßten aber überleben und sich sogar durchsetzen können.

Ein zweites ganz anderes Beispiel ist einer Spielidee von O. Elron entlehnt.[9] Dieses Spiel findet auf dem Rasen (Sportplatz oder ähnliches) statt. Auf der einen Seite der Felder stellen sich 15 Schüler auf (Hasen), auf der anderen Seite 3 bis 5 Schüler (Adler). Es gibt zwei Seitenbegrenzungen. Hasen und Adler starten aufeinander zu. Die Hasen müssen versuchen, auf die Adlerseite zu gelangen, ohne von einem Adler geschlagen (berührt) zu werden. Für einen Hasen, der dreimal erfolgreich das Feld überquert hat, wird ein weiterer ins Feld genommen (Reproduktion). Ein Adler, der dreimal erfolglos zu schlagen versuchte, stirbt. Drei Fangerfolge hintereinander werden mit einem weiteren Adler belohnt. Das Wesentliche des Spiels sind nun die Variationen. Es kann gezeigt werden, daß die Chance für Hasen, durchzukommen, mit der Anzahl der Adler sinkt und der Anzahl von «Bäumen» (Hindernissen auf dem Feld) steigt. Durch mehrere Durchgänge hindurch kann ein «Gleichgewicht» experimentell erzeugt werden. Es liegt dann vor, wenn Sterbe- und Geburtsraten nur mäßig schwanken. Es kann durch Variationen der Anzahl von Hasen, Adlern und Bäumen in ganz verschiedenen Konstellationen erzeugt werden.

6. Der Schüler als Mensch

In dieser Simulation kann es darum gehen, menschliche Verhaltensweisen in Abhebung von Tierischem darzustellen. In dem Simulationsspiel Caribou Hunting[10] sollen Schüler zur Nachahmung kooperativer Jagdstrategien der Netsilik-Eskimos beim Renntierfang gelangen.

Caribou Hunting ist ein Spiel mit der Abbildung eines geographischen Gebietes und sehr bestimmten Regeln. Während sich das Renntier (Caribou) nur in bestimmter Weise verhalten kann, ist das Verhalten der Eskimos flexibler: Das Tier ist zwar schneller, kann schwimmen etc., aber die Menschen können miteinander kommunizieren und Strategien *entwickeln.* Schüler können im Spiel zu den tatsächlichen Jagdstrategien der Netsilik-Eskimos gelangen.

Zur kritischen Analyse der biologischen Simulationsspiele

Diese kurzen Schilderungen verschiedener Typen von Simulationsspielen im Biologieunterricht spiegeln die Heterogenität vorhandener biologiedidaktischer Ansätze wider. Man kann diese Simulationen kaum vergleichend bewerten, da sie unterschiedlichen und durchaus ergänzenden Lernzielen entsprechen.

Auffallend ist, daß die aufgeführten gegenständlichen Simulationen fast ausschließlich aus den Gebieten der Evolutionsbiologie und der Ökologie im weiteren Sinne stammen. Das hat sicherlich seinen Grund nicht nur darin, daß diese Gebiete in der modernen Biologiedidaktik eine große Rolle spielen, sondern auch darin, daß in ihnen – natürlich nicht nur in ihnen – dynamische Prozesse im Zeitablauf eine besondere Rolle spielen. Die Simulation von Strukturen oder Zuständen wäre sozusagen ein Widerspruch in sich.

Aufgefallen ist dem Leser, daß die aufgeführten Simulationen unterschiedliche Anteile künstlicher Abbildungen enthalten. Die Köder auf dem Rasen sind fast das einzige, was im Selektionsversuch von Dylla künstlich ist: Fast alles andere ist in gewissem Sinne natürlich (Amseln, Rasen etc.) oder stellt zumindest keine künstliche Abbildung dar. Vergleichen wir das mit dem statistischen Kugelspiel oder dem Umweltschutzspiel. Hier sind fast alle Elemente künstlich. Das heißt: Je größer das System ist und/oder je komplexer die Prozesse in ihm sind und je verzerrter die Zeitdimension (im Vergleich zur «Wirklichkeit»), desto ausschließlicher spielen künstliche Elemente in der Simulation eine Rolle.

Meiner Auffassung nach stellt das Simulationsspiel eine Methode dar, die geeignet ist, Teile des Unterrichts in handlungsbezogenerer Weise als bisher auszugestalten. Daß die Methode an sich keineswegs geschützt gegenüber neuen Gefahren ist, sollte klar sein. Sehr viel hängt von der Stimmigkeit des Modells ab, das ihm zugrunde liegt. Galapagos beispielsweise bietet ein Modell des Forschens an: Forscher stellen Spekulationen über Schnabelformen an, und die wirklichen Schnäbel entscheiden über den Erfolg. Ob Forschung gestern oder heute tatsächlich so ablief,

braucht wohl kaum bezweifelt zu werden. Im Umweltschutzspiel wird ein Gesellschaftsmodell angeboten. Als Verursacher der Umweltprobleme erscheinen eine Reihe von Betrieben (Stadtwerke, Papiermühle, Eisenhütte etc., aber auch Krankenhaus, Feriendorf etc.). In diesem Spiel haben alle Verursacher ähnliche Aktionsmöglichkeiten und auch Macht. Das Modell stellt die Interessen beispielsweise der Papiermühle auf eine Stufe mit denen des Feriendorfs und Krankenhauses. Der Umweltschutz-Spieler soll sowohl viel Gewinn machen als auch die Umweltbelastung möglichst gering halten. Das Modell suggeriert, daß es eine solche Strategie gibt.

Die statistischen Kugelspiele haben wiederum ein anderes Modell. In diesen Spielen erscheinen Entwicklungsprozesse nur noch als von Wahrscheinlichkeitsprozessen – und sonst nichts – gesteuerte Abläufe. Die Spiele, welche den Schüler in eine Tierrolle versetzen, bergen die Gefahr in sich, ein Denken hervorzurufen, welches Tier-Mensch-Ähnlichkeiten zu verallgemeinern sucht.

Diese Bemerkungen führen zur wichtigen Frage, ob das Modell, welches einem Simulationsspiel zugrunde liegt, die Realität angemessener abbildet als symbolischer Unterricht oder nicht. Behauptet haben wir oben, daß der mehr handlungsbezogene *Lernprozeß* in Simulationsspielen realitätsgerechter verläuft infolge direkterer und weniger vermittelter Rückmeldungen. Wenn man aber beispielsweise das Modell einer Gesamtwirtschaft, welches im Umweltschutzspiel oder besser noch im bekannten Simulationsspiel Monopoly vorgeführt wird, betrachtet, kommen doch Zweifel. In diesen Spielen tauchen beispielsweise Arbeiter und Angestellte, also fast 90 % der am Wirtschaftsprozeß Beteiligten, überhaupt nicht auf. Der Wirtschaftsprozeß, so lernt der Spieler implizit, läuft ohne diese ab.

Und alle diese Spiele sind «teacher proof», das heißt, der Lehrer kann am Modell wenig ändern, da dies die Spielbarkeit der Spiele zunichte machte. Im symbolischen Unterricht kann der Lehrer noch weitgehend selbst angemessene oder unangemessene Modelle vorführen. Wenn aber standardisierte Simulationsspiele den Biologieunterricht zu beherrschen begännen und diese unangemessene Modelle enthielten, wie es in vielen vorliegenden Spielen der Fall ist, wäre deren Korrektur kaum möglich, lediglich in den folgenden, in jedem Fall so wichtigen Diskussionen über das durchgeführte Spiel.

Dies ist der Hauptgrund, weshalb jeder Lehrer selbst sein Simulationsspielproduzent sein sollte. Dies soll nicht heißen, daß er *nichtvorhandene* Spiele nutzt und verändert.

Anmerkungen

1 Die beschriebene Szene wurde (verändert) dem Spiel «Galapagos» entnommen. Dieses Spiel wurde entwickelt von C. C. Abt und wurde kurz beschrieben in: Abt, C. C., Cogger, V. H.: Educational games for the sciences, in: The science teacher, 36–39, Januar 1969. Eine käufliche Kopie des Spiels selber hat es nach meinen Informationen niemals gegeben. Der obige Artikel liegt übersetzt vor in: Lehmann, J., Portele, G.: Simulationsspiele in der Erziehung, Weinheim 1976, S. 186–195.

2 Der Begriff des Simulationsspiels wird im folgenden im gleichen Sinne gebraucht wie der der gegenständlichen Simulation. In allen Simulationsspielen geht es um gegenständliche Simulationen, aber nicht alle gegenständlichen Simulationen finden in der Form von Spielen statt, in dem Sinne, daß zwei oder mehr Parteien gegen – oder miteinander auf einen Erfolg hin spielen.

3 Besonders in Themenbereichen, in denen es um Vermittlung von Arbeits- und Produktionsweisen ging. Vergleiche dazu den Beitrag von Kaiser in Frey, K., Häussler, P.: Integriertes Curriculum Naturwissenschaft, Weinheim 1973, S. 237–248.

4 Vergleiche beispielsweise Lehmann, J.: Simulation als Unterrichtsmethode und ihre Anwendung in einer Unterrichtseinheit Physik, in: Lehmann, J., Portele, G., siehe Anmerkung 1.

5 Vergleiche Dylla, K.: Ein für die Schule geeigneter Modellversuch zum Nachweis verschiedener Selektionsprinzipien, in: MNU, 18. Band, Heft 5, 6, (1965/66), S. 168–174.

6 Vergleiche die Spiele in Eigen, N., Winkler, R.: Das Spiel: Naturgesetze steuern den Zufall, München, Zürich 1975. Das weiter unten angeführte Selektionsspiel ist in dem Buch auf S. 70f aufgeführt.

7 Der Versuch, dieses Spiel auf dem Computer zu simulieren, zeigte, daß das Spiel nach den Regeln von Eigen/Winkler (Version 1) nicht oder kaum endet, also in der vorliegenden Form für den Gebrauch in der Schule kaum geeignet sein dürfte. Interessenten mögen sich bitte an mich wenden.

8 Karl Schilke entwickelte diese Spielserie nach Ideen von Stebbins und Allen. Sein Beitrag heißt «Modellversuche zu den Evolutionsfaktoren» und ist erschienen in: Unterricht Biologie, Heft 3 (Evolution), November 1976, S. 54–59.

9 Persönliche Mitteilung.

10 Caribou Hunting ist ein Teil von Bruner: Man – a course of study (Macos) und stammt von Fletscher/Koeller/Martin: The Caribou Hunting Games, in: Inbar, N., Stoll, C. S.: Simulation and Gaming in social sciences, New York 1972.

11 Umweltschutz: Das Spiel um unsere Zukunft. Deutsche Version des «Pollution Game». JWA-Rechenschieberfabrik, Riehle KG, Esslingen.

Ernst Busche

Alternativen zur Biologielehrerausbildung

Integration von erziehungs-, gesellschafts- und fachwissenschaftlichen Studienanteilen

Kriterien für Lernziele und -inhalte

Im Lauf der letzten Jahre sind von Schul- und Hochschulreformern Kriterien für neue Lernziele und Unterrichtsinhalte erarbeitet worden. Die *Kriterien,* wie sie für die Bremer Lehrerausbildung in betrifft: erziehung 9 (1971) und im Taschenbuch «Erziehung der Erzieher» (Reinbek 1972, rororo Sachbuch 6782) oder für die «Studienreform Chemie» von der Bundesassistentenkonferenz[1] zusammengestellt wurden, *ergeben sich aus einer politökonomischen Analyse der Produktionsverhältnisse und des Ausbildungssystems.* Die Kriterien gelten für die Methoden und Inhalte sowohl von Forschung und Lehre auf der Universität als auch von Schulunterricht; sie stehen im Begründungszusammenhang von Praxis-, Berufs- und Gesellschaftsorientierung und Interdisziplinarität.

1. Praxis und Berufsbezug

Schon die Tatsache, daß die arbeitende Bevölkerung mit ihren Steuern

Forschung und Lehre finanziert – zumal, wenn der Anteil der Lohnsteuer gegenüber den Unternehmersteuern immer stärker ansteigt[2] – legt zwingend nahe, Forschung und Lehre zugunsten dieser Lohnabhängigen zu betreiben und nicht für die herrschende Klasse, die Besitzer der Produktionsmittel und deren Agenturen Staat und staatliche Verwaltung. Die Lohnabhängigen dieser Gesellschaft könnten geradezu fordern, daß Forschung, Lehre und Lehrerausbildung in ihrem Interesse und zu ihren Gunsten organisiert werden.

Auch in den naturwissenschaftlichen Fächern hat somit ein *fortschrittlicher Unterricht von den objektiven und subjektiven Interessen und Bedürfnissen der Schüler auszugehen.* Da fast alle Schüler später Lohnabhängige sein werden, sind sie so zu qualifizieren, daß sie ihre Arbeitskraft auf dem Arbeits«markt» verkaufen können, daß darüber hinaus sie – ebenso wie Lehrer und Studenten – den Klassencharakter «unserer» Gesellschaft erkennen, daß sie (Klassen)Bewußtsein erlangen, um als gemeinsam Handelnde die Klassengesellschaft beseitigen zu können.

Zu diesen Qualifikationen gehören naturwissenschaftliche, technische, gesellschaftliche usw. Kenntnisse und Fertigkeiten. Da diese Fertigkeiten und Kenntnisse einen objektiven Zusammenhang bilden, sollten die Zusammenhänge auch in der Ausbildung von Lehrern und Schülern vermittelt werden. Da der Lehrer die Schüler bis zu einem gewissen Grad für die späteren Berufe qualifiziert, muß er natürlich diese Fähigkeiten und Fertigkeiten und deren Zusammenhänge tendenziell kennen und beherrschen. Daraus folgt: Das Schulfach und der universitäre Studiengang Biologie müssen für Dozenten und Studenten *problematisiert* werden. Das heißt, Dozenten und Studenten müssen darüber diskutieren, welche Aufgaben

a) Schule und Unterricht und biologische Lehre und Forschung und Biologieunterricht in unserer Gesellschaft erfüllen,

b) biologische Wissenschaft und Forschung und Biologieunterricht in einer zukünftigen Schule und Gesellschaft erfüllen könnten.

An den Kriterien, die für die konkrete Utopie eines zukünftigen naturwissenschaftlichen Unterrichts gelten, kann der jetzige Unterricht gemessen und auf die Utopie hin ausgerichtet werden.

Jürgen Petersen erkennt eine ähnliche «Ziel-Inhalt-Problematik»: «Für einen Unterricht über biologische Sachverhalte und damit die Auswahl von entsprechenden Inhalten ist nicht von der Fachwissenschaft Biologie ableitbar, da es sich dabei nicht um ein biologisches Problem handelt . . . Fachdidaktik Biologie ist primär und grundsätzlich abhängig von den politisch-gesellschaftlichen Bedingungen.» (In: Westermanns Pädagogische Beiträge 8 [1974], S. 435).

2. Orientierung auf gesellschaftliche Aufgaben

Aus der Wechselwirkung Mensch–Natur folgt die Notwendigkeit, die *Naturwissenschaft Biologie stets in den Zusammenhang mit gesellschaftlichen Vorgängen zu stellen.* Der Mensch lebt, indem er die Natur sich aneignet. Indem er das tut, verändert er die Natur und sich selbst, seinen Körper und sein Bewußtsein. Das Wissen über die Natur ist von der historisch-gesellschaftlichen Stufe bestimmt, die die Naturaneignung, die Naturbeherrschung, erreicht hat. Die Naturbeherrschung ist ihrerseits abhängig vom Stand der Produktivkräfte. Sie ist nur möglich, wenn die Voraussetzungen berücksichtigt werden, die die Natur selbst schafft. Der Mensch kann die «ursprüngliche Proviantkammer», wie Marx im «Kapital» die Natur beschreibt, nun umformen, indem er Naturgesetze kennt und anwendet:

Der Arbeitsprozeß, wie wir ihn in seinen einfachen und abstrakten Momenten dargestellt haben, ist zweckmäßige Tätigkeit zur Herstellung von Gebrauchswerten, Aneignung des Natürlichen für menschliche Bedürfnisse, allgemeine Bedingung des Stoffwechsels zwischen Mensch und Natur, ewige Naturbedingung des menschlichen Lebens und daher unabhängig von jeder Form dieses Lebens, vielmehr allen seinen Gesellschaftsformen gleich gemeinsam.»[3]

«Die Arbeit ist zunächst ein Prozeß zwischen Mensch und Natur, ein Prozeß, worin der Mensch seinen Stoffwechsel mit der Natur durch seine eigene Tat vermittelt, regelt und kontrolliert. Er tritt dem Naturstoff selbst als eine Naturmacht gegenüber. Die seiner Leiblichkeit angehörigen Naturkräfte, Arme und Beine, Kopf und Hand, setzt er in Bewegung, um sich den Naturstoff in einer für sein eigenes Leben brauchbaren Form anzueignen. Indem er durch diese Bewegung auf die Natur außer ihm wirkt und sie verändert, verändert er sogleich seine eigene Natur.»[4]

Der Mensch greift in die Natur, in seinen «unorganischen Leib» (Marx), nicht als Einzelwesen, als Individuum, sondern stets als gesellschaftliches Wesen, als arbeitendes Kollektiv ein. In den naturwissenschaftlichen Ausdruck «Stoffwechsel mit der Natur» gehen historische und gesellschaftliche Elemente ein:

«Die Produktion des Lebens, sowohl des eigenen in der Arbeit wie des fremden in der Zeugung erscheint nun schon sogleich als ein doppeltes Verhältnis einerseits als natürliches, andererseits als gesellschaftliches Verhältnis.»[5]

Durch gesellschaftliche Arbeit verändert und «verbraucht» der Mensch seine «ursprüngliche Proviantkammer». Die Vollzüge der Arbeit oder die Arbeitsprozesse wurden im Lauf der Menschheitsgeschichte immer komplizierter, die Produktivkräfte der Menschen immer größer. Aller Fortschritt in der Beherrschung der Natur ist somit an die lebendige menschliche Arbeitskraft gebunden; ohne gesellschaftliche Arbeit keine Aneignung der Natur.

Diesen hier abstrakt dargestellten Sachverhalt beschreibt Uwe Wandrey anschaulich in dem Band «Lehrzeitgeschichten»:

«Es ist schwer vorzustellen, wie aus so einem krumm geschnittenen Stück Blech eine vernünftige Luke wird oder ein Schornstein. Überhaupt, wie aus dem Eisenlager und aus der Arbeit von so vielen ein richtiges Schiff entsteht, wie da alle das Ergebnis bestimmen. Aber es funktioniert.» Hier schließt sich zwangsläufig die Frage an, warum die Arbeiter die Produktion und die Verteilung der Produkte nicht selbst in die Hand nehmen, *«wo sie doch zusammen ein ganzes Schiff im Kopf haben, bevor sie es bauen und bevor der Besitzer es verkauft»*.

Der Vorgang der kollektiven Aneignung der Natur könnte etwa zu den folgenden Lern- und Erkenntniszielen für Schüler, Studenten und (Hochschul-)Lehrer führen, die Wendula Dahle als «Basis-Erkenntnisse» in «Deutschunterricht und Arbeitswelt» (Reinbek 1972, rororo Sachbuch 6785, S. 81) aufzählt:

Was die Arbeiter und was die Unternehmer im Kopf haben.

«1. Aller gesellschaftliche Reichtum entsteht aus der Bearbeitung der Natur durch den Menschen. Diese Bearbeitung der Natur erfolgt in unserer Gesellschaft arbeitsteilig.
2. Es sind vornehmlich die Arbeiter, die diesen gesellschaftlichen Reichtum aus der Natur schaffen.
3. Für ihre Arbeit brauchen die Arbeiter immer gewaltigere Produktionsmittel.
4. Obwohl von den Arbeitern selbst geschaffen, gehören die Produktionsmittel nicht den Arbeitern, sondern den Kapitalisten. Weil sie nichts als ihre Arbeitskraft besitzen, können die Arbeiter nur mit Erlaubnis der Kapitalisten arbeiten und leben. Für die Erlaubnis zu arbeiten, müssen die Arbeiter alles, was sie erzeugen, dem Kapitalisten umsonst abgeben. Selbst erhalten sie gerade soviel, daß sie mit ihrer Familie davon leben können. Deshalb steht die Klasse der

Arbeiter im unversöhnlichen Widerspruch zur Klasse der Kapitalisten, die den größten Teil des von den Arbeitern geschaffenen gesellschaftlichen Reichtums an sich reißt.

5. Zwischen der Arbeiterklasse und der Kapitalistenklasse findet ein ständiger Kampf statt. Dieser Kampf geht um Löhne, Arbeitszeit und Arbeitsbedingungen. Endgültig gelöst werden kann der Widerspruch zwischen Kapitalisten und Arbeitern nur, wenn die Arbeiter den Kapitalisten die Produktionsmittel wegnehmen und sie im ganzen Staat in den Besitz der werktätigen Bevölkerung überführen.»

3. Interdisziplinarität

Keine wichtige biologische Erscheinung ist nur mittels biologischer Methoden hinlänglich vermittelbar, soll eine falsche «eindimensionale» Interpretation vermieden werden. Die Autoren der BAK-Schrift «Studienreform Chemie»[5a] begründen die Forderung nach Interdisziplinarität:

«Methoden der empirisch-analytischen Wissenschaften können sinnvoll nicht allein innerhalb eines Fachzusammenhangs oder auch nur innerhalb der Gesamtheit naturwissenschaftlicher Fächer reflektiert werden. Dies gilt insbesonders auch für die Erkenntnisziele. Entsprechend den Zielen berufsbezogener Ausbildung des Chemikers müssen Aspekte der Sozialwissenschaften, der Geisteswissenschaften und der anderen Naturwissenschaften in den Studiengang von Anfang an und in die Wissenschaft Chemie selbst einbezogen werden. Die Verengung praxisrelevanter Probleme auf fachwissenschaftliche oder auch nur auf naturwissenschaftliche Dimensionen und ihre Unterordnung unter eine ohnehin fragwürdige Fachsystematik kann für die Ausbildung des Chemikers nicht länger ausreichen.»

Diese Aussage muß auch auf die Biologie in Universität und Schule übertragen werden. Interdisziplinarität fordert also *Aufhebung der traditionell verhärteten Fächergrenzen*, eine Forderung, die eine Reform und Integration des technisch-naturwissenschaftlichen Lernbereiches voraussetzt, der bis heute in die «Fächer» Erd-, Natur-, Sach-, Heimat-, Sozial- und Gemeinschaftskunde, Naturlehre, Physik, Chemie, Biologie, Arbeitslehre und Politik zerfällt. Häppchenwissen oder Bildung aus dem Reißwolf nennen kritische Lehrer diese Aufspaltung und Zersplitterung der Welt-, Natur- und Selbsterkenntnis.[6]

Neue Lernziele

Legen wir diese Kriterien zugrunde, so gewinnen innerhalb der Lehrerausbildung die «*Erziehungs- und gesellschaftswissenschaftlichen Studienanteile*» eine zumindest gleichrangige Bedeutung gegenüber den fachwissenschaftlichen Anteilen. Sie könnten zu den folgenden «Allgemeinen Zielen» führen, wie sie ein unveröffentlichter «Diskussionsentwurf» («EGW-Papier» vom 9. 5. 1971) für die Lehrerausbildung an der Universität Bremen formuliert (hier gekürzt):

«Erkenntnis des gesellschaftlichen Charakters und der gesellschaftlichen Bedingungen von Schule und Erziehung: Erkenntnis des Klassencharakters der

Gesellschaft und den darin begründeten Widerspruch, denen Bildung unterliegt.

Erkenntnis der gesellschaftlichen Funktion der Lehrertätigkeit und ihrer zentralen Widersprüche; Bestimmung ihrer Verwertungsbedingungen; historische Rolle des Lehrers. Erkenntnis der Klassenlage des Schülers.

Erkenntnis der gesellschaftlichen Ursache individueller Dispositionen, des Lernprozesses als eines weitgehend sozialen Prozesses.

Verständnis von Lernen als Aneignung gesellschaftlicher Wirklichkeit.

Fähigkeit zur Planung, Realisation und Revision von Unterricht, der sich an den objektiven Interessen der Schüler orientiert.

Erkenntnis des sozialen Charakters und der sozialen Wirkungen von Unterrichtsmodellen, -verfahren, Tests usw., kritisches Verständnis curricularer Planungsansätze . . .»

Von den allgemeinen Zielen her ergeben sich auch Aufgabe und Umfang der Ausbildung der Biologielehrer, die in gemeinsamen Projekten zusammen mit Diplombiologen, Studenten anderer Naturwissenschaften und anderer Studiengänge erfolgen sollte.

Bei der Bestimmung der Lernziele, der Inhalte und der ausgewählten Beispiele sind stets die Auswahlkriterien anzugeben und zu begründen. Diese Kriterien sollten einerseits dem Stand der biologischen Forschung und ihrer Entwicklungstendenzen Rechnung tragen, andererseits aber stets auf den Gesellschaftsbezug der Biologie verweisen. Sie sollten sich an den *subjektiven und objektiven Bedürfnissen von Schülern und Lehrern* und vor allem denen der *Lohnabhängigen* orientieren.

Soll der Biologieunterricht etwas dazu beitragen, die Schüler auf die objektiven Anforderungen des gesellschaftlichen Arbeitsprozesses vorzubereiten, dann sind zunächst folgende *Bildungsziele* anzugeben, auf die sowohl Unterrichtseinheiten in der Schule als auch Lehrinhalte während des Studiums ausgerichtet werden sollten:

- Oberstes Ziel von Schule und Universität ist es, gesamtgesellschaftlich ein *wissenschaftliches Weltbild* zu schaffen und zu fördern.
- Mit dem Erwerb wissenschaftlichen Denkens sollen irrationale (vorwissenschaftliche, magische, abergläubische) Vorstellungen und Vorurteile abgebaut werden (Beispiele aus der Biologie: Vitalismus, Rassenvorurteile, Glauben an Wunder in der Natur, Schöpfung, mit negativen Affekten besetzte Tiere, Anthropomorphismen)
- *Ein wissenschaftliches Weltbild kann nur ein materialistisches* sein, was sich u. a. darin zeigt:
  - Die Welt ist objektiv vorhanden,
  - sie ist für uns erkennbar,
  - sie gehorcht – unabhängig von uns – bestimmten und erforschbaren Gesetzen,
  - im Laufe der Menschheitsgeschichte hat der Grad der Beherrschung der Natur zugenommen.
- Auf die Naturwissenschaften angewendet, ergeben sich daraus durch Schule und Studium zu vermittelnde Einsichten:
  - Lebende und nichtlebende Natur beruhen auf gleichen materiellen Grundlagen;
  - die Lebensprozesse beruhen auf physikalischen Vorgängen und chemischen Reaktionen;
  - Lebensprozesse werden durch äußere (nicht lebende) Faktoren in vielfältiger Weise beeinflußt (Klima usw.);
  - Stoffumwandlungen sind in lebenden wie auch in nichtlebenden Systemen stets

mit Energieumwandlungen verknüpft (hier besonders Integration mit dem Chemie- und Physikunterricht);
- Lebewesen können nur existieren, wenn sie Stoffe aus der Umwelt aufnehmen;
- aus dem Lebendigen als einer spezifischen Bewegungsform der Materie ergeben sich:
- die Materialität der Entstehung des Lebens,
- die Materialität der biologischen Evolution,
- die Materialität der biologischen Prozesse und Systeme,
- die materiellen Grundlagen des «Systems Mensch»,
- die materiellen Grundlagen des Denkens.

• Die *Merkmale lebendiger Systeme* auf molekularer, zellularer, Organismus- und Ökosystemebene, zum Beispiel arbeitsteilige Struktur, Stoff- und Energietransport, Kommunikation und Regulation (Nerven, Sinne, Hormone), Bewegung, Vermehrung, Anpassung sind an Beispielen und durch Experimente zu veranschaulichen.

• Der Student und Schüler soll grundlegende Erkenntnisse in die *Struktur und Funktion* und den *Systemcharakter* des Lebendigen erhalten:
- Zwischen den einzelnen Naturerscheinungen bestehen Kausalbeziehungen, Organismus und Umwelt sind eng aufeinander bezogen (voneinander abhängig);

- Struktur und Funktion bilden eine Einheit (Zelle, Gewebe, Organe, Organsysteme; homologe und analoge Organe);
- alle biologischen Erscheinungen ordnen sich zu Systemen mit anderen Eigenschaften als die einzelnen Elemente; Beispiele: Ökosysteme, Bodentypen, Pflanzen-, Tiergesellschaften, Klimaregionen, Stoffwechselregelkreise.

- *Die Methoden einer Naturwissenschaft,* wie Bildung und Definition von Begriffen, Durchführen von Vergleichen, Experimentieren, Schließen und Urteilen, Auffinden von Kausalbeziehungen, Aufstellen von Hypothesen, Regeln, Gesetzen und Theorien, Modellbildung, sollen an ausgesuchten Beispielen aus der Biologie nachvollzogen werden. Das Biologiestudium kann nicht in allen Bereichen durch Experimente erfolgen (zum Beispiel Völkerkunde, Evolutionsbiologie, Pflanzen- und Tiersoziologie, Systematik). Deswegen sollte die Fähigkeit, biologische Informationen aus der Literatur (Tageszeitungen, Fachzeitschriften, Fachbücher usw.) zu gewinnen und für den Unterricht fruchtbar zu machen, besonders intensiv berücksichtigt und geübt werden.
- Zum *Verhältnis von Theorie* (Wissenschaft) *und Praxis* (Anwendung/Produktion) sollten Schüler und Studenten

- über die Erkennbarkeit von Naturvorgängen und -erscheinungen Erfahrungen machen;
- erkennen, daß naturwissenschaftliche Theorien nur bestimmte Seiten der objektiven Realität widerspiegeln;
- erkennen, daß Theorien durch die Praxis auf ihre Wahrheit geprüft werden können und daß unser durch Praxis geprüftes Wissen wahr und zuverlässig ist;
- Einsichten über die Wechselwirkung von naturwissenschaftlichen Einsichten und Produktion und gesellschaftlichem Leben erlangen;
- erkennen, daß jede naturwissenschaftliche Erkenntnis die Einsicht in das Wesen ihres Untersuchungsbereichs zum Ziel hat, um auf dieser Grundlage die Produktivkräfte aktiv weiterentwickeln zu können, daß die Biologie eine Produktivkraft ist;
- erkennen, daß die Biologie wie jede Wissenschaft eine gesellschaftliche Erscheinung mit historisch-ökonomischen Entwicklungen und Voraussetzungen ist, daß Aspekte der Verwertung gleichwertig einzubeziehen sind;
- erkennen, daß der Mensch, sobald er nicht mehr direkt von Naturgewalten abhängt, vor allem von sozialen Bedingungen bestimmt wird.

- Das *Verhältnis Mensch–Natur–Gesellschaft* soll durch Einsichten erkennbar werden:

- Der Mensch ist ein Teil der Natur, seine biologische Existenz ist deshalb eng mit ihr verknüpft und direkt von ihr abhängig.
- Um seine Existenz zu sichern, muß der Mensch die Natur nutzen und zu seinen Gunsten verändern. Die Aneignung der Natur ermöglicht den Fortschritt der Menschheit.
- Die Aneignung der Natur ist ein gesellschaftlicher Prozeß (hier Beispiel Biologie als Produktivkraft), der zudem in Arbeitsteilung – ein bestimmter Stand der Produktivkräfte vorausgesetzt – erfolgt.
- Deswegen sollte von bestimmten politökonomischen Basiserkenntnissen ausgegangen werden, wie sie S. 310 vorgeschlagen wurden.
- Der naturwissenschaftliche Unterricht und damit auch die Ausbildung der Lehrer für naturwissenschaftliche Fächer hat sich am Schüler als zukünftigen Lohnabhängigen und damit am Produktionsbereich zu orientieren. (Damit ist die Relevanz aller Themen, die sich zum Beispiel nur durch sog. Allgemeinbildung oder Hobbyinteressen begründen, stark eingeschränkt.)
- Die Natur sollte wegen der Komplexität der Erscheinungen erst nach sachkun-

diger und gründlicher wissenschaftlicher Analyse verändert werden.
- Der Student soll die Fähigkeit erwerben, den Gebrauch und Mißbrauch biologischer Erkenntnisse beurteilen zu können.
- Spezielle *inhaltlich-organisatorische Aufgaben des naturwissenschaftlichen Lehrers* müssen sich vor allem aus den unterrichtspraktischen Studienanteilen ergeben und intensiv behandelt werden:
- Einrichtungen naturwissenschaftlicher Fachräume, Laboratorien, Sammlungen;
- Vorbereiten, Durchführen und Auswerten von Exkursionen (Kriterien für die Auswahl der Routen, Ergebnissicherung, Einbau in den übrigen Unterricht);
- Kriterien für die Erarbeitung des Tier- und Pflanzensystems.

Themenvorschläge

Auswahlkriterien, Lern- und Erkenntnisziele zwingen dazu, Inhalte für das Biologiestudium und den -unterricht auszusuchen, die sich auf den Produktionsbereich unserer Gesellschaft und auf die Reproduktion der Arbeitskraft beziehen. Themen, die sich lediglich aus einem Hobbyinteresse (Aquarienzucht, Ornithologie, Sammeln von Schmetterlingen oder Orchideen u. ä.) oder einer nicht genau bestimmbaren Allgemeinbildung (zum Beispiel «Jeder Mensch soll die wildlebenden Tiere seiner Heimat kennen») heraus begründen, treten damit in den Hintergrund.

1. Ein chemischer und/oder pharmazeutischer Konzern mit seinen Arbeitsplätzen

Ein Projekt unter diesem Thema sollte folgende Aspekte berücksichtigen:

Von der *Lohnarbeit* ausgehend: die Arbeitsbedingungen, der Grad der körperlichen und/oder nervlichen Anstrengungen, die Qualifikationen der Arbeiter und Angestellten; Akkord, Schreibtischarbeit, Fließband, Zeitlohn und andere Entlohnungs- und Arbeitsbewertungsmethoden; das Verhältnis von Lohn und Profit und die gewerkschaftliche Organisation ist an diesem Beispiel deutlich zu machen.

Vom *Kapital* ausgehend: die personellen und Kapitalverflechtungen, Bankverbindungen, Finanzierungsmöglichkeiten, Investitionen. Hierarchien im Betrieb, Organisation der Produktion: Forschungs-, Entwicklungs-, Produktions-, Vertriebs- und Werbeabteilung usw. Bei der Diskussion der Absatzstrategien muß im Falle eines pharmazeutischen Betriebes der Zusammenhang mit dem Gesundheitswesen, Krankenkassen und Ärzten (vgl. unten S. 317f) berücksichtigt werden.

Der biologisch-fachwissenschaftliche Ansatz ergibt sich vom Produkt her. Erfindung, Erprobung und Wirkung eines Arzneimittels zu behandeln, empfiehlt sich bei der Auswahl eines Pharmakonzerns, die eines Düngemittels bei einem chemischen Konzern. Dabei sollte auch der historische Aspekt der Erfindung und damit exemplarisch die Verwertung und Anwendung naturwissenschaftlicher Erkenntnisse – die Biologie als Produktivkraft – herausgearbeitet werden. Zu diesem Ansatz gehören Fragen der Arzneimittelprüfung und -kontrolle und damit gesamtgesellschaftliche, individual- und massenpsychologische Probleme des Arzneimittelkonsums. Ähnliche gesellschaftspolitische Probleme zeigen sich, wenn ein Unternehmen ausgewählt wird, das Dünge-, Nahrungs- oder Schädlingsbekämpfungsmittel herstellt (falsche Ernährung, Überdüngung, Störungen des ökologischen Gleichgewichtes, Umweltschutz usw.)

Ein weiterer biologisch-fachwissenschaftlicher Ansatz entsteht aus der Untersuchung der Wechselwirkung zwischen dem menschlichen Körper und dem Arbeitsplatz. Hier sind die Funktionen des Körpers zu behandeln: Ernährung, Verdauung, Ausscheidung, Atmung, Knochen und Muskulatur, Stoff- und Energiewechsel. Besonders intensiv ist das zu berücksichtigen, was in der Fachsprache «biologische Kommunikation» und «biologische Regulation», in der Umgangssprache Gehirn, Sinne, Nerven und Hormone, heißt: Ontogenie und Phylogenie des Gehirns und des Nervensystems, deren Struktur und Funktion, Sehen, Hören, Schmecken, Tasten.

Die Fragen, was ist Lernen, was ist Gedächtnis, wie wird gelernt und gesprochen, ist nur unter Einbeziehung der gesellschaftlichen Bedingungen des Sozialisationsprozesses angemessen zu beschreiben.

Der Intelligenzquotient ist zum Beispiel abhängig von Erziehung, Umwelt, Klassenlage. Die chemische Struktur, der Transport und die Wirkungsweise der Hormone ist an Beispielen darzustellen (Adrenalin, Insulin, Follikel- und Gelbkörper stimulierende Hormone). Die Wirkung und Bedeutung für den Menschen können am weiblichen Zyklus oder an der Zuckerkrankheit veranschaulicht werden. Hier ergeben sich Möglichkeiten, biologische Regelkreise und die gesellschaftliche Verwertung zu behandeln (letzteres am Beispiel der Antibabypille), wodurch der Bezug zur Produktion hergestellt ist. Unterricht über diese Themen gibt eine hohe Motivation für Schülerinnen und Schüler, beziehen sich die Themen doch auf ihren eigenen Erfahrungskreis und können durch sachliche Informationen im Ansatz eine nicht repressive Sexualkunde ermöglichen.

2. Mensch und Gesundheit

Im vorhergehenden Text sind bereits Studieninhalte aufgeführt, die auch ein Projekt unter diesem Thema entfalten müßte. Auch hier könnte von fachsystematischen Ansätzen ausgegangen werden: der menschliche Körper, seine Funktionen, Krankheiten und Krankheitserreger, Krankheitssymptome und -bekämpfung. Allerdings müssen gleichrangig die gesellschaftlichen Aspekte eingebaut werden:

- ambulante und stationäre medizinische Versorgung in der BRD (ein Vergleich mit anderen Staaten ist dabei sicher notwendig);
- praktische Ärzte und Fachärztesystem in der BRD: ihre Ausbildung und Qualifikationen, Mängel der Ausbildung, Abhängigkeiten und Standesorganisationen, Pharmaproduzenten und Honorierungssystem;

– das Krankenkassensystem der BRD und seine Auswirkungen auf die Gesundheit der Bevölkerung und der Verbreitung bestimmter ärztlicher Methoden;
– Pharmaproduktion, Arzneimittelsicherheit, -kontrolle. Monopolbildungen.

Im Bericht über den Marburger Kongreß «Medizin und gesellschaftlicher Fortschritt» vom 20. und 21. 3. 1973 ist das ganze Spektrum der BRD Gesundheitskatastrophe von den Beteiligten der Öffentlichkeit dargelegt worden.[7]

Indem wir in das Projekt Fragen der Arbeitsmedizin, des werksärztlichen Dienstes, des Gesundheitsschutzes am Arbeitsplatz, der Unfallverhütung, der Sicherheitsbeauftragten einbeziehen, berücksichtigen wir die Interessen der Lohnabhängigen, die Tag für Tag von Arbeitsunfällen betroffen sind. Die 4000 Toten durch Betriebsunfälle und die 270000 Frühinvaliden pro Jahr in der BRD[8] sollten Anlaß genug für die Universitäten sein, sich intensiv mit diesen Problemen zu beschäftigen, es vor allem nicht bei Veröffentlichungen in Fachzeitschriften bewenden zu lassen, sondern durch Aufklärung der Öffentlichkeit und gesetzgeberische Reformen eine «Humanisierung der Arbeitswelt» einzuleiten.

3. Die Universität im Dienste der Lohnabhängigen – Biologie und Lohnrahmentarifverträge als Beispiel

Der DGB fordert: «Auf Grund ihres gesellschaftspolitischen Auftrages beanspruchen die Gewerkschaften eine führende Rolle bei der Diskussion und Durchsetzung der Bildungsreform. *Für den Hochschulbereich bedeutet dies, daß die Reform von den Interessen der Arbeitnehmer bestimmt sein muß* . . .

These 15: Die Forschungsplanung muß ihre Schwerpunkte und Prioritäten so setzen, daß die grundlegenden gesellschaftlichen Bedürfnisse berücksichtigt werden. Als langfristige Gemeinschaftsaufgaben . . . müssen solche Forschungen gelten, die dazu beitragen, eine humane Gesellschaft rational zu gestalten. Dazu gehören Bereiche der Sozialwissenschaft, *insbesondere der Arbeitswissenschaft, der Arbeits- und Unfallmedizin.*» (Aus: 23 Thesen, vom DGB-Bundesvorstand am 8. 5. 1973 verabschiedet)

Wie könnte eine solche Gemeinschaftsaufgabe aussehen?

Seit 17 Jahren verhandelt der IG-Metall-Bezirk Nordwürttemberg-Nordbaden mit den Unternehmerverbänden über einen neuen *Lohnrahmentarif.* 1973 trat der Kampf um diese Tarife in eine neue Phase. Die «Basis» beteiligte sich an den Auseinandersetzungen. Etwa 150000 Metallarbeiter streikten im Bezirk Nordwürttemberg-Nordbaden. In den Verhandlungen mit den Unternehmern setzte die IG Metall u. a. folgende neue Bestimmungen für den Lohnrahmentarifvertrag durch:
– Verdienstabsicherung von 125 % für Akkordarbeiter,
– Erholpausen von 6 Minuten bei Fließband-, von 5 Minuten bei Akkordarbeit pro Stunde,
– Kündigungsschutz für Arbeiter über 50 Jahre usw.[8a]

Eine inhaltliche Zusammenarbeit zwischen Gewerkschaften und Biologen ergibt sich zum Beispiel aus den Begründungen, mit denen die Lohnrahmentarife durchgesetzt werden sollen. In den Organen der IG Metall argumentieren die Funktionäre mit Sätzen wie: «Die an den Menschen gestellten Arbeitsanforde-

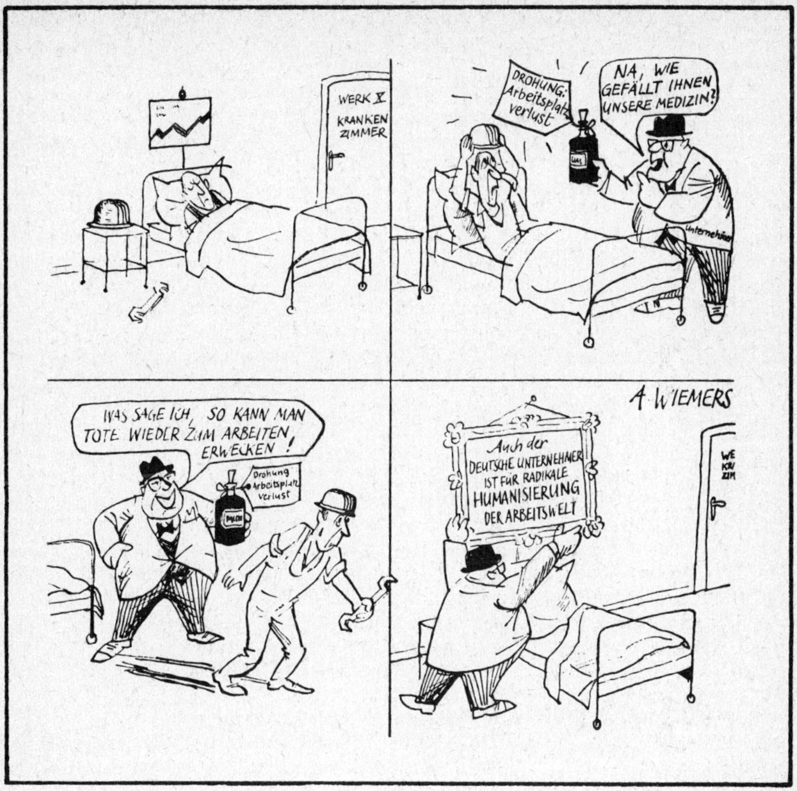

rungen sollen für ihn ausführbar, erträglich, zumutbar und zufriedenstellend sein.» «*Biologisch* und sozial zumutbare Arbeitsnormen» seien Mindestvoraussetzungen für jede Arbeit. Von diesen Forderungen her erhält ein Biologe klare Aufgaben: die hier auftauchenden Begriffe sind zu präzisieren und mit Inhalten zu füllen. Was ist «biologisch und sozial zumutbar», wie können «Kenntnisse von anatomischen, biologischen und psychischen Grundbedürfnissen des Menschen bei der Arbeit» vermittelt werden, und zwar so, daß sie Folgen für die Arbeitenden zeitigen und nicht nur wissenschaftliche Zeitungen füllen? (Zitate aus: «Metall» 14 (1973), S. 7)

Solche Aufgaben sind nur in interdisziplinären Projekten zu lösen, in denen Arbeitsrechtler, Arbeitsphysiologen, -psychologen, Mediziner, Humanbiologen mit Betriebsräten und Vertrauensleuten zusammenarbeiten. Derartige Projekte sind für das Studium an der Universität Bremen vorgesehen, die über die Bremer Arbeiterkammer die Zusammenarbeit mit Gewerkschaftsvertretern institutionalisiert hat. In Diskussionen mit Gewerkschaftern müssen die Ziele festgelegt,

Aufgaben von dort an die Wissenschaftler gegeben, Arbeitsplätze beobachtet und untersucht, Schädigungen des Körpers und seiner Funktionen genau analysiert werden.

Ziel der Arbeit: Formaljuristisch sollte für Bremen, Hamburg, Niedersachsen und andere Metallbezirke ein ähnlicher Tarif wie für Nordwürttemberg-Nordbaden angestrebt und durchgesetzt werden. Möglich wäre auch eine bundesweite Gesetzesinitiative, um zu neuen Normen für die Gestaltung des Arbeitsplatzes und des Produktionsverlaufes, insgesamt zu einer «Humanisierung des Arbeitsplatzes» beizutragen. Der «Erfolg» der Arbeit hat sich in der politischen Praxis auszuweisen, eventuell in einer Verbesserung des Betriebsverfassungsgesetzes.[9]

Zum wissenschaftlichen Stellenwert einer derartigen Kooperation: Wissenschaftler arbeiten mit ehren- und hauptamtlichen Funktionären der Gewerkschaft zusammen. Die Kontakte ergeben sich vor Ort, bei der Untersuchung im Betrieb einerseits und andererseits bei der Aufstellung und Durchsetzung der tariflichen Forderungen. Arbeiter und Angestellte müssen informiert werden, die demokratische Öffentlichkeit ebenfalls, bis eine Gesetzesinitiative oder der Tarifvertrag unter Dach und Fach sind. Die Fragestellungen und Aufgaben für eine in dieser Weise strukturierte Wissenschaft ergeben sich also primär nicht mehr aus den üblichen fachsystematischen Erfordernissen oder den privaten Hobbys der Ordinarien und Institutsdirektoren. Die Aufgaben werden von der organisierten Arbeitnehmerschaft, den Gewerkschaften, «an die Forschungs- und Ausbildungs-Institutionen herangetragen», Wissenschaft wird «zu einem Mittel der Interessenpolitik der Lohnabhängigen». «Als dienendes Instrument hat sich die Universität den Zielsetzungen und Anforderungen der organisierten Arbeitnehmerschaft unterzuordnen», forderte der Gründungsrektor der Universität Bremen, Thomas von der Kring (nach: «Kooperation», 3/4 (1973), S. 3, S. 8). Hier ist – wie ich meine – ein Weg aufgezeigt, wie Forschungsprojekte und die Ergebnisse einer Reformuniversität innerhalb der bestehenden gesellschaftlichen Verhältnisse zu realisieren sind.

Wie diese Aufgaben konkret aussehen, davon zeugen die beiden Projekte, die seit Ende 1973 von Mitarbeitern der Arbeiterkammer und der Hochschule bearbeitet werden: «Belastungen am Arbeitsplatz und Praxis der betrieblichen Arbeitssicherheit – Eine sozialwissenschaftliche Pilotstudie an Hand ausgewählter Branchen im Lande Bremen» und «Lärmquellen und Möglichkeiten ihrer Bekämpfung im Urteil von Betriebsräten, Sicherheitsbeauftragten und Arbeitnehmern – eine sozialwissenschaftliche Studie». «Zur Wachsamkeit gegenüber Universitätsforschungsgruppen hat die Vereinigung der Arbeitgeberverbände in Bremen ihre Mitglieder aufgefordert», berichtete der «Weserkurier» am 2. 1. 1974 unter der Schlagzeile «Arbeitgeberverband hat von Untersuchungen der Universität in Bremer Betrieben ‹abgeraten›». In einem vertraulichen Rundbrief hatten die Bremer Arbeitgeberverbände bedauert, «keine Möglichkeit mehr zu haben, die Projekte zu verhindern bzw. der zuständigen Arbeitsgruppe der Universität den Zutritt in die Betriebe zu verwehren». Diesen Brief hatte die DKP-Tageszeitung «Unsere Zeit» am 29. 12. 1973 auszugsweise veröffentlicht (vollständig ist er im ASTA-Info 10 der Universität Bremen vom 14. 1. 1974 enthalten). Er belegt zum einen den Herrn-im-Hause-Standpunkt der Kapitalisten, zum andern, wie einfach diese Unternehmer wissenschaftliche Forschungen zugunsten von Arbeitern und Angestellten verhindern können, und zum dritten macht er deutlich, wie nötig gerade solche Forschungen sind. Darüber besteht auch unter SPD-Führungskräften Einigkeit. So bestätigte zum Beispiel der Bremer SPD-Bundestagsabgeordnete Claus Grobecker der UZ vom 10. 1. 1974, «daß der Bundesarbeitsminister die Erkenntnisse und Ergebnisse in Gesetze und

Von einer allgemeinen Humanisierung der Arbeitswelt ist man in der Bundesrepublik noch weit entfernt. Davon zeugt auch die Zunahme der Berufskrankheiten und hier besonders die Lärmschwerhörigkeit. Innerhalb der letzten zehn Jahre haben sich die bekanntgewordenen Fälle von Lärmschwerhörigkeit und Lärmtaubheit verfünfzehnfacht. Wurden im Jahre 1966 beim Bundesarbeitsministerium erst 903 Fälle von lärmbedingten Berufskrankheiten registriert, so waren es 1976 fast 14 000. Zwischen 1966 und 1976 stieg die jährliche Zahl der gemeldeten Berufskrankheiten insgesamt von 26 000 auf über 40 000.

Verordnungen umsetzen will, die mehr Arbeitssicherheit in den Betrieben und weniger Lärm am Arbeitsplatz bringen sollen. Daß damit finanzielle Aufwendungen der Unternehmer verbunden sind, ist klar». Sollten weniger Lärm und mehr Sicherheit am Arbeitsplatz durch die Arbeit von Hochschulangehörigen bewirkt werden – dann hätte die Reformuniversität Bremen im Ansatz ihren Anspruch eingelöst, eine Hochschule im Dienste der Mehrheit der Bevölkerung zu sein.

4. Reproduktion der Arbeitskraft

Hier sind Teile der Produktions- und der Reproduktionssphäre der Gesellschaft einzubeziehen. Die Behandlung der Produktion von Nahrungsmitteln sollte die fachwissenschaftlichen Gesichtspunkte, wie Stammformen und Stammesgeschichte von Haustieren und Kulturpflanzen oder angewandte Genetik bei der Züchtung von Tieren und Pflanzen berücksichtigen. Dazu kommen Erfindung, Herstellung, Wirkung und Anwendung von Düngemitteln und Schädlingsbekämpfungsmitteln, die Bezüge zum Projekt «Ein chemischer und/oder pharmazeutischer Konzern» (vgl. S. 316ff) herstellen. Die Folgen für den Naturhaushalt und für die Gesundheit der Menschen betreffen die Reproduktion und Rekreation der Berufstätigen: Trinkwasserversorgung, Schutz vor Immissionen aus Industrieanlagen, Zerstören des biologischen Gleichgewichts, Überdüngung, Monokulturen, Industrie- und Haushaltsmüll. Die Wurzel dieser Mißstände – eine ungeplante, nicht an den Bedürfnissen der Menschen, sondern an Unternehmerprofiten orientierte kapitalistische Wirtschaft – ist leicht nachzuweisen. So kann diesem Projekt die Funktion gesellschaftspolitischer Aufklärung, darüber hinaus eine antikapitalistische und antimonopolistische Stoßrichtung gegeben werden.

5. Die Funktion von «Natur» und «Biologie» in den Massenmedien und im Erziehungsprozeß – materialistisches Weltbild

Das Projekt könnte von dem nur wenige Seiten umfassenden Artikel «Anteil der Arbeit an der Menschwerdung des Affen» von Friedrich Engels[10] ausgehen und im Anschluß einige der folgenden Stoffeinheiten einbeziehen, die überwiegend biologisch bestimmt sind[11]:

- Stammesgeschichte des Menschen: Tier – Mensch – Übergangsfeld, Freisetzung der Hand zum Werkzeuggebrauch, der Mensch als tool-making-animal; aufrechter Gang: Entwicklung des Gehirns.
- Stammesgeschichte von Tieren als parallele Beispiele (zum Beispiel die Pferdestammbäume)[12].
- Ursachen der Stammesgeschichte: Chemische Grundlagen der Vererbung, Isolation, Mutation, Auslese.
- Einfluß von Umwelt und Erziehung auf die Ausprägung menschlicher Eigenschaften. Probleme der Sozialisation und der Entwicklung von Erkenntnis und Verhalten; Erarbeitung einer materialistischen Lerntheorie; Intelligenz, Kreativität.
- Biologie als Produktionskraft: Steigerung der Erträge durch Düngung, Züchtung, Schädlingsbekämpfung.
- Auseinandersetzung mit bürgerlicher Wissenschaft am Beispiel Biologie: Rassenkunde, Anthropomorphismus, Ideologische Versatzstücke in biologischen Unterrichtswerken, methodischen und didaktischen Schriften, staatlichen Richtlinien.[13]
- Das Mensch-Maschine-System verstärkt die Muskelleistung des Menschen und die Gehirnleistung und erhöht die Produktivität.
- Der Mensch am Arbeitsplatz: Gestaltung des Arbeitsplatzes, Betriebsunfälle, Fließbandarbeit, Refa- und MTM-Systeme: Arbeitszeiten, Arbeitskrankheiten.

In den Arbeitsvorhaben sollte an Beispielen aus Kinder-, Schul- und Tierbüchern und Fernsehsendungen klargemacht werden, wie Tiere vermenschlicht, das heißt mit Werten ausgestattet werden:

Lassie, der schlaue Collie; Bambi, das scheue Reh; Fury, der wilde Hengst; Flipper, Donald Duck – sie alle sind vermenschlichte Tiere. Das Schulbuch «Die Natur Band 1» von Harry Garms (Braunschweig 1963, Westermann) ordnet die Natur wie folgt (Zitatcollage):

«Die insektenfressenden Säugetiere sind meist nützliche kleine Räuber im Garten und auf dem Felde. – Die Spitzmäuse sind beutehungriger und freßlustiger als alle anderen Säuger. – Die Ratten und die Mäuse werden unablässig von den Menschen verfolgt. – Der Haushund ist ein treuer Freund des Menschen. – Die Gartentulpe ist die schönste Frühlingspflanze. – Der Eisbär und der Grislybär sind schlimme Räuber. – Vergleiche den Friedfisch Karpfen mit dem Raubfisch Hecht.»

Auch der *Einfluß des übrigen Unterrichts* auf die Biologie muß untersucht werden: Durch die Lesefibeln werden zum Beispiel bestimmte Tiere, wie Kröte, Schlange, Spinne, Ratte mit negativen Werten besetzt, andere dagegen positiv,

wie Hund, Pferd, Katze. Auf dieser Ebene hat sich also durchaus ein fächerübergreifender, interdisziplinärer Unterricht mit bestimmten ideologischen Folgen eingespielt, der in den Unterricht die Kategorien von Lob und Tadel und von bestimmten menschlichen Charaktereigenschaften bringt. Ethische Normen fließen ein, die Tieren und Pflanzen gar nicht angemessen sind; die Natur ist halt nicht mit der Elle einer moralischen Bedürfnisanstalt zu «werten».

Katze, Hund, Sauberkeit

«Die Katze ist nicht bloß mordlustig, sondern auch grausam . . . Ihre Reinlichkeit macht sie zu einem guten Gesellschafter.» (G. Partheil und W. Probst: Naturkunde für Mittelschulen, höhere Mädchenschulen und verwandte Anstalten, Dessau und Leipzig 1893, Kählers Verlag)

«Durch ihre Zutraulichkeit und Reinlichkeit hat sich die Katze viele Liebhaber erworben.» (J. Nissen: Präparationen für den Unterricht in der Naturgeschichte der Volksschule, Goslar 1911, Danehls Verlag)

«Die Hauskatze hat ein ausgeprägtes Bedürfnis nach Sauberkeit. Ist sie irgendwo beschmutzt, so beginnt sie gleich mit der Reinigung. Außer den Pfoten benutzt sie dabei vor allem ihre rauhe Zunge. Sie beleckt ihr Fell.»

«Das Miauen der Hauskatze ist der bekannteste Laut.»

«Da der Hund nicht so reinlich ist wie die Katze, muß sein Herr für seine Reinlichkeit sorgen. Ein Vollbad gibt es zwar höchstens dreimal im Jahr, aber die Reinigung der Augen und Ohren, der Zähne, des Felles und der Pfoten muß in kurzen Abständen erfolgen.» (Das Tier – Band 1 – Biologie für Gymnasien, Stuttgart 1965/1978, S. 27 und S. 33, Klett Verlag)

Mit dem Sozialdarwinismus und einer faschistischen Rassenlehre lieferten Fachwissenschaftler das ideologische Rüstzeug für Klassenkampf, Rassismus und Imperialismus. Friedrich Krupp setzte 1899 nicht umsonst 30000 Goldmark für das Preisausschreiben aus: «Was lernen wir aus den Prinzipien der Deszendenztheorie in bezug auf die innenpolitische Entwicklung und Gesetzgebung der Staaten?»[13a]

Heute erfüllen ähnliche Funktionen einige Bevölkerungsbiologen, Verhaltens-, Konflikt- und Aggressionsforscher, die A-, B-, C-Waffenerfinder. Rund 400000, das ist die Hälfte aller Wissenschaftler, sind auf der Erde mit der Rüstungsforschung beschäftigt! Ich meine, zumindest diesen Gesellen sollte eine moderne Hochschulausbildung das Handwerk legen.

Wenn das beschriebene Projekt einen Teil dieser Aufgaben erfüllt, dann erfüllt es gleichzeitig auch seine Aufgabe im ideologischen Grabenkrieg. «Solange noch ideologische Waffen der beschriebenen Art angewendet werden, gebietet die wissenschaftliche Redlichkeit, nicht würdevoll die Augen zu verschließen», fordert Walter Hollitscher in seinem lesenswerten Buch «Die Natur im Weltbild der Wissenschaften»[14].

6. Sozialisation in Elternhaus, Schule und Gesellschaft

In diesem für Lehrerstudenten vorgeschlagenen Vorhaben müßten Kenntnisse vermittelt werden über die primäre, schulische, außerschulische und betriebliche Erziehung, über den Klassencharakter von Sozialisation, über die Rolle von Bezugspersonen, über Erziehungsstil, über Formen abweichenden Verhaltens, über die Entwicklung des Kindes (zum Beispiel über die menschliche Sexualität), über den Unterricht als sozialen Prozeß, über die Entwicklung von Erkenntnis und Verhalten, über das Verhältnis von Sprache und Lernen und das von Anlage und Umwelt beim Problem der Begabung, über Fragen der Kreativität, Motivation, Leistung und Intelligenz, über Lernstörungen.

Hierbei sind unterschiedliche wissenschaftliche Ansätze wie Psychoanalyse, Rollentheorie, Spracherwerbsforschung, Zooethologie (Verhaltensforschung), Völkerkunde einzubeziehen und zur Wissenschaftskritik auszuweiten. Von der Seite der Biologie haben zu diesen Themen die Teildisziplinen Evolutionsbiologie (Abstammungslehre), Humangenetik, Humanbiologie, Anthropologie, Verhaltensforschung, Neurophysiologie, Lernphysiologie ihre spezifischen Beiträge zu leisten.

Ein Projekt unter dieser Problemstellung muß unbedingt einen direkten Bezug zur Unterrichtspraxis von Studenten haben, das heißt, es sollte den Schulpraktika zugeordnet werden.

7. Projektstudium – Lehrerausbildung – Bürgerinitiativen

Das Ausmaß der Naturvernichtung in der BRD kommt unter anderem darin zum Ausdruck, daß von den 250000 km^2 Gesamtfläche bereits 50000 km^2 von Siedlungen, Straßen, Fabrikanlagen und Verkehrsanlagen, 30000 km^2 von aufgelassenen Äckern und ungenutzten Wiesen usw. (sog. Sozialbrache) und 7000 km^2 durch militärische Anlagen eingenommen werden. Diese Tatsachen und die zusätzlichen ökologischen Verwüstungen, über die an anderer Stelle dieses Buches gesprochen wird, haben eine starke Umweltschutzbewegung entstehen lassen, die auch aus dem universitären Bereich unterstützt wird. Bürgerinitiativen (BI) sind dafür geeignet, die Aufgaben und Organisationsformen eines Projektstudiums einzuüben.

1. BIs sind politische Organisationen, deren Mitglieder *praktisch-politisch* handeln müssen; Erfolge und Mißerfolge sind leicht erkennbar. Bürger lernen dort den Umgang mit Politikern, Militärs, Juristen, Wissenschaftlern, Journalisten; sie lernen zu argumentieren, Aktionen zu planen und durchzuführen.

2. Bürgerinitiativen fordern Kinderspielplätze, Ampelanlagen an Straßenkreuzungen, sie bekämpfen das Atomprogramm der Bundesregierung oder die Stationierung einer zusätzlichen US-Panzerbrigade (wie im Naherholungsgebiet Garlstedter Heide bei Bremen, s. Foto). Ihre damit *aufgaben-* und *problem*bezogenen Aktivitäten gehen von *gesellschaftlichen* Mißständen aus.

3. *Interdisziplinäres Vorgehen* innerhalb der BIs ist eine Selbstverständlichkeit. Fachwissenschaftler können ihre spezifischen Methoden anwenden, um durch Gutachten die Wirkung der BIs zu verstärken. Die interdisziplinäre Zusammenarbeit ist am weitesten für den Bereich Kernenergie vorangeschritten. Das Projekt «Schadstoffnachweis am Arbeitsplatz in der Industrieregion Unterweser (SAIU)» bittet zum Beispiel alle BIs in Bremen und Umgebung, sich Wissenschaftler aus dem Projekt «auszuleihen». – Im Lauf des bundesweiten Hochschulstreiks vom 28. 11.–9. 12. 77 stellte innerhalb der «Demokratischen Gegenhochschule» an der Universität Bremen die Gruppe «Ökologie und Militär» ein ökologisches Gutachten zusammen, eine andere Gruppe erarbeitete die Klageschrift für ein Verwaltungsgerichtsverfahren, beides für die Bürgeraktion Garlstedter Heide.

4. Die Teilnahme an Bürgeraktionen vermittelt also sowohl fachwissenschaftliche als auch *berufspraktische Qualifikationen*, vor allem da es dort ständig darum geht, Lernprozesse einzuleiten, komplizierte Sachverhalte (physikalische Tatsachen, historische Zusammenhänge usw.) anschaulich und verständlich zu vermitteln. Deswegen sind BIs vor allem für *Lehrerstudenten* zu empfehlen, da sich die Form des *Projektunterrichts* in der zukünftigen Schule immer mehr durchsetzen wird (von dieser Tendenz zeugt ja auch das vorliegende Buch!).

Kontaktanschriften: «Projekt SAIU», Prof. Klaus Bätjer, Projekt PVC, Prof. Wohrle, beide Universität Bremen, 2800 Bremen, Achterstr.; Bürgeraktion Garlstedter Heide: Sprecher E. Busche, An der Gete 40, 2800 Bremen. Anschriften anderer BIs in Berliner Extra-Dienst «Extra 6: Atomtod ohne Bombe».

Ein Beispiel für viele: die *Bürgeraktion Garlstedter Heide* bekämpft den Bau der größten US-Kasernenanlage in Niedersachsen – 60 Gebäude für 4000 US-Soldaten, 400 Panzer, 500 LKWs und Atomwaffen.

50000 Bürger haben gegen diese sinnlose Aufrüstung protestiert, die bereits im Frieden unser Land verwüstet. Über diesen Protest in seinen mannigfaltigen Formen wie Autokorso, Protestwandern, Volks- und Kinderfeste (Foto vom Osterfest 1976), Pressekonferenzen, Infostände, Stören von Veranstaltungen, Mahnwachen berichtet das Buch «Rettet die Garlstedter Heide». Es argumentiert für Abrüstung in Ost und West und dokumentiert die antimilitärischen Bürgerbewegungen in Larzac/Frankreich, Köln-Frechen und Teufelsmoor/Worpswede. «Rettet die Garlstedter Heide» (144 S. mit vielen Fotos und Karikaturen, 8 DM, in allen Buchhandlungen zu erhalten), erschienen im Verlag Atelier im Bauernhaus, 2802 Fischerhude, ist selbst Teil der Bürgerinitiative für Frieden und Umweltschutz (vgl. auch S. 340).

Zusammenfassung und institutionelle Rahmenbedingungen

- Aus diesen Themenvorschlägen läßt sich ableiten, daß die folgenden *biologischen Teildisziplinen* im Ausbildungsgang betont werden müssen: Evolutionsbiologie, (Human-)Genetik, Humanbiologie, Biochemie, Produktionsbiologie, Angewandte Biologie, Haustierkunde, Pflanzenzüchtung, Düngemittelherstellung, Verhaltensforschung, Neurophysiologie, Arbeitsphysiologie, Arbeitsmedizin, Lernphysiologie und Lernpsychologie.
- Nur die *Zusammenarbeit von Natur- und Gesellschaftswissenschaftlern* in interdisziplinären Projekten führt zu richtigen, das heißt wissenschaftlich nachprüfbaren und gesellschaftlich verwertbaren Ergebnissen. Anzustreben wäre darüber hinaus die Mitarbeit von Nichtwissenschaftlern, wie zum Beispiel Gewerkschaftern als Vertretern der Lohnabhängigen.
- *Die Projektarbeit muß gesellschaftlich relevant sein*, das heißt, die Aufgaben müssen aus der Gesellschaft an die Universität gestellt werden und in diese zurückwirken. Sie kann zum Beispiel im *Auftrag des Staates*, oder aber – wie es oben für das Beispiel Rahmentarifverträge dargelegt wurde – im *Auftrag der Gewerkschaften* als organisatorische Interessenvertreter der Lohnabhängigen erfolgen. Sie kann sich politisch auswirken, zum Beispiel auf die *Gesetzgebung*, sie kann aber auch auf die Beseitigung von gesellschaftlichen Mißständen hinwirken, indem sie zum Beispiel *Bürgerinitiativen* unterstützt.
- *Die Rahmenbedingungen für Projektarbeit sind theoretisch an den Reformuniversitäten*, wie zum Beispiel *Bremen*, gegeben. Nach den Vorstellungen von Studenten, wissenschaftlichen Planern und Hochschullehrern sind für den Ausbildungsgang jedes Lehrerstudenten zwei Projektabschnitte vorgesehen. Hier soll interdisziplinär, problem-, gesellschafts- und berufsbezogen geforscht und gelehrt werden.[15] Allen am Planungsprozeß Beteiligten war und ist klar, daß zwischen theoretischen Konzepten und politisch-praktischer Verwirklichung ein Unterschied besteht. Die praktischen Rahmenbedingungen für das Bremer Reformmodell schrumpfen: Der Staat in Form des Senators für Wissenschaft und Kunst greift massiv ein. Hochschullehrer, die demokratisch in voller Öffentlichkeit arbeitende Kommissionen ausgewählt haben und die für das Projektstudium besonders qualifiziert sind, werden nicht berufen, schulpraktische Versuche werden abgeblockt.[16]
- Für den *Bereich der Schule* werden sich interdisziplinäre, gesellschaftsbezogene Unterrichtseinheiten nur im Ansatz verwirklichen lassen. Voraussetzung dafür ist eine Reform und Integration des technisch-naturwissenschaftlichen Lernbereichs. Die institutionellen Rahmenbedingungen haben bislang den Unterricht allerdings auf die herkömmlichen Inhalte festgelegt. Die Ausbildung der Lehrer in «Fächern», die Herkunft und das traditionelle Selbstverständnis der Lehrer, Sprachbarrieren zwischen Lehrern und Schülern, die «Versäulung» des Ausbildungssektors in Volks- und Realschule, Gymnasium und Berufsschule, die überfüllten Klassen, das Zensurengebenmüssen, der Frontalunterricht usw. usw. – alle diese Bestandteile des

BRD-Bildungssystems, die hier nicht näher untersucht werden können, erlauben nur in seltensten Fällen, emanzipatorischen, politisch relevanten Unterricht zu machen.

- Unter diesen Voraussetzungen gewinnen der Inhalt des Unterrichts und damit die einzelnen Fächer eine andere Perspektive. Elternarbeit, Arbeit in Gewerkschaften und Parteien, Fragen der Schulorganisation (Hierarchie, Vorgesetzte, Schulverwaltung usw.), Bildungsökonomie, Zusammenarbeit mit politischen Schülergruppen treten gleichwertig neben die Arbeit an der Reform des Fachunterrichts. Um den institutionellen Rahmen von Unterricht zu verändern, die Schule nämlich, ist politische Arbeit von Eltern, Lehrern und Schülern nötig, eine Arbeit, die sich notwendigerweise mit den Kämpfen der Arbeiterklasse verbinden muß.

Anmerkungen

1 Vgl. besonders: Forschendes Lernen – wissenschaftliches Prüfen, Materialien der Bundesassistentenkonferenz, Heft 6, Bonn 1960.

2 Vgl. zu diesem Trend: Finanzbericht des Bundesministeriums für Finanzen 1974, S. 62, und: Monatsberichte der Deutschen Bundesbank 2 (1974), S. 56f. Die Informationen zur Wirtschaftsentwicklung und Lage der Arbeiterklasse 1 (1974) (Nachrichten Verlag, Glauburgstr. 66, 6000 Frankfurt), die regelmäßig über die polit-ökonomischen Entwicklungen in der BRD referieren und für den Schulunterricht geeignet sind, fassen zusammen: «Während vor 10 Jahren die Unternehmersteuern noch um 7,3 Mrd. DM höher waren als die Lohnsteuern, hat sich dieses Bild nun völlig umgekehrt. Die Lohnsteuern waren 1972 schon um 18,1 Mrd. höher als die Unternehmersteuern und die Differenz ist 1973 auf 23,9 Mrd. angewachsen.»

3 K. Marx: Das Kapital, Band I, MEW 23, S. 198.

4 A. a. O., S. 192.

5 K. Marx: Deutsche Ideologie, MEW 3, S. 29. Vgl. auch W. Hollitscher: Der Mensch im Weltbild der Wissenschaften, Wien 1969, S. 277ff, Globus-Verlag.

5a Forschendes Lernen – Wissenschaftliches Prüfen, a. a. O., S. 23/24.

6 Stellvertretend für viele Kritiker der Schulwirklichkeit sei hier nur auf Horst Rumpf: 40 Schultage, Braunschweig 1966, S. 47ff, und Horst Rumpf: Schule gesucht, Braunschweig 1968, S. 32ff, beide Westermann Verlag, verwiesen.

7 Vgl. dazu: Medizin und gesellschaftlicher Fortschritt, Köln 1973, Pahl-Rugenstein Verlag. Die hier aufgeführten Aspekte ergeben sich zum Teil aus diesem Sammelband, der gesellschaftspolitische Fragen mit den medizinischen verbindet.

8 Nach: Metall 14 und 19 (1973). Diese Zeitung der IG Metall (zu beziehen über Metall-Redaktion, Leuschnerstr. 79, 6000 Frankfurt), und auch die Zeitung «Kooperation» (herausgegeben von der Arbeitsstelle Arbeiterkammer der Universität Bremen) Nr. 3/4 (1973) informieren über Arbeitsunfälle und über Fragen von Arbeitsschutz und Arbeitsplatzsicherheit.

8a Über diesen Lohnrahmentarif vgl. auch Rolf Kasiske (Hg.): Gesundheit am Arbeitsplatz, Reinbek 1976, S. 228, rororo aktuell 1876.

9 Wie mit dem jetzigen Betriebsverfassungsgesetz zu arbeiten ist, zeigt Gerd Siebert: Betriebsverfassungsgesetz 1973 – Vollständiger Text, kommentiert für die Praxis, Frankfurt 1973, Nachrichten Verlag. Vgl. auch Wolfgang Däubler: Das Grundrecht auf Mitbestimmung, Frankfurt 1973, EVA.

10 Friedrich Engels: Anteil der Arbeit an der Menschwerdung des Affen, MEW 20, S. 444–455; Marx/Engels: Ausgewählte Schriften 2, S. 68–79, und Sonderausgaben. Vgl. für das gesamte Thema die folgenden Literaturangaben.

11 Folgende Neuerscheinungen geben einen materialistisch fundierten Überblick über die Problematik: Erlebach/Ihlefeld/Zehner: Psychologie für Lehrer und Erzieher, Berlin (DDR), Volk und Wissen; Hans-Dieter Schmidt: Allgemeine Entwicklungspsychologie, Berlin (DDR) 1973, Deutscher Verlag der Wissenschaften; A. N. Leontjew: Probleme der Entwicklung des Psychischen, Frankfurt 1971, Athenäum-Fischer Taschenbuch.

12 Die Stammesgeschichte und deren Ursachen sind in den Oberstufenbiologiebüchern ausführlich dargestellt: Zum Beispiel Linder: Biologie, 17. Auflage, S. 291ff (Metzler) und: Organismus, S. 273ff (Klett-Verlag), im letzteren auch sehr anschaulich die Stammesgeschichte der Pferde (S. 284ff).

13 Vgl. den Artikel «Naturverständnis und Weltanschauung . . .» in diesem Band S. 57ff.

13a Zitiert nach W. Hollitscher: Die Natur im Weltbild der Wissenschaften, Wien 1960, S. 446, Globus-Verlag. Vgl. hierzu den Beitrag über «Vererbung bei Krupp, Krause und im Schulbuch» in diesem Band S. 36ff.

14 W. Hollitscher: Die Natur im Weltbild der Wissenschaften, a. a. O., S. 383.

15 Vgl. dazu: Elin-Birgit Berndt u. a.: Erziehung der Erzieher – das Bremer Reformmodell, Reinbek 1972, rororo sachbuch 6782.

16 In der Bremer Tagespresse, zum Teil auch in der überregionalen BRD-Presse, lief wochenlang eine Kampagne von Hochschullehrern, die die Reformen zurückschrauben wollten, vgl. dazu «Stalinismus gefährdet das ‹Bremer Modell› – Dokumentation der Pressestelle der Universität Bremen» und Beck/Vollmer/Mützelburg in einer ausführlichen Stellungnahme in: päd. extra 7 (1974).

Lesenswerte Bücher

1. Schulwirklichkeit und Kritik an der Schule

Altvater, E., Huisken, F. (Hg.): Materialien zur politischen Ökonomie des Ausbildungssektors, Erlangen 1971

Baethge, Martin: Ausbildung und Herrschaft – Unternehmerinteressen in der Bildungspolitik, Frankfurt 1971, Europäische Verlagsanstalt

Beck, J., u. a.: Erziehung in der Klassengesellschaft. Einführung in die Soziologie der Erziehung, München 1970, List TB der Wissenschaft 1661

Beck, J.: Lernen in der Klassenschule – Untersuchungen für die Praxis, Reinbek 1974, rororo Sachbuch 6820

Bleuel, Hans P.: Kinder in Deutschland, München 1971, Hanser Verlag, und München 1973, Deutscher Taschenbuch Verlag

Gamm, H. J.: Kritische Schule – Eine Streitschrift für die Emanzipation von Lehrern und Schülern, München 1969, List

Hoernle, Edwin: Grundfragen proletarischer Erziehung, Frankfurt 1973, Fischer Taschenbuch

Huisken, F.: Zur Kritik bürgerlicher Didaktik und Bildungsökonomie, München 1972, List TB der Wissenschaft 1663

Lappe, K., Meueler, E.: Hauptschüler: Keine Chance? Oder doch – aber wie? München 1975, Weismann Verlag

Nyssen, Friedhelm: Schule im Kapitalismus – Der Einfluß wirtschaftlicher Interessenverbände im Felde der Schule, Köln 1969, Pahl-Rugenstein

Rolff, A.-G., u. a.: Strategisches Lernen in der Gesamtschule. Gesellschaftliche Perspektiven der Schulreform, Reinbek 1976, rororo Sachbuch 6845

Weber, N.: Privilegien durch Bildung. Über die Ungleichheit der Bildungschancen in der Bundesrepublik Deutschland, Frankfurt/M. 1973, es 601

Wünsche, Konrad: Die Wirklichkeit des Hauptschülers, Köln 1974, Kiepenheuer und Witsch

2. Schulbuchkritik

Informationsdienst des Sozialistischen Lehrerbundes. Reihe Roter Pauker (Verlag 2000, 605 Offenbach 4, Hohe Str. 26), Heft Nr. 8: Materialien zur Schulbuchproduktion. Analyse – Tendenzen – Alternativen, 1973

a) Nichtnaturwissenschaftliche Fächer:

Dahle, Wendula: Deutschunterricht und Arbeitswelt: Modelle Kritischen Lernens – Materialien für Lehrer und Schüler, Reinbek 1972, rororo Sachbuch 6785

Fohrbeck, K., Wiesand, A., Zahar, R.: Heile Welt und Dritte Welt. Medien und politischer Unterricht I. Schulbuchanalyse, Opladen 1971, Leske

Kühnl, Reinhard (Hg.): Geschichte und Ideologie – Kritische Analyse bundesdeutscher Geschichtsbücher, Reinbek 1973, rororo aktuell 1956

Kampf der Verdummung. Materialien der Schulbuchkonferenz der DKP-Hessen, Frankfurt 1971, Verlag Marxistische Blätter

b) Naturwissenschaftliche Fächer:

Friese, G., Buck, P., Pukies, J.: Plädoyer für einen integrierten naturwissenschaftlichen Unterricht, in: betrifft: erziehung, 10 (1971), S. 32ff

Jeske, Holger: Das Weltbild von Biologie-Schulbüchern, in: Das Argument, 96, März/April 1976, S. 181ff

Neander, J.: Mathematik und Ideologie. Zur politischen Ökonomie des Mathematikunterrichts, Starnberg 1974, Raith-Verlag

Rieß, Falk: Zur Kritik des mathematisch-naturwissenschaftlichen Unterrichts – Kategorien und Ansätze einer ideologiekritischen Analyse, in: Deutsche Schule 11 (1972), S. 702ff

3. Naturwissenschaften, Industrie und Politik

Delius, F. C.: Unsere Siemens-Welt. Eine Festschrift zum 125jährigen Bestehen des Hauses S., Berlin 1972, Rotbuch-Verlag, erweiterte Neuausgabe mit einem Anhang zum Prozeß, 1976

Gabor, D., Colombo, U., u. a.: Das Ende der Verschwendung. Zur materiellen Lage der Menschheit. Ein Tatsachenbericht an den Club of Rome, Stuttgart 1976, Deutsche Verlagsanstalt

Kern, H., Schumann, M.: Industriearbeit und Arbeiterbewußtsein, Frankfurt/M. 1974, Europäische Verlagsanstalt

Krauch, H.: Die organisierte Forschung, Neuwied/Berlin 1970, Sammlung Luchterhand

Leisewitz, A.: Die Auswirkungen der Verwissenschaftlichung der Produktion auf die Monopolbildung und auf das Verhältnis von Ökonomie und Politik, dargestellt am Beispiel der chemischen Industrie, in: Das Argument 73, Juni 1972, S. 444ff

Marx, K.: Die entfremdete Arbeit, in: Ökonomisch-philosophische Manuskripte (1844), entweder in: MEW-Ergänzungsband I, 1. Teil S. 510ff, Berlin (DDR). Oder in: Texte zur Methode und Praxis Bd. 2, Reinbek bei Hamburg 1968, Rowohlts Klassiker 209

Pohrt, W. (Hg.): Wissenschaftspolitik – von wem, für wen, wie? Prioritäten in der Forschungsplanung (aus der Arbeit der Vereinigung deutscher Wissenschaftler), Reihe Hanser Nr. 134, München o. J. (1974/1975)

Richta-Report: Politische Ökonomie des 20. Jahrhunderts (tsch. Prag 1968), deutsch Frankfurt/M. 1971, makol-Verlag

Räuschel, J.: Die BASF. Anatomie eines multinationalen Konzerns, Köln 1975, Pahl-Rugenstein, Kleine Bibliothek 54

Rilling, Rainer: Kriegsforschung und Vernichtungswissenschaft in der BRD, Köln 1970, Pahl-Rugenstein

SAIU: Autorengruppe des Projekts «Schadstoffbelastung am Arbeitsplatz in der Industrieregion Unterweser» der Universität Bremen: Zum richtigen Verständnis der Kernindustrie, Berlin (BRD) 1975, Oberbaumverlag

Schumacher, E. F.: Die Rückkehr zum menschlichen Maß. Alternativen für Wirtschaft und Technik. «Small is Beautiful», Reinbek 1977, Rowohlt

Vahrenkamp, R. (Hg.): Technologie und Kapital, Frankfurt/M. 1973, es 598

Volker, F., Hehn, A., Rosenbrock, R.: Neunmal teurer als Gold. Die Arzneimittelversorgung in der Bundesrepublik. Aus der Arbeit der Vereinigung deutscher Wissenschaftler, Reinbek 1977, rororo aktuell 4067

Wahlraff, G.: Industriereportagen. Als Arbeiter in deutschen Großbetrieben, Reinbek 1970, rororo Sachbuch 6723

Zmarzlik, Hans-Günter: Der Sozialdarwinismus in Deutschland als geschichtliches Problem, in: Vierteljahreshefte für Zeitgeschichte, 3. Heft, Juli 1963

4. Wissenschaftskritik, Biologie, Naturwissenschaften und Philosophie

Das Argument. Naturwissenschaftliche Erkenntnis und gesellschaftliche Interessen, Bd. I, Nr. 88, (Dez. 1974), Bd. II, Nr. 96 (März/April 1976), Berlin

Bernal, J. D.: Wissenschaft. Science in History (engl. London 1954), dt. Reinbek 1970, 4 Bde., rororo Handbuch 6758-6762

Bulthaup, P.: Zur gesellschaftlichen Funktion der Naturwissenschaften, Frankfurt/M. 1973, es 670
Habermas, J.: Technik und Wissenschaft als «Ideologie», Frankfurt/M. 1968, es 287
Havemann, R.: Dialektik ohne Dogma? Naturwissenschaft und Weltanschauung, Reinbek 1964, rororo 683
Hollitscher, Walter: Der Mensch im Weltbild der Wissenschaft, 1969, Die Natur im Weltbild der Wissenschaft, 31965 (beide Globus-Verlag, Wien)
Klüver, J., Wolf, F. O. (Hg.): Wissenschaftskritik und sozialistische Praxis, Frankfurt 1972, Fischer Taschenbuch 6218
Kuhn, T. S.: Die Struktur wissenschaftlicher Revolutionen (engl. University of Chicago, 1967), dt. Frankfurt/M. 1973, Suhrkamp Taschenbuch Wissenschaft – stw – 25
Rauter, E. A.: Vom Faustkeil zur Fabrik. Warum die Werkzeuge die Menschen und die Menschen die Werkzeuge verändern, München 1977 (Weismann-Verlag)
Sohn-Rethel, A.: Geistige und körperliche Arbeit, Frankfurt/M. 1973, es 555
Tomberg, F.: Bürgerliche Wissenschaft. Begriff. Geschichte. Kritik, Frankfurt/M. 1973, Fischer Taschenbuch 6215
Ullrich, D.: Technik und Herrschaft. Vom Handwerk zur verdinglichten Blockstruktur industrieller Produktion, Frankfurt/M. 1977, Suhrkamp
Weltanschaulich-philosophische Bildung und Erziehung im mathematischen und naturwissenschaftlichen Unterricht. Autorenkollektiv. Berlin (DDR) 1972, Volk und Wissen

5. Verhaltens- und Aggressionsforschung

Denker, R.: Angst und Aggression, Stuttgart 1974, Kohlhammer
Denker, R.: Aufklärung über Aggression. Kant, Darwin, Freud, Lorenz, Stuttgart 1966 (Kohlhammer); völlig überarb. Auflage ^{3}1971, ^{5}1975
Montagu, M. F. A. (Hg.): Mensch und Aggression, Weinheim/Basel 1974, Beltz
Plack, A. (Hg.): Der Mythos vom Aggressionstrieb, München 1973, List
Schmidbauer, Wolfgang: Biologie und Ideologie – Kritik der Humanethologie, Hamburg 1973, Hoffmann u. Campe
Schmidbauer, Wolfgang: Die sogenannte Aggression – Die kulturelle Evolution und das Böse, Hamburg 1972, Hoffmann u. Campe

6. Ökologie

Améry, K.: Natur als Politik. Die ökologische Chance des Menschen, Reinbek 1976, Rowohlt
«Das Argument» Nr. 93: Umwelt. Zum Verhältnis von Gesellschaft und Natur, Berlin, Nov. 1975
Carnap, P., Meinberg, M., Schluchter, W., Süßmuth, W. (Hg.): Imperialismus und Umweltzerstörung, Heidelberg 1974, Verlag Jürgen Sendler
Henz/Krusewitz/Krysmansky/Wüstenhagen u. a.: Umweltmisere, Bürgerinitiativen und die Verantwortung der Wissenschaften, Köln, Pahl-Rugenstein
Lützenkirchen, W. R.: Verbrechen ohne Richter, Köln 1972, pocket 38, Kiepenheuer und Witsch
«Kursbuch» 33: Ökologie und Politik oder Die Zukunft der Industrialisierung, 1973, Rotbuch Verlag
Palmstierna, L. u. H.: Unsere geplünderte Welt, Weinheim 1972, Beltz
Rupprecht, E.: Projekt Umweltschutz. Ein Versuch zur Integration von Gesell-

schaftslehre und Naturwissenschaften im Unterricht, in: Gesamtschule, Nr. 3, 1974, S. 20ff
Strohm, H. (Hg.): Das Risiko Kernenergie, Hamburg 1976, Verlag Association
Strohm, H.: Friedlich in die Katastrophe, Hamburg 1973, Verlag Association
Weitere Literatur in:
Dahl, B., Palmstierna, H., Sandegard, E.: Bedrohte Umwelt. Lesebuch. Weinheim/Basel 1974, Beltz, S. 160

7. Arbeitsmedizin

Autorenkollektiv: Gewerkschaft und Medizin, Berlin 1974, VSA
«Das Argument», Sonderband 4: Entwicklung und Struktur des Gesundheitswesens, Berlin 1974
Böker, K.: Entwicklung und Ursachen des Krankenstandes der westdeutschen Arbeiter, in: Das Argument 69 (1971), S. 901ff
Buckup, H.: Die arbeitsmedizinischen Aspekte der Gesundheitserziehung, in: Gesundheit am Arbeitsplatz, DGB-Landesbezirk Nordrhein-Westfalen, Düsseldorf, Arbeitstagung 7. 12. 1966
Deppe, H. U.: Industriearbeit und Medizin, Frankfurt/M. 1973, Athenäum
Deppe, H. U., u. a.: Medizin und gesellschaftlicher Fortschritt, Köln 1973, Pahl-Rugenstein
Kasiske, Rolf (Hg.): Gesundheit am Arbeitsplatz. Berichte und Analysen zu Belastungen und Gefahren im Betrieb, Reinbek 1976, rororo aktuell 1876
Levinson, Ch.: PVC zum Beispiel. Krebserkrankungen bei der Kunststoffherstellung, Reinbek 1975, rororo aktuell 1874
Mitscherlich, A.: Krankheit als Konflikt. Studien zur psychosomatischen Medizin, 2 Bde., Frankfurt/M. 1966 bzw. 1967, es 164, 237
Valentin, H., u. a.: Arbeitsmedizin, Stuttgart 1971

8. Sexualität

Empirische Studien:

«Kinsey-Report»: Das sexuelle Verhalten des Mannes; Das sexuelle Verhalten der Frau; beide Frankfurt, Fischer
Schlaegel, J., Schoof-Tams, K., Walczak, L.: Sexuelle Sozialisation in Vorpubertät und früher Adoleszenz, in: Sexualmedizin 4/5/6, 1975
Schmidt, G., Sigusch, V.: Arbeiter-Sexualität. Eine empirische Untersuchung an jungen Industriearbeitern, Neuwied und Berlin 1971, Luchterhand
Schorsch, E., Schmidt, G. (Hg.): Ergebnisse zur Sexualforschung. Arbeiten aus dem Hamburger Institut für Sexualforschung. Frankfurt/M., Berlin, Wien 1976, Ullstein Taschenbuch 3301
Sigusch, V., Schmidt, G.: Jugendsexualität. Dokumentation einer Untersuchung, Stuttgart 1973, F. Enke Verlag
Die Taschenbücher der Reihe rororo-sexologie (Rowohlt Taschenbuch Verlag, Reinbek bei Hamburg) bringen eine fast vollständige wissenschaftliche Bestandsaufnahme.

Zur Sexualerziehung:

Busche, E.: Sexualpädagogik als Disziplinierungsmittel – Eine negative Dokumentation über Richtlinien, Methodik, Lehrerverhalten, in: Das Argument, 56 (1970)
Fischer/Ruhloff/Scarbath/Thiersch (Hg.): Normenprobleme in der Sexualpädagogik. Sexualpädagogik 1, Heidelberg 1971, Quelle und Meyer
dies. (Hg.): Inhaltsprobleme in der Sexualpädagogik. Sexualpädagogik 2, Heidel-

berg 1973, Quelle und Meyer
Kentler, H.: Eltern lernen Sexualerziehung, Reinbek 1975, Rowohlt
Kentler, H.: Sexualerziehung, Reinbek 1970, rororo sexologie 8034/35
Westermanns Pädagogische Beiträge, Heft 4, April 1975: Sexualerziehung in der Schule. Mit Beiträgen von G. Amendt, H. M. Broder, K. Lutzmann, H. J. P. Mehl, R. Müller, B. Schaeffer, B. Schwadtke u. a.

9. Psychologie/Sozialisation

Brämer, R. (Hg.): Fachsozialisation im mathematisch-naturwissenschaftlichen Unterricht. Thesen und Referate eines Arbeitsseminars am Fachbereich Erziehungswissenschaften der Philipps-Universität Marburg 1977 (Zu beziehen bei Forschungsgruppe für Sozialgeschichte der Erziehung in der DDR, Ernst-Giller-Str. 5, 3550 Marburg/Lahn. DM 2,– beilegen)
Deutscher Bildungsrat: Gutachten und Studien der Bildungskommission, Bd. 4, Begabung und Lernen, Stuttgart 1968, [6]1971, Klett
Engels, F.: Über den Ursprung der Familie, des Privateigentums und des Staats, in: Marx-Engels-Werke («MEW») Bd. 21, Berlin/DDR (Dietz), S. 30–173. Oder in: K. Marx/F. Engels: Ausgewählte Schriften in zwei Bänden, Bd. II, Berlin/DDR (Dietz), [18]1970, S. 155–301
Erlebach/Ihlefeld/Zehner: Psychologie für Lehrer und Erzieher, Berlin (DDR) 1973, Volk und Wissen
Gottschalch, W., Neumann-Schönwetter, M., Soukup, G.: Sozialisationsforschung. Materialien, Probleme, Kritik, Frankfurt/M. 1971, Fischer Taschenbuch 6503
Hirsch, A.: Intelligenz: Anlage oder Umwelt, in: Demokratische Erziehung 4 (1976)
Köhler/Landsberg/Pulvermacher: Ist Intelligenz erblich?, in: Das Argument 96 (1976), S. 236ff
Oevermann, U.: Sprache und soziale Herkunft. Ein Beitrag zur Analyse schichtenspezifischer Sozialisationsprozesse und ihrer Bedeutung für den Schulerfolg, Institut für Bildungsforschung in der Max-Planck-Gesellschaft, Berlin/BRD 1970
Ottomeyer, K.: Ökonomische Zwänge und menschliche Beziehungen. Soziales Verhalten im Kapitalismus, Reinbek 1977, rororo Sachbuch 7055
Rubinstein, S. L.: Grundlagen der Allgemeinen Psychologie, Berlin (DDR) 1971, Volk und Welt
Schmidt, H. D.: Allgemeine Entwicklungspsychologie, Berlin (DDR) 1973, Volk und Welt

10. Didaktik, pädagogische Zeitschriften

Becker, H., Haller, H. D., Stubenrauch, H., Wilkending, G.: Das Curriculum. Praxis, Wissenschaft und Politik, München 1974, Juventa Verlag
Bloch, J. R., Häussler, J., Jaeckel, K., Reiss, V.: Curriculum Naturwissenschaft, Köln 1976, Aulis
Ewers, M. (Hg.): Naturwissenschaftliche Didaktik zwischen Kritik und Konstruktion, Weinheim und Basel 1975, Beltz
Lauterbach, R., Marquardt, B. (Hg.): Naturwissenschaftlich orientierter Sachunterricht im Primarbereich. Bestandsaufnahme und Perspektiven, Weinheim 1976, Beltz
Rauch, E., Anzinger, W.: Wörterbuch Kritische Erziehung, Frankfurt/M., Fischer Taschenbuch 6031

Rieß, F. (Hg.): Kritik des mathematisch-naturwissenschaftlichen Unterrichts, Frankfurt/M. 1977, päd. ex. Buchverlag
Rieß, F.: Zur Geschichtsschreibung des mathematisch-naturwissenschaftlichen Unterrichts, in: Theorie und Klasse, Blätter für wissenschaftliche Kritik Nr. 6, Hamburg, Mai 1974, Spartakus, Postfach 132251
Staeck, L.: Zeitgemäßer Biologieunterricht – Ziele, Inhalte, Verfahren in Theorie und Praxis, Düsseldorf 1975, pro Schule Verlag
Sönnichsen, G.: Die Erneuerung des Biologieunterrichts im Rahmen der modernen Curriculumforschung, Hannover, Schroedel Auswahl Reihe B Nr. 57/58
Werner, H.: Biologie in der Curriculumdiskussion, München 1973, Oldenbourg Verlag
Wolfert, L.: Naturwissenschaftliche Ausbildung: Ein Instrument kapitalistischer Anpassung, in: Erziehung und Klassenkampf 12 (1973), S. 3–45

Zeitschriften:
betrifft: erziehung. Forum für Bildungspolitik und Erziehungswissenschaft, monatlich, Beltz Verlag, 6940 Weinheim
Demokratische Erziehung, alle 2 Monate, Pahl-Rugenstein-Verlag, Gottesweg 54, 5000 Köln
päd. extra. Magazin für Erziehung, Wissenschaft und Politik, monatlich, pädex Verlagsgesellschaft, Kölner Str. 70, 6000 Frankfurt/M.
Pro Familie Informationen. Zeitschrift der Deutschen Gesellschaft für Sexualberatung und Familienplanung, Cronstettenstr. 30, 6000 Frankfurt/M.
Sexualpädagogik, Braunschweiger Verlagsanstalt, Braunschweig
Sexualmedizin, Verlag Medical Tribune, Wiesbaden
Unterricht Biologie. Zeitschrift für alle Schulstufen, hg. vom Friedrich Verlag, Velber, zweimal im Monat, 3016 Seelze 6

Materialien, Arbeitshilfen, Unterrichtseinheiten

Dahl/Palmstierna/Sandegard: Bedrohte Umwelt, Lesebuch 160 S., Arbeitsbuch 85 S., DIN A 4, Weinheim 1974, Beltz.

Dieses von Peter Jacobi und Lutz Maier für deutsche Verhältnisse überarbeitete schwedische Schulbuch bringt eine kritische Bestandsaufnahme aller wichtigen Tatsachen, die dem Lehrer einen emanzipatorischen Unterricht ermöglichen. Zeitungsberichte und deren kritische Auswertung, Versuche, Arbeitsaufgaben, Karikaturen usw. machen dieses Werk geeignet, auch die Frage nach den Verantwortlichen stellen zu lassen.

Arbeitskreis Umweltschutz an der Universität Freiburg – Arbeitskreis Lehrer und Studenten (c/o Traudl Unruh, Faulenstr. 7, 7800 Freiburg): Meine Meinung zum KKW: Ich bin dagegen, 46 S., DIN A 4, nicht geheftet.

Emanzipatorischer Biologieunterricht – Der Versuch einer Realisierung am Komplex «Prozesse der Kommunikation», 60 S., DIN A 5

Mögliche Arbeitsabschnitte und Materialien innerhalb eines Projektes «Indianer», 40 S., DIN A 5

Beide in «curriculum konkret» 4 (1973) (Projektgruppe Regionale Lehrerfortbildung, Wilh. Seippstr. 1, 6080 Groß-Gerau), eine ausführliche Unterrichtsbeschreibung und -planung, mit Lernzielen, Materialien, Fotos, Graphiken, Comics. (Die didaktischen Kategorien haben wir in diesem Band S. 246ff übernommen.)

Verhaltenssteuerung – Abweichendes Verhalten, 96 S., DIN A 5
Ausführliche UE eines kollektiven Unterrichtspraktikums: Ton- und Bildkollagen, Filme, Arbeitsblätter, Gruppenarbeit; Inhalte: Werbespots, Naturbasis des Verhaltens, Sanktionen gegen abweichendes Verhalten, Todesstrafe usw. In: Reihe «Roter Pauker», Verlag 2000, Hohe Str. 28, 6050 Offenbach.

Materialien zur Schulbuchproduktion
Darin: das Schulbuch als bestimmender Unterrichtsfaktor, Alternativen zum Schulbuch, Hinweise zur eigenen Produktion von Lernmaterialien, Reihe «Roter Pauker», Verlag 2000, Hohe Str. 28, 6050 Offenbach.

Handbuch zum Unterricht – Modelle emanzipatorischer Praxis, München 1973, Raith Verlag, jetzt über pädex Verlagsgesellschaft, Frankfurt.
Bd. 1: Hauptschule. Darin BU allgemein und UE Das Hausschwein – moderne Tierhaltung (Zusammenhang von Sinnesorganen und Körperbau, Nahrung und Gebiß, Fremdstoffen in der Nahrung, Profitinteressen führen zu falscher Ernährung) – UE Nikotin (Teerbestandteile, Psychologie des Rauchens, Versuche).
Bd. 2: Grundschule: Darin UE Gesunde Ernährung, Werbung, Gesundheitsvorsorge – UE Blumen für Gartenanlagen, Wachstumsbedingungen, Selbstbetätigung der Kinder, Materialangabe – UE Viehhaltung und Schweinemast, Unterrichtgang in den Schweinestall.

Unterrichtshilfen Biologie für die Klassen 5–10 – Materialien und Hinweise zur Vorbereitung des Unterrichts, Berlin (DDR), Volk und Wissen
Die 6 Bände enthalten theoretische Einführungen, Stundenziele, Unterrichtsmittel, Hinweise zur technischen Vorbereitung, methodische Hinweise, Tafelbilder, stoffliche Gliederung zu allen Themen, die im sechsbändigen Unterrichtswerk «Biologie» enthalten sind.

Hannelore Schwedes: Naturwissenschaftlicher Unterricht in der Grundschule – Bausteine für ein offenes Curriculum (Science 5/13), in: Jahrbuch für Lehrer 1977, Reinbek 1976, rororo sachbuch 6988, S. 318–346.
Mehrere UEs über einfache physikalische Vorgänge, interdisziplinärer Ansatz, Bezug zum Alltag, Beschreibung von Unterrichtsstunden.

Lohnarbeit am Beispiel der «Gast»arbeiter, UE erprobt am 7. Schuljahr, Frankfurt/M., EVA

Unterrichtseinheit: Arbeit, 88 S., DIN A 5
Unterrichtsziele, Sach- und didaktische Analyse, Verlaufsplanung, Arbeitsblätter einer UE, die die Kapitalinteressen Fröndenberger Unternehmer und Düsseldorfer Schulpolitiker ungemein erregte.

Ulrich Kattmann: Rassen – Bilder vom Menschen, biologisch-sozialkundliches Arbeitsbuch, Wuppertal 1973, Jugenddienst Verlag.
Biologische, psychologische, sozialwissenschaftliche, theologische Aspekte der Rassenfrage, Rassismus in Afrika und Amerika, Rassismus in Schulbüchern.

Ulrich Kattmann: Biologische Manipulation des Menschen, Frankfurt/M., München 1972, Diesterweg/Kösel.
Schülerheft 32 S., Lehrerheft 52 S., DIN A 4

Erika Runge: Südafrika – Rassendiktatur zwischen Elend und Widerstand – Protokolle und Dokumente zur Apartheid, Reinbek 1974, rororo aktuell 1765
Ausführliche Quellen über Formen und Folgen der Rassentrennung im Bereich von Arbeitsplatz, Gewerkschaften, Landwirtschaft, Gesundheitswesen, Reservaten, Bildung, Kultur, Kirchen, Handelsbeziehungen, Militär usw.

Bäuerle/Hornung: Biologisch-Sozialkundliche Arbeitshefte: Aggression – Rangordnung – Umwelt, Opladen 1972, Leske
Quellensammlung mit Lehrerheft für Sekundarstufe II.

IPN-Einheitenbank – Curriculum Biologie, Köln 1974ff, Aulis Verlag Deubner.
Die vom Institut für Pädagogik der Naturwissenschaften (IPN) an der Universität Kiel herausgegebene Reihe umfaßt Schülerarbeitshefte mit Arbeitsbögen, Lehrer- und Testhefte, Arbeitstransparente, Diapositivreihen. Zum Teil interdisziplinärer Ansatz. Folgende UEs sind erschienen: Der Mensch und Die Tiere – Die Bewegung unseres Körpers – Nahrungsmittel und Verdauung – Sexualität des Menschen – Biologisches Gleichgewicht – Atmung und Blutkreislauf – Überwinterung – Blätter und Verdunstung – Umfärbung und Laubfall – Fortbewegung bei Lebewesen und Maschinen. Die UEs sind für die Sekundarstufe I konzipiert.

Freise/Keßler u. a.: Rohstoff Öl – Modell einer integrierten Unterrichtseinheit, Heidelberg 1973, Quelle & Meyer

Rote Grütze: Was heißt hier Liebe? – Ein Spiel um Liebe und Sexualität für Leute in und nach der Pubertät, München 1977, Weismann Verlag

Jacoby/Kriedemann u. a.: Sexfibel, Opladen 1972, Leske

Kuchta/Penné: Sexualität und Gesellschaft – Arbeitsblätter für das 5./6. Schuljahr, 52 S. DIN A 4, Lehrerheft 24 S. DIN A 4, Berlin 1973, Cornelsen-Velhagen und Klasing.

Antje Kunstmann: Mädchen – Sexualaufklärung emanzipatorisch, München 1976, Frauenbuchverlag

Bent H. Claesson: Sexualinformation für Jugendliche, Frankfurt 1976, Verlag Neue Kritik

Bent H. Claesson: Vom Lieben und vom Kinderkriegen – Sexualinformation für Jugendliche, Frankfurt 1974, Verlag Neue Kritik

Günter Amendt: Sexfront, Frankfurt 1970, erhältlich über Zweitausendundeins Versand, Hahnstr. 54–56, 6000 Frankfurt 71

Figge/Goede u. a.: Betrifft: Sexualität, Braunschweig 1977, Westermann Verlag (s. dazu den Beitrag von R. Müller u. a. in diesem Band).

Unterrichtseinheiten-Datei, c/o Heinz Böer, Sudetenweg 10, 4400 Münster (5 DM mitschicken)

Die folgenden UEs, primär für den Mathematikunterricht ausgearbeitet, haben Bezüge zu biologischen Problemen, so daß sie in einen koordinierten biologisch-mathematischen Unterricht eingebaut werden können. Sie sollen helfen, die Fixierung des Unterrichts auf das Schulbuch zu überwinden und einen schülerorientierten Unterricht, entlang der Behandlung wichtiger Probleme, ermöglichen.
UE 15: Meadows – Die Grenzen des Wachstums I, UE 58: Meadows – Die Grenzen des Wachstums II, UE 23: Ökologische Probleme – Aussterben von Tierarten, UE 29: Geschlechtsspezifische Handlungsweisen – Frauenunterdrükkung, UE 56: Landwirtschaft, UE 41: Bevölkerungswachstum. Praktisch erprobt sind UE 15 und 56, ausgearbeitet sind UE 58 und 29, in Form von Skizzen und Material liegen UE 23 und 41 vor.

Bund für Umweltschutz, Postfach 1141, Bachgasse 22, 7400 Tübingen:
5 Arbeitshefte: 1. Wie arbeiten Atomkraftwerke, 2. Gefahren radioaktiver Strahlung, 3. Auswirkungen von Kernkraftwerken auf die Umwelt, 4. Sicherheit kerntechnischer Anlagen, 5. Alternativen zur Kernenergie.
Die Hefte wurden bei einer Vortragsreihe an der Volkshochschule Tübingen erprobt. Sie geben kurz die grundlegenden Informationen.

Die Autoren

Ernst Busche, geb. 1932, Studium der Biologie, Erdkunde, Geschichte, Pädagogik; Schulbuchlektor, wissenschaftlicher Planer an der Universität Bremen, Lehrer. Veröffentlichungen über Schulbücher, Naturschutz, Lehrerausbildung, Sexualpädagogik.

Thomas Büttner, geb. 1956, Abitur am Lessing-Gymnasium 1975, studiert Rechtswissenschaften in Frankfurt.

Hartmut Entrich, geb. 1940, Studium der Physik, Chemie, Biologie und Erziehungswissenschaften, mehrjährige Schulpraxis, wissenschaftlicher Assistent, Professor für Theorie und Praxis des naturwissenschaftlichen Unterrichts an der Universität Bremen. Veröffentlichungen über Lehrerausbildung und Mitarbeit an einem Schulbuchprojekt.

Günter Eulefeld, geb. 1928, Studium der Biologie und Chemie, Lehrer an Gymnasien und am Institut für Lehrerfortbildung und dem Studienkolleg für ausländische Studierende in Hamburg, stellvertretender Leiter der Abteilung Biologiedidaktik am IPN Kiel, Aufsätze zur Biologiedidaktik, «Biologie in Stichworten» Bd. 3 und 4 (Hirt).

Regina Görgen, geb. 1948, Diplombiologin, wissenschaftliche Mitarbeiterin bei PINC, Veröffentlichungen zur Didaktik des naturwissenschaftlichen Unterrichts.

Gotthilf Gerhard Hiller, geb. 1944, Professor für Lernbehindertenpädagogik an der PH Reutlingen, Veröffentlichungen zu Curriculumforschung, Unterrichtsforschung, Mitarbeit bei der Entwicklung mehrerer Unterrichtswerke.

Peter Jacobi, geb. 1934, Volks-, Real- und Sonderschullehrer. Wahlfach Biologie, ehem. Vorsitzender des Jugendbundes für Naturbeobachtung, Übersetzer und Autor von Büchern über Sexualerziehung, Umweltschutz, Psychotherapie.

Ulrich Kattmann, geb. 1942, Studium der Biologie, Chemie, ev. Theologie, Anthropologie und Pädagogik, Oberstudienrat und wissenschaftlicher Mitarbeiter am IPN Kiel, Mitherausgeber von Biologieschulbüchern (Vieweg), «Rassen – Bilder vom Menschen» (Jugenddienst) u. a.

Boje Maaßen, geb. 1939, Volksschule, Fleischergesellenprüfung, Abendabitur, Haupt- und Grundschullehrer, Diplompädagoge, Aktivitäten in Bürgerinitiativen. Mitarbeit am IPN-Projekt «Ökologie im Unterricht allgemeinbildender Schulen».

Brunhilde Marquardt, geb. 1949, Studium an der PH Westfalen, Abt. Münster, Wahlfach Biologie, Diplompädagogin, wissenschaftliche Mitarbeiterin am IPN Kiel, Mitherausgeberin eines Buches zum Sachunterricht im Primarbereich (Beltz), Veröffentlichungen zur Ökologie und Rassenlehre.

Margarete Maurer, geb. 1949, Studium von Philosophie und Naturwissenschaften, vor allem Biochemie, Magister Artium, Rundfunkbeiträge zu wissenschaftlichen Themen.

Marianne Papke, geb. 1948, Studium der Fächer Biologie, Soziologie und Sport. Seit 1973 in einem Bremer Gymnasium tätig, und zwar in einem zukünftigen integrierten Sekundarstufe II-Zentrum. Arbeit an Lehrplanalternativen und -ergänzungen in allen drei Fächern.

Peter Schulz-Hageleit, geb. 1939, Studium von Romanistik und Geschichte, Lektor für deutsche Sprache an der Universität Indonesia in Djakarta, Lehrer, Assistenzprofessor am Osteuropa-Institut der FU, Hochschullehrer (Didaktik der Geschichte). Veröffentlichungen über schulpädagogische und didaktische Probleme, «Wie lehrt man Geschichte heute?», Heidelberg 1973.

Peter Wurmbach, geb. 1934, Diplombiologe, Lehrer (Biologie, Chemie) u. a. an der Walter Gropius-Gesamtschule in Berlin, wissenschaftlicher Mitarbeiter bei PINC, Lehrbeauftragter an der FU und TU Berlin, Veröffentlichungen zur Didaktik des naturwissenschaftlichen Unterrichts.

Die Mitarbeiter der Initiativen bedanken sich bei den Autoren, die ihre Honorare für die folgenden drei Projekte zur Verfügung stellen:

Die Bürgeraktion Garlstedter Heide – Bürgerinitiative für Umweltschutz und Abrüstung – wendet sich gegen Kasernenbau und Stationierung von 4000 US-Soldaten mit Panzern und Atomwaffen in einem Naherholungsgebiet bei Bremen. Sie setzt sich für den Erhalt von Lebensraum ein, der durch sinnlose Aufrüstung bereits im Frieden zerstört werden soll. Geld wird benötigt für die weiteren Aktionen (Veranstaltungen, Demonstrationen, Flugblätter u. ä.). Informationen sind dem Buch «Rettet die Garlstedter Heide», Verlag Atelier im Bauernhaus, 2802 Fischerhude, zu entnehmen oder über den Sprecher der Bürgeraktion (E. Busche, An der Gete 40, 2800 Bremen) zu erfahren (vgl. auch S. 325f).

Centro Studi e Iniziative, Centro di Formazione, 90040 Trappeto (Palermo), Italien. Dies von Danilo Dolci mitbegründete Aufklärungs- und Initiativzentrum im Westen Siziliens arbeitet eng mit den fortschrittlichen, demokratischen Kräften zusammen, um die Entwicklung und Neugründung von Kooperativen zu unterstützen und den Einfluß der Mafia zurückzudrängen. Informationen über Prof. Gotthilf Hiller, Pädagogische Hochschule, Postfach 680, 7410 Reutlingen.

Stickereigenossenschaft palästinensischer Frauen in Ramallah (besetztes Gebiet). In diesem vom Weltfriedensdienst getragenen Projekt sollen palästinensische Frauen lernen, die Aufgaben in einer Genossenschaft selbständig durchzuführen. Der Verdienst der Frauen dient dem Unterhalt ihrer Familien und Vorhaben im Dorf (Straßenbau, Kindergärten). Geld wird gebraucht für Vervielfältigungsmaschinen, zur Vorbereitung von Veranstaltungen. – Informationen über Brunhilde Marquardt, Projensdorferstr. 70, 2300 Kiel.

Quellennachweis der Abbildungen

S. 16: H. Firzlaff, Berlin;
S. 32: Ragnhild von Brunn, Oberursel;
S. 33: Ragnhild von Brunn, Oberursel;
S. 47: Reinhold Pfandzelter: Menschenkunde, München 1965, S. 198, BSV;
S. 51: Foto: Frey, aus: Unsere Zeit, 19. 11. 1977;
S. 54: Tim Barthold, Bremen;
S. 63: Ragnhild von Brunn, Oberursel;
S. 83: Ragnhild von Brunn, Oberursel;
S. 85: Ragnhild von Brunn, Oberursel;
S. 92: Ragnhild von Brunn, Oberursel;
S. 105: Ragnhild von Brunn, Oberursel;
S. 114: Foto: Bulls Pressedienst, Frankfurt, aus: Stern, 20. 10. 1977;
S. 131: Ernst Rauschenbach, aus: Kursbogen zu Kursbuch 33, Berlin 1973;
S. 138: Ernst Rauschenbach, aus: Kursbogen zu Kursbuch 33, Berlin 1973;
S. 151: Ragnhild von Brunn, Oberursel;
S. 157: Georg Schibalski, Kiel, Idee und Vorlage: Hartmut Entrich;
S. 161: Georg Schibalski, Kiel, Idee und Vorlage: Hartmut Entrich;
S. 165: Georg Schibalski, Kiel, Idee und Vorlage: Hartmut Entrich;
S. 178: berliner extra-dienst, 8. 2. 1977;
S. 180: Rolf Wienbeck, Bremen;
S. 181: Rolf Wienbeck, Bremen;
S. 182: Rolf Wienbeck, Bremen;
S. 191: Ragnhild von Brunn, Oberursel;
S. 192: Ragnhild von Brunn, Oberursel;
S. 220: Horst Rudolph, Berlin;
S. 221: Horst Rudolph, Berlin;
S. 222: Bernhard Mensch, Berlin;
S. 223: Bernhard Mensch, Berlin;
S. 229: Collage Tim Bartholl, Bremen;
S. 237: Ulrich Deppe: Industriearbeit und Medizin, Frankfurt/M. 1973, S. 92, Fischer-Athenäum;
S. 238: Aus: Kooperation 7 (1974), hg. von der Arbeitsstelle Arbeiterkammer der Universität Bremen
S. 244: Aus: Der Spiegel 31, 26. Juli 1971, S. 95;
S. 253: Foto: Meisert, aus: Frankfurter Rundschau, 6. 3. 1974;
S. 262: Aus: B. Dahl, H. Palmstierna, E. Sandegaard: Bedrohte Umwelt, Weinheim 1974, S. 144, Beltz;
S. 268: Institut für Pädagogik der Naturwissenschaften (IPN), Kiel, Graphik: Georg Schibalski, Kiel;

S. 275: IPN, Kiel, Graphik: Georg Schibalski, Kiel;
S. 280f: IPN, Kiel, Graphik, Ulrike Mucks, Filderstadt;
S. 290: IPN, Kiel, aus: Unterrichtseinheit Probleme der Wasserverschmutzung, Vorinformation zur Gruppenwahl, Kiel 1977, S. 6, Graphik: Ulrike Mucks, Filderstadt;
S. 294: IPN, Kiel, aus: Unterrichtseinheit Probleme der Wasserverschmutzung, Vorinformation zur Gruppenwahl, Kiel 1977, S. 8, Graphik: Ulrike Mucks, Filderstadt;
S. 297: Lübecker Nachrichten, 14. 1. 1977;
S. 300: Georg Schibalski, Kiel;
S. 303: Georg Schibalski, Kiel;
S. 306: Georg Schibalski, Kiel;
S. 311: Rudolf Wienbeck, Bremen;
S. 314: Aus: Die Schleswig-Holsteinische Schule;
S. 319: Adalbert Wiemers, aus: Gewerkschaftspost;
S. 321: Zahlenbild: Globus Kartendienst, Hamburg; Text: Deutsche Volkszeitung, 15. 12. 1977;
S. 323: Rudolf Wienbeck, Bremen;
S. 326: Bürgeraktion Garlstedter Heide;
S. 328: Ragnhild von Brunn, Oberursel.

Politische Erziehung